高职高专土木工程专业新编系列教材

铁路桥隧维修技术

向　群◎主编
李彦博◎主审

中国铁道出版社有限公司

2026年·北　京

内 容 简 介

本书主要介绍桥梁、涵洞、隧道日常养护内容、检查方法和整治措施，强调系统理论与职业技能相结合，并总结出几种桥梁加固作业类型和方法。全书以最新规范、培训标准及桥隧工单项作业指导书为依据进行编写，概念清晰，分析深入，既有系统的理论知识，又有养修单项作业工艺与方法。

本书为高职高专土木工程专业新编系列教材之一，可作为高等职业院校铁道工程技术、铁路桥梁隧道工程技术等专业的教材，也可作为相关技术人员的培训用书。

图书在版编目(CIP)数据

铁路桥隧维修技术/向群主编. —2 版. —北京：中国铁道出版社有限公司，2023.3(2026.1 重印)
高职高专土木工程专业新编系列教材
ISBN 978-7-113-29055-9

Ⅰ.①铁… Ⅱ.①向… Ⅲ.①铁路桥-维修-高等职业教育-教材②铁路隧道-维修-高等职业教育-教材 Ⅳ.①U448.135.7 ②U459.1

中国版本图书馆 CIP 数据核字(2022)第 060528 号

书　　名：铁路桥隧维修技术
作　　者：向　群

策　　划：陈美玲
责任编辑：陈美玲　　**编辑部电话：**(010)51873240　　**电子邮箱：**992462528@qq.com
封面设计：王镜夷　崔丽芳
责任校对：刘　畅
责任印制：高春晓

出版发行：中国铁道出版社有限公司(100054，北京市西城区右安门西街 8 号)
网　　址：https://www.tdpress.com
印　　刷：河北宝昌佳彩印刷有限公司
版　　次：2018 年 12 月第 1 版　2023 年 3 月第 2 版　2026 年 1 月第 2 次印刷
开　　本：787 mm×1 092 mm 1/16　**印张：**20　**字数：**492 千
书　　号：ISBN 978-7-113-29055-9
定　　价：48.00 元

第二版前言

本书针对目前我国铁路桥隧建筑物面临养护、检查、维修、加固的新形势，依据《普速铁路桥隧建筑物修理规则》(铁总工电〔2018〕125号)，将课程标准对接“铁路桥隧工”岗位职业技能标准，把“铁路桥隧工”岗位职业技能内容融入教材中，课程教学内容对接真实生产任务和典型工作过程，吸收了行业发展的新知识、新技术、新工艺、新方法，校企合作共同开发，着重考虑了铁路桥隧建筑物养护、检查、维修专业人员应具备的专业知识和职业技能的要求，参考了中国铁路北京局集团有限公司、中国铁路西安局集团有限公司等有关铁路桥、隧、涵单项作业指导书及大量案例，加强了理论系统知识和职业技能，对重点和难点进行了深入分析，强化学生职业素养和专业技术积累，将专业精神、职业精神、工匠精神融入教材中。本书适用于高等职业院校铁路桥梁隧道工程技术、铁道工程技术等铁路特色专业教学及行业技术人员使用。

随着国家职业教育改革不断深入、教育部对职业院校的教材管理要求以及近年来铁路桥隧建筑物维修养护行业的发展，作者对本书做了全面的修订。第二版教材除保持第一版教材的特色外，主要做了以下的调整和修改：

1. 补充课程思政元素。每个项目增加了思政小课堂。

2. 增加数字资源。在各项目中以二维码的形式增加了相关资源，帮助读者学习难点、掌握重点，了解现场操作。

3. 融入新技术、新材料、新工艺。本书补充了一些新材料和新工艺，并对部分内容和顺序做了调整，使之更具有逻辑性，收集了“铁路桥隧工”培训试题，更换了部分习题。

本书由天津铁道职业技术学院与中国铁路北京局集团有限公司北京工电大修段天津桥隧车间共同编写，其中天津铁道职业技术学院向群任主编，天津铁道职业技术学院陈娟任副主编，中国铁路北京局集团有限公司建设项目管理中心李彦博任主审。具体编写分工如下：向群负责编写项目0、项目1、项目3，天津铁道职业技术学院卢明辉负责编写项目2，陈娟负责编写项目4，天津铁道职业技术学院郑俊杰负责编写项目5，中国铁路北京局集团有限公司北京工电大修段天津桥隧车间李炳义负责编写项目6。在本书的编写过程中，中国铁路北京局集团有限公司秦皇岛工务段、北京工电大修段天津桥隧车间提出了很多宝贵意见，并提供了相关案例，在此一并表示感谢。

由于编者水平所限，书中不免存在不足之处，敬请读者批评指正。

编　者

2022年12月

第一版前言

本书是高职高专土木工程专业新编系列教材之一，将课程标准与职业标准对接，把职业标准内容融入课程标准中，校企合作开发编写，适用于高等职业院校铁路桥梁与隧道工程技术、铁道工程技术等铁路特色专业教学及铁路专业技术人员使用。

桥隧建筑物是铁路线路的重要组成部分，结构复杂、修建困难、造价较高。桥隧建筑物在建造与使用过程中，不可避免地会受到各种不利因素的影响，加上结构本身的自然老化，使其在使用周期内必然会发生结构状态的退化。此外，随着交通运输的日益繁忙和车速的提高，桥隧工程的承载能力和通过能力也需要满足新的要求。为保证桥隧建筑物的安全运营，延长使用寿命，就需要加强日常养护、检查、维修，并对承载能力和运输能力不足、安全性能不能满足要求的结构或构件进行整治加固。因此，桥隧建筑物的养护和修理加固有着十分重要的意义。

铁路桥隧维修技术是土木工程类专业、尤其是铁路桥梁与隧道工程技术专业的一门专业核心课程。本书是针对目前我国铁路桥隧建筑物面临的需要大量养护、检查、维修、加固的新形势而编写，在编写过程中依据《普速铁路桥隧建筑物修理规则》(铁总工电〔2018〕125 号)最新规范，着重考虑了铁路桥隧建筑物养护、检查、维修专业人员应具备的专业知识和职业技能的要求，参考了中国铁路北京局集团有限公司、中国铁路西安局集团有限公司有关铁路桥、隧、涵单项作业指导书及北京工电大修段天津桥隧车间提供的案例。本书密切联系现场实际，结合作者多年的教学和培训经验，编写时同时加强了理论系统知识和职业技能，对重点和难点进行了深入分析，适用性强。为了便于学生及现场有关人员学习和参考，帮助读者便于理解和掌握各项目内容，书中增加了二维码，编写了必要工程案例，每项目任务后均附有复习思考题。

本书由天津铁道职业技术学院编写团队共同完成，其中向群任主编，陈娟任副主编。具体分工如下：向群负责编写项目 1、项目 3 及项目 6，卢明辉负责编写项目 2 的 2.1～2.6，郑俊杰负责编写项目 5，陈娟负责编写项目 4。河北轨道运输职业技术学院张涛参与了审核工作；在本书的编写过程中，中国铁路北京局集团有限公司秦皇岛工务段、北京工电大修段天津桥隧车间提供了很多宝贵意见并提供了案例等相关资料，在此一并表示感谢。

由于编者水平所限，书中不免存在不足之处，敬请读者批评指正。

编　者

2018 年 10 月

目　　录

项目 0　铁路桥隧建筑物概述

【项目描述】

本项目主要描述铁路桥隧养护维修的意义和任务,桥隧建筑物的分类、组成和基本技术要求。不同的桥隧类型,使用过程中发生的病害不同,产生的原因不同,养护维修的内容和方法也不同。为保障桥隧建筑物的安全运营,延长结构使用寿命,就需要加强日常养护、检查和维修。

【学习目标】

1. 素质目标

(1)培养学生深厚的爱国情感和中华民族自豪感,激发学生科技报国的家国情怀和使命担当;

(2)培养学生良好的职业素养和对专业的热爱。

2. 知识目标

(1)了解桥隧养护的意义和任务;

(2)掌握桥隧建筑物的组成和分类;

(3)掌握限界、荷载、净空的概念。

3. 能力目标

能够正确识别各类桥梁。

【思政小课堂】

110 余年前,由“中国铁路之父”“中国近代工程之父”詹天佑主持修建的京张铁路建成通车,这是中国首条不使用外国资金及人员,由中国人自己勘测、设计、施工和投入营运管理的第一条国有干线铁路,在中国铁路发展史上具有里程碑意义。一条自力更生的“强国之路”从此拉开了中国铁路的伟大序幕。

百余年后的今天,具有完全自主知识产权的时速 350 km 智能化铁路——京张高铁建成通车。百年沧桑,新旧两条京张铁路线,见证了中国铁路波澜壮阔的历史,也见证了中国综合国力快速发展。

“天佑钩”、“竖井开凿法”和“人”字形线路,中国工人依靠自己的双手,建成了“八达岭隧道”,这是中国自行修建的第一座单线越岭铁路隧道。如今,面对同样的高山峻岭,京张高铁八达岭隧道全长 12.01 km,下穿八达岭长城世界文化遗产核心区,沿线分布着居庸关长城、水关长城及八达岭长城等国家级旅游景点,一处并行水关长城,两次下穿八达岭长城,也足以让世人刮目相看。在京张高铁八达岭隧道内,有一个世界上规模最大、埋深最深的高铁地下车站——八达岭长城站。车站总长 470 m,地下建筑面积 3.6 万 m^2,最大埋深 102 m,车站层、出站层和进站层全部在地下,同时还设有 8 条辅助应急通道。

抚今追昔,一代代铁路人精忠报国、追梦前行,创造了一个个令人瞩目的奇迹,中国铁路人的智慧和创新精神从来没有变过。唯有奉献不负韶华,唯有奋斗不负伟大时代!

任务 0.1 桥隧建筑物养护维修的任务

桥隧建筑物是铁路线路的重要组成部分，结构复杂、修建困难、造价较高，因此，做好桥隧建筑物的修理工作，对保证铁路运输安全畅通，适应铁路运输发展需要有着重要意义。

0.1.1 桥隧建筑物养护维修的任务

桥隧建筑物在建造与使用的过程中，不可避免地受到各种不利因素的影响和作用，如环境影响，有害化学物质侵蚀，混凝土、钢材、橡胶等材料的自身缺陷和老化，地震、洪水、台风、车辆撞击、超载、设计缺陷、施工质量、养护不及时等自然灾害和人为因素，使得结构在其生命周期内必然会发生各种状态的退化。此外，随着交通运输的日益繁忙，桥隧承载能力和通过能力也需要满足新的要求。为保障桥隧建筑物的安全运营，延长结构使用寿命，就需要加强日常养护，并在检测评估的基础上，对于承载力不足、使用性能较差或安全性不能满足要求的结构或构件，进行有针对性的修理加固。

桥隧建筑物的修理工作分为检查、维修和大修，维修工作分为经常保养和综合维修，修理实行检查与养修分开的管理体制。

桥隧建筑物检查、监控是全面掌握设备状态变化的重要手段，也是保证行车安全的基础性工作。桥隧修理工作采用状态修与周期修相结合的方式进行，以状态修为主，通过综合维修和经常保养相结合的方式整治既有病害，及时消除危及行车安全的处所，经常保持桥隧建筑物状态均衡完好，使列车能以规定的速度安全、平稳和不间断的运行。

桥隧大修工作是根据设备状态和运输需要，有计划地对设备进行整治、加固，恢复或提高设备运营能力，必要时进行更新改造以充分发挥桥隧建筑物的使用效能。铁路桥隧建筑物修理体系如图 0.1.1 所示。

0.1.2 桥隧建筑物的结构组成与分类

桥隧建筑物是桥梁、隧道、涵洞、明渠、地道、跨线桥、调节河流建筑物等的总称。铁路在跨越江河、沟溪、池沼、山谷、公路或其他铁路时，需修建桥梁或涵洞。使路基中断不连续，建筑物上无填土且孔径大于 6 m 者为桥梁；路基连续完整，建筑物上有填土、垂直或斜交于线路、孔径小于 6 m 者为涵洞。

1. 桥梁

1)桥梁结构组成

桥梁由上部结构(桥跨结构)、下部结构、防护设备及调节河流建筑物组成(图 0.1.2)。

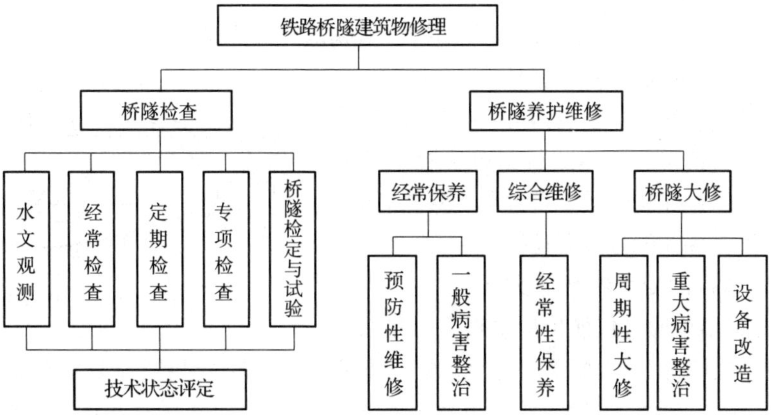

图 0.1.1　铁路桥隧建筑物修理体系

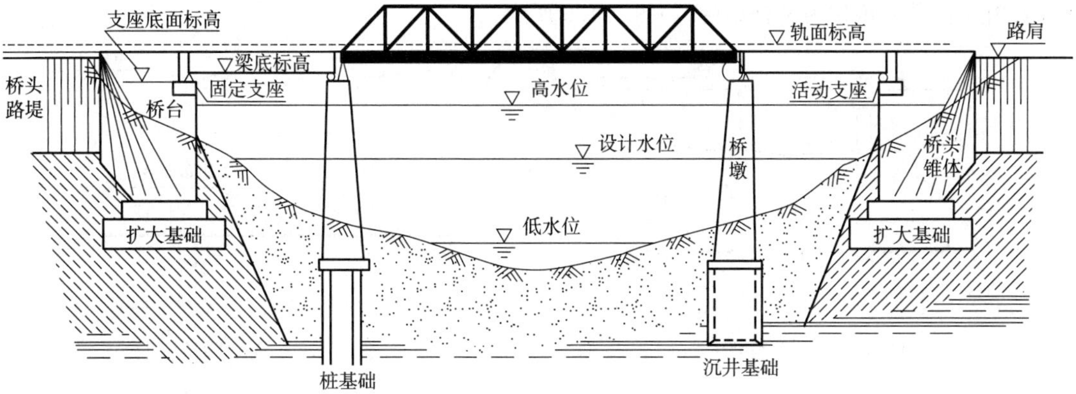

图 0.1.2　桥梁组成图

上部结构：桥面系、桥跨结构(梁拱)。

下部结构：支座、桥墩、桥台及基础。

防护设备及调节河流建筑物：护锥、护岸、护基、护底、导流堤、丁坝、梨形坝等。

2)桥梁的分类

(1)按桥梁长度分类

①特大桥：桥长 500 m 以上。

②大桥：桥长 100～500(含) m。

③中桥：桥长 20～100(含) m。

④小桥：桥长 20 m 及以下。

(2)按梁拱材质分类

①钢桥：梁拱等桥跨结构材料为钢材。

②圬工桥：梁拱等桥跨结构材料为石、砖、混凝土、钢筋混凝土等圬工材料。

③混合桥：一座桥(包括墩台构造在一起的复线桥)上有两种以上不同的材料。

④木桥：梁拱等桥跨结构材料为木材。

(3)按桥面位置分类

①上承式桥:桥面位于主体结构(梁、拱等)承载部分之上的桥。

②中承式桥:桥面位于桥跨中部(图 0.1.3)。

③下承式桥:桥面位于主要承重结构(桁架、拱类、主梁等)下面的桥梁。下承式桥又分为穿式桥和半穿式桥。桥面上方有横向联结系者称为穿式桥,桥面上方无横向联结系者称为半穿式桥。

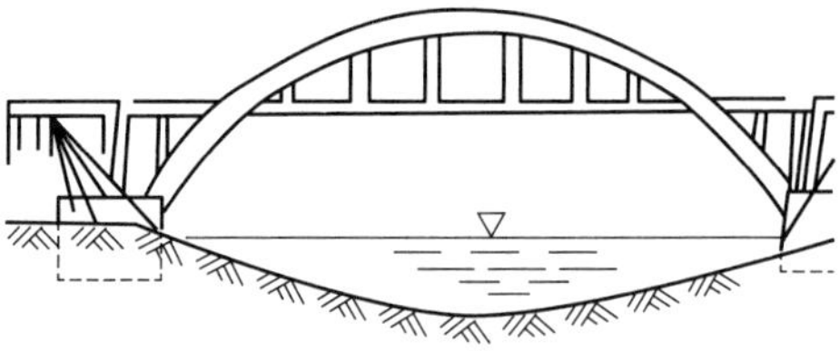

图 0.1.3　中承式桥

(4)按桥跨结构的受力特征分类

①梁桥:桥跨结构通过仅能传递垂直反力和水平反力的支座支承在墩台上,主要承受弯矩。铁路桥梁采用最多的是梁桥,分别有如下几种。简支梁桥:一孔一梁,一端为固定支座,另一端为活动支座,如图 0.1.4 所示。连续梁桥:桥跨结构连续跨越两个以上桥孔的梁式桥,在其中一个墩上为固定支座,另一端为活动支座,如图 0.1.5 所示。悬臂梁桥:在桥墩上连续,在桥孔内中断;线路在桥孔内过渡到另一根梁上的称为悬臂梁结构,采用这种梁的桥称为悬臂梁桥,如图 0.1.6 所示。

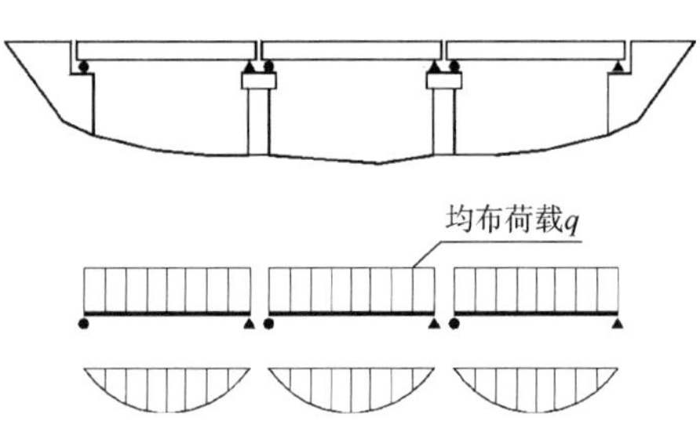

图 0.1.4　简支梁桥

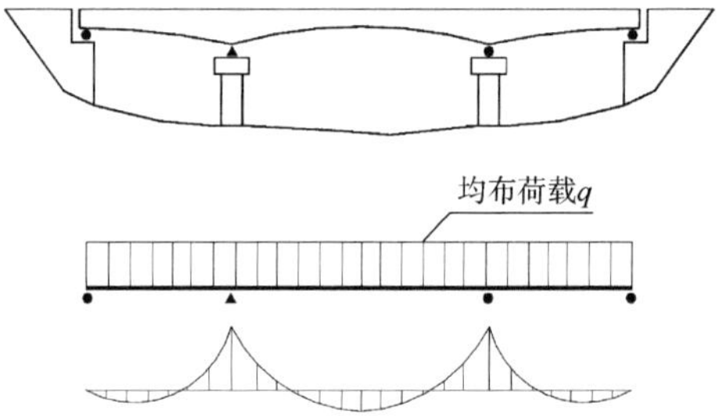

图 0.1.5　连续梁桥

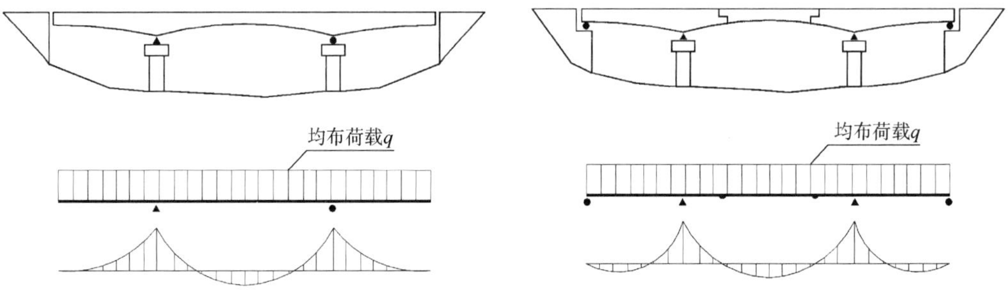

(a) 双悬臂梁桥　　(b) 单悬臂梁桥

图 0.1.6　悬臂梁桥

②拱桥:桥跨结构为拱,如图 0.1.7 所示。拱桥在竖向荷载作用下,桥墩或桥台将承受水平推力,这种水平推力将有效抵消荷载在拱圈内引起的弯矩作用,而使拱的弯矩和变形减小,主要以承压为主。

拱式桥按桥面位置可分为上承式拱桥、中承式拱桥和下承式拱桥。

拱桥又可按结构形式分为:无铰拱,刚度大,但两端有弯矩,对两端的基础要求很高;双铰拱,温度变化和基础移动对拱的影响较无铰拱小;三铰拱,为静定结构,因中间有铰,桥的刚度

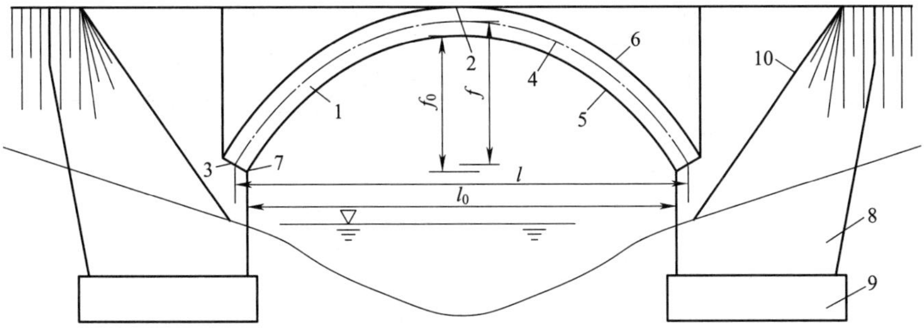

图 0.1.7　上承式拱桥概貌

1—主拱圈；2—拱顶；3—拱脚；4—拱轴线；5—拱腹；6—拱背；7—起拱线；8—桥台；9—桥台基础；10—锥坡；

l_0—净跨径；l—计算跨径；f_0—净矢高；f—计算净高；f/l(或 f_0/l_0)—矢跨比

较差。

按有无外推力可分为：推力拱，推力由墩台基础承受；无推力拱，设置系杆承受水平推力，即系杆拱，如图 0.1.8 所示。

③刚构桥：墩台(支柱)结构与桥跨结构连成整体的桥梁(设有斜向支柱的称为斜腿刚构桥)，支柱与主梁共同受力，受力特点为支柱与主梁刚性连接，在主梁端部产生负弯矩，减少了跨中截面正弯矩，而支座不仅提供竖向力还承受弯矩。主要材料为钢筋混凝土，常用于需要较大的桥下净空和建筑高度受到限制的情况，如立交桥、高架桥等，如图 0.1.9 所示。

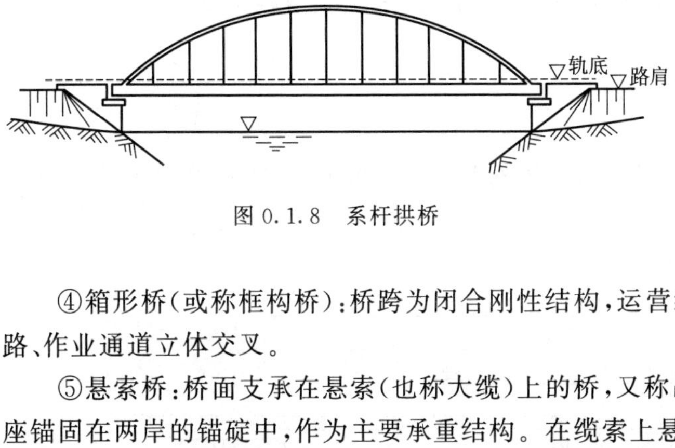

图 0.1.8　系杆拱桥

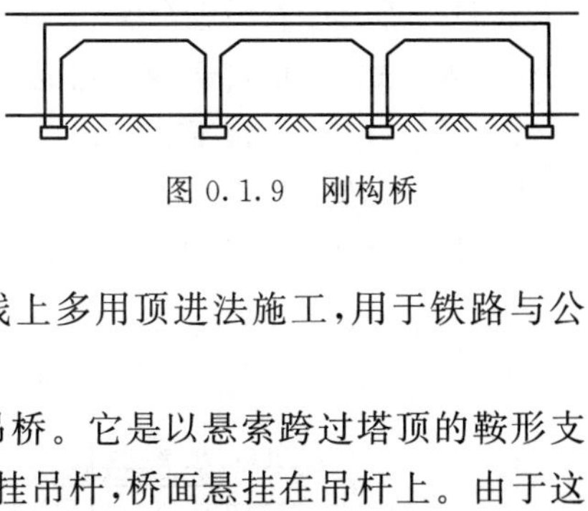

图 0.1.9　刚构桥

④箱形桥(或称框构桥)：桥跨为闭合刚性结构，运营线上多用顶进法施工，用于铁路与公路、作业通道立体交叉。

⑤悬索桥：桥面支承在悬索(也称大缆)上的桥，又称吊桥。它是以悬索跨过塔顶的鞍形支座锚固在两岸的锚碇中，作为主要承重结构。在缆索上悬挂吊杆，桥面悬挂在吊杆上。由于这种桥可充分利用悬索钢缆的高抗拉强度，具有用料省、自重轻的特点，是现在各种体系桥梁中能达到最大跨度的一种桥型。

悬索桥的结构组成及作用：主缆是结构体系中的主要承重构件，受拉为主；主塔是悬索桥抵抗竖向荷载的主要承重构件，受压为主；加劲梁是悬索桥保证车辆行驶、提供结构刚度的二次结构，主要承受弯曲内力；吊索是将加劲梁自重、外荷载传递到主缆的传力构件，是联系加劲梁和主缆的纽带，承受拉力。锚碇是锚固主缆的结构，它将主缆中的拉力传递给地基，如图 0.1.10 所示，悬索桥稳定性较差。

⑥斜拉桥：斜拉桥是将梁用若干根斜拉索拉在塔柱上的桥。它由承弯的梁体、受拉的索和承压的塔柱三部分组成。斜拉桥是一种自锚式体系，斜拉索的水平力由梁承受。梁除支承在墩台上外，还支承在由塔柱引出的斜拉索上，如图 0.1.11 所示。

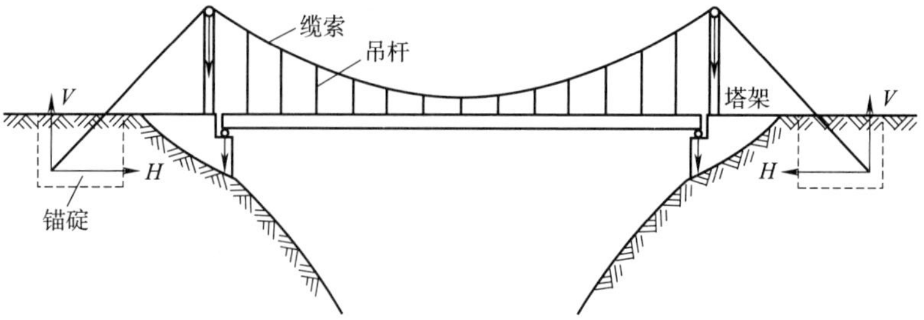

图 0.1.10　悬索桥

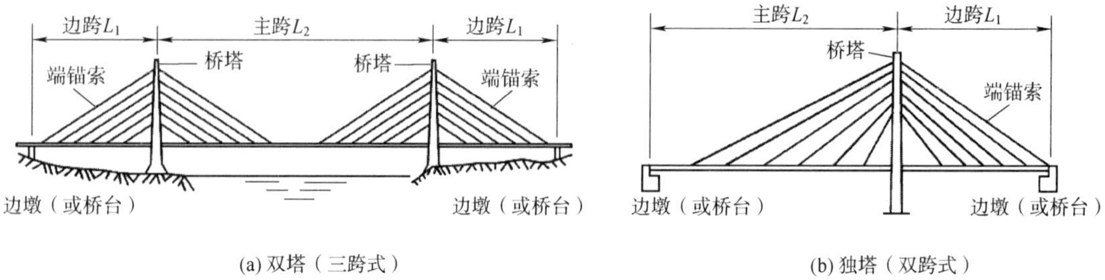

图 0.1.11　斜拉桥

⑦综合体系桥：主要承重结构(桥跨)同时采用两个(或以上)独立结构体系相互联系结合而成的桥梁，如梁和拱组合、悬索和梁组合等，斜拉桥即是一种主梁与斜向缆索相结合的组合体系桥。

(5)按桥跨能否活动分类

①固定式桥：桥跨部分固定的桥。

②开启式桥：桥跨部分可以开合的桥。按桥体的开合方式可分为：横旋桥，可以在平面内旋动；竖旋桥，可以在立面内旋动；直升桥，桥跨可以垂直升降。

3)桥梁各部尺寸的概念(图 0.1.12)

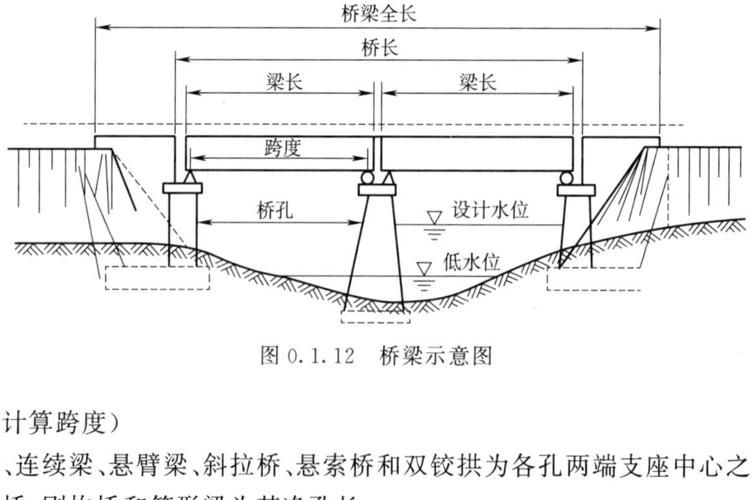

图 0.1.12　桥梁示意图

(1)跨度(计算跨度)

①简支梁、连续梁、悬臂梁、斜拉桥、悬索桥和双铰拱为各孔两端支座中心之间的距离。

②无铰拱桥、刚构桥和箱形梁为其净孔长。

简支梁桥跨度应符合表 0.1.1。

表0.1.1　铁路桥梁跨度系列

跨度(m)	6	8	10	12	16	20	24	32	40
梁长(m)	6.5	8.5	10.5	12.5	16.5	20.6	24.6	32.6	40.6

(2)梁的全长

①钢桁梁为沿纵梁(下承)或上弦(上承)的全梁长度。

②板梁、工字钢梁为上边的长度。

③圬工梁为梁体两端外边之间的长度。

④连续梁为相连各孔的总长。

⑤悬臂梁为锚固端加悬臂的总长。

⑥扣轨梁或工字钢束梁各为轨束或工字钢的实际长度。

(3)梁的净跨径(净孔)

沿计算水位量出的相邻墩台边缘之间的距离。

(4)桥梁长度(桥长)

①梁桥系指桥台挡砟前墙之间的长度。

②拱桥系指拱上侧墙与桥台侧墙间两伸缩缝外端之间的长度。

③刚架桥(或框构桥)系指刚架(或框构)顺跨度方向外侧间的长度。

(5)桥梁全长

指两桥台边墙外端(包括托盘及基础)间的距离,两边墙不相等时以短边计;曲线桥为中心线上墩台之间各段折线之和。

(6)桥孔总长(桥梁孔径)

指桥梁排水宽度,即桥梁各孔净跨度的总和。斜交桥为各两墩(台)间垂直距离之和;拱桥为各孔起拱线处净长之和。当锥体填土突出桥台之外时,则为沿计算水位与低水位之间的中线来量度。

(7)桥梁高度

由桥面的轨底至河床最凹点的距离。

(8)桥梁的建筑高度

由桥面钢轨的轨底至桥跨结构底部的距离。

(9)桥下净空高度

由桥跨结构的底部到计算水位(通航河流则为计算航行水位)的距离;跨线桥为桥跨结构底部至其下铁路线路轨顶或公路路面的高度。

(10)温度跨度

指梁跨受温度影响而伸长或缩短的区段长度(图0.1.13)。

2. 隧道

(1)隧道结构组成

隧道包括主体建筑物和附属设备两部分。主体建筑物由洞身和洞门组成;附属设备包括避车洞和防排水设施,长大隧道还有专门的通风及照明设备。

(2)隧道的分类

隧道长10 000 m以上称为特长隧道;隧道长3 000～10 000(含) m称为长隧道;隧道长

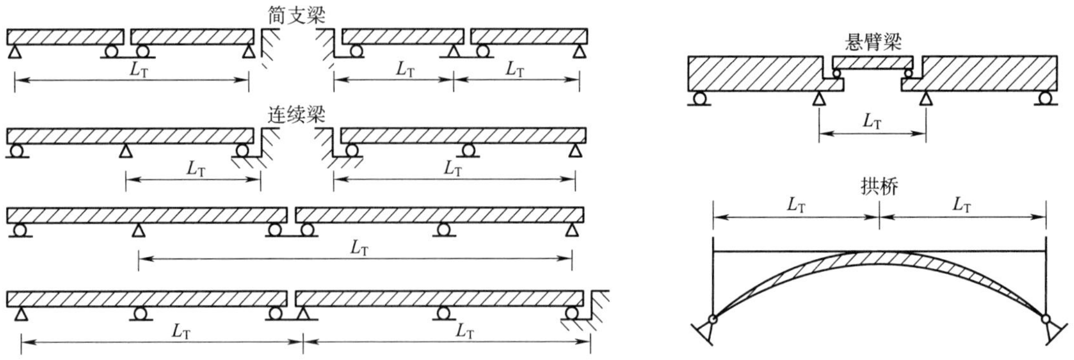

图 0.1.13　温度跨度图

注：L_T 为温度跨度。

500～3 000(含) m 称为中隧道；隧道长 500 m 及以下称为短隧道。

隧道长度系指进出口洞门端墙墙面之间的距离，即以端墙面与内轨顶面的交线同线路中线的交点计算。计算时，双线隧道以下行线为准；设有车站的隧道以正线为准。

3. 涵洞

1)涵洞结构组成

涵洞、明渠、渡槽、倒虹吸管统称为涵渠。涵洞由洞身、基础、进出口建筑物(即端墙、翼墙等)以及附属设备组成(图 0.1.14)。

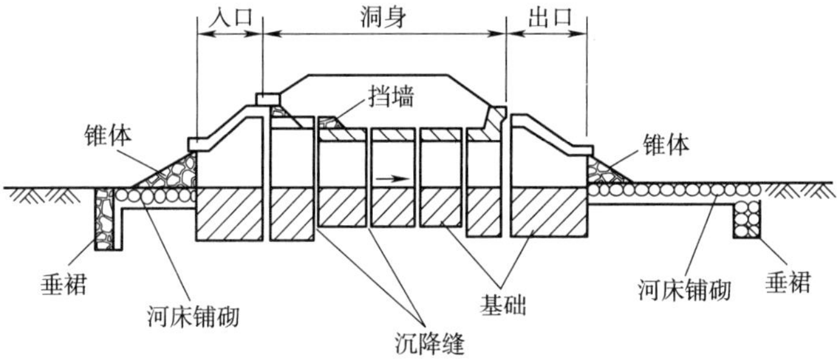

图 0.1.14　涵洞的组成

2)涵洞的分类

涵洞按结构形式可分为拱涵、圆涵、框架涵、盖板涵等；按水力特性分为无压涵、有压涵、半有压涵(图 0.1.15)；按孔数分为单孔、双孔、多孔等。

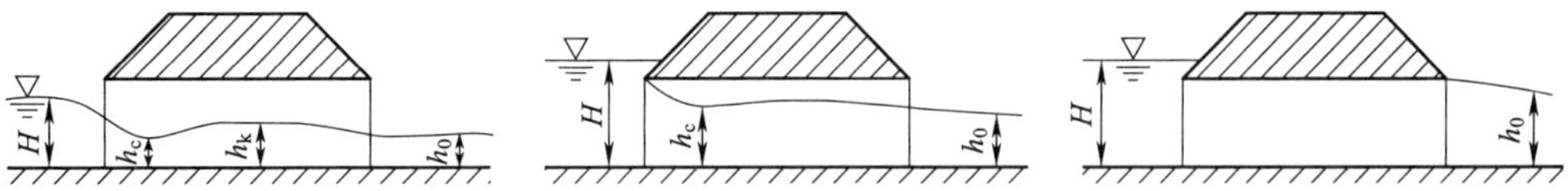

(a) 无压涵　(b) 半有压涵　(c) 有压涵

图 0.1.15　涵洞水流图式

H—涵前水深；h_0—正常水深；h_c—收缩断面水深；h_k—临界水深

排洪涵洞的最小孔径不应小于 1.25 m，且全长不超过 25 m。当全长超过 25 m 时，为便于养护，孔径应相应加大。无淤积的灌溉涵孔径应不小于 0.75 m。当孔径为 0.75 m，且

净高 $H<1.0$ m时，长度不宜超过10 m；净高 $H\geqslant 1.0$ m时，长度不宜超过15 m。城市或者车站范围内涵洞的孔径，需酌情加大。如有涵洞不符合上述规定者，应结合具体情况逐步改造。

3)涵洞有关尺寸的规定

(1)涵洞的孔径

①拱涵为起拱线的水平距离。

②框构涵为涵内水平距离。

③圆涵为内径(卵形或扁圆形的为水平方向最大距离)。

④盖板涵为墩台间净距。

(2)涵洞的全长

①涵洞的全长即涵洞的轴长，包括端墙在内。

②框架涵和盖板涵的全长为边墙间横向宽度，以长边计。

任务习题

(一)填空题

1. 桥隧建筑物检查、监控是全面掌握设备状态变化的重要手段，也是保证行车安全的基础性工作。桥隧建筑物修理实行______________分开的管理体制。

2. 桥隧建筑物修理工作分为检查、维修和大修，维修工作分为________和综合维修。

3. 桥隧修理工作采用________与周期修相结合的方式进行，使列车能以规定的速度安全、平稳和不间断地运行。

4. 由桥跨结构的底部到设计水位(通航河流则为计算航行水位)的距离称为________。

5. 梁桥各孔两端支座中心之间的距离称为________。

6. 斜拉桥是将梁用若干根斜拉索拉在塔柱上的桥，是一种________体系桥。

7. 隧道长度系指进出口洞门端墙墙面之间的距离，即以端墙面与________的交线同线路中线的交点计算。

(二)选择题

1. 铁路线上排洪涵洞的最小孔径不应小于(　　)，且全长不超过25 m。

A. 0.75 m　　B. 1.00 m　　C. 1.25 m　　D. 1.5 m

2. 京沪高铁南京大胜关大桥为六跨连续钢桁拱桥，桥上按六线布置，全长9 273 m，称为(　　)。

A. 特大桥　　B. 大桥　　C. 中桥　　D. 小桥

3. 沿设计水位量出的相邻墩台边缘之间的距离称为(　　)。

A. 梁的全长　　B. 净孔　　C. 桥梁全长　　D. 桥孔总长

4. 兰新高铁祁连山隧道为世界第一高海拔铁路隧道，其中一号隧道全长6.55 km，称为(　　)。

A. 特长隧道　　B. 长隧道　　C. 中长隧道　　D. 短隧道

5. 梁桥桥台挡砟前墙之间的距离称为(　　)。

A. 桥梁全长　　B. 桥长　　C. 梁长　　D. 跨度

(三)判断题

1. 涵洞按水力特性分为无压涵、有压涵和半有压涵。　（　　）

2. 梁跨受温度影响而伸长和缩短的区段长度称为跨度。　（　　）

3. 斜拉桥可充分利用悬索钢缆的高抗拉强度，具有用料省、自重轻的特点，是现在各种体系桥梁中能达到最大跨度的一种桥型。　（　　）

4. 铁路隧道计算时，双线隧道以上行线为准，设有车站的隧道以正线为准。　（　　）

5. 涵洞的全长即涵洞的轴长，不包括端墙在内。　（　　）

任务 0.2　铁路桥隧基本技术要求

0.2.1　铁路桥隧限界

铁路限界是与线路纵向中心线垂直的横断面轮廓，指轨面以上一定宽度和高度范围内，除机车车辆以及同它有相互作用的设备(如电气化铁路接触网、车辆减速器等)以外，不允许有其他任何设备和建筑物侵入的最小净空尺寸。

1. 铁路桥梁限界

桥梁建筑限界较基本建筑限界稍大，如图 0.2.1 所示。在两者之间可以安装照明、通信及信号设备。改建的桥梁限界应满足现行行业标准中桥梁建筑限界的要求，曲线上建筑限界按规定加宽。

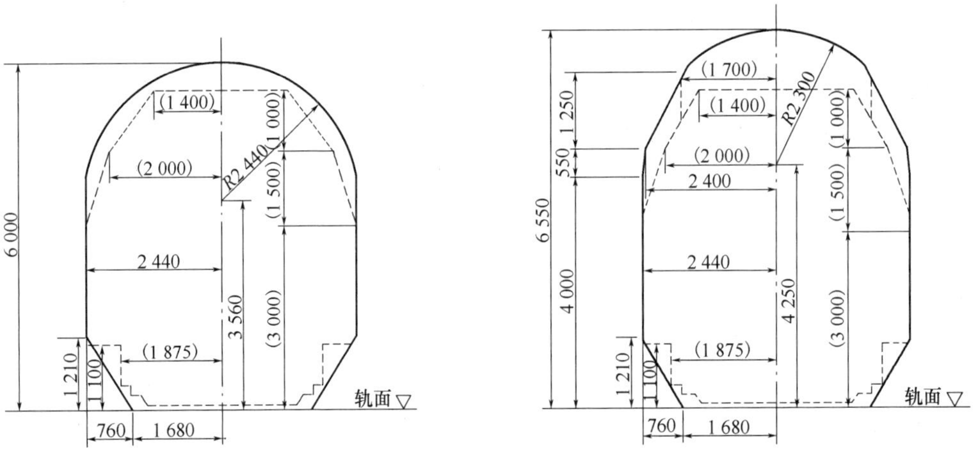

(a)桥梁建筑限界(内燃牵引区段)　　(b)桥梁建筑限界(电力牵引区段)

--------- 基本建筑限界

图 0.2.1　客货共线($v \leqslant 160$ km/h)桥梁建筑限界(单位：mm)

2. 铁路隧道限界

(1)隧道限界

铁路隧道建筑限界，指的是为保证隧道内各种机车等的正常运行与安全，而规定在一定宽度和高度范围内不得有任何障碍物的空间限界，如图 0.2.2 所示。改建隧道的限界应满足现行行业标准中隧道建筑限界的要求，曲线上建筑限界按规定加宽。

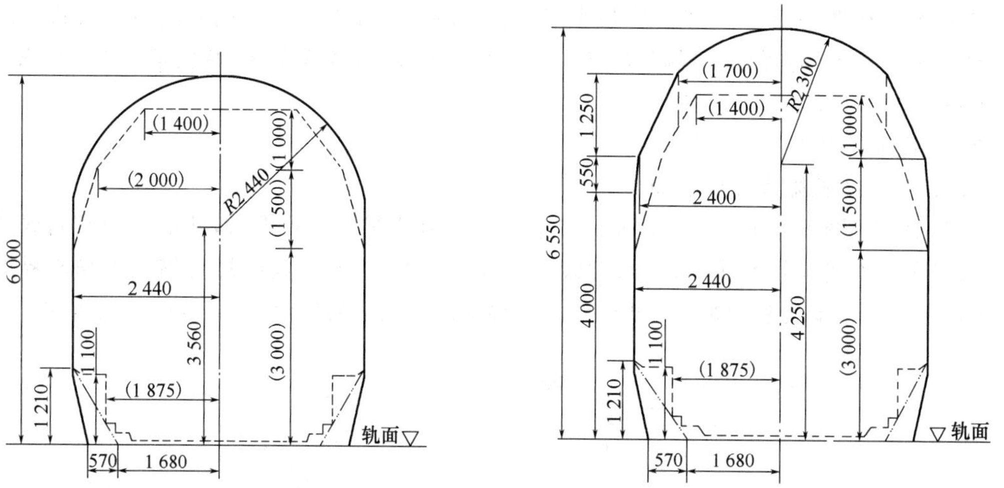

(a)隧道建筑限界(内燃牵引区段)　　(b)隧道建筑限界(电力牵引区段)

--------- 基本建筑限界

图 0.2.2　客货共线($v \leqslant 160$ km/h)隧道建筑限界(单位:mm)

隧道限界并不是隧道衬砌内轮廓,如图 0.2.3 所示,隧道衬砌几何形状系由外轮廓线和内轮廓线组成,内轮廓线所包含的空间称为内净空,隧道内净空必须比隧道的限界大,以保证行车安全。

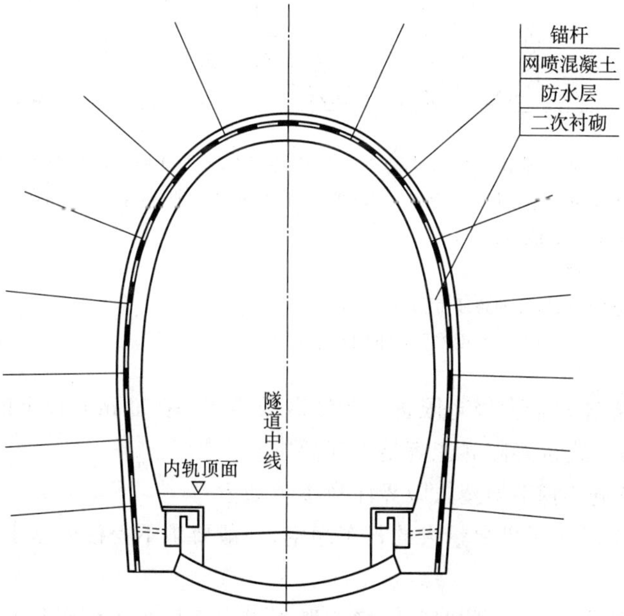

图 0.2.3　铁路隧道复合式衬砌示意图

(2)综合最小限界

根据铁路运输组织工作的需要,把每一区段内所有的隧道、桥梁、跨线建筑物及其附属设备所组成的综合最小限界,叫作该区段的综合最小限界。它是根据每一座建筑物的综合最小限界汇成的。按照规定，隧道的综合最小限界应每隔 5 年重绘一次。引起隧道综合最小限界发生变化的原因有：隧道内出现病害；隧道限界改善或改建；隧道大修，维修施工中安装临时设施；线路起拨道和超高量的变化。

3. 桥隧限界要求

(1)运营中桥隧限界的要求如下：

运营中的桥隧不能满足现行行业标准中桥梁隧道建筑限界要求时，各部分及其附属设备均不得侵入基本建筑限界(图 0.2.4，曲线上按规定加宽)。对不能满足桥隧建筑物限界的桥隧，应有计划的逐步改造。如旧梁实际建筑限界尚能满足下列要求之一时，可暂缓扩大。

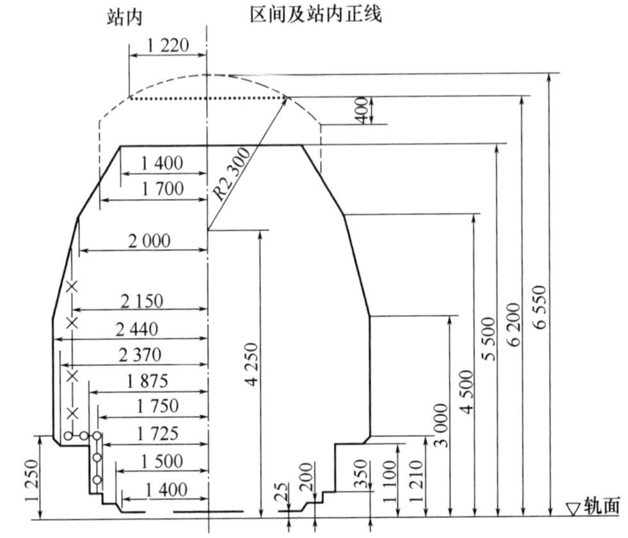

图 0.2.4　客货共线铁路基本建筑限界图($v \leqslant 160$ km/h)(单位：mm)

—×—×—×— 信号机、高架候车室结构柱和接触网、跨线桥、天桥、电力照明、雨棚等杆柱的建筑限界(正线不适用)。

-o-o-o-o-o-o- 站台建筑限界(正线不适用)。

———————— 各种建(构)筑物的基本限界。

— — — — — — — 适用于电力牵引区段的跨线桥、天桥及雨棚等建(构)筑物。

·························· 电力牵引区段的跨线桥在困难条件下的最小高度。

①实际建筑限界超过最大级超限货物的装载限界，并有 70 mm 以上的净距。

②复线区段，有一线桥梁限界能满足上述要求。

(2)桥梁大维修施工脚手架侵入限界注意事项如下：

①桥梁养护施工时应提供尽量大的行车净空，一般要求不得侵入基本建筑限界(曲线上按规定加宽)。

②达不到上述要求时，施工临时行车净空既不得小于机车车辆限界每边各加 150 mm(曲线上按规定加宽)，也不得小于该区间实际最小限界。当施工临时行车净空小于该区间实际最小限界时，应事先按有关规定办理审批手续。

4. 曲线加宽

机车车辆通过曲线线路时，其车体纵向中心线和线路中心线不一致，前后轮轴之间车体中部向曲线内侧偏移，车体端部向曲线外侧偏移，这种因曲线地段车辆中心线的偏移产生的加宽称曲线加宽。

(1)在曲线上建筑限界内外侧都需要进行加宽，其加宽值计算公式如下：

曲线内侧加宽(mm)　$$W_{内}=\frac{40\ 500}{R}+\frac{H}{1\ 500}h \tag{0.2.1}$$

曲线外侧加宽(mm)　$$W_{外}=\frac{44\ 000}{R} \tag{0.2.2}$$

式中　R——曲线半径(m)；

H——计算点距轨顶高度，即轨面算起的机车车辆或列车装载高度(mm)；

h——外轨超高(mm)。

(2)桥梁建筑限界

位于曲线上的下承桁梁及半穿式梁，其横断面的净空，需要加宽的数值，除与前述曲线半径、外轨超高和车辆长度有关，还与梁长有关。

单线内外侧加宽量(mm)以电力牵引限界考虑时：

$$W_{内}=\frac{1\ 000L_Z}{8R}+\frac{40\ 500}{R}+3.03h-0.045\left(\frac{h}{15}\right)^2 \tag{0.2.3}$$

$$W_{外}=\frac{44\ 000}{R} \tag{0.2.4}$$

式中　L_Z——梁长(m)。

式(0.2.3)中 $3.03h-0.045\left(\frac{h}{15}\right)^2$ 为轨面上 4.55 m 处的偏移量，电力牵引时用以代替公式中的 $H \cdot h/1\ 500$。

复线中心距加宽量(mm)　$$W_{中}=\frac{84\ 500}{R} \tag{0.2.5}$$

(3)隧道建筑限界

单线曲线内外侧加宽办法与建筑限界相同。双线区间隧道，在曲线上的线间距加宽一般为

$$W'_{中}=\frac{84\ 500}{R} \tag{0.2.6}$$

0.2.2　荷　　载

1. 活载

为规范设计，我国根据机车车辆轴重、轴距对桥梁的不同影响及考虑到各种机车车辆在各级铁路线路上均可能运行，客货共线铁路采用了统一的列车荷载图式(中—活载)，如图 0.2.5 所示。近年来，随着铁路的快速发展，铁路客货运输呈现出客运高速、货运重载等新的特征，不同线路通过的列车差异越来越大，国家铁路局针对高速铁路、城际铁路、客货共线铁路、货运铁路分别规定了相应的列车荷载图式，《铁路列车荷载图式》(TB/T 3466—2016)自 2017 年 7 月 1 日起实施。其中旅客列车与货物列车共线运营、设计速度 200 km/h 以下客货运共线铁路采用 ZKH 活载，客货共线铁路货运特征达到重载铁路标准时采用 ZH 活载，如图 0.2.6 所示。

2. 荷载组合

检定既有桥梁时，应根据桥梁特性，按表 0.2.1 所列荷载的最不利组合进行检算。

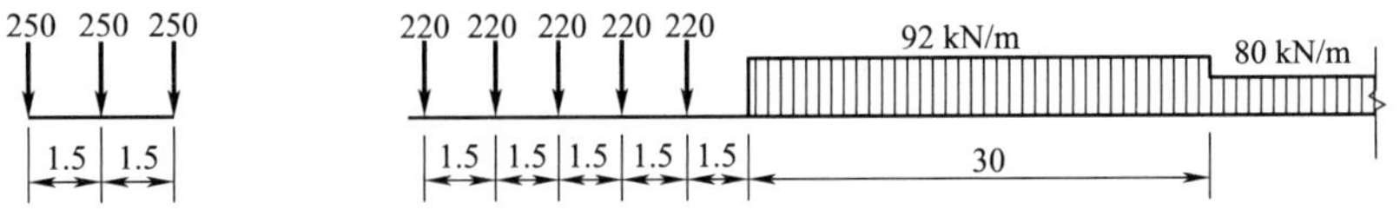

(a) 特种活载　　　　(b) 普通活载

图 0.2.5　中—活载图示(轴重力单位:kN;长度单位:m)

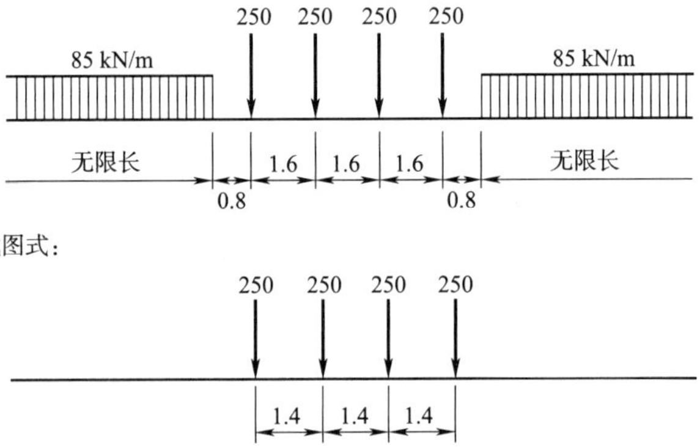

图 0.2.6　客货共线 ZKH 荷载图示(轴重力单位:kN;长度单位:m)

表 0.2.1　既有桥梁检定荷载

荷载分类		荷载名称	荷载分类	荷载名称
主力	恒载	结构构件及附属设备自重	附加力	制动力或牵引力
		预加应力		风力
		混凝土收缩及徐变的影响		流水压力
		土压力		冰压力
		静水压力及水浮力		温度变化的影响
		基础变位的影响		冻胀力
	活载	列车竖向静活载	特殊荷载	列车脱轨荷载
		公路竖向静活载(需要时考虑)		船只或排筏撞击力
		列车竖向动力作用		汽车撞墩力
		离心力		施工荷载
		横向摇摆力		地震力
		列车活载所产生的土压力		长钢轨断轨力
		作业通道及栏杆的荷载		
		长钢轨纵向水平力(伸缩力和挠曲力)		
		气动力(仅用于高速铁路)		

3. 桥梁检定

桥梁设计是按照给定的设计荷载,通过计算来构造一个结构,使该荷载能够以一定的速度安全通过。桥梁检定是一个反过程,对一座既有桥梁,计算出该桥能承受多大荷载,这个能承受的荷载相当于一个标准荷载的倍数。桥梁各个部件原则上按照等强度设计,但是又不可能完全等强度，所以一个桥梁就有很多个承载系数，桥梁的承载系数是取这些承载系数中的最小者。

运营桥涵的承载能力按《铁路桥梁检定规范》（铁运函〔2004〕120 号）进行检算，以检定承载系数“K”表示，K 为结构所能承受的活载相当于《铁路列车荷载图示》（TB/T 3466—2016）相应线路类型标准活载或中—活载的倍数，检定要求：

（1）按中—活载及以前荷载标准设计的桥涵，检定承载系数 K 以中—活载标准进行检算。

（2）$K \geqslant 1$ 时，表示桥涵结构承载能力满足标准活载的要求。

（3）临时性桥涵容许运行活载，必须满足 $Q < K$（Q 为运行活载，相当于标准活载的倍数）。

（4）承载能力不足的桥涵（即 $K < 1$），应根据其技术状态确定加固、更换或改建。加固、更换或改建的桥涵，其承载能力必须达到 $K \geqslant 1$ 的要求。对尚能满足 $K > Q$ 的桥涵可由运营单位根据情况确定是否暂缓加固、改造。

0.2.3　孔径与净空

孔径及净空在通航或通行木筏的河流上，桥跨结构下缘至设计通航水位的净空高度除应满足泄洪的要求外还应满足通航净空的要求。通航净空是指在桥孔中垂直水流方向所需的空间限界（图 0.2.7、图 0.2.8 中虚线所示多边形），任何桥梁结构构件或设施都不得伸入通航净空范围内。

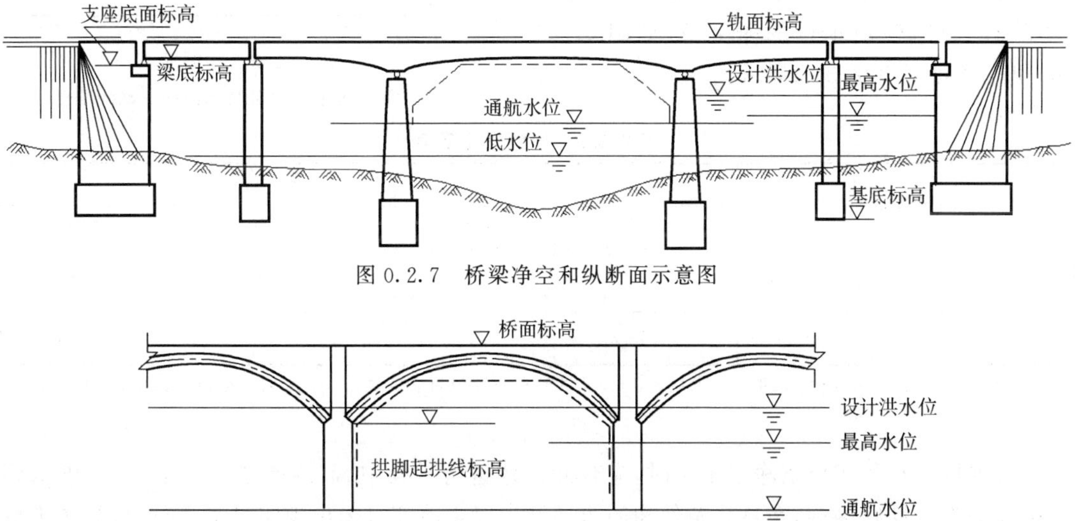

图 0.2.7　桥梁净空和纵断面示意图

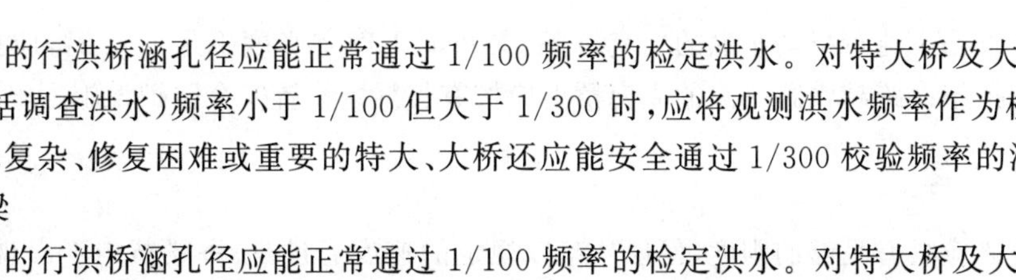

图 0.2.8　拱桥桥下净空示意图

运营中的行洪桥涵孔径应能正常通过 1/100 频率的检定洪水。对特大桥及大中桥，若观测洪水（包括调查洪水）频率小于 1/100 但大于 1/300 时，应将观测洪水频率作为检定洪水频率。对技术复杂、修复困难或重要的特大、大桥还应能安全通过 1/300 校验频率的洪水。

1. 桥梁

运营中的行洪桥涵孔径应能正常通过 1/100 频率的检定洪水。对特大桥及大中桥，若观测洪水（包括调查洪水）频率小于 1/100 但大于 1/300 时，应将观测洪水频率作为检定洪水频率。对技术复杂、修复困难或重要的特大桥、大桥，还应能安全通过 1/300 校验频率的洪水。

行洪桥下不通航的桥孔净空高度应符合表 0.2.2 的规定，当原不通航桥孔需要通航时，其桥下净空高度及航行水位，地方相关部门应与铁路局集团公司商定。

表 0.2.2　桥下净空高度(m)

序号	桥的部位		高出检定水位的最小高度		高出校验水位的最小高度	
			钢梁	钢筋混凝土或预应力混凝土结构	钢梁	钢筋混凝土或预应力混凝土结构
1	梁底	一般情况	0.25	0.25	0.00	—
		洪水期有大漂流物	1.50	1.25	0.75	0.50
		有泥石流	1.00	1.00	0.50	0.50
2	支承垫石顶		0.00	—	—	—
3	拱肋和拱圈的拱脚		0.00	—	—	—

注：(1)实体无铰拱洪水期无大漂浮物时，检定洪水位到拱顶净空高度不应小于拱矢高的 1/4。
(2)严重泥石流时，或在洪水期有特大漂流物通过时，可视具体情况，采用大于表列的净空高度。
(3)表中所列水位及注(1)中所指水位应根据河流具体情况，计入可能产生的壅水、浪高、水拱、局部股流涌高、河流超高和河床淤积等影响的高度。

2. 涵洞

行洪涵洞孔径一般按无压状态检定，即按涵洞净高的 1.2 倍临界状态的水位检定。无压涵洞内顶点高出洞内检定水位的净空 Δ，如图 0.2.9 所示，也应满足表 0.2.3 的要求。

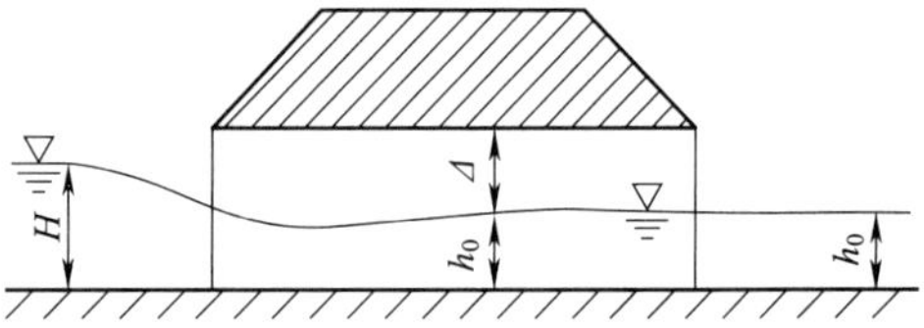

图 0.2.9　涵洞净空

H—涵前水深；h_0—正常水深；Δ—涵洞净空

表 0.2.3　涵洞净空高度

涵洞净高 H(m)	涵洞类型			
	圆　涵	拱　涵	盖板涵	框构涵
≤3	$\geqslant\frac{1}{4}H$	$\geqslant\frac{1}{4}H$	$\geqslant\frac{1}{6}H$	$\geqslant\frac{1}{6}H$
>3	≥0.75 m	≥0.75 m	≥0.5 m	≥0.5 m

注：拱(框构)桥与拱(框构)涵的区分：跨度>6 m，且拱或框构顶至轨底的高度<1 m 时为拱(框构)桥，否则为拱(框构)涵。

行洪桥涵孔径或桥下净空不足时，应有计划地进行扩孔、抬高或改建。对按 1/50 洪水频率设计的既有铁路涵洞，在自然条件和周边环境未发生改变且未出现明显水害时，可暂缓进行改造。

在铁路线路下通行机动车辆的立交桥涵，其桥涵下净空高度不足 5 m 时，应按相关规定设置限高防护架。跨越铁路线路的立交桥上应按有关规定设置安全防护设施。

0.2.4　刚　　度

铁路桥梁应具有足够的刚度，保证列车以规定的速度通过时，桥梁结构不出现剧烈振动，满足列车平稳运行以及旅客乘坐舒适性、轨道状态的要求。

《铁路桥梁检定规范》中规定桥梁运营性能检验有两个判别值：

行车安全限值——保证列车以规定的速度安全通过，桥梁结构必须满足的限值指标。超过此值时，必须采取一定的确保安全的措施。

通常值——桥梁在正常运用中的挠度或振幅值的上限、频率实测值的下限以及结构校验系数实测值的均值。铁路桥梁在运营过程中，如超过此值，应详细检查桥梁结构是否存在隐藏的病害，同时调查列车是否产生过异常的激励(车辆装载偏心、车况不良等)。

1. 梁体竖向刚度

(1)按ZKH或ZH荷载设计的桥梁，竖向挠度应满足《铁路桥涵设计规范》(TB 10002—2017)的相关要求，见表0.2.4。

表0.2.4　梁体竖向挠度容许值

线路标准		$L \leqslant 40$ m	40 m$<L\leqslant$80 m	$L>80$ m
客货共线铁路	200 km/h	L/1 200	L/1 000	L/900
	160 km/h	L/1 000	L/900	L/800
重载铁路	120 km/h及以下	L/900	L/800	L/700

注：(1)表中限值适用于三跨及以上的双线简支梁；三跨及以上一联的连续梁，梁体竖向挠度限值按表中数值的1.1倍取用；两跨一联的连续梁、两跨及以下的双线简支梁，梁体竖向挠度限值按表中数值的1.4倍取用。

(2)单线简支或连续梁，梁体竖向挠度限值按相应双线桥限值的0.6倍取用。

(3)表中的L为简支梁或连续梁检算跨的跨度。

(2)在中—活载静力作用下，桥梁改造时梁体竖向挠度限值应满足下列规定：

①$v\leqslant$160 km/h客货共线桥梁挠度限值应满足现行规定，见表0.2.5。

表0.2.5　梁体竖向挠度限值

桥跨结构		挠度限值
简支钢桁梁		L/900
连续钢桁梁	边跨	L/900
	中跨	L/750
简支钢板梁		L/900
简支钢筋混凝土及预应力混凝土梁		L/800
连续钢筋混凝土及预应力混凝土梁	边跨	L/800
	中跨	L/700

注：L为简支梁或连续梁检算跨的跨度，单位为m。

②160 km/h$<v<$200 km/h客货共线桥梁挠度限值应满足现行规定，见表0.2.6。

表0.2.6　梁体的竖向挠度限值

跨度L(m)		$L\leqslant 24$	$24<L\leqslant 40$	$40<L\leqslant 96$
挠度限值	单跨	L/1 000	L/900	L/900
	多跨	L/1 400	L/1 200	L/900

注：L为简支梁或连续梁检算跨的跨度。

(3)钢梁桥面系纵梁位置处横梁的挠度应满足下列规定：

①160 km/h客货共线铁路，端横梁应不大于3 mm，中间横梁应不大于4 mm。

②120 km/h及以下重载铁路，端横梁应不大于4 mm，中间横梁应不大于5 mm。

2. 梁体横向刚度

(1)改建钢梁桥不应采用上承式钢桁梁、上承式钢板梁,不宜采用半穿式钢桁梁。宽跨比应符合《铁路桥涵设计规范》(TB 10002—2017)的有关规定。

(2)列车活载作用下,支承垫石与梁底之间的横向相对变位不应大于 1 mm。

(3)《铁路桥梁检定规范》规定了简支钢梁和钢筋混凝土梁跨中横向水平振幅行车安全限值(表 0.2.7)和通常值。

表 0.2.7　桥梁跨中横向水平振幅安全限值$[A_{max}]_{5\%}$

<table>
<tr><th>类别</th><th colspan="3">结构类型</th><th>跨中横向振幅行车安全值$[A_{max}]_{5\%}$</th></tr>
<tr><td rowspan="4">钢梁</td><td colspan="3">无桥面系的板梁或桁梁</td><td>$L/5\ 500$</td></tr>
<tr><td rowspan="3">有桥面系</td><td colspan="2">板梁</td><td>$L/6\ 000$</td></tr>
<tr><td rowspan="2">桁梁</td><td>$L \leqslant 40$ m</td><td>$L/6\ 500$</td></tr>
<tr><td>40 m$<L\leqslant 96$ m</td><td>$L/(75L+3\ 500)$</td></tr>
<tr><td colspan="4">钢筋混凝土梁、预应力混凝土梁</td><td>$L/9\ 000$</td></tr>
</table>

注:L 表示跨度(m);$[A_{max}]_{5\%}$ 表示超越或然率为 95%的值。

3. 桥梁自振频率

(1)按中—活载及以前荷载标准设计的桥梁,简支梁竖向自振频率应不小于 n_0。

$$n_0=\begin{cases}\dfrac{80}{L}, L\leqslant 20\ \text{m}\\ 23.58L^{-0.592}, 20\ \text{m}<L\leqslant 128\ \text{m}\end{cases} \tag{0.2.7}$$

式中　n_0——简支梁竖向自振频率限值(Hz);

L——简支梁跨度(m)。

跨度 16 m 简支梁竖向自振频率应不小于 6.25 Hz。

(2)简支梁横向自振频率应不小于 n_h,有

$$n_h=60/L^{0.8} \tag{0.2.8}$$

式中　n_h——简支梁横向自振频率限值(Hz)。

对于计算桥梁跨度 $L\leqslant 64$ m 的混凝土梁、下承式钢桁梁桥、下承式钢板梁、半穿式钢桁梁横向自振频率时均可适用。

4. 桥墩刚度

(1)对运营时速 160 km 以上的线路,跨度大于 64 m 的钢桁梁桥、单线中高墩桥梁和轻型墩桥梁,需要进行车桥耦合动力检算。

(2)运营桥梁的混凝土、钢筋混凝土和石砌实体墩台在动活载作用下,应有足够的刚度,实测墩顶横向最大振幅和最低频率应满足规范要求的通常值,如超过通常值规定,应查明桥墩的技术状态,必要时进行加固或采取措施,保证行车安全。

(3)运营桥梁梁跨实测竖向变形(换算到相应线路类型标准活载,中—活载及以前荷载标准设计的桥涵换算到中—活载)、竖向和横向自振频率、桥面竖向振动加速度应满足有关限值要求,横向振幅应满足《铁路桥梁检定规范》要求,如超过限值,则应检查分析桥梁的技术状态,采取限速加固、改造等措施。

0.2.5 抗　　震

(1)对运营线设防烈度为 7 度、8 度、9 度的桥梁，位于 6 度区的 B 类桥梁，Ⅲ、Ⅳ类场地的 C 类桥梁，以及 C 类和 D 类隧道，应按照《铁路工程抗震设计规范》(GB 50111—2006)要求进行抗震设防，对抗震能力不足者应逐步采取抗震加固措施。

(2)对跨越铁路的跨线桥、天桥、立交明洞、渡槽等构筑物，按不低于该处铁路工程的抗震设防要求设防，对抗震能力不足者应逐步采取抗震加固措施。

(3)位于地震区的桥梁，其上部结构均应采取防止落梁、设置挡块等抗震措施，有条件时可采用减震装置，以减小地震作用效应。

(4)地震区棚式明洞应设置防止落梁设施，设防烈度 8 度和 9 度时不应采用悬臂式棚洞。

任务习题

(一)填空题

1. 对运营时速 160 km 以上线路，跨度大于 64 m 的钢桁梁桥、单线中高墩桥梁和轻型墩桥梁，需要进行________动力检算。

2. 限界是指 ________以上一定宽度和高度范围内，按要求不允许有其他任何设备和建筑物侵入的最小净空尺寸。

3. 运营桥隧不能满足现行行业标准中桥梁、隧道建筑限界要求时，各部分及其附属设备均不得侵入________。

4. 铁路曲线半径为 1 200 m，列车限高 H 为 4 000 mm，曲线超高为 30 mm，曲线内外侧建筑限界加宽合计值为________。

5. 运营桥涵的承载能力以检定承载系数 K 进行检算，当 $K \geqslant 1$ 表示桥梁________满足标准活载的要求。

6. 在铁路线路下通行机动车辆的立交桥涵，其桥涵下净空高度不足________时，应按相关规定设置限高防护架。

7. 位于地震区的桥梁，其上部结构应采取防止落梁、________等抗震措施。

(二)选择题

1. 单线直线基本建筑限界半宽为(　　)。

A. 2 440 mm　　B. 2 040 mm　　C. 2 400 mm　　D. 2 004 mm

2. 实际建筑限界超过最大级超限货物装载限界，并有(　　)以上的径距时，可延缓扩大桥隧建筑限界。

A. 50 mm　　B. 60 mm　　C. 70 mm　　D. 80 mm

3. 桥梁建筑限界较基本建筑限界(　　)。

A. 稍小　　B. 稍大　　C. 较高　　D. 较低

4. 单线隧道曲线加宽中，曲线半径越大，则隧道净空加宽就越(　　)。

A. 大　　B. 小　　C. 不变　　D. 不一定

5. 既有桥梁检定荷载中列车制动力和牵引力属于(　　)。

A. 恒载　　B. 活载　　C. 附加力　　D. 特殊荷载

6. $v \leqslant 160$ km/h 客货共线简支钢桁梁桥梁最大容许挠度值是(　　)。

A. $L/700$　　B. $L/750$　　C. $L/800$　　D. $L/900$

7. 列车活载作用下,支承垫石与梁底之间的横向相对变位不应大于(　　)。

A. 1 mm　　B. 2 mm　　C. 3 mm　　D. 5 mm

(三)判断题

1. 行洪涵洞孔径一般按有压状态检定,即按涵洞净高的 1.2 倍临界状态的水位检定。(　　)

2. 运营中的一般行洪桥涵孔径应能正常通过 1/100 频率的检定洪水。(　　)

3. 铁路限界是与线路纵向中心线垂直的横断面轮廓。(　　)

(四)简答题

《铁路桥梁检定规范》中桥梁运营性能检验有两个判别值,分别是什么?

项目1　桥面养护与维修作业

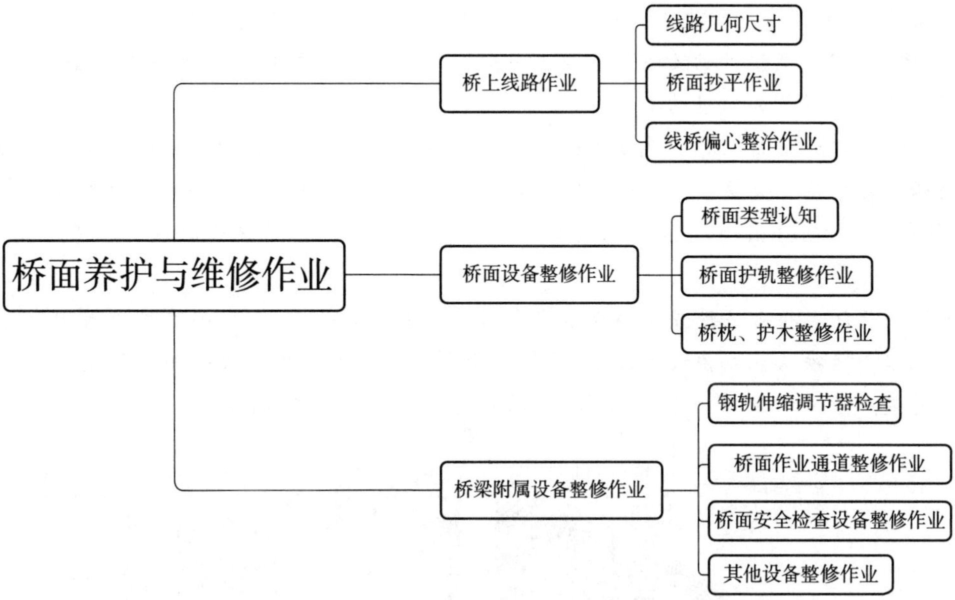

【项目描述】

本项目主要描述铁路桥梁桥面的类型、桥面设备技术标准、桥面养护维修典型工作任务和工作方法。桥面和桥上线路直接承受列车荷载,桥面状态的稳定直接影响行车安全和桥梁的使用年限。桥面除需要坚固耐用外,还需要保证列车行驶时的平稳可靠,以免对桥隧建筑物冲击过大而引起病害。

【学习目标】

1. 素质目标

(1)培养学生深厚的爱国情感和中华民族自豪感,激发学生科技报国的家国情怀和使命担当,树立正确的人生观、价值观、世界观;

(2)培养学生的创新意识;

(3)培养学生语言表达和沟通协调的能力。

2. 知识目标

(1)掌握道砟桥面结构组成、技术标准和主要养护内容;

(2)掌握明桥面结构组成、技术标准、主要养护内容和作业方法;

(3)掌握桥面附属工程技术标准、主要养护内容及整治方法;

(4)了解无砟轨道基本知识。

3. 能力目标

(1)能检查桥面道砟厚度,整治挡砟块、挡砟板;

(2)能进行护轨养护、维修单项作业；

(3)能进行桥枕、护木养护维修单项作业；

(4)能进行作业通道、标志牌、水标尺养护维修作业。

【思政小课堂】

“一桥飞架南北，天堑变通途”。武汉长江大桥是新中国成立后在“天堑”长江上修建的第一座大桥，素有“万里长江第一桥”美誉。大桥全长 1 670.4 m，正桥是铁路公路两用的双层钢木结构梁桥，桥身共有八墩九孔，每孔跨度为 128 m，桥下可通万吨巨轮，八个桥墩除第七墩外，其他都采用“大型管柱钻孔法”，这是当时中国桥梁工作者首创的新型施工方法，凝聚着中国桥梁工作者的智慧和精湛的工艺。

五峰山长江大桥为世界首座高速铁路悬索桥，同时也是世界上荷载和设计速度均为第一的公铁两用悬索桥。大桥全长 6 408.909 m，主桥长 1 428 m；大桥上层为双向八车道高速公路，设计速度为 100 km/h，下层为双向四线高速铁路，设计速度为 250 km/h，2020 年 12 月铁路桥投入运营。

五峰山长江大桥是高速铁路桥梁首次采用悬索桥结构体系，大桥的建成使我国率先在国际上建立起高速铁路悬索桥设计方法、计算理论和相关技术标准。大桥的建设充分体现了当代中国桥梁建设者的担当和作为，实现“中国制造”向“中国创造”的发展。

任务 1.1　桥上线路作业

1.1.1　桥上线路标准

1. 轨道几何尺寸

桥上线路轨道设备包括钢轨、轨枕、道床、道砟、联结零件、防爬设备和道岔等，用于引导列车行驶方向，支承其载重及冲击力，并传递至路基或桥隧等建筑物。

(1)轨距

轨距是钢轨头部踏面下 16 mm 范围内两股钢轨工作边之间的最小距离。

轨距分为三种：标准轨距、宽轨距和窄轨距。我国《铁路技术管理规程》规定，线路直线地段的标准轨距为 1 435 mm，曲线地段需按不同半径和不同类型加宽。轨距的容许误差应符合《普速铁路线路修理规则》(TG/GW 102—2019)(简称《修理规则》)的规定，见表 1.1.1。轨距变化应和缓平顺，轨距变化率应符合《修理规则》的规定。

表 1.1.1　轨距偏差容许值

时　　速	容许偏差(mm)	
$v \leqslant 120$ km	+6	−2
120 km$<v\leqslant$160 km	+4	−2
160 km$<v\leqslant$200 km	+2	−2

【例题 1.1.1】 直线轨道如图 1.1.1 所示,计算轨距变化率。

解:AA'-BB'轨距变化率=(1 438−1 436)/2 000=1‰

BB'-CC'轨距变化率=(1 441−1 438)/6 250=0.480‰

CC'-DD'轨距变化率=(1 441−1 435)/3 000=2‰

轨距的大小是由机车车辆的轮对宽度确定的,轮对是机车车辆的基本走行部分,由轮轴和两个车轮组成,如图 1.1.2 所示。

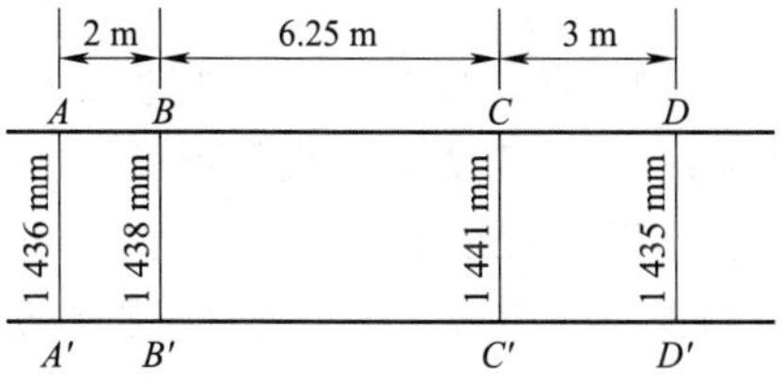

图 1.1.1　轨距变化率计算示意图

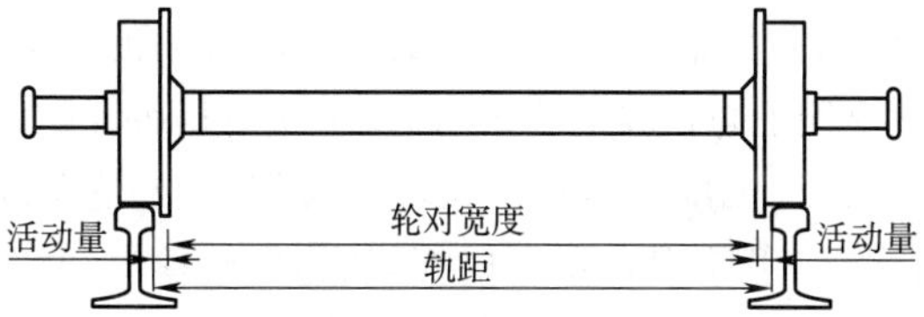

图 1.1.2　车轮轮对

踏面是指车轮和钢轨接触的面。轮缘是指为防止车轮脱轨,在车轮踏面内侧制成的凸缘。为使机车车辆在线路上两股钢轨间顺利行驶,轮对沿两钢轨滚动时不被楔住,轨道的轨距需稍大于轮对宽度,轮缘与钢轨之间有一定的间隙,亦称游间。

车辆轮对在直线钢轨上运行时,由于轮缘与钢轨内侧面存在间隙,且车轮踏面具有锥度,当运行速度提高后,轮对一方面会产生垂直于钢轨的横向运动,同时产生垂直于路面的回转运动,如图 1.1.3 所示。

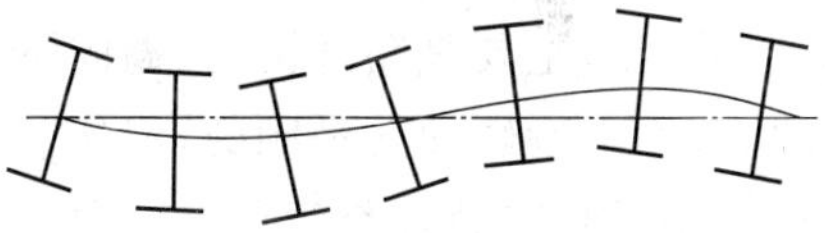

图 1.1.3　车轴中心运动轨迹

图中曲线是车轴中心的运动轨迹。在某一运动速度下,如果轮对运动时,位移既不增大,也不减小,呈正弦曲线,那么这个速度就称为蛇行临界速度。蛇行临界速度是列车提速的主要障碍,一般车辆的最大运行速度应控制在蛇行临界速度之下,并留有一定的余量,以保证安全运行。当车辆运行速度超过蛇行临界速度,称为蛇行失稳,轮对会产生剧烈横向振动而冲击钢轨,甚至引起脱轨。夏天时,由于轮轨摩擦系数大,车辆的蛇行临界速度相应降低,增加了车辆脱轨的可能性,因此夏天应加强轨道检查养护,采取防止脱轨的防范措施。

(2)水平、三角坑

水平指的是轨道上左右两股钢轨顶面的高差,满足均匀承受车辆传来的力和运行平稳的要求。

线路上实际存在两种形式的钢轨水平误差:一种是水平差,就是在较长的距离内,一股钢轨顶面始终高于另一股。另一种是三角坑(扭曲),就是在一段不太长的距离内,钢轨顶点连续出现两个正负不同的水平差,如图 1.1.4 所示,检查三角坑时基长为 6.25 m,但在延长 18 m 的距离内无超过《修理规则》规定的三角坑。通常情况下水平差即使超过允许误差标准,也只是引起车辆的摇晃和两股钢轨的不均匀受力及磨耗。但如果在 18 m 的距离内,有超过允许的三角坑管理值(尽管水平都不超限),就有可能使车辆的四个车轮只有三个正常压紧钢轨,另一个悬空。如果此时再有一个巨大的横向力作用,悬空的车轮就有可能爬上钢轨顶面,造成脱轨事故。因此,线路上如发现超限三角坑,需及时消除。

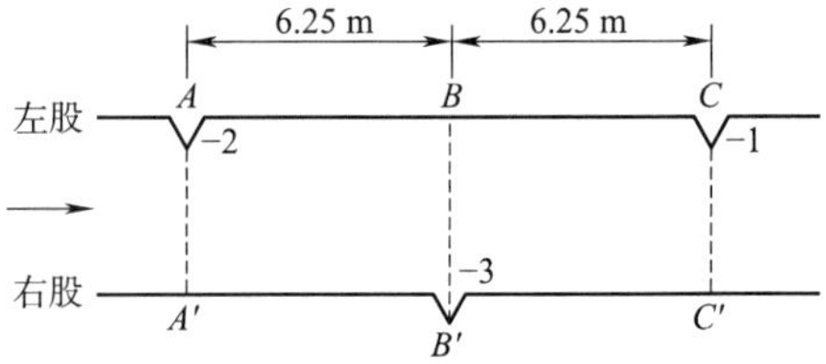

图 1.1.4　三角坑图式

为了使两股钢轨均匀承受荷载,保证车辆平稳运行,线路两股钢轨顶面,在直线地段,应保持同一水平,曲线地段按规定设置超高。水平、三角坑容许误差应符合《修理规则》规定。

(3)轨向

轨向是指钢轨头部内侧面沿钢轨方向的横向凹凸不平顺,或线路中心线在水平面上的投影,即直线上轨道是否直顺,曲线上轨道是否圆顺。直线上以 10 m 弦在轨头内侧顶面下 16 mm 处量取最大矢度。轨道的中心线位置,应与它的设计位置一致。直线不直,必然会引起列车的蛇行运动,引起列车左右摇摆,加剧轮轨撞击,从而引起线路其他病害,对高速列车影响更大。相对轨距来说,轨道方向往往是控制性的,只要方向偏差保持在容许范围内,轨距变化对车辆的影响就不会很大。所以,轨道方向对行车平稳有着特别重要的意义。线路轨向容许偏差应符合《修理规则》规定。

(4)高低

高低是指单股钢轨顶面沿钢轨方向的竖向凹凸不平顺,在钢轨顶面中间以 10 m 弦量取最大矢度。理想状态下,一股钢轨的轨顶应始终处于同一水平面,对行车平稳最为有利。轨道高低不平顺,主要是路基沉陷、捣固不良、扣件松动、枕木腐朽和钢轨磨耗等因素造成的。有些地段,表面上看轨面是平顺的,但实际上轨底与铁垫板或轨枕之间存在间隙(间隙超过 2 mm 时称为吊板),或轨枕与道砟之间存在空隙(空隙超过 2 mm 时称为空板或暗坑),当列车通过时,这些地段的轨道下沉较大,也会产生不平顺。

轨道高低不平顺,危害甚大。列车通过这些地方时,会增加冲击力,使道床变形加速,从而又进一步扩大不平顺,使机车车辆对轨道的破坏力增大。所以,对轨道来说,这是一个恶性循环过程。线路高低容许偏差应符合《修理规则》规定。

(5)轨底坡

车轮踏面设计为 1/20 和 1/10 的两个斜坡组成的锥形,其中经常与钢轨顶面接触的车轮踏面是 1/20 坡度的圆锥面,而 1/10 的坡度只在小半径曲线上才与钢轨接触。为使钢轨轴心受力,人为将两股钢轨顶面在轨枕上向线路中心倾斜 1/40 的坡度放置,这个钢轨中心线与垂直线之间的倾斜度称为轨底坡,如图 1.1.5 所示。在木枕地段,轨底坡是通过楔形垫板设置的;混凝土轨枕槽事先就按轨底坡的规定做成斜面,不需另设垫板。

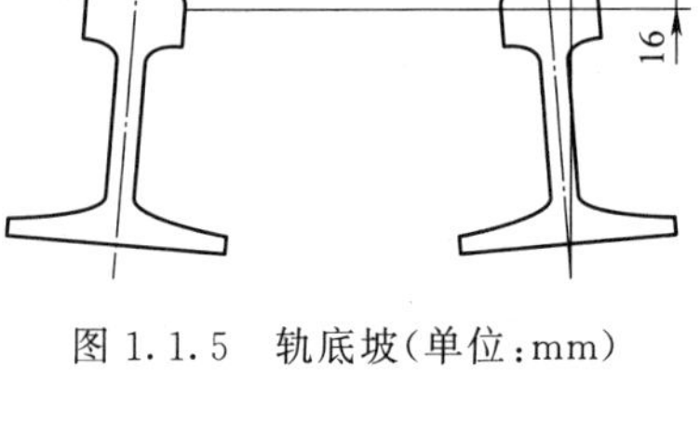

图 1.1.5　轨底坡(单位:mm)

轨底坡是否正确，可以从钢轨顶面上的光带位置判定。如果光带偏向内侧，说明轨底坡不足；如果光带偏向外侧，则说明轨底坡过大；如果光带居中，则说明轨底坡合适。线路养护维修工作时，可根据光带位置对轨底坡进行调整。

2. 明桥面线路爬行

(1)在桥头挡砟墙上（长大桥梁还应在桥上适当地点）设置钢轨爬行观测标或观测桩，检查桥头线路（或桥上线路）有无爬行影响桥上线路。

(2)桥上钢轨爬行：钢轨爬行后，会在轨底上形成道钉滑动痕迹。

(3)定期检查记录，控制爬行量不超过 20 mm。

3. 桥面钢轨接头

在明桥面小桥全长范围内以及设置钢轨伸缩调节器的钢梁温度跨度范围内等不应设置钢轨接头，要求消灭轨缝，以防止轨缝引起列车车轮冲击而损伤桥梁。

(1)设置要求

桥面在下列位置不应有钢轨接头，否则应将其冻结、焊接或铺设长钢轨：

①桥长在 20 m 及以下的明桥面上。

②允许速度大于 120 km/h 区段的钢梁明桥面上。

③钢梁端、无砟无枕梁端、拱桥温度伸缩缝和拱顶处前、后各 2 m 范围内，纵横梁连接处距横梁边缘 0.6 m 范围内。

④设有钢轨伸缩调节器的钢梁，在温度跨度（由一孔钢梁的固定支座至相邻钢梁固定支座或桥台挡砟墙的长度）的范围内。

(2)钢轨接头冻结

冻结钢轨接头属于特种钢轨接头，系指采用夹板与高强螺栓联结钢轨，使轨端密贴或预留小轨缝，将钢轨锁定阻止其伸缩的一种接头形式。主要有以下两种：

①普通冻结接头

采用特制垫片，塞入钢轨螺栓孔空隙中，使钢轨接缝密贴而阻止钢轨自由伸缩的一种钢轨联结方式。

②新型冻结接头

依靠高强螺栓联结提供钢轨与夹板间足够的摩擦阻力，阻止钢轨与夹板间的伸缩，要求钢轨接头螺栓强度高，并具有一定的防松功能。

(3)钢轨接头位置标准

符合桥面钢轨接头位置设置标准；采用冻结接头，冻结后轨缝不大于 0.5 mm。

4. 铺设无缝线路桥梁的作业条件

(1)明桥面单根更换及移动桥枕时，在实际锁定轨温加 20 ℃以下。

(2)上盖板涂装、更换铆钉、成段更换或方正桥枕及其他原因须起道时，在实际锁定轨温加 5 ℃至减 15 ℃以内。

(3)起梁、移梁及拨移支座、捣垫砂浆等整治支座作业时，在实际锁定轨温加减 5 ℃以内。

(4)架空线路施工，必要时采取钢轨应力放散或其他措施进行。

(5)在单独设计铺设无缝线路的桥梁上，应在设计允许的轨温范围内进行桥面作业。

1.1.2　桥面抄平作业

为了使列车过桥时轨道转折角尽可能小，列车能比较平顺地通过，跨度在 30 m 及以上的钢梁，桥上线路应设置上拱度。对实测或计算挠度小于跨度 1/1 600 或≤15 mm 时及连续梁的中孔，可不设上拱度。

1. 桥上线路上拱度设置要求

①现行最大活载(包括冲击)作用下实测竖向挠度的 1/2；开行动车组区段，按动车组和普通客车实测平均挠度之和的 1/2。

②ZKH 或 ZH 活载作用下计算静挠度的 1/2。

③悬臂梁端部的上拱度可采用按 2 倍悬臂梁长度的简支梁计算挠度的 1/2，自由梁(挂孔)的上拱度值，按简支梁设置。

④连续梁的边跨按简支梁设置。

2. 桥面抄平作业

(1)上拱度设置计算

在钢梁上设置线路上拱度时，如有设计计算拱度曲线，应按设计计算要求办理。一般情况，拱度曲线可用二次抛物线计算。根据经验，拱度线起、终点最好放在距离梁端 1～1.5 m 处，并作顺坡以保持钢梁端部的线路平顺，避免相邻两孔钢梁端发生吊板现象。拱度线可按梁长分成 8、10、12、16、18、20 等分，根据钢梁的长短来选择一种等分，然后根据二次抛物线关系求出各等分点的拱度系数，计算出理论拱度曲线。

(2)作业要点

根据理论拱度曲线、桥面的纵向坡度和测得的钢梁上盖板各点的高程，以及控制桥枕最大刻槽深度不超过 30 mm 的要求来选用相应规格的桥枕防磨垫板厚度，垫板厚度要求 4～12 mm。在条件允许时防磨垫板厚度最好统一，在标准断面桥枕不能满足使用要求时，可采用部分断面较高的桥枕来进行调整，其过程如下。

①根据梁跨选择一种等分方式，根据二次抛物线的公式 $Y=1-X^2$ 计算出各等分点的拱度系数。

②跨中的上拱度值采用跨中实测挠度或中—活载计算挠度值的一半。

③根据跨中预设上拱度的值，乘以各等分点的拱度系数，即为各等分点应预设的拱度值。

【例题 1.1.2】 某简支钢桁梁跨度 40 m，分为 10 等分，在中—活载作用下试计算各分段点的拱度系数及拱度值。

解：由表 0.2.5 桥梁最大容许挠度值得简支钢桁梁挠度限值为 $L/900$，则上拱度值 $f=L/1\ 800=22$ mm，根据二次抛物线公式 $Y=1-X^2$，各分点拱度系数及拱度值分别为

第一分点：拱度系数 $=1-(\pm 1/5)^2=0.96$，$f_1=0.96\times 22=21$(mm)；

第二分点：拱度系数 $=1-(\pm 2/5)^2=0.84$，$f_2=0.84\times 22=18$(mm)；

第三分点：拱度系数 $=1-(\pm 3/5)^2=0.64$，$f_3=0.64\times 22=14$(mm)；

第四分点：拱度系数 $=1-(\pm 4/5)^2=0.36$，$f_4=0.36\times 22=8$(mm)；

第五分点：拱度系数 $=1-(\pm 5/5)^2=0$，$f_5=0\times 22=0$。

绘制理论(设计)上拱度曲线，如图 1.1.6 中曲线①所示。

④用水准仪、全站仪等测量仪器测出桥面上各分点实际高程并计算高差，绘制实测桥面曲

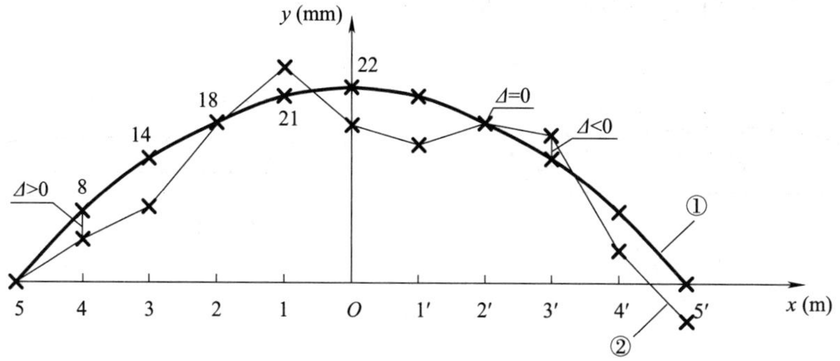

图 1.1.6　上拱度曲线图

线，如图 1.1.6 中曲线②所示。

⑤与各分点理论上拱度值比较计算调整值 Δ，Δ＝各分点理论拱度值－实际拱度值，即将曲线②调整为曲线①。

⑥控制桥枕最大刻槽深度不超过 30 mm，在 4～12 mm 选用相应规格要求的桥枕防磨垫板厚度调整桥面上拱度曲线。Δ＞0，采用增厚垫板上调曲线，如点 4；Δ＜0，桥枕刻槽下调曲线，如点 3′；Δ＝0，曲线不调整，如点 2 和点 2′。

⑦计算枕木数量。

$$N=1+\frac{L-B}{B+A} \tag{1.1.1}$$

式中　N——每孔钢梁上的计算桥枕根数；

L——每孔钢梁的长度；

B——桥枕宽度；

A——桥枕净距的限值。

(3)上拱度作业质量验收标准

应设上拱度的轨面，上拱度值与设计值误差不超过±3 mm，轨面平顺，应与钢梁两端线路的衔接平顺。最大值应居于跨中，偏移不大于 1 m，梁端为 0，呈抛物线圆顺布置，不得出现大于 2 mm 的折线。

1.1.3　曲线偏心作业

1. 曲线偏心标准

桥上线路中线与梁跨设计中线的偏差，钢梁不应大于 50 mm，圬工梁不应大于70 mm，行车速度大于 120 km/h 区段，钢梁、圬工梁均不应大于 50 mm。超过偏差限值时应进行检算，如影响承载能力(即 K＜1)或侵入限界时，必须进行调整。

2. 曲线偏心布置

对于铁路曲线桥，由于曲线桥的线路中线是曲线，而所用的梁是直线梁，因此线路中线与梁的中线不能完全吻合。梁在曲线上的布置，是使每个梁跨的中线连接起来成为与线路中线基本相符的折线，这条折线称为梁的工作线，墩台中心一般就位于这条折线转折角的顶点上。在桥梁设计中，梁的中心线两端并不是位于线路中线上，而是向外侧移动了一段距离 E，E 称为偏距，如果偏距 E 取以梁长为弦线中矢值的一半，这种布置称为平分中矢布置，如图 1.1.7(a)所示，如果偏距等于中矢值称为切线布置，如图 1.1.7(b)所示。

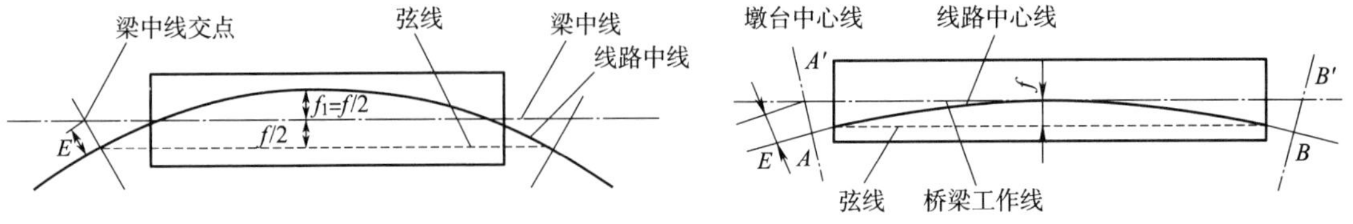

(a) 平分中矢布置　　(b) 切线布置

图 1.1.7　曲线桥布置图

在运营过程中这种偏距会因为各种原因加大，影响行车安全。线梁偏心病害的存在，会造成一孔桥跨 2 片梁之间受力不均，给梁体的安全承载造成严重影响，同时造成桥梁墩台偏心受压，必须引起养护人员的高度重视。

3. 曲线偏心计算

(1)直线上的偏心

平行偏差：线路中线与梁中线的偏差值在梁跨中及梁两端支点处均相等。

不平行偏差：线路中线与梁中线的偏差值在梁跨中及梁两端支点处不相等。

(2)曲线上的偏心(平分中矢布置法)

桥梁位于圆曲线上时，偏心距：

$$f=L^2/16R \tag{1.1.2}$$

桥梁位于缓和曲线上时，偏心距：

$$f=L^2t/16RL_S \tag{1.1.3}$$

式中　R——曲线半径；

L——交点距，交点距＝梁长＋梁两端梁缝/2；

t——计算点到直缓点或缓直点的距离；

L_S——缓和曲线长度，一般计算梁端和跨中三点。

4. 偏心分析

利用式(1.1.2)、式(1.1.3)计算桥梁预偏心值，与实际测量的线桥偏心值进行比较，得出实际的线桥偏心值。以线路左股为准，偏心值为正，线路中心向左偏移，偏心值为负，线路中心向右偏移。

偏心值 Δ＝计算预偏心值－实际测量值＞0，线路左偏。

偏心值 Δ＝计算预偏心值－实际测量值＜0，线路右偏。

偏心值 Δ＝计算预偏心值－实际测量值＝0，线路没有偏心。

5. 现场实际偏心量测量

现场测量实际偏心量可以采用两种方法：

一是在梁跨两端及中部左侧栏杆立柱上标注“基准点”，测出梁跨中线、线路中线至“基准点”的距离，计算出偏心量。

二是从梁的挡砟墙两端分别量取到线路左股和右股的距离，相减除 2 即为偏心量。

线路左股钢轨顶部外侧至挡砟槽外侧的距离为 a，右股钢轨顶部外侧至挡砟槽外侧的距离为 b，如图 1.1.8 所示，检查时现场一般量取小里程梁端、跨中、大里程梁端三个点，用红油

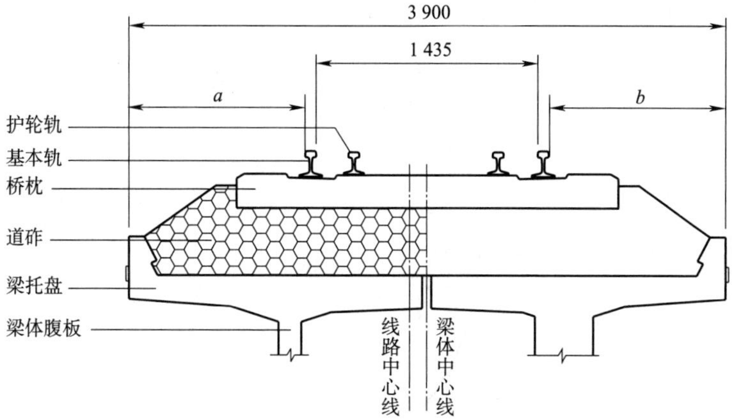

图 1.1.8　线桥偏心示意图(单位:mm)

漆做好明显标志,以便下次检查时位置相对应,对照出线梁偏心的变化量。

计算公式:
$$e=(a-b)/2 \tag{1.1.4}$$
式中　a——线路左股钢轨内侧至挡砟槽外缘的距离(现场测量);

b——线路右股钢轨内侧至挡砟槽外缘的距离(现场测量)。

说明:顺线路大里程方向以左为正。

【例题 1.1.3】 某简支 10-32 m 钢筋混凝土梁桥,位于 2 000 m 的曲线上,缓和曲线 80 m 长,第一孔梁距缓和曲线 40 m,试分析第 1、2、3 孔梁线桥偏心。

解:计算见表 1.1.2,第 1 孔分析如图 1.1.9 所示,曲线①为设计曲线,由预偏心值绘制,曲线②为现场实际曲线,由实测偏心计算值绘制。

表 1.1.2　线桥偏心计算表

测点	上行偏心测量值(mm)		上行偏心计算值 $(a-b)/2$ (mm)	梁缝测量值(m)		L(交点距)(m)	预偏心(圆曲线) $E=L^2/16R$	预偏心(缓和曲线) $E=L^2t/16RLs$	偏心 Δ=预偏心−偏心计算值(mm)	偏向
	左侧 a	右侧 b								
1 端 $A1$	1 200	1 140	30	120	0.12	32.72		16.73	−13.27	右偏
1 中 $B1$	1 180	1 160	10			32.72		−23.54	−33.54	右偏
1 尾 $C1$	1 210	1 155	27.5	120	0.12	32.72		30.36	2.86	左偏
2 端 $A2$	1 185	1 165	10	120	0.12	32.709		30.36	20.36	左偏
2 中 $B2$	1 165	1 180	−7.5			32.709	−33.43		−25.93	右偏
2 尾 $C2$	1 185	1 190	−2.5	98	0.1	32.709	33.43		35.93	左偏
3 端 $A3$	1 180	1 185	−2.5	98	0.1	32.716 5	33.43		35.93	左偏
3 中 $B3$	1 165	1 170	−2.5			32.716 5	−33.43		−30.93	右偏
3 尾 $C3$	1 170	1 165	2.5	135	0.14	32.716 5	33.43		30.93	左偏
正值向左侧偏,负值向右侧偏,方向顺行别方向计算。										

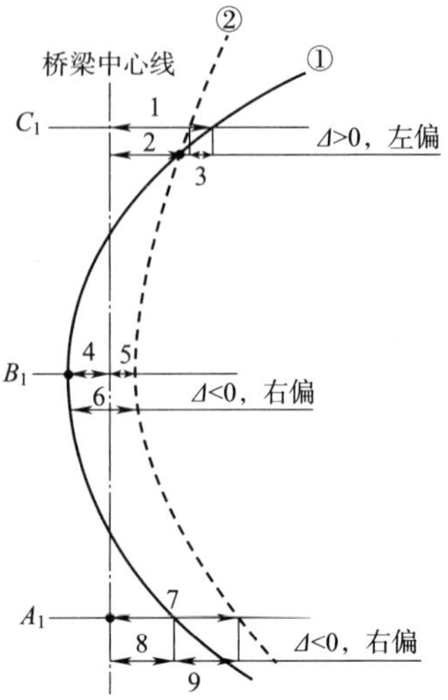

图 1.1.9　偏心分析图(单位:mm)

曲线①—设计曲线线路;曲线②—实际曲线线路;1=30.36,2=27.5,3=(1)-(2)=2.86>0,左偏;4=-23.54,5=10,6=(4)-(5)=-33.54<0,右偏;7=16.73,8=30,9=(7)-(8)=-13.27<0,右偏

1.1.4　曲线超高作业

列车由直线进入曲线时产生的离心力的大小决定于列车前进速度和曲线半径。速度越高、半径越小则离心力越大,作用在外轨的力也越大。将曲线外轨抬高,合理设置超高使车体内倾产生一个向心力,用以平衡这个离心力。

1. 超高设置

曲线上明桥面的线路外轨超高,可采用以下方法设置:

(1)在桥枕挖槽限度内调整。

(2)在墩台顶面做成超高,但应检算钢梁斜放后的应力和稳定性,并注意钢梁排水。

(3)用楔形枕木。

(4)在曲线外侧的桥枕下加垫木垫板,用木螺钉(或螺栓)联结牢固,木垫板净厚不小于30 mm,每边伸出钢梁上翼缘盖板边缘不小于200 mm,如图1.1.10所示。

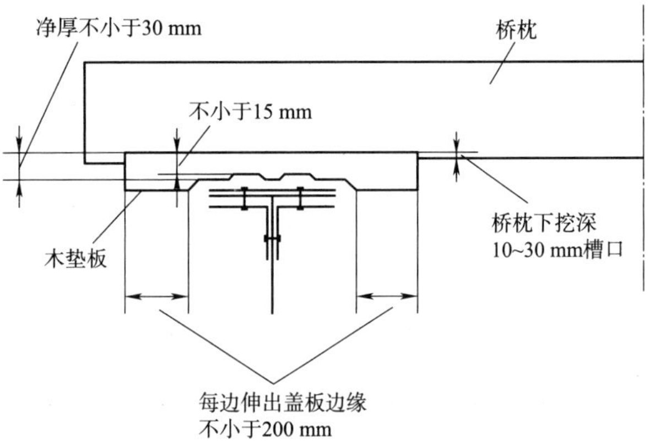

图 1.1.10　曲线超高布置

2. 超高设置计算

容许速度大于 120 km/h 的线路宜按旅客的舒适条件进行检算和调整超高值。在新线设置超高时，一般用最高速度来计算超高，在运营线上，一般都用平均速度来计算超高。

用平均速度计算超高时，外轨超高度为

$$h=11.8v^2/R \tag{1.1.5}$$

式中　h——外轨超高度(mm)；

v——平均速度(km/h)；

R——曲线半径(m)。

有砟轨道实设最大超高，在单线上不得大于 125 mm，在双线上不得大于 150 mm。无砟轨道实设最大超高不得大于 175 mm。

任务习题

(一)填空题

1. 桥面钢轨接头应符合位置设置标准，采用冻结接头时冻结后轨缝不大于________。

2. 明桥面线路爬行检查应定期检查记录，控制爬行量不超过________。

3. 铺设无缝线路桥梁作业架空线路施工，必要时需采取钢轨________或其他措施进行。

4. 铺设无缝线路桥梁的作业条件要求钢桥明桥面单根更换及移动桥枕时，在________加 20 ℃以下。

5. 桥梁位于曲线上时，曲线上各孔梁一般是按________布置的。

(二)选择题

1. 桥面抄平时测点标高与实际标高相比，每个测点误差不得大于(　　)。

A. 4 mm　　B. 2 mm　　C. 5 mm　　D. 3 mm

2. 简支钢梁桥，轨道钢轨防爬的关键技术在于合理确定桥上轨道(　　)的大小及分布。

A. 阻力　　B. 扣压力　　C. 伸缩量　　D. 膨胀系数

3. 铺设无缝线路的桥梁，因桥跨受温度变化和列车活载作用而产生的(　　)，使桥梁和桥上无缝线路的钢轨额外承受伸缩力、挠曲力和断轨力。

A. 纵向位移　　B. 横向位移　　C. 水平扭力　　D. 冲击力

4. 解决梁跨挠度过大的方法是规定桥梁最大容许挠度值和(　　)。

A. 增加道砟厚度　　B. 设上拱度　　C. 使用垫板　　D. 钢轨设上弯度

5. (　　)表示桥跨结构的整体性能和综合技术状态的一个重要指标。

A. 上拱度　　B. 挠度　　C. 刚度　　D. 振动周期

6. 铁路线路曲线地段的外轨最大实际超高，双线地段不得超过(　　)。

A. 125 mm　　B. 140 mm　　C. 150 mm　　D. 160 mm

7. 我国《铁路技术管理规程》规定，线路直线地段的标准轨距为(　　)。

A. 1 435 mm　　B. 1 432 mm　　C. 1 431 mm　　D. 1 430 mm

8. 简支梁上拱度值设置要求在 ZKH 活载作用下取计算静挠度的(　　)；连续梁的边跨按简支梁设置。

A. 1/2　　B. 1 倍　　C. 2 倍　　D. 4 倍

9. 桥梁应设上拱度的轨面，跨中上拱度值与设计值误差不超过(　　)，轨面平顺，应与钢梁两端线路的衔接平顺。

A. ±3 mm　　B. ±4 mm　　C. ±5 mm　　D. ±2 mm

10. 铁路曲线桥梁在行车速度大于 120 km/h 区段，对于桥上线路中线与梁跨设计中线的偏差，圬工梁不应大于(　　)。

A. 30 mm　　B. 50 mm　　C. 70 mm　　D. 80 mm

(三)判断题

1. 高低指的是轨道上左右两股钢轨顶面的高差，满足均匀承受车辆传来的力和运行平稳的要求。(　　)

2. 为使机车车辆在线路上两股钢轨间顺利行驶，轮对沿两钢轨滚动时不滑落，轨道的轨距须与轮对宽度相等。(　　)

3. 如果光带偏向线路内侧，说明轨底坡不足；如果光带偏向线路外侧，则说明轨底坡过大。(　　)

4. 铁路曲线桥梁设计中，线桥偏心以平分中矢法布置时梁端与跨中偏心距相等、方向相反。(　　)

5. 设有钢轨伸缩调节器的钢梁，在温度跨度不应有钢轨接头，否则应将其冻结、焊接或铺设长钢轨。(　　)

(四)简答题

1. 什么是吊板？

2. 什么是实际锁定轨温？

任务 1.2　桥面设备整修作业

1.2.1　桥面类型

桥面和桥上线路直接承受列车荷载，桥面状态的稳定直接影响行车安全和桥梁的使用寿命。铁路桥梁的桥面主要有道砟桥面、明桥面、无砟桥面三种。

1. 道砟桥面

桥上线路设在与区间相同的道砟和轨枕上，由道床、道砟、轨枕、钢轨、排水防水系统、作业通道、栏杆、伸缩缝及联结零件等组成。

(1)道床

道床的作用是减弱列车对桥梁的冲击作用，缓和列车的振动，防止桥枕位移，将车轮集中荷载分布到梁顶面，调整轨底的标高。

(2)道砟

桥上道砟具有弹性，起到缓冲作用，可以减少噪声和列车振动，减小列车冲击力，同时增大受力面，可以吸热、增加透水性，能最大限度地保证桥上线路和路基上线路的一致性。为了承托桥面上的道砟和桥枕，桥面设置道砟槽，并在挡砟墙顶增设 L 形挡砟块，如图 1.2.1 所示，

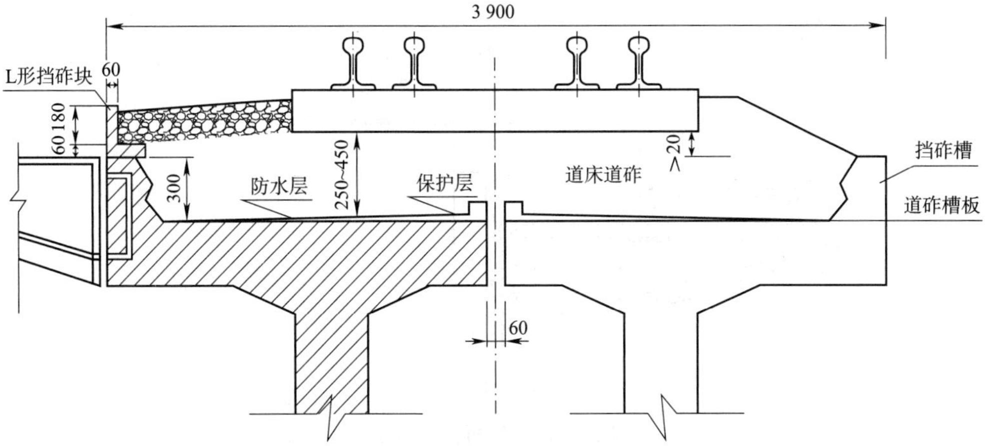

图 1.2.1 道砟桥面布置图(单位:mm)

以防止道砟滚出道砟槽。为保证道床有足够的弹性并且便于机械化养护清筛,道床厚度不应小于 0.3 m,为抽换轨枕方便,枕底高出挡砟墙顶不应小于 20 mm;桥面应铺设一级道砟,枕下道砟厚度不小于 0.25 m,也不得超过 0.45 m;改建桥梁道砟桥面挡砟墙内侧至线路中心最小距离不得小于 2.2 m,桥上轨枕应逐步更换为新Ⅲ型混凝土轨枕。

(3)防排水设施

道砟层下设横向排水坡、防水层及泄水管,使桥面水迅速排除,防止桥面水渗入到梁体内,影响结构耐久性与美观。

横坡坡度为 1.5%,采用耐久性好的新型防水层,为了不使防水层遭到破坏,在防水层上再铺 4 cm 厚等级不低于 C40 的纤维混凝土保护层。道砟槽板上的雨水流向挡砟墙,沿挡砟墙汇流到汇水管排出。桥面防水层应采用耐久性好的防水层,保护层采用等级不低于 C40 的纤维混凝土。

(4)梁缝处理

梁缝指梁与梁或梁与台之间的横向伸缩缝,跨度不大于 16 m 的梁伸缩缝为 6 cm,跨度不小于 20 m 的梁伸缩缝为 10 cm,在梁缝上设置铁盖板或钢筋混凝土盖板,板下隔一定间距焊有短钢筋,以防止盖板移位;两片梁(对于由两片梁组成的梁跨)之间的纵向构造缝,两片梁间留 60 mm 缝隙,铺以纵向钢筋混凝土盖板以防落砟,每两片盖板之间留 10~20 mm 缝隙以利排水。

道砟桥面养护维修工作较明桥面少,且机械化养护维修技术成熟;位于曲线或坡道上的桥梁,对调整超高和坡度、校正线路中心与桥梁中心的偏差比较方便,但重量大限制圬工梁跨度的发展。

2. 明桥面

明桥面即支承钢轨的桥枕直接置于主梁上,多采用木枕,大跨度的钢桥为减轻恒载,节省钢料和投资,多用明桥面,明桥面主要有基本轨、护轨、桥枕、护木及连接件等,如图 1.2.2 所示。行车速度大于 160 km/h 线路,不宜采用明桥面钢桥,否则应采取补强和加固措施。明桥面上线路不应设置竖曲线和缓和曲线。明桥面也不宜设在>4‰的坡道上。对钢桥,特别是大跨度的钢桥,虽可减轻自重节约钢材,但养护工作比道砟桥面大。

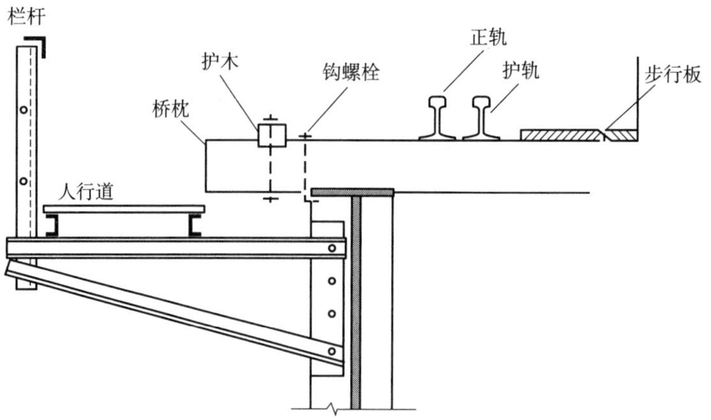

图 1.2.2　明桥面示意图

3. 无砟桥面

无砟桥面有无砟无枕桥面和无砟短枕桥面两种形式。无砟桥面一般用于高速铁路桥梁上，桥面布置如图 1.2.3 所示，目前我国高速铁路主要有预制 CRTSⅠ、Ⅱ、Ⅲ型板式无砟轨道和双块式 CRTSⅠ、Ⅱ型板式无砟轨道，预制 CRTSⅢ型板式无砟轨道如图 1.2.4 所示。

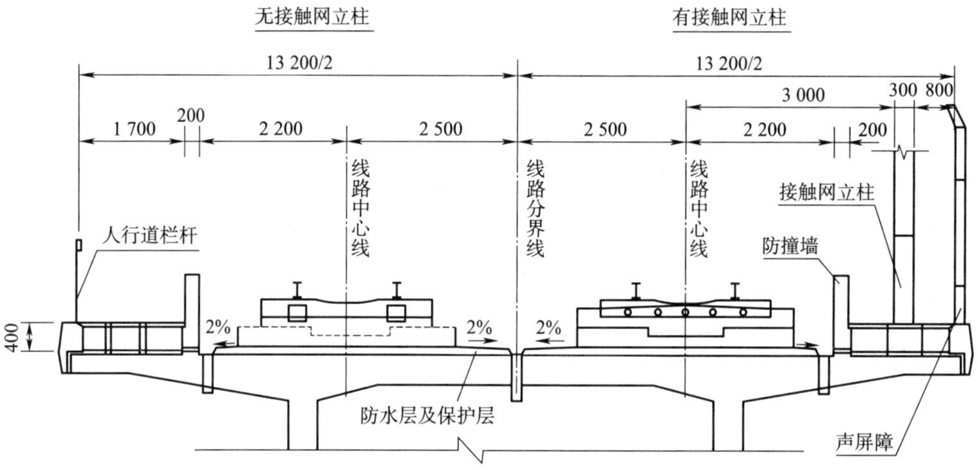

图 1.2.3　无砟轨道桥面布置图(单位：mm)

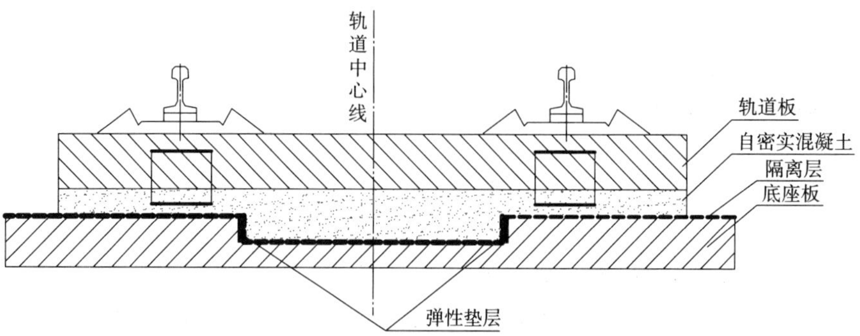

图 1.2.4　CRTSⅢ型板式无砟轨道

注：图中方框表示门式连接钢筋。

(1)无砟轨道特点

无砟轨道是以混凝土或沥青混合料等取代散粒体道砟道床而组成的轨道结构形式。与有砟轨道桥梁相比具有以下优点：

①轨道稳定性好，线路养护维修工作量显著减少，从而减小对列车运营的干扰，线路利用率高。

②轨道几何形位能持久保持，平顺性及刚度均匀性好，提高列车运行的安全性。

③耐久性好，服务期长。

④避免高速运行时的道砟飞溅。

⑤自重轻，可减轻桥梁二期恒载；结构高度低，可减小隧道开挖断面。

缺点是轨道必须建于坚实、稳定、不变形或有限变形的基础上，一旦下部基础残余变形超出扣件调整范围或导致轨道结构裂损、修复和整治困难；初期投资相对较大；振动、噪声相对较大。

(2)CRTSⅢ型板式无砟轨道结构

CRTSⅢ型板式无砟轨道为带挡肩的新型单元板式无砟轨道结构，主要由钢轨、扣件、预制轨道板、配筋的自密实混凝土(自流平混凝土调整层)、限位挡台、中间隔离层(土工布)和钢筋混凝土底座等部分组成。轨道结构采用单元分块式结构，在路基、桥梁和隧道地段轨道板间均采用不连接的分块式单元结构。底座板在每块轨道板范围内设置两个限位挡台(凹槽结构)，底座板与自流平混凝土层间设置中间隔离层，扣件采用 WJ-8C 型扣件。

1.2.2　护轨养护整修作业

护轨的作用在于当机车车辆在桥上脱轨时，确保机车车辆的车轮在护轨和基本轨组成的轮缘槽内滚动，防止掉道，也便于掉道后的起复，同时可固定桥枕的位置，增加桥面的刚度。护轨由直轨、弯轨和梭头组成。

1. 护轨技术标准

(1)护轨铺设条件

①桥长大于 20 m 或跨越铁路、重要公路、城市交通要道的明桥面钢梁桥，应铺设护轨。

②钢梁明桥面护轨一般应采用与基本轨同类型的钢轨；混合桥上明桥面护轨也可采用比基本轨低一级的钢轨。

(2)护轨铺设标准

①护轨与基本轨轨面高差

护轨顶面不应高出基本轨顶面 5 mm，也不应低于 25 mm。

②护轨与基本轨头部间净距

a. 在有砟桥面上，其净距为 500 mm，允许误差为$^{+10}_{-5}$ mm，当桥上设有钢轨伸缩调节器时，允许误差为±10 mm。

b. 在钢梁明桥面上，其净距为 220 mm，允许误差为±10 mm。

c. 当桥上设有钢轨伸缩调节器时，其最大净距可为 320～350 mm，允许误差为±10 mm。

d. 在混合桥上，当明桥面长度等于或小于 50 m 时，其净距在明桥面与有砟桥面上均为 500 mm；当明桥面长度大于 50 m 时，在明桥面和有砟桥面上各自采用自身的净距和允许误差，并在明桥面上采用不大于 1.5%的斜率完成间距变化的过渡。

③护轨铺设长度

护轨应伸出桥台挡砟墙以外，直轨部分长度不应小于 5 m，然后弯曲交会于线路中心。弯轨部分沿线路中心线的长度不小于 1.9 m，梭头尖端超出台尾的长度不小于 2.0 m，轨端顶部应切成不陡于 1∶1 的斜面并联结密贴，梭头尖端悬空不得大于 5 mm，如图 1.2.5 所示。

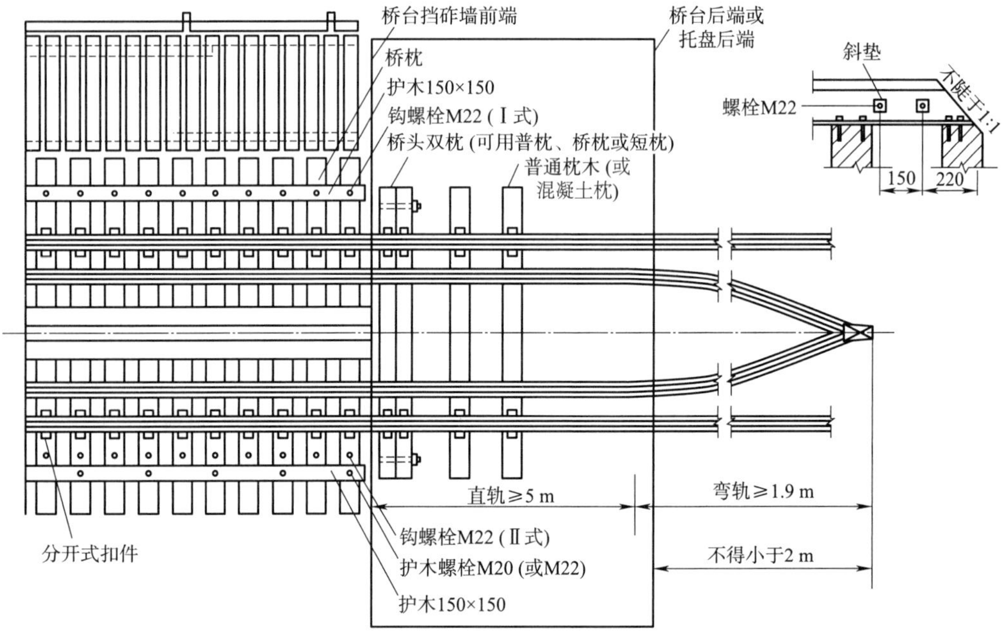

图 1.2.5　明桥面护轨布置图(单位:mm)

(3)护轨安装标准

①既有明桥面：护轨下容许加垫总厚度不大于 30 mm 的垫板。

当护轨与基本轨头部间净距为 350～500 mm 时，护轨下应设普通铁垫板，扣压每股护轨的钩头道钉应在每根木桥枕上靠基本轨一侧钉两个，另一侧钉一个；当净距为 220～350 mm 时，护轨下可不加垫铁垫板。

垫板厚度在 20 mm 及以下时，应在每隔一根木桥枕上钉两个道钉扣压每股护轨的两侧；垫板厚度超过 20 mm 时，应在每根木桥枕上钉两个道钉扣压每股护轨的两侧。

②既有有砟桥面：当护轨下组装通长铁垫板时，铁垫板下可设厚度不小于 4 mm 的橡胶垫板，固定通长铁垫板的螺栓扭矩不应小于 80 N·m，扣板螺栓的扭矩应为 40～60 N·m。新型扣板式扣件螺栓扭矩应为 30～50 N·m。

③护轨接头：每股护轨接头安装 4 个螺栓，每端安装 2 个，螺帽应安装在线路中心一侧，在钢轨伸缩调节器处应采用一端带长圆孔的夹板。

④自动闭塞区间，护轨应安装绝缘装置。当桥上线路中心设有应答器时，护轨应在应答器处断开。

⑤护轨爬行严重时，允许安装防爬器。

2. 护轨的养护

(1)经常保持护轨夹板螺栓、道钉及垫板的安装符合规定，完整无缺，不失效。

(2)经常保持护轨与基本轨之间的距离和轨顶高差符合规定。

(3)在自动闭塞区间,护轨铁垫板(或道钉)与基本轨铁垫板间应有不少于15 mm的净距。

(4)经常进行护轨夹板涂油,靠基本轨一侧接头错牙不大于5 mm。

(5)大跨度钢桥安装钢轨伸缩调节器部位,护轨伸缩应正常,护轨如发生爬行,要进行拉轨并适当地安装防爬器。

(6)保持梭头连接牢固,梭头应置于枕木上,尖端悬空不大于5 mm。

3. 护轨检修

(1)护轨检查:用尺量、眼看护轨是否符合铺设标准,对不符合标准的部位做出标记并记录。

(2)调整护轨高度:为使车轮脱轨时不致有越过护轨的可能,并为了测量轨距、水平等工作上的方便,要求护轨应低于正轨并不得超过25 mm。如果护轨高度不足可加垫小于30 mm的纵向长垫板,道砟桥面也可使用横向垫板,但不宜过高。护轨顶面高出主轨顶面超过5 mm时,通过调整基本轨垫板,调整其高度。经调整垫板仍不能满足要求时,可削平枕木并防腐。

(3)调整护轨间距超限处所:松卸整修部位的螺栓、扣板,用撬棍拨正护轨,调整扣板号数、上好扣板、拧紧螺栓(如护轨使用道钉则需要起下整修部位的道钉,并用直钉器修理好;整修道钉孔;钻孔;拨正护轨,打紧钉齐道钉)。对既有护轨与基本轨头净距不满足要求的有砟桥面,应按标准进行改造。新建或改建桥梁,当为有砟桥面时,其护轨铺设应采用新Ⅲ型混凝土桥枕。

(4)检查吊板:用5 mm吊板器检测吊板,对护轨下垫板出现缺少、腐朽、串动时,应进行补充、更换、钉牢,在捣实轨枕的基础上通过拧紧螺栓消灭吊板。

(5)整治接头错牙:旧轨的肥边可剁去并打磨顺坡,轨头因偏磨不同而错牙超限,可将轨调边使用。

(6)护轨爬行量可从轨底痕迹上量出,亦可设爬行观测标。

(7)护轨检查不符合要求且无法整修时应及时更换。

4. 梭头的整修

(1)梭头标准

①梭头各部联结牢固;梭头内应用整块木塞塞紧(也可用混凝土填平、捣实、抹光或焊一块钢板),无开裂、损坏,尾端做成斜坡。

②梭头尖端斜坡不陡于1∶1,两根轨底保持水平,尖端固定在轨枕上,悬空不大于5 mm,尖端中线应于线路中线重合;梭头顶面不高出基本轨顶面。

③自动闭塞区应在梭头与护轨接头处安装绝缘衬垫。

(2)梭头整治

①尖端悬空超限时,应进行方枕;护轨一端梭头悬出而另一端缩回,可采用拉轨调整。

②联结松动时,松解螺栓,清除锈垢再拧紧;损坏者予以更换;上好扣板,拧紧螺栓;梭头内木塞(混凝土)如损坏、开裂应进行更换或腻补。

③梭头表面用钢丝刷清除铁锈、污垢,清擦干净并涂白铅油两道,绝缘垫损坏应及时更换。

④损伤、失效、不符合标准的梭头需及时更换。

5. 更换整修明桥面护轨作业质量验收标准

①符合桥面布置图规定。

②护轨底部悬空大于 5 mm 处所不超过 8%。

③梭头各部联结牢固,尖端悬空小于 5 mm。

④接头靠基本轨一侧左右错牙不大于 5 mm。

⑤护轨道钉或扣件齐全完好,浮离 2 mm 及以上不超过 5%。

1.2.3　桥枕养护整修作业

桥枕是明桥面上最重要的设备,它的作用是直接承受由钢轨传来的竖向力和水平力,并把这些力均衡地分布到钢梁上;固定钢轨位置,防止钢轨倾覆或纵向及横向位移,保持轨距。

1. 桥枕技术标准

(1)桥枕类型

明桥面枕木应采用优质防腐桥枕,其尺寸应符合表 1.2.1 的规定。桥枕质量标准应符合要求。现有桥枕断面尺寸不符合规定时,应逐步更换为标准桥枕,推广应用复合材料桥枕。

表 1.2.1　桥枕尺寸

主梁或纵梁中心距(m)	桥枕标准断面		长度(mm)	附　注	图示(mm)
	宽度(mm)	高度(mm)			
1.5～2.0	220	240	3 000	双腹板或多腹板的主梁中心距以内侧腹板间距为准	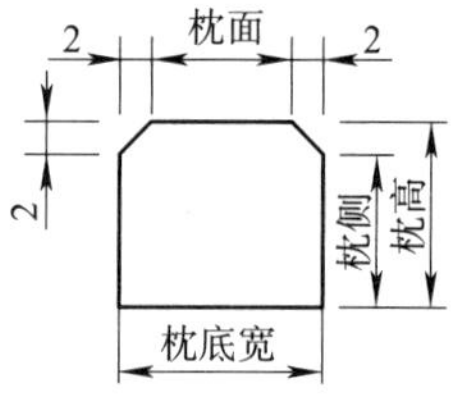
2.0～2.2	220	260	3 000		
2.2～2.3	220	280	3 000		
2.3～2.5	240	300	3 200 或 3 400		

(2)桥枕铺设标准

①桥枕间净距为 100～180 mm(横梁处除外),根据运营情况,专用线可放宽到 210 mm。

②桥枕不能铺设在横梁上,与横梁翼缘边应留出 15 mm 及以上缝隙。

③横梁两侧桥枕间净距在 300 mm 以上,且桥枕顶面高出横梁顶面 50 mm 以上时,应在横梁上垫短枕承托,短枕与护轨应联结牢固,且与基本轨底留出 5～10 mm 空隙,如图 1.2.6 所示。

④有桥面系的上承钢梁,桥枕只能铺在纵梁上(设计容许铺设在主梁翼缘上的除外),在行车情况下不容许压钢梁联结系。

⑤为调整桥面钢轨上拱度,桥枕容许挖深 30 mm 以内的槽口,或使用比标准断面稍厚的桥枕,也可在桥枕下加垫木垫板,用螺钉(栓)或胶合联结牢固。

⑥桥枕与螺栓头(铆钉头)接触处可挖钉窝或纵槽。

⑦每根桥枕需用两根经过防锈处理的 ϕ22 mm 标准型钩螺栓与钢梁钩紧。螺栓均应配以 110 mm×110 mm×8 mm 的铁垫圈及 6～10 mm 厚的胶垫圈。在自动闭塞区间,钩螺栓铁垫圈与钢轨扣件间应留不小于 15 mm 的间隙,以防止轨道电路短路。行车速度大于 120 km/h 区段,钢梁明桥面的钩螺栓不允许有缺少或连二失效。

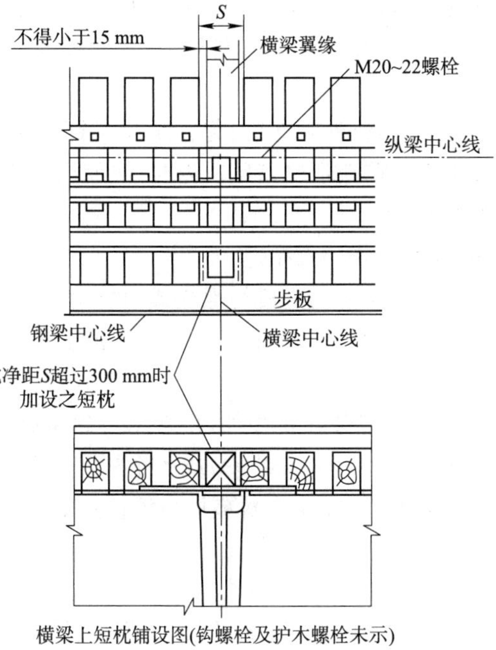

图 1.2.6 桥枕布置图

⑧行车速度大于 160 km/h 的区段，钢桥明桥面的木桥枕必须采用优质木材，其断面尺寸不小于 220 mm×260 mm。

⑨桥枕需注油防腐，加工新面和栓钉孔眼应按规定作好防腐处理。桥枕发生腐朽、裂缝或损伤，应及时进行削平、灌缝、捆扎、挖补等修理工作。

2. 空吊板整修作业

当钢轨与垫板、桥枕与垫板间存在缝隙，且缝隙大于标准要求时，称为一处空吊板。空吊板会增加车轮对桥枕及钢梁的冲击，加剧行车摇晃。基本轨要求缝隙不得大于 2 mm，护轨则要求不得大于 5 mm。

用 2 mm 厚、5 mm 宽的扁铁片制成吊板器，检查基本轨与垫板之间或垫板与桥枕之间有无缝隙，如插入长度超过垫板面积的 1/2 时，即为吊板。

(1)整修作业要点

①在桥上线路几何状态不超限的基础上，检查 2 mm 及以上的空吊板，可采用不同厚度的薄木板或竹板来消灭吊板。

②需要更换的防磨垫板做出标记，备好不同厚度的防磨垫板待用，防磨垫板厚度不得超出 4～12 mm 范围。

③旋拆螺纹道钉，抬起钢轨撤出铁垫板及原有防磨垫板。

④对道钉孔做防腐、道钉做防锈处理。如原钉孔腐朽严重不能持钉，则钉孔中打入圆木塞，枕木面切入或腐朽超限处所应削平并做防腐处理。

⑤穿入新防磨垫板和铁垫板并重新钻孔安装拧紧螺纹道钉。

(2)作业质量验收标准

垫板平面尺寸与铁垫板相同。垫板方正，窜出、缩入或歪斜不超过 3 mm。吊板不超过

3%且无连二。双层垫板处所不超过 5%,厚度不超过 12 mm。总厚度12～15 mm 处所不超过 5%。线路轨距、水平、方向、高低符合《修理规则》规定的标准。

(3)安全注意事项

在无人行道的桥上,禁止在钢轨外侧起钉;起打螺纹道钉使用工具时要防止伤人,抬起钢轨加垫时,防止压伤手脚;如桥梁在轨道电路区段内时,应使用绝缘撬棍,防止联电。

3. 分开式扣件养护维修作业

大、中桥明桥面桥枕连接采用分开式扣件。

分开式扣件是将固定钢轨和固定铁垫板的螺栓或道钉分开,一般用道钉将铁垫板固定在轨枕上,铁垫板上有承轨槽,固定钢轨的扣件安装在铁垫板上,然后用弹条或扣板将钢轨固定。

明桥面的钢轨扣件宜采用 K 型分开式扣件,用轨卡及轨卡螺栓将钢轨与铁垫板联结,铁垫板与桥枕用 3 个(内二外一)或 4 个螺纹道钉牢固联结(允许速度大于等于 120 km/h 时,必须 4 个),垫板与桥枕间安设防磨垫板,厚度为 4～12 mm。

分开式扣件

(1)维修作业要点

①松卸分开式扣件:依次卸下螺帽、垫圈、轨卡、轨卡螺栓、螺纹道钉、铁垫板和防磨垫板等。

②清扫除锈:用钢丝刷清除轨卡螺栓、螺母、垫圈、轨卡和铁垫板上的积锈、污垢,用小扁铲清除垫板上的污物。

③涂油:螺栓和丝扣要均匀地涂抹油脂。

④安装扣件:在原道钉孔内打入注油木塞,桥枕面削平涂防腐油,穿入新防磨垫板和铁垫板并重新钻孔,依次安装分开式扣件各部分。

⑤按规定扭矩拧紧轨卡螺母,检查线路。

(2)作业质量验收标准

①更换后必须进行一次线路轨距、水平、方向、高低检查,使之达到规定的标准要求。

②螺栓、螺帽及垫板上污垢应清除干净。

③分开式扣件各部件安装正确,螺纹道钉顺直紧密,不得有浮离松动,动荷载下铁垫板与螺纹道钉不得有相对位移。

④扣件无松动,扣板螺栓扭矩符合规定,不符合规定的不超过 3%。

(3)安全注意事项

①铁垫板薄的一侧向线路中心安装,不要装反。

②根据调查分析计算确定每块铁垫板下防磨垫板的厚度,要对号入座,避免返工。

③选用防磨垫板厚度一般不超过 4～12 mm,以 6 mm 为宜。

4. 桥枕检查

(1)用目视、尺量检查是否符合铺设要求,检查轨枕表面是否腐朽以及垫板螺栓垫圈是否切入枕木;检查顶面及侧面裂纹宽度及裂缝填充的质量等。

(2)对桥枕是否压钢梁上平联杆件,可用 3 mm 厚铁片(或木塞)进行检查。

(3)轨枕腐朽可采用下列方法结合检查。

①看:目视桥枕外表腐朽情况及列车通过时桥枕挠曲状态、道钉浮起情况。

②敲:用检查小锤敲击枕木侧面或顶面,根据声响来判断内部是否腐朽。

③探：用 ϕ(3～5)mm 的探针，对内部可能腐朽处进行探测。

④钻：用 ϕ(12～16)mm 的木钻钻孔取样检查，若钻沫腐烂即为腐朽失效。

垫板底下钉孔部位和螺栓孔周围是枕木最易腐朽处，应特别加强检查。

5. 桥枕养护、整治作业

木桥枕应注油防腐，加工新面和栓钉孔眼应按规定作好防腐处理。木桥枕发生腐朽、裂缝或损伤，应及时进行削平、灌缝、捆扎、挖补等修理工作。

(1)桥枕防腐

木桥枕防腐材料主要是氟化钠、防腐油、防腐浆膏、防腐油膏。防腐浆膏是用氟化钠和煤焦油按质量比 1∶1 调配而成，是桥枕养护中常用的防腐材料。防腐油膏是用橡塑油膏、煤焦油及氟化钠以 1∶1∶0.25 质量比配制而成的，用于木枕裂缝灌注，具有防水性强和与木质粘结好的优点，容易灌注，对于又深又宽的裂缝整治效果更为明显，弥补了防腐浆膏遇高温下沉塌陷的缺点。

防腐方法主要有以下几种。

①道钉孔防腐：新钻钉孔可在钉孔内注入氟化钠 5～6 g，普通道钉端部沾防腐油打入，螺纹道钉需经渗锌处理后旋入。原有钉孔应清除腐朽部分后用经过防腐处理(涂刷防腐油)的木塞打入。

②螺栓孔防腐：一般可用防腐油涂抹孔眼，但注意不要漏涂。

③裂缝防腐：桥枕顶面及侧面上能进水的裂缝均应灌缝。缝宽 2 mm 及以上的裂缝用防腐浆膏灌注，微小缝隙，在缝口用浆膏涂刷封闭。

④表层防腐：注油桥枕开槽、挖补等作业后，应在新削面涂刷防腐油防腐，涂刷三遍以上，第一遍完全干燥后涂刷第二遍，不得漏涂。在使用中的注油桥枕也应每隔三年或稍长的时间涂刷防腐油。

(2)桥枕灌缝涂油

①清缝：用小扁铲、小钢筋钩彻底清除桥枕或护木面上和裂缝中的旧腻料和污垢。

②堵缝：用经防腐处理的木片或浆膏填塞较大裂缝，并堵塞通向枕木端头、孔眼和削平槽口处的裂缝端头，防止浆膏或油膏外流。

③配制浆膏或油膏：浆膏按质量比 1∶1 称出煤焦油和氟化钠的用量，把煤焦油加热到 35～40 ℃慢慢地加入氟化钠，如煤焦油过稠，调成的浆膏不易灌涂，可适当增加煤焦油的比例，一般选用 1∶1.5，搅拌均匀即可使用。防腐油膏现场加温，煤焦油放入橡塑油膏，熔化加入氟化钠，橡塑油膏、煤焦油及氟化钠以 1∶1∶0.25 的质量比配制，搅拌均匀即可使用。为防止氟化钠沉淀，使用时应经常搅拌。

④灌缝：用小扁嘴壶、铁勺或油灰刀沿裂缝将浆膏或油膏灌入，边灌边捣，第一次灌满后，经列车振动后会下沉，要再灌一次，直至灌缝无下沉为止，最后用烧热的小抹子或平铲将浆膏或油膏刮平。

⑤涂防腐油：清除木质表面污垢并清扫干净后，用扁油刷沾防腐油均匀地涂于木质顶面，对细小裂纹应多刷几遍，使防腐油灌入缝内。

(3)桥枕防裂整治

①桥枕捆扎

a. 画定位线：在距桥枕端头 100 mm 处或护木劈裂处垂直于轴中心线画线。

b. 制作铁线钉：用 ϕ(3～3.5)mm 的铁线截取长 50 mm，弯制若干个 U 形马钉，截取铁线的两端时应切成尖形。

c. 捆扎：当裂缝宽在 3 mm 及以上、长度超过 300 mm 时，应用夹枕器夹紧桥枕或护木，使裂缝愈合。捆扎时，先将铁线一头弯成 90°、长 20 mm 的弯钩，钉入侧面距顶面 40 mm 处，再将铁线绕桥枕或护木 2～3 周，用紧线器拉紧铁丝，边捆扎边用小锤敲打铁丝，使其与桥枕或护木密贴、方正、捆紧。捆紧后，分别用扒钉将两端钉牢。

d. 剪断铁线：为防止松弛，应将铁线弯回后打入另一侧面。

②桥枕裂缝整治

a. 桥枕端部发生裂缝(宽度在 2 mm 以上，缝长为 130～300 mm)时，应使用 S 钉或 C 钉整治。

b. 根据桥枕端头裂缝开裂的走向位置。选定 S 钉或 C 钉打入的部位画定位十字线。

c. 将 S 钉或 C 钉中部(垂直段)垂直于主要开裂线的划线位置用手锤徐徐打入，以固定钉的位置，距桥枕边缘不少于 10 mm。

d. 用手锤垂直打入，直至钉全部打入枕木端头平面内。

e. 钉的位置与开裂缝隙间上下、左右距离均应适中。如开裂较宽，应将裂缝稍压合后，再把钉子由端部打入。

f. S 钉或 C 钉打入后桥枕无变形。

(4)桥枕的削平与挖补

①画线：清理表面裂缝中的砂石、泥土，以防损坏锯条、铲刃，然后画切口线(以铁垫板两侧边缘各 30～60 mm 处为宜)，切口线与轴线垂直。

②锯口：用手锯按切口线轻锯一个水平切口，深度比垫板底面低 1～2 mm，外侧锯口应稍深，以便削出排水坡度。

③削平：扁铲与木质面约成 30°角，用力斜向削平，再找细找平。

(5)作业质量验收标准

①木质表面无污垢，并清扫干净。

②灌缝饱满、平整，缝口凹陷深度不超过 3 mm。顶面 2 mm 以上裂纹漏灌处所不超过 5%；浆膏和防腐油或煤焦油按规定比例配制，稀稠程度适中；涂刷均匀，漏涂、流淌、露底处所不超过 3%。

③捆扎位置正确，铁线应垂直于轴线；捆扎铁线紧牢，无松弛，表面裂缝小于 2 mm；捆扎铁线无重叠、分开、歪斜。

④削平范围为垫板外 30～60 mm，槽口要削平，切线要整齐，并与桥枕或护木轴线垂直，歪斜不超过 3 mm；削平面应平顺，无毛刺，砍削深度不超过 5 mm，要求不积水，削平后不留锯痕；木屑清扫干净，削平面应涂防腐油，无漏涂、流淌。

(6)安全注意事项

①按规定设置防护，及时下道避车，确保人身安全。

②涂油时应经常进行搅拌使其均匀，注意防火。

③使用紧线器时防止蹬脱伤人。

④锯削时，注意防止碰伤手脚和损伤桥枕或护木，锯削工具不得碰击钢轨及其他零件，不用时应加套保护，施工工具放置不得侵限。

⑤按规定穿戴防护手套、口罩和护目镜等劳保用品。

6. 桥枕更换

(1)木桥枕失效标准

木桥枕或复合桥枕状态达到下列条件之一时,即为失效桥枕,需要更换。

①标准断面木桥枕因腐朽、挖补、削平和挖槽累计深度超过 80 mm。

②道钉孔周围腐朽严重,无处改孔,不能满足持钉及保持轨距的需要。

③木桥枕内部严重腐朽。

④通裂严重,影响共同受力。

⑤复合材料桥枕板材之间发生开裂。

(2)更换标准

①钢轨接头处 4 根木桥枕(支接时为 5 根)中有 1 根或其他部位有连续 2 根及以上的失效木桥枕时,行车速度大于 120 km/h 区段,钢梁明桥面有隔一或连二失效木桥枕时,均应立即抽换。单根抽换时,可使用整修后的旧木桥枕。

②一孔钢梁上的木桥枕失效达 25%及以上时,行车速度大于 120 km/h 区段一孔钢梁上的木桥枕失效达 20%及以上时,行车速度大于 160 km/h 区段一孔钢梁上的木桥枕失效达 15%及以上时,均应进行整孔更换。

(3)制作、修理桥枕作业质量验收标准

①树心向下,槽口平整,槽深不大于 30 mm,与上盖板顶面缝隙小于1 mm,与钢梁翼缘间隙每边不大于 4 mm。

②镶垫木板尺寸符合规定,联结牢固,缝隙不大于 2 mm。

③螺栓孔位置正确,垂直误差不超过 4 mm。

④顶面 2 mm 以上裂缝漏灌处所不超过 5%。

⑤新面防腐油涂刷均匀,漏涂、流淌不超过 3%。

⑥端头 2 mm 以上裂缝未作防裂处理头数不超过 3%。

⑦表面腐朽(或垫板切入)深度达 3 mm 以上,未处理处所不超过 5%。

⑧钢轨接头处 4 根木桥枕(支接时为 5 根)中无 1 根或其他部位无连续 2 根及以上的失效,行车速度大于 120 km/h 区段钢梁明桥面无隔一或连二失效桥枕。

(4)单根桥枕更换作业

①准备工作:将制作好的桥枕运至施工地点,拆除步行板,钉尖向下,放妥,拆下钩螺栓或护木螺栓并及时戴帽放妥,拆下应更换桥枕的分开式扣件,旋松应更换桥枕两边前后 5~10 根桥枕上的轨卡螺栓,串动应更换的桥枕,检查上盖板有无锈蚀,必要时进行去污、除锈并做好防锈处理。

②基本作业:封锁区间、设置防护;拆除护木,抬起基本轨、护轨。抬起高度应大于桥枕刻槽深度与栓钉高度之和;撤出铁垫板及防磨垫板,抽出旧桥枕;穿入新桥枕,定位后铺设防磨垫板及铁垫板;落下钢轨,钻道钉孔眼并进行防腐处理,旋紧螺纹道钉,然后安装轨卡螺栓并按规定扭矩拧紧;检查线路轨道几何状态,确认符合要求。

③收尾工作:安装护木并使其平顺、严密;上齐钩螺栓、护木螺栓,螺杆、丝扣、螺母、垫圈应进行除锈、涂油、防锈处理,并按规定扭矩拧紧螺栓;安装步行板;运出旧桥枕;撤除防护并通知车站开通线路。

(5)更换铺设桥枕作业质量验收标准

①材质、规格尺寸符合标准。

②桥枕与钢梁中心线垂直,并一头找齐。

③桥枕底与钢梁联结系杆件(含钉栓)间隙大于 3 mm,与横梁间隙大于 15 mm。

④横梁短枕无松动,与钢轨底间隙不小于 5 mm。

⑤钩、护螺栓顺直,中心左右偏差不大于 7 mm。

(6)安全注意事项

①按《普速铁路工务安全规则》(TG/GW 101—2014)设好防护。

②有作业通道的桥梁,可在作业通道上作业,在两侧无作业通道的桥梁上,可在桥梁一侧搭设脚手架作业。

③在有轨道电路地段作业,应使用绝缘撬棍并注意防止联电。

④及时避车,料具放置稳固,不侵入限界。

⑤在无作业通道桥上作业时,禁止在钢轨外面使用撬棍,装卸护木螺栓及钩螺栓时不得向桥外方向用力。

⑥抬起钢轨时在基本轨下应加木垫,防止突然落下伤人,抬起后不得将手脚伸入轨底;抽送桥枕时要戴手套;使用枕木卡,人要站稳,动作要协调,禁止站在被换桥枕头上,以免摔下。

⑦拆下的步行板要放稳,不准有露尖的铁钉,以防扎人。

7. 复合材料桥枕

复合材料桥枕适用于列车轴重最大为 270 kN 的客货共线铁路及采用拉挤成型工艺生产桥枕。

(1)制作工艺

复合材料桥枕是将玻璃长纤维增强发泡聚氨酯复合材料板材采用连续拉挤成型工艺,在压力下粘结生产而成的,最小厚度不应小于 40 mm,板材应竖向布置,各板材间采用钻孔后以带丝扣钢棒加粘结剂的方式连成整体,桥枕成品表面应喷涂丙烯酸聚氨酯涂料。

(2)技术标准

①外观表面应平整,不应有裂纹、膨胀、毛刺、褶皱、纤维裸露、凹凸等缺陷。

②复合材料桥枕现场加工时应注意方向。所有圆孔的制备应使用台钻或手持式电钻,钩螺栓孔下面方形部分的加工可使用凿子。

③安装护轨的道钉、安装步行板的钉子不应砸入复合材料桥枕,应先钻孔、灌入粘结剂后再安装。

④嵌于纵梁或主梁上翼缘板用的槽口表面应平整,深度应根据轨面标高而定,任一点的高度与理论值的差值应不大于 1 mm,局部凹坑应采用粘结剂找平后打磨平整。

⑤相邻复合材料桥枕之间的净距一般区段为 210～240 mm,特殊区段为 160～240 mm。

⑥当更换既有钢桥上的木枕时,宜同期更换桥上所有木枕,不宜局部抽换。

(3)养护维修要求

①复合材料桥枕的板材之间开裂时,应更换新枕。

②表面涂层破坏时,应打磨干净后补涂丙烯酸聚氨酯涂料。

③局部碰损导致纤维暴露时,应用粘结剂修补,然后补涂丙烯酸聚氨酯涂料。

8. 高分子复合桥枕

高分子复合桥枕由木枕内芯(没浸过油的素桥枕)和聚氨酯高分子材料保护层复合而成(图1.2.7)。木枕内芯质量和复合桥枕长度、宽度、高度尺寸应符合《木枕》(GB 154—2013)的要求,其中高分子材料保护层厚度为3~5 mm。

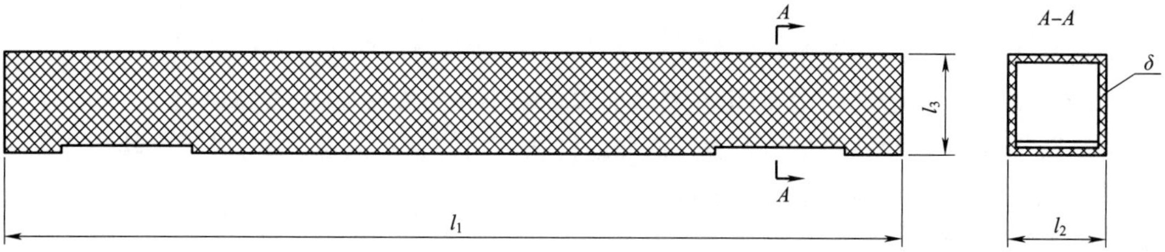

图1.2.7 高分子复合桥枕结构图

l_1—桥枕长;l_2—桥枕宽;l_3—桥枕高;δ—保护层厚

高分子复合桥枕与桥枕可调整铁垫板组合使用,可减少拆卸螺纹道钉和在桥枕上钻孔,延长桥枕使用寿命。木枕可调整铁垫板由铁垫板(图1.2.8)、轨距调整块(图1.2.9)、螺纹道钉、防松螺母、紧固螺母、弹簧(防松)垫圈组成。

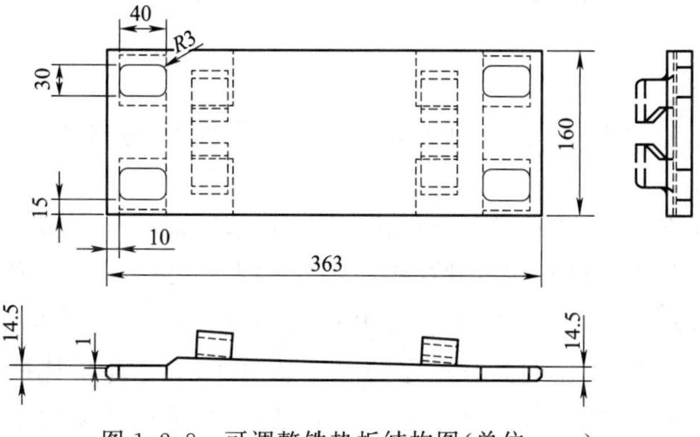

图1.2.8 可调整铁垫板结构图(单位:mm)

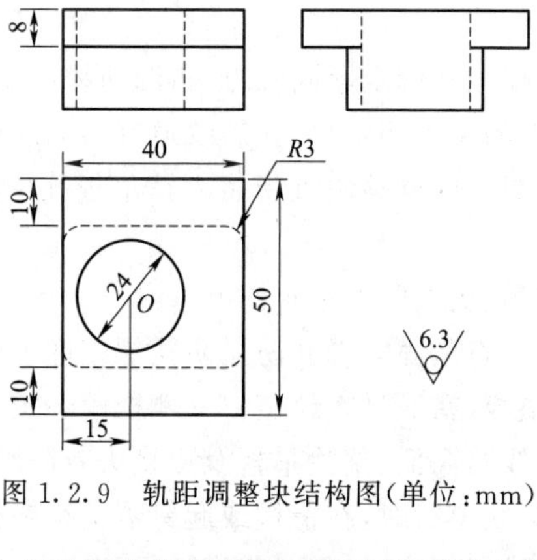

图1.2.9 轨距调整块结构图(单位:mm)

当需调整线路轨距、高低或更换防磨垫板时,不需拧下固定铁垫板的螺纹道钉,只需拧下螺纹道钉上的两个螺母和弹簧垫圈就可进行线路调整。其中,轨距调整采用更换调整块方式进行。

调整块有 0 号、2 号、4 号、6 号四种规格，0 号指圆孔在调整块正中心，2 号指圆孔中心偏离调整块中心 2 mm，4 号、6 号依次偏离 4 mm、6 mm。调整范围是单股钢轨左右±6 mm；轨距调整范围±12 mm；调整级差±2 mm。

(1)高分子复合桥枕检查

主要检查内容：

①保护层开裂、鼓包、老化。

②木枕内芯腐朽情况(必要时可在其端面采取钻小孔的方法检查)或持钉力。

③因机械磨损致使铁垫板切入表层情况或钉孔周边与保护层缝隙等；对于木枕内芯腐朽或持钉力差的检查须在动载情况下进行。

(2)木枕可调整铁垫板检查

主要检查内容：

①铁垫板裂纹(特别是开孔部位)。

②主轨空吊(主轨悬空 2 mm 及以上的上、下吊板)。

③紧固螺母或防松防锈螺帽锈蚀、损坏、松动(若弹簧垫圈与紧固螺母或防松防锈螺帽有缝隙，说明松动)，轨距调整块磨损、锈蚀等；对于主轨空吊、紧固螺母或防松盖型螺母松动的检查需在动载情况下进行；当列车通过时弹垫有缝隙，也说明紧固螺母或防松盖型螺母松动，应及时拧紧。

(3)养护维修作业

①对于高分子复合桥枕保护层局部开裂、鼓包、老化病害，应将病害部位清除干净后用专用修补材料进行修补。

具体修补方法如下：先将修补部位表层进行打磨，露出素桥枕表面及聚氨酯保护层新茬；再将专用修补材料均匀涂抹修补部位并抹平(注意：用专用高分子材料必须在 10 min 内完成填补和抹平，操作时温度宜在 5 ℃以上，并避开雨雪不良天气)。当铁垫板嵌入高分子复合桥枕表面深度在 3 mm 以上时，说明高分子保护层已经损坏，应把此桥枕换下(不要卸下螺纹道钉)，采用专用高分子材料进行修补(修补方法同上)后作为单根抽换时备用；当发现高分子复合桥枕素桥枕木材腐朽或持钉力差，应将其更换成新的桥枕。

②轨距调整。

调整轨距时，先用扳手框住相对固定紧固螺母，再卸防松防锈螺帽，以防把螺纹道钉带出；卸下紧固螺母后取出铁垫板上的 4 个调整块，在螺纹道钉不动的前提下，左右移动铁垫板完成轨距调整后，选用调整量相应级差的调整块重新装入铁垫板孔内后再拧紧固螺母和防松防锈螺帽，达到调整轨距的目的。

③线路高低调整、整治空吊、更换防磨垫板。

在螺纹道钉不动的前提下，将紧固螺母和防松防锈螺帽卸下(与轨距调整方法相同)，冒起钢轨后在铁垫板下撤出防磨垫板(在通过螺纹道钉一侧橡胶垫板可剪成豁口)后再拧紧固螺母和防松防锈螺帽，以达到调整线路高低、整治吊板及更换失效防磨垫板的目的。

④当更换桥上钢轨或起护轨道钉时，在撬棍或起钉器下须垫橡胶板或木板，避免碰伤高分子复合桥枕保护层；当对钢轨进行打磨时，需对其进行保护。

⑤螺纹道钉丝扣涂油应与分开式扣件螺栓涂油同步进行，一般每年一次。

1.2.4　护木与防爬角整修作业

护木的主要作用是固定桥枕间的相互位置，同时列车脱轨跳过或挤倒护轨时，护木起第二道护轨的作用。

1. 护木铺设标准

钢桥明桥面上应按以下要求铺设护木：

(1)护木断面尺寸为 150 mm ×150 mm，材质为一级松(杉)木或复合材料。

(2)护木接头采用半木搭接，设在桥枕上。护木与桥枕联结处应将护木挖深 20～30 mm 的槽口，紧扣在桥枕上。

(3)护木与桥枕的联结采用Ⅰ式或Ⅱ式，如图 1.2.10 所示。

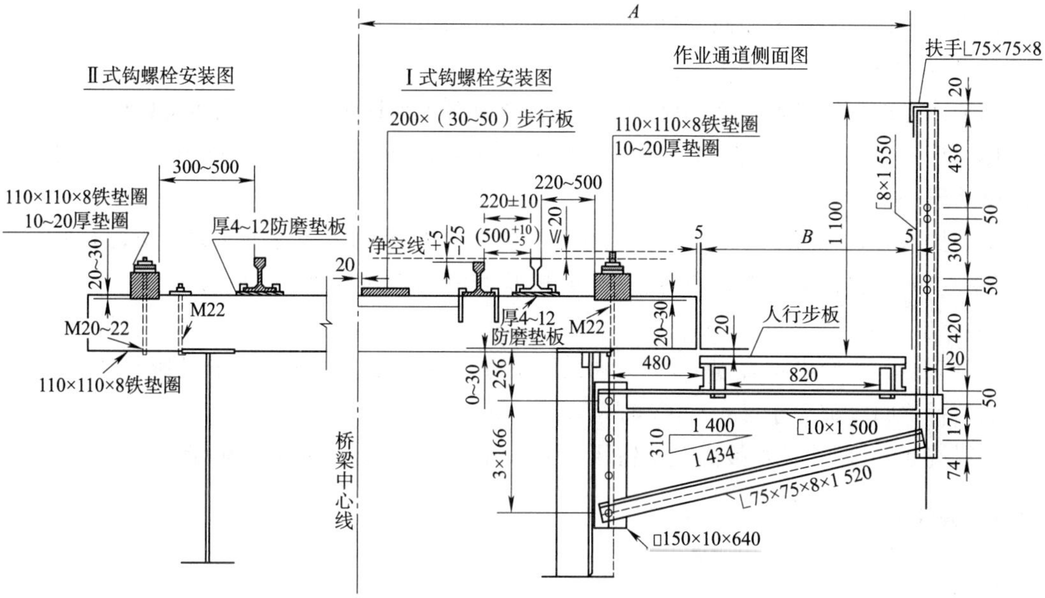

图 1.2.10　护木与桥枕的联结(单位：mm)

注：(1)作业通道栏杆也可采用钢筋混凝土、木材或其他材料和形式，步行板也可采用梯形步行板、花纹钢板、钢筋混凝土板或其他形式和结构。

(2)所有尺寸以 mm 计。

(3)分开式扣件未示。

(4)A 表示桥上线路中心至作业通道栏杆内侧的净距，A 与桥梁所处位置和行车速度有关。

①Ⅰ式为护木与桥枕、钢梁上翼缘用直径 22 mm 钩螺栓联结。Ⅱ式为护木与每隔一根桥枕用直径 20 mm 或 22 mm 螺栓联结；每根桥枕与钢梁上翼缘用直径 22 mm 钩螺栓联结。

②螺栓顶端不应超过基本轨顶面 20 mm。

③行车速度大于 120 km/h 区段钢梁明桥面的护木螺栓不允许有缺少和连二失效。

(4)护木内侧与基本轨头部外侧的距离，Ⅰ式为 220～500 mm，Ⅱ式为 300～500 mm。在钢梁活动端处，护木需断开，并留出空隙，使护木能与钢梁共同移动。

(5)护木应尽可能位于一条直线上。如相邻两孔不能顺直对接，应在护木内侧加楔木衔接，在曲线桥上可呈折线。

2. 防爬角钢技术标准

铺设桥枕的钢梁顶面应按以下要求安装防爬角钢：

(1)防爬角钢的最小尺寸为 125 mm×80 mm×12 mm。

(2)每孔钢梁两端至少各安装一对防爬角钢，必要时在梁的中部每隔 5～10 m 再安装一对。行车速度大于 160 km/h 区段的钢梁明桥面，其桥枕与纵梁之间应采用螺栓、加密防爬角钢等可靠连接。

(3)钢梁两端防爬角钢的水平肢应安装成相反方向，防爬角钢的长肢与桥枕应用 ϕ(20～22)mm 螺栓串联牢固(此处桥枕可不安装钩螺栓)。

(4)防爬角钢与盖板及桥枕间连接牢固，缝隙小于 1 mm。

3. 护木养护整修

护木养护整修与枕木相同，当护木损坏不能使用时，应及时更换。

(1)作业要点

调查确定护木的更换长度，制作护木，按需要位置正确钻螺栓孔，并做防腐处理，拆除旧护木并移出桥面，放于适当地点，清扫护木底部的桥枕面，并根据实际情况做枕面及孔眼的挖补和防腐处理。

安装护木时，各部位要卡紧密贴，用锤敲击护木要垫木块，螺栓涂油防锈后安装上紧，注意整正各种垫圈位置并画箭头标志，接头钉铁皮，应严密无缝，防止漏水、积水。

(2)质量标准

①材质、制作、铺设符合规定，三面刨光并作防腐、灌缝、防裂处理，螺栓孔眼目视正直。

②与桥枕间缝隙大于 2 mm 的槽口不超过 10%。

③梁端断开，两孔护木接头左右错牙小于 10 mm，护木接头连接牢固，缝隙不大于 2 mm。

1.2.5 螺栓整修作业

1. 作业要点

(1)拆卸螺栓帽：用钢丝刷清除螺帽、栓顶、丝扣外露部分和垫圈上的油垢后，卸下螺栓帽。

(2)拆卸螺栓、铁垫圈：清除污垢，必要时应进行整修或更换。

(3)防锈处理：除锈彻底，做好涂装。

(4)安装：按顺序安装螺栓、铁垫圈、胶垫圈，若螺栓钩头栓孔周围有 5 mm 及以上缝隙时，应加经防腐处理的木楔，然后进行丝扣涂油。螺栓安装牢固后，应再对顶部涂油一次。

(5)检查：检查螺栓位置是否正确，钩挂应密贴并拧紧，打上箭头标志。

2. 作业质量验收标准

(1)螺杆、螺帽及垫圈除锈彻底，沾油厚度适宜或经镀锌处理。

(2)螺杆顶面不高出基本轨 20 mm，且无不满帽现象。

(3)螺栓安装牢固，拧紧后扭矩达到要求，不足者不超过 5%。

(4)各种垫圈符合标准无缺少，歪斜损坏或多层垫圈(作业通道除外)不超过 5%。

(5)钩螺栓钩头位置正确，钩头面积应保证有 2/3 部分与钢梁钩紧，如遇到铆钉允许钩头偏斜。螺栓杆与钢梁翼缘间隙大于 4 mm 者不超过 5%。

(6)行车速度大于 120 km/h 区段，钩(护木)螺栓无缺少和无连二失效。

(7)自动闭塞区段，钩螺栓铁垫圈与钢轨铁垫板间在任何情况下都要有15 mm以上的间隙。

任务习题

(一)填空题

1. 钢桥明桥面采用复合材料桥枕时，桥枕之间的净距一般区段为________。

2. 道砟桥面为了承托桥面上的道砟和桥枕，桥面设置________，并在挡砟墙顶增设________，以防止道砟滚落至作业通道。

3. 护轨保养标准规定，护轨顶面不应高出基本轨5 mm，也不低于基本轨________。

4. 每股护轨接头安装4个螺栓，每端安装2个，螺帽应安装在________侧。

5. 螺栓整修更换要求各种垫圈符合标准无缺少，歪斜损坏或多层垫圈(作业通道支架除外)不超过________。

6. 制作、修理桥枕时，要求树心向下，槽口平整，槽深不大于30 mm，与上盖板顶面缝隙小于________，与钢梁翼缘间隙每边不大于4 mm。

7. 钢梁安装防爬角钢时，钢梁两端防爬角钢的水平肢应安装成________方向。

8. 护木与桥枕联结处应将护木挖深________的槽口，紧扣在桥枕上。

9. 明桥面枕木应用调整铁垫板安装需调整线路轨距时，不需拧下固定铁垫板的螺纹道钉，可采用更换________方式进行。

10. 钢桥明桥面木枕铺设时每根桥枕需用________经过防锈处理的直径22 mm标准型钩螺栓与钢梁钩紧。

(二)选择题

1. 运营线桥梁道砟桥面道砟槽顶面外缘宽度不得小于3.9 m，枕底高出挡砟墙顶不应小于(　　)。

A. 15 mm　　B. 20 mm　　C. 25 mm　　D. 35 mm

2. 梁缝指梁与梁或梁与台之间的横向伸缩缝，跨度不大于16 m的梁伸缩缝为(　　)。

A. 6 cm　　B. 8 cm　　C. 10 cm　　D. 15 cm

3. 明桥面上线路不应设置竖曲线和缓和曲线。明桥面也不宜设在大于(　　)的坡道上。

A. 1‰　　B. 3‰　　C. 4‰　　D. 6‰

4. K型扣件铁垫板下防磨胶垫板不宜过厚，一般为(　　)。

A. 4～12 mm　　B. 20 mm以下　　C. 12 mm以上　　D. 12～15 mm

5. 标准断面桥枕因腐朽、挖补、削平和挖槽累计深度超过(　　)为失效桥枕。

A. 50 mm　　B. 60 mm　　C. 70 mm　　D. 80 mm

6. 道钉颈部磨耗达(　　)及以上和锈蚀严重的道钉不能使用。

A. 3 mm　　B. 1 mm　　C. 4 mm　　D. 2 mm

7. 桥上自动闭塞区间，钩螺栓铁垫圈与钢轨垫板间必须有(　　)以上的间隙。

A. 5 mm　　B. 10 mm　　C. 15 mm　　D. 20 mm

8. 桥枕修理削平槽口，切线整齐并与枕木轴线垂直，槽口有适当坡度，歪斜不超过(　　)。

A. 8 mm　B. 5 mm　C. 10 mm　D. 3 mm

9. 如列车通过时桥枕(　　),可能是内部腐朽。

A. 横向摆动较大　B. 上、下挠曲严重　C. 发出清脆声响　D. 桥枕掉块

10. 为调整桥面钢轨上拱度,桥枕容许挖深(　　)以内的槽口。

A. 40 mm　B. 30 mm　C. 50 mm　D. 20 mm

11. 制作、修理桥枕作业质量验收标准规定:桥枕表面腐朽(或垫板切入)深度达(　　)以上,未处理处所不超过 5%。

A. 1 mm　B. 2 mm　C. 3 mm　D. 4 mm

12. 单根抽换桥枕后,桥枕与护木的连接应密贴,间隙不大于(　　)。

A. 2 mm　B. 3 mm　C. 6 mm　D. 4 mm

13. 桥枕防裂处理时,用直径 3.5～4.0 mm 的镀锌铁线在距枕木头(　　)处捆 2～3 圈,以防裂纹继续发展。

A. 50 mm　B. 80 mm　C. 100 mm　D. 150 mm

14. 大跨度简支桁梁,一般采用(　　)扣紧轨底方式。

A. 支座　B. 跨中　C. 分段　D. 全桥

15. 检查桥枕是否失效的方法之一,是用直径 12～16 mm 木钻钻取实样,(　　)说明木枕处于正常状态。

A. 木屑硬而成片　B. 木屑松散成片

C. 木屑呈粉状　D. 木屑呈粒状

(三)判断题

1. 道碴桥面上两片梁间留 60 mm 缝隙,铺以纵向钢筋混凝土盖板以防落道碴,每两片盖板之间留 10～20 mm 缝隙以利排水。(　　)

2. 时速 120 km 铁路运营桥梁道碴桥面应铺设一级道碴,桥下道碴厚度不小于 0.35 m。(　　)

3. 行车速度大于 160 km/h 线路,不宜采用明桥面钢桥,否则应采取补强加固措施。(　　)

4. 整修更换桥面的各螺杆、螺帽及垫圈除锈彻底,沾油厚度适宜或经镀锌处理。螺杆顶部不高出基本轨 15 mm,且无不满帽现象。(　　)

5. 螺栓整修更换要求螺栓拧紧后扭矩达到要求,不足者不超过 5%。(　　)

6. 整修、制作桥枕作业质量验收标准中规定,钢轨接头处 4 根木桥枕(支接时为 5 根)中无 1 根或其他部位无连续 2 根及以上的失效,行车速度大于 120 km/h 区段钢梁明桥面无隔一或连二失效桥枕。(　　)

7. 每根桥枕需用两根经过防锈处理的 ϕ22 mm 标准型钩螺栓与钢梁钩紧。行车速度大于 120 km/h 区段,钢梁明桥面的钩螺栓不允许有缺少或连二失效。(　　)

8. 在钢梁活动端处,护木须断开,并留出空隙,使护木能与钢梁共同移动。(　　)

9. 钩螺栓的作用是使桥枕与护木紧密连接,防止护木上、下跳动和横向移动。(　　)

10. 护木接头采用半木搭接,不允许搭接于桥枕上。(　　)

11. 桥枕容易腐朽的部位多发生在裂缝、压伤凹陷处所,各种孔眼、轨底铁垫板接触处、护木联结处及步行板下,尤其是垫板下钉孔部位。(　　)

12. 明桥面桥枕钩螺栓钩头位置正确,钩头面积应保证至少 1/2 部分与钢梁钩紧,不准钩

在铆钉或螺栓上。（　）

13. 钢梁明桥面采用复合材料桥枕时，如需更换既有钢桥上的木枕宜同期更换桥上所有木枕，不宜局部抽换。（　）

(四)简答题

1. 简述更换分开式扣件防磨垫板作业质量验收标准。
2. 更换、整修护轨的作业质量验收标准是什么？
3. 护轨的作用是什么？
4. 桥枕的作用是什么？
5. 简述更换铺设桥枕作业质量验收标准。
6. 桥枕失效的标准是什么？
7. 简述桥枕灌缝涂油整修作业要点。
8. 简述桥枕防裂捆扎整修作业要点。
9. 护木的作用是什么？

任务1.3　桥梁附属设备整修作业

1.3.1　钢轨伸缩调节器整修作业

1. 作用

在荷载与温度变化影响下，铁路桥梁上的钢轨会随同桥梁一起伸长或缩短。桥梁上部结构的连续长度越长，伸缩量就越大。钢轨端头的间隙越大，车轮经过时在该处所产生的冲击力就越大，甚至影响行车安全。因此，桥梁设计规范要求连续长度大于100 m的桥梁，必须在梁端伸缩缝处设置钢轨伸缩调节器，以保证车轮是在连续的轨道上滚动。

钢轨伸缩调节器的作用是保证钢轨能随桥梁的温度和活载位移而自由伸缩。最大伸缩量在大跨度钢桥上应满足当地最高最低温度时钢梁长度的变化另加活载通过时的影响。

2. 结构

钢轨伸缩调节器有斜线型、折线型、双尖型、曲线型四种，基本构造如图1.3.1所示，由基本轨、尖轨、大垫板、轨撑、导向卡等组成。这种钢轨伸缩调节器只需将原来对接的两根钢轨分别向内、外侧稍加弯曲，并平行地伸至对方一段距离。内侧钢轨的内缘磨削成尖状，使两根钢

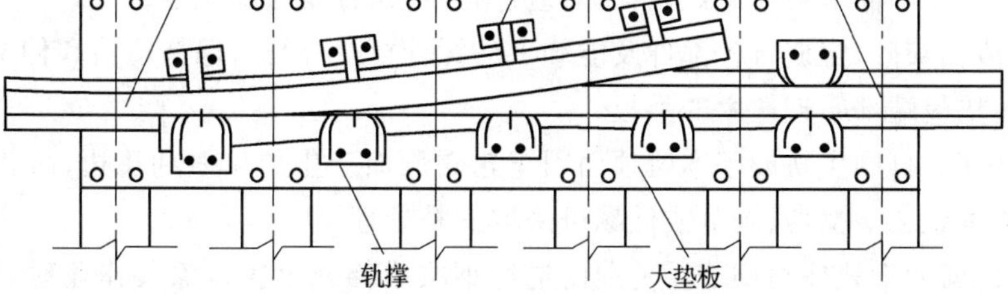

图1.3.1　钢轨伸缩调节器布置图

轨的内缘处在同一直线上，以便车轮通过。尖轨与外侧钢轨用弹簧抵紧，使钢轨伸缩时尖轨始终贴紧在外侧钢轨上，轨尖处不致出现缝隙。

曲线型钢轨伸缩调节器是目前常用的一种钢轨伸缩调节器，它的特点是：轨距保持不变；允许伸缩量大；尖轨与基本轨头密贴；强度及稳定性均较好；配件种类少，维修方便。一般情况温度跨度超过100 m 的钢梁，在活动端上的线路应设钢轨伸缩调节器，每一温度跨度安设一副；圬工桥应根据具体情况设置。

3. 桥上线路铺设钢轨伸缩调节器的条件

(1)温度跨度超过 100 m 的桥梁。

(2)跨度超过 60 m 或 100 m 的连续钢桁梁桥或简支梁无砟桥上铺设无缝线路时，钢轨伸缩调节器安设在活动支座附近，连续梁安设在钢梁与桥台及两联钢梁接头处。

(3)在跨度为 30～40 m 的无砟桥上铺设无缝线路，如附加纵向力很大，为防止其超过容许值，常采取措施减小扣件纵向阻力使钢轨在一定范围内伸缩。在扣件阻力较小的情况下，为防止冬季钢轨折断时断缝过大，可在桥上设钢轨伸缩调节器。

(4)在钢筋混凝土桥上(有砟桥或无砟无枕桥)铺设无缝线路，如遇以下三种情况之一，需铺设钢轨伸缩调节器：

①桥上设有闭塞信号机。

②与大跨度钢梁桥连接。

③桥头有小半径曲线或道岔等结构物。

长轨节在桥上断开时，为减小列车通过接头的振动冲击，长轨节之间应尽可能采用钢轨伸缩调节器连接，长轨端与钢轨伸缩调节器直接焊接，这样列车通过时垂直方向的簧下加速度可比普通接头小 80%。

(5)钢轨伸缩调节器应避开半径小的曲线地段。

4. 钢轨伸缩调节器的检查、养护维修

(1)用轨距检查尺、小钢尺、温度计、放大镜、小锤等检查轨距、伸缩量、钢轨磨损、飞边、裂纹、螺栓松动等情况，用目视检查其他缺陷。

(2)防止钢轨伸缩调节器异常伸缩及尖轨爬行，避免导致钢轨伸缩调节器的轨距变化。

(3)钢轨伸缩调节器的轨距、轨向和水平偏差不得超过验收时的规定标准，不符合标准的在调整轨距前必须量测钢轨伸缩调节器的轨距、轨向，根据量测结果决定调整方法和数量。

(4)检查尖轨尖端与基本轨密贴情况。尖轨尖端与基本轨应按要求保持密贴，如出现 1 mm 间隙，必须及时调整处理，如调整轨撑和铁座间的调整片厚度，在导向卡与尖轨间加铁线卡使其密贴。如导向卡磨耗或螺栓损坏，应进行更换，拧紧松动螺栓。

(5)及时清扫灰砂，定期将各部件及能卸下的螺栓擦拭、涂油，保持清洁和伸缩灵活。检查并及时消除大垫板端部附近枕木的吊板。

(6)及时铲除、打磨尖轨或基本轨顶面因车轮碾压而产生的压溃和飞边，防止轨头掉块剥落。尖轨或基本轨轨头擦伤、剥落或低塌可采取焊补处理。

(7)在明桥面的钢轨伸缩调节器范围内进行钢梁维修或上盖板涂装作业时，桥枕移动后，桥枕中心距不超过 55 cm，个别情况不超过 60 cm，接头处桥枕净距不超过 21 cm。

(8)在大垫板上刻标记或安装标尺，每日定时(接近日最高、最低温度时)测量尖轨尖端至基本轨弯折点的距离(曲线形钢轨伸缩调节器为大垫板端部至基本轨端部的距离)及当时钢梁温度、钢轨温度,做好记录,并与理论数据对照,若超过容许范围时应查明原因进行整正。

5. 钢轨伸缩调节器的失效标准

(1)基本轨垂直磨耗量超过 6 mm。

(2)在尖轨轨头面宽度为 50 mm 以上的断面处,尖轨发生垂直磨耗,其轨顶面低于基本轨顶面 2 mm。

(3)基本轨或尖轨轨头剥落掉块长度超过 30 mm,深度超过 8 mm。

(4)轨头侧面磨耗影响钢轨伸缩调节器范围内轨距调整,轨距偏差超过允许限度时。

(5)尖轨尖端轧伤长度超过 200 mm。

(6)尖轨或基本轨达到《修理规则》规定的重伤钢轨标准。

1.3.2　作业通道、栏杆整修作业

1. 设置标准

(1)明桥面应在轨道中心铺设步行板,并设置单侧或双侧作业通道,道砟桥面应设置双侧作业通道。轨道中心步行板和作业通道板可用钢筋混凝土、花纹钢板或按设计要求的材料制成,作业通道板应安全、稳固、防滑。

(2)直线桥梁作业通道栏杆内侧至线路中心的净距:钢梁桥明桥面应不小于 2.45 m,混凝土梁桥面应不小于 3.00 m,线路允许速度大于 160 km/h 的桥梁桥面应不小于 3.25 m,作业通道宽度应不小于 0.8 m。曲线桥梁作业通道栏杆内侧至线路中心的净距应考虑曲线加宽的影响。既有桥改造困难时,可维持现状,但必须采取其他保证工作人员安全的措施。

(3)作业通道支架及与梁的连接应符合设计要求。支架改造时,应检算联结支架用的预埋件的强度。

(4)作业通道静活载不得超过 4 kPa(即不得超过 400 kg/m^2),集中荷载不得超过 1.5 kN。立柱与扶手承受的水平推力不得超过 0.75 kN/m,集中荷载不得超过 1.0 kN。

(5)作业通道、栏杆在梁的活动端处均应断开,不得影响梁的伸缩。

(6)新建有砟桥面作业通道宜优先考虑整体桥面,并根据桥位具体情况和养护维修不同要求考虑作业通道的设置。

(7)既有线在 T 梁钢支架作业通道上安设的声屏障,不能满足安全要求的应有计划地进行改造。

2. 养护作业要点

(1)调查作业通道、步行板及栏杆损坏缺少情况,记录测量尺寸,按设计要求备料。

(2)步行板四角整平,各部尺寸和制作质量符合要求,连接牢固。钢筋混凝土板平整无裂无损,边缝堵塞饱满,木板无腐朽断裂,防腐处理良好,钢质板除锈彻底、涂漆均匀、无漏涂流淌。钢质、橡胶步板等应与人行道托架有防止移动、脱落的扣系。

(3)作业通道栏杆平直、连接牢固、梁端断开,活动端处能与梁体共同移动。

(4)制作更换损伤的栏杆托架,进行防锈、防腐处理。

3. 作业质量验收标准

(1)各部尺寸符合设计要求,钢支架的铆接、栓接、焊接及涂装质量符合有关规定。

(2)步行板四角整平、连接牢固,钢筋混凝土板平整无裂无损,边缝填塞饱满,钢质、橡胶步板等应与作业通道托架有防止移动、脱落的扣系。

(3)步行板铺设平直,边缘成一直线,钢步板无锈蚀。

(4)栏杆平直、连接牢固、无扭曲,10 m 弦矢度小于 20 mm。

(5)梁端断开,活动端处能与梁体共同移动。

4. 安全注意事项

(1)注意瞭望,及时避车。

(2)应按操作规程办理,保证人身安全。

(3)更换栏杆托架时应搭设必要的脚手架,系安全绳、戴安全帽。

(4)料具放置得当,不得侵入限界。

1.3.3　安全检查设备整修作业

为经常检查桥梁建筑物各部位的技术状态和保证桥梁养护维修人员的正常工作及操作安全,需要在桥梁的不同部位配备与其相应的安全检查设备。

1. 技术标准

(1)围栏、固定吊篮

墩台顶至地面高度大于 4 m 或经常有水的桥梁,墩台顶应设围栏、吊篮(桥墩设双侧);检查墩台侧面可设移动的梯子或小船;钢梁、圬工梁拱应根据结构形式分别安装检查架、杆和梯子,配备钢桁梁检查维修车、钢筋混凝土梁拆装式检查小车或升降式检查汽车等。围栏是保证养护人员在墩台面作业时的操作安全设备,它由插入墩台顶帽上的立柱、栏杆扶手和步板组成。固定吊篮是供检查或维修养护桥梁支座和梁端时用的设备。它由支架、步板、栏杆及扶手构成,支架可由钢材或钢筋混凝土制成,步板可为木板、钢筋混凝土板或钢板。

(2)检查梯

检查梯是便于从桥面下到墩台顶面进行检查作业用的设备。上端连作业通道或梁部,下端支于墩台顶,倾斜放置,并在作业通道或避车台上设有能开闭的出入孔。

(3)检查踏步

为便于对涵洞、护锥、桥下及隧道顶上进行检查,当桥头路堤高度(路肩至坡脚)、隧道仰坡高度大于 3 m,应根据需要在路堤边坡上设置简易台阶。大、中桥两端桥头一般在上、下游交错各设置一个,小桥则在上游设置一个。

(4)避车台

线路中心至作业通道栏杆内侧净距小于 3.25 m 时,单线桥应在作业通道上按间隔 30 m 左右交错设避车台,双线及多线桥应在每一侧各相距 30 m 左右设避车台。

(5)防火设备

采用木桥枕的明桥面应按表 1.3.1 设置防火水桶或砂箱。冬季结冰地区防火水桶应换装砂子。设有巡守等重要桥梁,视实际情况可配备化学灭火器、水枪、抽水机等防火用具。所有防火设备均应保持完好无缺。

表 1.3.1　明桥面防火设备设置数量及安设位置

桥梁全长(m)	水桶或砂箱数量及安装位置
30～60	桥头设置1个
60～120	桥两头各设1个
≥120	除桥两头各设置1个外,并每隔约60 m交错设置1个

注:水桶容量不小于0.15 m^3,并备提水桶;砂箱容量0.1 m^3,并备有砂铲或将砂装袋存放。

在桥梁各个部位(包括特大桥桥头堡)、桥下和桥梁上下游建造和设立生产、加工、储存或者销售易燃、易爆等危险物品的场所、仓库,应当符合国家法律法规及《铁路工程设计防火规范》(TB 10063—2016)相关规定的安全防护距离。

(6)其他

①重要的桥梁应根据构造特点和需要设置专门的移动检查设备和固定检查通道。河道可航行的桥梁应配备检修船只,常年有水桥梁应配备水下检查设备;对空心墩、斜拉桥、系杆拱等均应安装相应的检查设备与桥梁检查通道。

②全长大于500 m以上的钢梁桥应设置通信设备,必要时设置安全警报装置;全长大于500 m的钢梁桥和多线并行总长大于500 m的钢梁桥,应在桥头设动力设备,并在桥上安装风管、水管、电力动力线及储风桶等相应的设备,必要时配备船只。

③通航桥梁应按照相关管理条例做好桥区航标中的桥梁航标、桥柱标、桥梁水尺标的检查维护。新建通航桥梁通航孔跨桥墩应设置防撞设施,既有通航桥孔不符合规定时应结合具体情况逐步改造。

④原则上不允许通过桥隧建筑物安设高低压电缆、电线、各种管路等设备。如必须通过时,必须经铁路局集团公司批准,并应有可靠的安全措施。任何情况下,上述设备的安装,必须限于桥梁承载力容许范围内,并不得侵入铁路桥隧建筑限界及妨碍桥隧的检查修理工作。

2. 避车台养护维修作业

(1)作业要点

①将松动台面板重新装钉牢固,更换劈裂损坏台面板。

②拧松歪斜栏杆螺栓,扶正,丝扣满涂润滑油,重新拧紧。

③清扫台面、清除裂缝污物,进行灌缝腻补、刮平。

④根据实际情况,全面涂刷防腐油。

(2)技术标准和质量要求

①台面板牢固、无松动、无劈裂。

②裂缝腻补平整、密实、无塌陷。

③栏杆顺直、无歪斜、联结牢固。

3. 增设整修安全检查梯和检查台阶

(1)作业要点

①按图纸尺寸将角钢及圆钢切割成型,用电焊或气焊按图焊制成梯子。

②在墩台顶打眼,用环氧砂浆预埋螺栓,螺栓直径不小于19 mm。上部作业通道也应打

眼,用螺栓联结,螺栓直径不小于 16 mm。

③将焊制好的检查梯,联结在墩台与梁跨固定端作业通道间,上、下用螺栓联牢。

④桥涵处路堤高度超过 3 m 时,可根据需要增设检查台阶及检查梯;涵洞增设检查梯可用 ϕ19 mm 的圆钢,弯成"Π"形打眼,埋设在涵洞的边墙上,其深度不少于 250 mm。

⑤对旧有的桥、隧、涵检查梯开焊、裂纹、松动,可用电、气焊焊接牢固。

⑥检查梯进行除锈、油漆。

(2)技术标准和质量要求

应符合设计要求,与墩台和作业通道联结牢固,同时便于上、下检查。

4. 吊篮、围栏养护维修

对墩台顶面距河床面高 4 m 以上,无吊篮、围栏者应增设,旧有吊篮损坏、强度不足者或支架开焊等应整修、加固,旧有围栏、立柱、穿条断裂、缺少或强度不足应整修、加固。

(1)作业要点

①所有钢料需要做防锈处理。

②搭设脚手架牢固安全,便于作业,经常检查整修。

③凿钻牵钉孔,孔径 ϕ40 mm,深度不少于 250 mm。安装牵钉要垂直,用环氧砂浆塞孔,待硬化后安装支架。

④吊篮铺设检查板应平直、稳固,接头缝灌注防腐浆膏。旧有吊篮开焊、断裂、缺板时要补修完好。

⑤围栏立柱及穿条,位置正确,联结牢固。对旧有围栏的断裂、缺少穿条、活动等部位进行焊、补、固定。

(2)技术标准和质量要求

①支架竖直、穿条平顺,有足够强度,符合设计要求,安装牢固。牵钉及立柱埋设深度不小于 200 mm。

②检查步板配筋和尺寸符合规定,灌注质量良好,安装稳固;开焊的支架焊补完好,缺板须补充;增设补修的吊篮作好防锈、涂装。

③立柱和穿条规格符合规定。立柱竖直、穿条平顺。旧有围栏损坏部位全部整修完好。

1.3.4　其他设备整修作业

1. 标志牌

整修旧有桥、隧、涵标志缺少、油漆脱落、字迹不清、埋设歪斜、撞击裂损等。新建桥、隧、涵应增设标志。

(1)作业要点

①桥、涵标志的埋设位置:在列车运行方向的左侧路肩上。

②补修缺损部分。对破损的桥、涵等标志要用环氧砂浆或乳胶水泥补修完好,歪斜的标志应重埋端正并埋设牢固。

③清除污垢。铲除脱落旧漆,清刷旧字底,无翘皮,涂白色底漆两道,涂后要压住底石杂色。按设计要求制作混凝土桥、涵等标志牌,用黑色油漆字体工整。一般要求写仿宋体,桥梁要注桥号、里程。

④如有要求,应用砖或河卵石在桥涵标志下部筑长方形围墙,内填碎石屑。

(2)技术标准和质量要求

①标志位置正确,表面平顺光滑。

②标志油漆:白漆两道,字为黑漆两度,色泽光亮,字迹清晰,数据正确,油漆无流淌。

2. 水位标尺

在桥梁主河道桥墩侧面(桥台为胸墙)的上游处应用油漆描绘水位标尺,如图 1.3.2 所示,并标明历史最高洪水位、警戒水位,可随时监测桥下河床水位。

(1)修理水位标尺

水位标尺有污垢、泥土、旧漆失效剥落、标尺及字迹不清时应局部或全部重新描绘。

①搭设脚手架(或梯子)。

②清除污垢、泥土,铲除旧漆膜,清扫表面。

③用油画笔(或标准印模)修补、描绘不清楚或缺少的标志、字码。水位标尺(包括"最高洪水位"、发生年月日、统一高程标高、"警戒水位"标高)字迹清晰,标尺尺面清洁、鲜明。水位标尺各部尺寸、字迹、标志等均符合规定,描绘整齐,项目无缺少。

④拆除脚手架。

(2)新设水位标尺

①设置位置

a. 特大、大桥应设置在墩台侧面上、下游处。

b. 小桥涵应设在墩、台侧面上游入口或端墙左、右侧。

c. 涵渠为上游入口端墙左侧或右侧边缘。

②水位标尺的绘制要求

a. 以白色调和漆打底(两道),而后在基底面上描绘水位标尺。

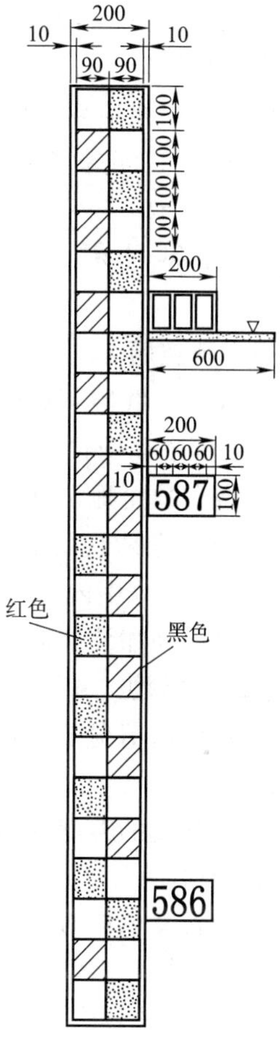

图 1.3.2　水位标尺

(单位:mm)

b. 以红、黑、白三色相间隔作分格标志。标尺边宽为 10 mm,并以黑、红色相间描绘,标码字体粗细以 10～12 mm 为准,凡单公尺数(奇数)数字均以黑色调和漆描绘,双公尺数(偶数)数字均以红色调和漆描绘。

c."最高""警戒""水位横线""水位三角标志""发生年月日"等字体及横线均以红色调和漆描制。

d. 小桥涵水位标尺以上游入口铺砌顶面、涵身最低点为零点,向上以高度表示;大、中桥水位标尺自承台顶面向上绘制,向上以高程(统一高程)表示,长度误差每 1 m 长度不得大于 3 mm。采用铁路统一高程表示,水位标尺起点设在最低水位以下。

③作业程序及技术标准

a. 在水标尺标准位置用垂球吊线,据此画出水标尺一侧垂直边线。

b. 清除水标尺范围内圬工表面污垢、尘土、风化表层。

c. 按图 1.3.2 所示规定尺寸画出水位标尺宽度尺寸,标尺应垂直于地平面。

d. 按水位标尺的绘制要求绘制标尺内容。

e. 测量并标定出水位标尺起点标高值(用统一的黄海高程)或高度值。

f. 用预制的标准印模划样、描绘尺寸、描绘标志、填写标高等字码。字迹整齐鲜明，符合颜色要求。

3. 限高防护架

在铁路线路下通行机动车辆的立交桥涵，其桥涵下净空高度不足 5 m 时，应按有关规定设置限高防护架。

限高防护架架身需涂醒目涂料，设计使用黑黄相间条纹作为醒目标志，防护架上需根据要求设置标识牌。防护架的所有构件均应进行严格防腐防锈处理，在防锈后进行涂装。

任务习题

(一)填空题

1. 在铁路线路下通行机动车辆的立交桥涵，其桥涵下净空高度不足________时，应按有关规定设置限高防护架。

2. 墩台顶至地面高度大于________或经常有水的桥梁，墩台顶应设围栏、吊篮。

3. 任何情况下，通过桥隧建筑物安设高低压电缆、电线、各种管路等设备，必须限于桥梁________容许范围内，并不得侵入铁路桥隧________及妨碍桥隧的检查修理工作。

4. 钢轨伸缩调节器的作用是保证钢轨能随桥梁的温度和活载位移而________。

(二)选择题

1. 在任何情况下，钢轨伸缩调节器处轨距的要求为(　　)。

A. 1 233～1 435 mm　B. 1 433～1 441 mm　C. 1 435～1 441 mm　D. 1 433～1 451 mm

2. 简支梁的温度调节器应安装在(　　)附近。

A. 桥头　　B. 梁的中部　　C. 固定支座　　D. 活动支座

3. 钢轨伸缩调节器尖轨轨头宽 50 mm 断面处，尖轨轨面较基本轨轨面低(　　)时，禁止使用。

A. 5 mm　　B. 4 mm　　C. 3 mm　　D. 2 mm

4. 钢轨伸缩调节器尖轨或基本轨的轨头擦伤、剥落或低塌可采取(　　)处理。

A. 观测　　B. 焊补　　C. 打磨　　D. 更换

5. 水标尺的长度误差每 1 m 长度不得大于(　　)。

A. 1 mm　　B. 2 mm　　C. 3 mm　　D. 4 mm

6. 圬工桥作业通道宽度应不小于(　　)。

A. 0.5 m　　B. 0.75 m　　C. 0.8 m　　D. 1.1 m

7. 桥梁上应每隔(　　)左右设避车台一处。

A. 30 m　　B. 35 m　　C. 40 m　　D. 45 m

8. 桥梁上的栏杆应直顺平直、联结牢固、无扭曲，10 m 弦矢度小于(　　)。

A. 15 mm　　B. 20 mm　　C. 25 mm　　D. 30 mm

9. 为便于对涵洞、护锥、桥下及隧道顶上进行检查，当路堤及路堑边坡高度大于(　　)时应设置简单台阶。

A. 1 m　　B. 2 m　　C. 3 m　　D. 4 m

10. 桥涵标志一般采用黑色油漆，字体工整，桥梁要注桥号、中心里程，埋设在列车运行方向的(　　)路肩上。

A. 左侧　　B. 右侧　　C. 中心　　D. 没有要求

(三)判断题

1. 简支梁的温度跨度是按固定支座到相邻墩台活动支座的距离计算的。 (　　)
2. 温度调节器两端轨道应锁定,使钢轨与钢梁伸缩一致。 (　　)
3. 桥梁上伸缩调节的尖轨尖端应与线路方向一致。 (　　)
4. 桥涵限高架要求结构完整、状态良好、标志齐全,刷成黑白相间颜色以示醒目。 (　　)
5. 作业通道栏杆平直、联结牢固、梁端断开,活动端处能与梁体共同移动。 (　　)
6. 在桥梁主河道桥墩侧面(桥台为胸墙)的上游处应用油漆描绘水位标尺,并标明历史最高洪水位、警戒水位。 (　　)
7. 全长大于500 m以上的桥梁应设置通信设备,必要时设置安全报警装置。 (　　)

(四)简答题

钢轨伸缩调节器的作用是什么?

项目 2　桥跨养护与维修作业

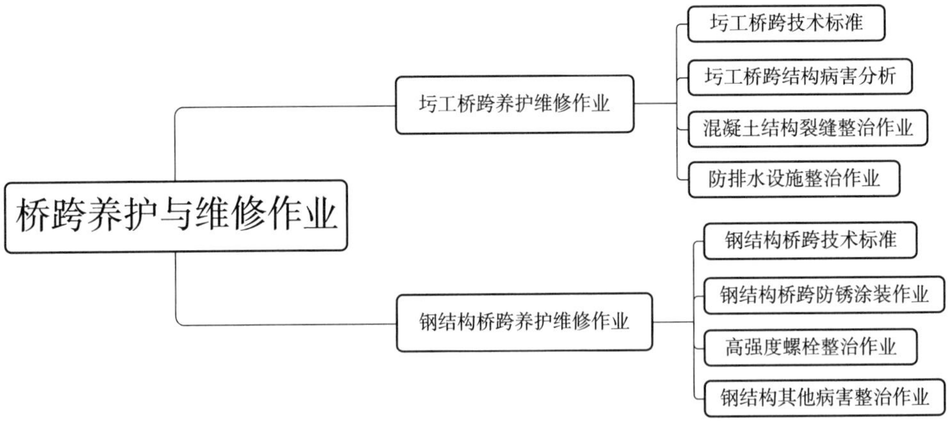

【项目描述】

本项目主要描述圬工桥跨和钢结构桥跨常见病害、原因分析和整治方法。圬工梁、拱应具有要求的强度、刚度、抗渗性、耐久性和整体稳定性，并经常保持状态良好。从外观看，破损和裂缝是混凝土梁最主要的病害，引起病害的原因错综复杂，本项目主要进行原因分析并介绍封闭、勾缝、注浆、修补和粘贴加固方法。钢结构应具有要求的刚度、强度和稳定性。运营中根据钢结构形式，加强对各部联结节点、杆件、铆钉、销栓、焊缝的检查养护，使其经常处于良好状态。对承载能力或刚度不足、结构不良的钢梁，应进行加固或改善，确保行车安全。

【学习目标】

1. 素质目标

(1)培养学生精益求精的大国工匠精神，能够爱岗敬业、尊重劳动、热爱劳动、吃苦耐劳；

(2)培养学生具有质量至上、安全第一的精神，能够脚踏实地、严谨求实，遵守相关规则、作业标准；

(3)培养学生团队协作精神和语言表达能力。

2. 知识目标

(1)掌握圬工梁、拱技术标准；

(2)掌握圬工梁、拱常见病害及原因；

(3)掌握混凝土结构裂缝、破损封闭、勾缝、注浆、修补及粘贴加固方法；

(4)掌握钢结构常见病害及原因；

(5)掌握钢结构防锈涂装及高强度螺栓整治方法。

3. 能力目标

(1)能进行混凝土结构裂缝封闭、勾缝、压力注浆、破损修补单项作业；

(2)能进行混凝土结构粘贴纤维布加固单项作业；

(3)能进行钢结构除锈、涂装单项作业;

(4)能进行高强度螺栓整治、更换单项作业。

【思政小课堂】

陈忠祥,中国铁路兰州局集团有限公司定西工务段桥隧工,几十年如一日,怀揣"匠心",潜心钻研铁路桥隧专业知识,痴迷桥梁隧道养护研究,矢志攻克技术难关,乐于知识技能传授,带领团队先后研发成果数十项,培养技师、高级技师上百名,被誉为铁路行业的桥隧专家。

1980年,刚参加工作的陈忠祥成为了中国铁路兰州局集团有限公司第一批电力机车乘务员,1984年他由机车乘务员转行干起了桥隧工。他暗下决心,要当最优秀的桥隧工。他从最基础的工作干起,从最基本的技能学起,脚踏实地苦练基本功。不到两年时间,他掌握了桥隧维修养护技术,在工作中独当一面。陈忠祥创建的"更换K型扣件三步作业法",有效地解决了运营线钢梁桥明桥面大修中的行车安全和作业质量问题;他研发的"小型双面筛沙机",改变了传统筛沙机效率低、耗电量大、占用场地大的弊端;发明的"桥枕钻孔机",大大提高了工作效率和作业质量……

宝兰高铁建设期间,陈忠祥带领团队走遍了宝兰高铁59座桥梁、37座隧道,对156 km的隧道逐米敲击检测,检测了近万个桥梁支座,先后检查出桥梁方面问题5 300多个、隧道方面问题2.2万多个。在此过程中,他总结出高速铁路支座转角"4定4测2点检测法",极大地提升了高铁桥隧科学管理水平。

在成长的路上不断实现超越。几十年来,陈忠祥带领团队攻克技术难关、解决生产难题,曾获得全国技术能手、全国五一劳动奖章、中国铁路总公司"铁路工匠"、火车头奖章等多项荣誉,享受国务院政府特殊津贴。2019年9月,荣获第七届全国道德模范提名奖。"一个人只要干一行、爱一行、钻一行、精一行,把'责任'二字始终扛在肩上,就一定能在平凡的岗位上创造不平凡的业绩。"陈忠祥如是说。

任务2.1　圬工桥跨养护维修作业

2.1.1　圬工桥跨基础知识认知

1. 结构形式及特点

桥跨结构是桥梁承力结构,铁路桥梁中圬工梁拱的结构形式,主要有以下几种。

(1)梁桥

①钢筋混凝土简支梁及预应力混凝土简支梁

钢筋混凝土简支梁及预应力混凝土简支梁桥跨结构在铁路上广泛采用,一般由工厂或现场预制在工地吊装,由主梁(包括梁身及道砟槽板)、挡砟墙、横隔板及防水层等组成。普速运营铁路线上常见横断面形式如图2.1.1所示,有板梁、双片式T形梁和箱形梁。

目前新型铁路桥梁中主要应用双片整体式T形梁(图2.1.2)、四片整体式T形梁(图2.1.3)和整体式箱形梁(图2.1.4)。

预应力混凝土梁按预应力筋张拉的先后顺序分先张法及后张法两种。为减轻自重,跨度40 m以上的可采用无砟无枕或无砟短枕桥面,为便于提前架梁的方便,预应力混凝土梁也可做成分块式在工地用化学胶粘材料胶接后再张拉钢丝束连成一体,即所谓串联梁。

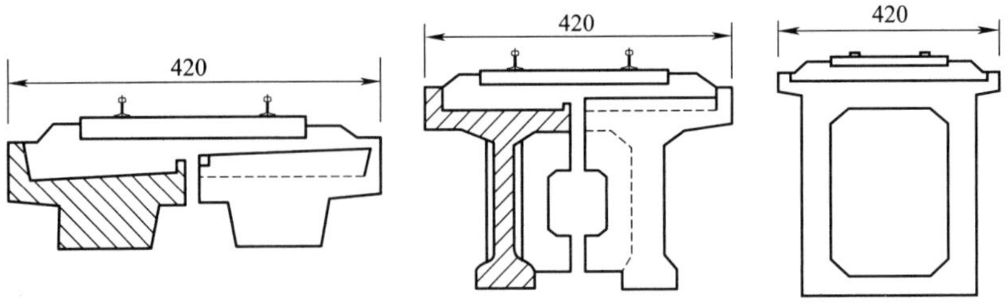

(a) 板梁　　(b) T形梁　　(c)箱形梁

图 2.1.1　钢筋混凝土梁式桥的截面形式(单位:mm)

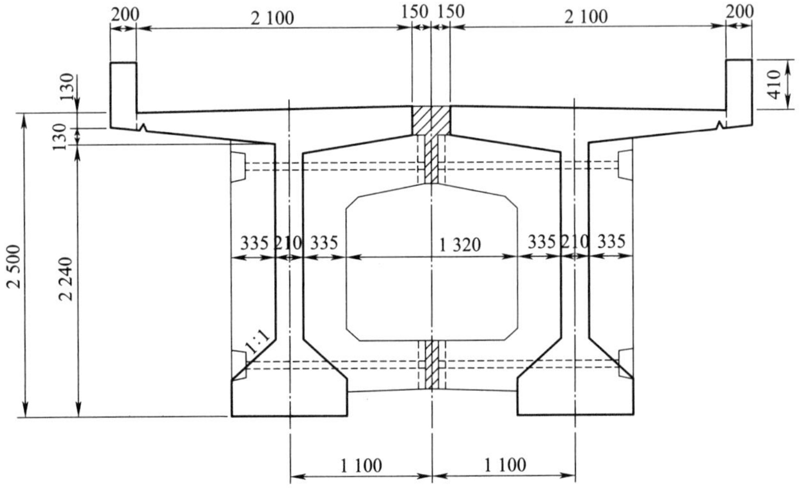

图 2.1.2　双片单线整体式 32 m T 形梁截面示意图(单位:mm)

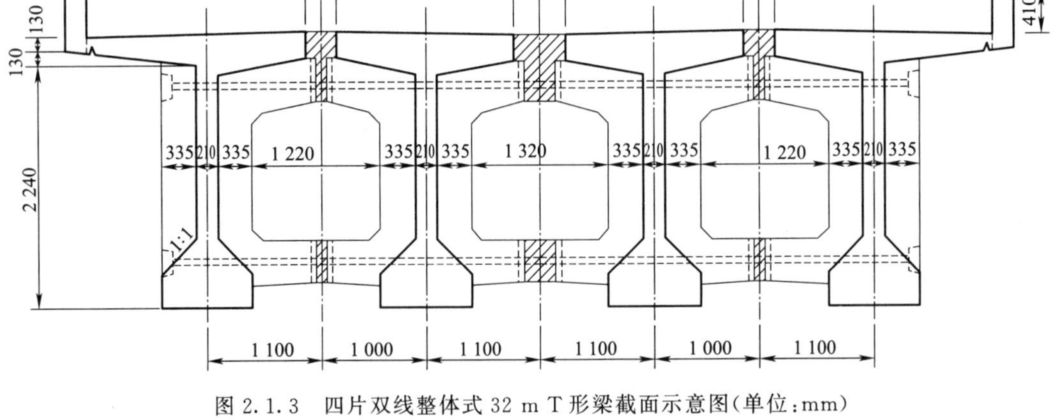

图 2.1.3　四片双线整体式 32 m T 形梁截面示意图(单位:mm)

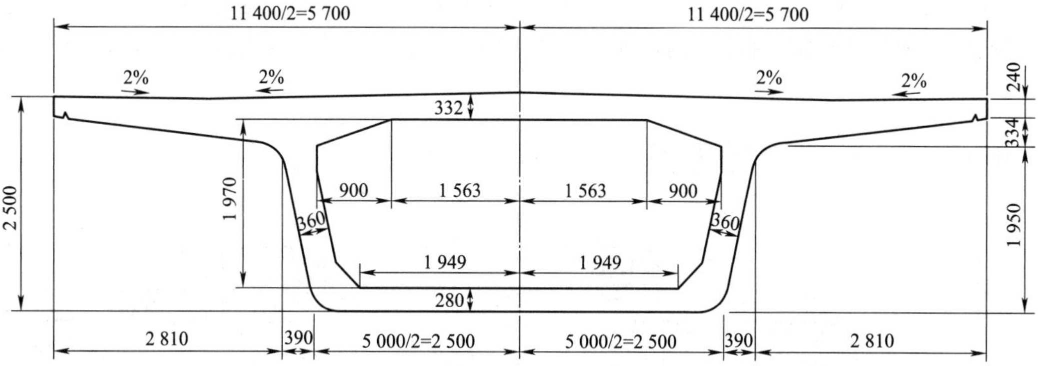

图 2.1.4　32 m 整体式箱形梁截面示意图(单位:mm)

②钢筋混凝土连续梁

可将 2～3 个跨度(一般不超过 4 个)的钢筋混凝土梁相连成连续梁,它比简支梁经济,但连续梁墩台不能有不均匀下沉,否则将导致梁身开裂而损坏。连续梁由于中间支承处梁的弯曲力矩较大,所以往往在该处将梁身做成折线形或曲线形以增加截面高度来进行加强。

③钢筋混凝土悬臂梁

它具有连续梁优点且不受基础不均匀下沉的影响。悬臂跨由悬臂梁及自由梁组成,悬臂长度一般为梁跨的 20%～30%,悬臂梁最困难的地方是自由梁与悬臂端的联结处,该处自由梁及悬臂梁的高度各减一半互相搭接,该处截面中需要大量钢筋。

(2)拱桥

拱桥指的是在竖直平面内以承受轴向压力为主的拱圈或拱肋作为结构主要承重构件的桥梁。拱桥结构一般由拱圈、拱上结构、防水层及其支座等组成,有石拱桥、混凝土拱桥、钢筋混凝土拱桥,可做成实体的也可做成由小拱组成的空腹式拱上结构的拱桥,如图 2.1.5 所示。目前作为拱桥桥型之一的系杆拱桥,特别是钢系杆拱桥,具有跨越能力大、美观、经济、施工对交通干扰小等特点,在线路小角度斜交跨越城市干道、高速公路、通航河流等需要桥梁跨度大且线路以下净空高度受限时,具有独特的优势。

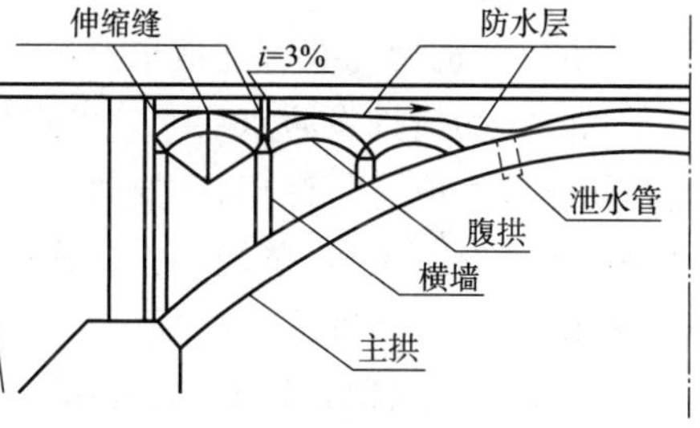

图 2.1.5　拱桥示意图

(3)刚架桥及框构桥

钢筋混凝土刚架桥是由钢筋混凝土支柱及与支柱刚性连接的肋形桥跨结构所组成,这些构件合成为一个负荷载重的整体结构,一般道桥常采用此结构形式。

(4)其他结构

①伸缩缝

拱桥跨度大于 10 m 的混凝土边墙或跨度大于 15 m 的石砌边墙应在拱脚附近做成温度伸缩缝(有铰拱应在铰的上方),相邻孔的拱上刚架与墩台间也应设伸缩缝,缝宽 1～2 cm,缝内用防水性能较好的弹性嵌缝膏填塞。

梁桥墩台上相邻钢筋混凝土梁或预应力混凝土梁间以及梁端与桥台挡砟墙间应留有梁能自由伸缩的空隙($L \leqslant 16$ m 时为 6 cm,$L \geqslant 20$ m 时为 10 cm)。梁端及两片梁中间的缝隙应设有挡砟盖板，防止道砟流失。目前新型道砟桥面梁间伸缩缝设置伸缩装置（图 2.1.6），同时具有梁间防水和挡砟功能，伸缩量满足要求。桥面同一梁缝内外侧相差较大时梁端桥面板可设置悬臂端。

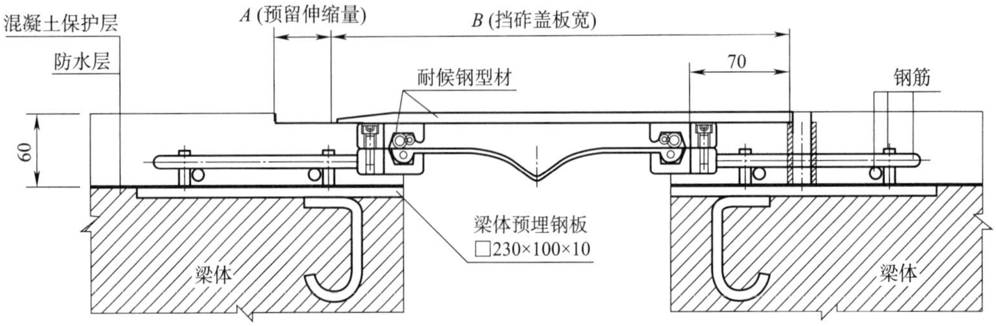

图 2.1.6　有砟桥面桥梁伸缩装置（单位：mm）

②排水设备

桥面及梁端应加强防排水设施，桥面应设不小于 2% 的排水坡及泄水管，泄水管内径不宜小于 15 cm，泄水管应向下设置，出水端须伸出梁体不少于 15 cm。防水层与泄水管应密贴，防止在结合处漏水，泄水管顶端应采取可靠的防渗漏设施。梁体道砟槽板最外端下缘宜设置通长滴水檐，如图 2.1.3 所示。框构桥顶面应做成向线路两侧的排水坡，不得将框构桥顶面的水排向路基以内。

③防水层

桥隧建筑物凡有可能被水浸渗的隐蔽部位，如圬工梁拱、框构桥及桥台顶面可能被积水渗入的处所，均应铺设防水层。若发现圬工体表面有湿润渗水、流锈水白浆时，应查明防水层状态，如有破损应进行修理，必要时予以更换或增设。防水层宜采用耐久性好的新型卷材类防水材料，应具有不透水、坚固、耐久、弹性强、与结构粘结性好等特点，并能适应当地高温、严寒或长期雨水浸泡、冰冻而不损坏。

防水层上应覆盖致密、耐磨和耐冲击的 C40 级纤维混凝土保护层，厚度不小于 4 cm。

我国铁路曾经使用过热沥青防水层和冷作防水层。热沥青防水层主要采用沥青和浸制麻布，热沥青防水层铺设时基面必须充分干燥、高温有毒、工人劳动条件差、施工质量难以保证；冷作防水层主要是涂刷再生橡胶沥青和氯丁橡胶沥青防水涂料，铺贴卷材或纤维布，可多层。虽然施工条件较好，但营运实践证明其与基层面的粘结强度较差、防水效果不佳、寿命较短。既有桥梁的热沥青防水层或冷作防水层材料将逐渐更换为新型的防水层材料。

目前铁路混凝土桥梁桥面多采用 TQF-I 型防水层，主要由防水卷材和防水涂料构成。防水卷材的主要材料为高聚物改性沥青防水卷材、氯化聚乙烯卷材，涂料主要有聚氨酯防水涂料等，防水层的构造如图 2.1.7 所示。

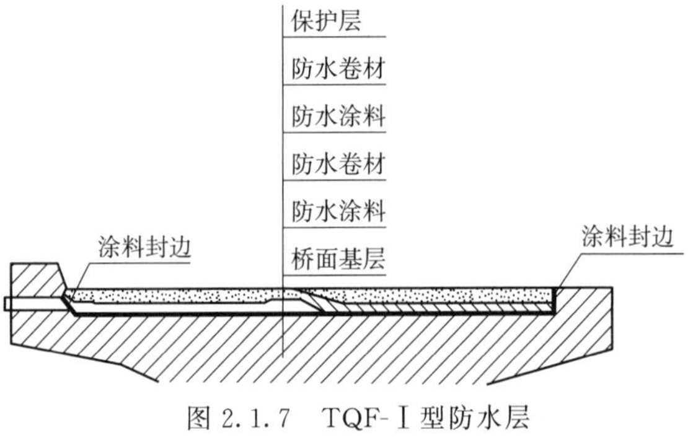

图 2.1.7　TQF-Ⅰ型防水层

2. 圬工梁、拱技术标准

圬工梁、拱应具有要求的强度、刚度、抗渗性、耐久性和整体稳定性，并经常保持状态良好。

圬工梁拱发现下列状态，应及时处理：

(1)防排水设施失效，梁体表面泛白浆。

(2)混凝土保护层中性化大于 25 mm。

(3)钢筋混凝土梁沿主筋裂纹流锈水。

(4)混凝土梁碱—集料反应导致梁体产生裂纹。

(5)圬工梁、拱及墩台恒载裂缝宽度大于表 2.1.1 规定的限值。

表 2.1.1　圬工梁、拱恒载裂缝宽度限值

梁　别	裂缝部位		最大裂缝限值(mm)
预应力混凝土梁	梁体	下缘竖向及腹板主拉应力方向	不允许
		纵向及斜向	0.2
		横隔板	0.3
钢筋混凝土梁及框架结构	主筋附近竖向		0.25
	腹板竖向及斜向		0.3
石、混凝土拱	拱圈横向及斜向		0.3
	拱圈纵向		0.5

(6)预应力混凝土梁跨中道砟厚度不足 20 cm。

(7)相邻跨梁端或梁端与桥台胸墙间顶紧，或相邻跨作业通道栏杆顶紧，影响梁跨自由伸缩。

(8)意外事故造成梁体或墩台混凝土局部溃碎或钢筋变形、折断。

3. 圬工桥梁上部结构常见病害分析

对于钢筋混凝土梁，常见的病害有因风化作用、碱性集料反应、化学腐蚀、冻融剥离、磨耗等造成梁体裂缝、钢筋锈蚀、混凝土保护层开裂、桥面开裂渗水严重；横向连接件断裂、脱焊或松动；结构由于混凝土收缩徐变、温度变化、车辆撞击、地震等导致永久变形；连续梁、钢构桥等由于地基不均匀沉降产生变形和裂缝。从外观看，破损和裂缝是混凝土梁最主要的病害。

(1)混凝土表层破损

混凝土梁表层缺陷主要有蜂窝、露筋、麻面、空洞、磨损、锈蚀、老化、表层成块脱落等类型，原因可分为以下几种：

①由于施工过程中施工工艺落后、质量控制不严、材料较差等原因，致使混凝土结构质量较差。

②由于结构设计或材料配比不合理，如当钢筋太密、混凝土粗骨料粒径太大或坍落度过小，混凝土强度不足，保护层厚度太薄等导致混凝土表面破损。

③由于外界环境或自身原因梁体出现裂缝，雨水浸入梁体裂缝，使得钢筋锈蚀膨胀引起表层大面积脱落，从而促成露筋等。

④由于严寒地区冰冻及干湿交替循环作用。

⑤由于有侵蚀性水的化学侵蚀作用。

⑥由于外界作用如车辆撞击、船舶或其他坚硬物体的撞击所致等。

(2)混凝土裂缝

混凝土梁的裂缝主要有三种，即混凝土自身应力形成的裂缝、荷载作用下产生的裂缝以及环境影响产生的裂缝。

①混凝土自身应力形成的裂缝

a. 收缩裂缝

混凝土结构在凝结硬化过程中，随着水分蒸发，混凝土体积出现收缩变形；若混凝土内部钢筋或与混凝土体相连接的构件限制了这种变形发展，便产生约束应力；当约束应力超过混凝土的抗拉强度时，混凝土结构就会开裂，形成所谓的干燥收缩裂缝。各向尺度差别较大的混凝土构件，如薄壁箱形梁，由于收缩变形在各个方向不均匀，更容易产生干燥收缩裂缝。

b. 温度裂缝

混凝土受水泥水化放热、阳光照射、大气及周围温度、电弧焊接等因素影响而出现冷热变化时，将发生收缩和膨胀，产生温度应力。温度应力超过混凝土强度时，即产生裂缝，称为温度裂缝。大体积混凝土(厚度超过 2 m 者)灌注之后，水化热使内部产生很高的温度，如无妥善散热措施，由于内外温差较大，很容易形成温度裂缝。蒸汽养护及冬季施工时如措施不当，混凝土骤冷骤热，内部温度不均，也易发生温度裂缝。当构件尺寸较长且两端固定时，由于周围温度变化将产生附加的温度应力，当附加应力和原有内力的合力超过混凝土强度时就会产生破坏裂缝。

c. 沉降裂缝

构件在浇筑混凝土时，若捣固不实，混凝土体在浇筑成型后，便在凝结硬化过程中出现沉降。这种沉降变形受到钢筋骨架的限制表现出显著的非均匀性，造成沿水平钢筋上部的混凝土开裂，就形成所谓沉降裂缝。沉降裂缝因为局部因素突出，通常钢筋表面往往宽度较大，容易导致附近钢筋锈蚀。

d. 粘结裂缝

当钢筋中的拉应力过大，周围混凝土不能适应钢筋拉伸变形时，混凝土与钢筋之间粘结失效，产生相对滑移；由于在钢筋保护层一侧的混凝土拉伸较大而内侧混凝土受到约束，构件的混凝土保护层就会产生开裂裂缝，甚至发生剥离脱落，这样形成的裂缝称为粘结裂缝。

②荷载作用下产生的裂缝

a. 弯曲裂缝

在混凝土梁上施加荷载时，将发生弯曲变形而产生弯曲裂缝，也称垂直裂缝。对受弯构件和压弯构件来说，弯曲裂缝首先出现在弯矩最大截面的混凝土受拉区。梁板结构下缘的正弯矩裂缝多发生在梁跨中部，自下缘向上发展，一般至上翼缘与梁肋相接处停止；上缘的负弯矩裂缝则位于连续梁或悬臂梁板的支座附近，自上而下发展。随着荷载的增大，裂缝宽度增长，长度延伸，裂缝增多，裂缝区域逐渐向两侧发展。裂缝间距为 0.1～0.2 m，宽度为 0.03～0.1 m。梁的跨度越大，裂缝越多，对跨度小于 10 m 的梁，其裂缝少而细小，宽度多在 0.03 mm 以下，如图 2.1.8 所示。

b. 剪切裂缝

剪切裂缝有时也称斜裂缝，首先发生在剪应力最大的部位。对受弯构件和压弯构件，往往发生在支座附近，由下部开始，沿着与轴线成 25°～30°的角度裂开。随着荷载的增大，裂缝长

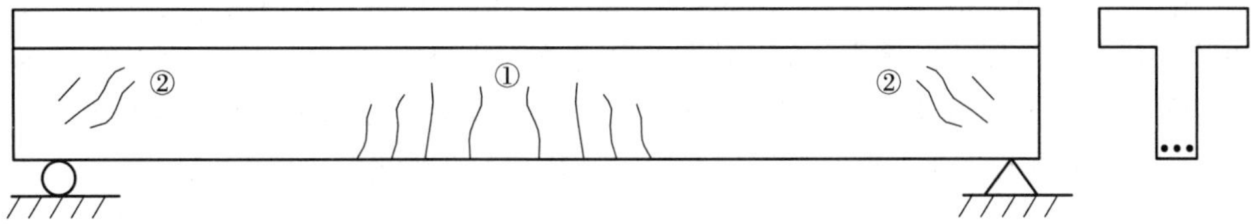

图 2.1.8　弯曲、剪切裂缝

①—弯曲裂缝；②—剪切裂缝

度不断增长并向受压区发展，裂缝数量不断增多并分叉，裂缝区也逐渐向跨中方向扩大，如图 2.1.8 所示。

c. 腹板裂缝

首先是腹板上的斜裂缝。这是钢筋混凝土梁中出现最多的一种裂缝。裂缝多在跨中两侧，倾角在 15°～45°，离跨中越近，倾角越小。腹板竖向为变截面时，裂缝由梁的半高处向上、下端延伸；非变截面时，多由下缘向上斜伸。由于混凝土收缩，预先使梁产生微观裂缝或存在一定的初始拉力，同时腹板受拉区实际上参加了工作，致使主拉应力有时较大，混凝土不能负担时就会产生这种裂缝。裂缝宽度一般在 0.3 mm 以下。

其次是腹板上的竖向裂缝。腹板上的竖向裂缝是最普遍也是较为严重的一种裂缝。裂缝多处于薄腹部分，在梁的半高线附近裂缝宽度较大，一般在 0.15～0.3 mm。跨度越大，裂缝越宽、越长，并在荷载作用下向上、下两端延伸。这种裂缝一般在跨中位置宽度较大，两侧逐渐变窄；裂缝部位及走向在一片梁的内外侧大致吻合、形成对裂或环裂，外侧裂缝比内侧长而宽。主要原因是设计上存在缺陷，如梁身较高、梁肋较薄且分布钢筋较稀，以及施工质量影响、养护不及时、温度及周围环境条件的影响。

③其他结构裂缝

a. 断开裂缝。钢筋混凝土构件受拉时，贯通整个截面的裂缝称为断开裂缝。受拉构件在荷载作用下产生的裂缝均沿着正截面发展，裂缝间距有一定的规律性。受拉构件在内力很小时，混凝土和钢筋均匀承受拉力，拉应力值较小，不超过混凝土的抗拉极限，这是未出现裂缝的构件工作状态。随着内力增大，混凝土拉应力达到其受拉极限，产生裂缝并退出工作，全部拉力由钢筋承担，这是允许出现裂缝的构件工作状态。当裂缝很宽超过设计规范允许宽度时，就是正常使用所不允许的状态或承载能力接近破坏的状态。

b. 扭曲裂缝。混凝土构件在受扭转与弯曲的同时作用下而产生的裂缝称为扭曲裂缝。这种裂缝一般呈 45°倾斜方向。钢筋混凝土构件在扭曲作用下产生的裂缝一般有许多条，裂缝出现后混凝土保护层剥落，扭矩由钢筋承担，直至钢筋滑动时，构件就会完全破坏。

c. 局部开裂。外荷载作用下，混凝土构件局部拉应力超过混凝土的抗拉强度时，就会发生局部开裂。引起局部应力的主要原因有：墩台支座处受到的较大局部压力，构件突然受到冲击荷载，构件角隅处应力集中，预应力梁端锚固区受到较大局部应力。

④环境影响产生的裂缝

a. 混凝土的碳化

混凝土的碳化是指空气中的 CO_2 渗透到混凝土内，与混凝土中的碱性物质[主要为 $Ca(OH)_2$]发生化学反应使混凝土碱性降低的过程，又称作中性化。

一般情况下混凝土呈碱性，在钢筋表面形成碱性薄膜，保护钢筋免遭酸性介质的侵蚀，起到了“钝化”保护作用。混凝土碳化后混凝土的碱性降低,使得钢筋表面的钝化膜遭到破坏,在水分和其他有害介质侵入的情况下,使钢筋发生锈蚀。此外,碳化会加剧混凝土的收缩,导致混凝土开裂。混凝土的碳化程度等于钢筋保护层厚度时,钢筋会因失去混凝土保护而开始全面锈蚀。因此,混凝土的碳化程度是评价混凝土质量和耐久性的重要指标之一。

b. 氯离子的剥离

氯离子对混凝土的侵蚀是氯离子从外界环境侵入已经硬化的混凝土造成的。海水是氯离子的主要来源,北方寒冷地区向道路、桥面撒盐化雪除冰都有可能使氯离子渗入到混凝土中。氯离子对混凝土的侵蚀属于化学侵蚀,氯离子是一种极强的去钝化剂,当氯离子进入混凝土到达钢筋表面后,氯离子立即吸附于局部钝化膜处,使该处的 pH 值迅速降低,破坏钢筋表面的钝化膜,从而引起钢筋发生腐蚀。氯离子侵蚀引起的钢筋腐蚀是威胁混凝土结构耐久性的最主要和最普遍的病害,会造成巨大的损失,应引起设计、施工及养护管理部门的重视。

c. 碱—集料反应

碱—集料反应属于腐蚀性破坏,它包括碱—硅反应、碱—硅酸反应、碱—碳酸盐反应三种,也可把碱—硅反应、碱—硅酸反应两种碱—集料反应都归为碱—硅反应。指水泥中的碱和骨料中的活性硅发生反应,生成碱—硅化合物,伴随着吸水体积膨胀,导致混凝土开裂。

碱—集料反应对桥涵混凝土结构的耐久性产生极大的危害,使其成为混凝土工程的全球性灾害问题,世界各国对碱—集料反应给予高度重视。

d. 冻融开裂

硬化后的混凝土由于冻融作用将产生冻害劣化现象,这种病害包括混凝土内部劣化、混凝土表面剥蚀和崩裂破坏三类。混凝土的冻融破坏是寒冷地区桥涵结构物的主要耐久性病害,几乎所有工程中都存在着不同程度的冻融破坏。

e. 电腐蚀开裂

当钢筋混凝土结构直接与直流电和带电物相接触,或置于磁场作用下,或受到杂散电流场的作用时,电流将从钢筋流向混凝土,钢筋成为阳极而受到腐蚀,从而导致钢筋与混凝土之间粘结力下降 10%～30%,并使混凝土产生开裂。

⑤其他因素影响产生的裂缝

钢筋腐蚀引起的开裂。由于水或其他外界侵蚀介质深入到混凝土中，或电流磁场等对钢筋的作用,造成结构中的钢筋产生腐蚀,体积膨胀,引起混凝土结构开裂。

a. 不均匀沉降裂缝。桥梁墩台因基础类型或地质条件不同,使各墩台基础产生不均匀沉降,若混凝土梁体不能适应这种不均匀沉降,就形成所谓不均匀沉降裂缝。

b. 施工运梁不当引起的裂缝。主要是在运梁时,支承点未设在梁的吊点上,而是偏向跨中,使支承点处上部出现负弯矩,引起开裂。

c. 梁与梁间横隔板上的裂缝。主要是由于设置支座时与桥轴垂直方向有偏斜,导致列车通过时梁受力不均匀所致。这种裂缝由下往上发展且不规则。

d. 连续梁支点顶面裂缝。当连续梁支点截面在荷载作用下的负弯矩过大时,就会开裂,裂缝自上而下发展;在边支点下沉量大于中支点下沉量时,裂缝就会加剧。

e. 施工不良引起的开裂。由于施工质量不良,出现混凝土强度不足、蜂窝麻面、露筋、冷接缝、开裂等缺陷,或由于施工单位不适当地加快施工进度而造成桥梁工程质量问题。这种开裂将对混凝土结构的耐久性造成严重损害。

混凝土梁病害严重时，梁体会出现过大的扭曲变形，裂缝宽度超过规范限值，同时钢筋锈蚀、屈服或断裂，混凝土压碎，承载能力大幅度下降。

4. 预应力钢筋混凝土梁病害

对于预应力混凝土简支梁，如果是允许开裂的部分预应力混凝土梁，通常也会出现与普通混凝土梁相同的病害，只是程度不同而已。如果是全预应力构件，则正常使用条件下不允许出现裂缝，如果出现，则必须找出原因并进行处理。此外，预应力混凝土梁还有不同于普通混凝土梁的其他病害：

(1)预应力筋腐蚀。

(2)张拉锚具锚下混凝土的纵向裂缝，长度一般不超过梁高，主要是由锚下局部应力集中产生的劈裂拉力所致。

(3)预制构件安装时，预埋铁件焊接措施不当，使铁件附近混凝土产生的裂缝。

(4)沿预应力钢束的纵向裂缝。主要为预应力钢束保护层过薄，钢束处局部应力过大产生劈裂或是混凝土保护层碳化后预应力钢筋生锈所致。

(5)跨中下挠过大，超过规范容许值，但跨中截面不一定开裂。主要是由于施加预应力不足或预应力损失过大所致。另外一种情况是由于预应力混凝土梁放置不合理或者放置时间过长，引起的梁体下挠超过规范容许值。

(6)预应力混凝土 T 形梁的横隔板联结相对而言比较薄弱，施工又难以保证质量，因此横隔板断裂时有发生。造成横隔板断裂的原因很多，主要有：

①架梁后由于两片梁混凝土龄期不同，使得两片梁混凝土的收缩、徐变终值不一样。

②两片梁上拱度不同，侧弯矢度不同，道砟层薄厚不均，恶化了横隔板的受力状态。

③线桥的偏心，荷载的偏心，机车车辆荷载的冲击，以及线桥过渡段刚度不一致造成列车振动过大等。

④两片梁的支座不平，支座不灵活。

⑤横隔板中两根钢筋水平布置，对其承受剪力不尽合理，横隔板联结薄弱；现场施工时的钢筋焊接质量差，焊缝的承剪断面不足，有未熔合、裂缝等缺陷，使其承受剪力的能力降低。另外，现浇混凝土养生条件不好时，会形成收缩裂纹，而使钢筋和连接角钢锈蚀。

5. 桥涵工程的耐久性分析

混凝土的养护不力，以及外部使用环境的恶化都会对混凝土造成严重腐蚀。由于混凝土的缺陷(如裂隙、气泡、孔穴等)，环境中的水及侵蚀性介质就可能渗入到混凝土内部，从而产生碳化、冻融、锈蚀等作用；结构在使用年限内还会受到各种机械物理损伤(磨损、撞击等)以及冲刷、溶蚀、生物侵蚀的作用。这些都使桥涵结构的受力性能受到影响，使用寿命和耐久性严重降低。

混凝土结构的耐久性问题一般表现为混凝土损伤(裂缝、破损、酥裂、磨损、溶蚀等)、钢筋损伤(锈蚀、脆化、疲劳、应力腐蚀等)以及钢筋与混凝土之间粘结锚固作用的削弱等方面。对短期效果而言，这些问题影响结构的外观和使用性能；从长远看，则会降低结构安全度，成为发生事故的隐患，影响结构的使用寿命。

桥涵结构在设计、制造、运输、安装和运营过程中，应具有规定的强度、刚度、稳定性和耐久性。桥涵结构质量不良、强度刚度不足或受到环境有害化学物质的侵害等是影响桥梁耐久性的主要原因。结合上述对桥涵结构耐久性损伤的分析，预防混凝土耐久性病害的主要目的就是要解决混凝土的劣化问题，对冻融循环、侵蚀性化学腐蚀、磨损、钢筋锈蚀和与集料间的化学反应等加以预防和控制，从而提高桥涵结构的使用寿命。

延长桥涵混凝土结构寿命的措施主要有以下几个方面。

(1)避免水的侵蚀

大多数结构的耐久性问题都与水有关。在干燥环境中，即使保护层混凝土完全碳化，钢筋也很少出现锈蚀。要解决水的问题，主要是加强减少水分与构件接触的构造措施和排水措施，如预应力梁锚具与垫板接触处四周应采用防水涂料进行防水处理，对锚具应进行防锈处理，在封端及封锚范围内应采用防水涂料进行防水处理。

桥面及梁端应加强防排水措施。泄水管直径不应小于 15 cm，泄水管宜向下设置，圬工梁外侧翼缘板下部设置通长的滴水槽等。防水层与泄水管应密贴，防止在结合处漏水。

螺栓宜采用渗锌或锌铬涂层等措施处理，混凝土外露预埋件应进行防腐、防锈处理。

(2)提高混凝土自身的耐久性

提高混凝土自身的耐久性是解决混凝土结构耐久性的前提和基础。混凝土的耐久性主要取决于混凝土的材料组成。

提高混凝土强度等级是提高混凝土自身的耐久性重要的措施之一，高性能混凝土通过增加活性掺料提高结构耐久性和工作性，强度和体积的稳定性也很好，同时还需要提高混凝土制作工艺。

(3)提高耐久性设计标准

设计中充分考虑超载、动荷载和疲劳、保护层、表面处理和禁忌用途等因素的影响，采用强度等级较高的混凝土、适当增加保护层厚度、减少混凝土结构的初始缺陷、保证最少配筋率、采用表面涂膜钢筋、加阻锈剂、电化学阴极保护、对结构表面做防腐处理和合理确定荷载等级等，都是增加桥涵结构耐久性的对策。

(4)保证施工质量

重视桥涵混凝土结构骨料的选择及碱含量要求，采用合适的施工方法，减少混凝土结构中的界面过渡层等薄弱环节，严格按施工规范操作，重视后张法预应力混凝土梁的管道压浆等重点工艺质量，保证混凝土有足够的养护时间，确保桥涵结构的施工质量，提高混凝土的均匀性，加强养护措施并采取适当措施降低温差应力，防止混凝土出现开裂等耐久性损伤。

(5)改进混凝土的质量检验方法

人们习惯上是以单一的强度指标作为混凝土质量的衡量标准，这将导致水泥工业对水泥强度的不适当追求，即使水泥细度增加、早强的矿物成分比例提高，这些都不利于混凝土的耐久性。因此，宜对严重影响混凝土耐久性的各种成分做适当检测。

(6)加强运营阶段的检测与维护

结构的耐久性和使用寿命，与使用阶段的检测、维护和修理是分不开的，对于露天恶劣环境条件下的桥涵工程来说尤其如此。为了保证桥涵结构的安全性和耐久性，桥涵工程在建成投入使用后，应该严格按照管养规范、标准或规定进行定期检测和维护，力争尽早发现桥涵结构的耐久性损伤，并及时给予修复。

(7)混凝土结构物保护涂装

混凝土结构进行全身保护涂装，是为了结构穿上保护外衣，避免水、空气、侵蚀性化学物质进入混凝土内部加速混凝土碳化和钢筋锈蚀，是目前提高混凝土结构耐久性的一种措施。

混凝土结构物保护涂装项目及施工方法见表 2.1.2。

表 2.1.2 混凝土结构物保护涂装

项　　目	施工方法
涂刷 M1500	对圬工表面基层彻底清除并修补开裂及破损部位，表面用清水冲洗但不得留有明水，在表面呈湿而不干的状态时先喷涂第一遍，待圬工表面干燥 24 h 后，涂刷第二层 M1500 渗透型无机防水剂。施工环境温度在 5～50 ℃，混凝土表面温度不低于 5 ℃，相对湿度在 10%～90%，天气过热应先喷洒清水降温
涂料涂装	圬工表面清理后，对缺损部分进行修补，然后涂刷防护涂料。要求涂膜厚度不小于 0.6 mm

严格意义上来说 M1500 不叫防水涂料而是水泥密封防水剂，可增加混凝土密实性而永久密封混凝土，起到保护混凝土结构的作用。

CPC 混凝土防碳化涂料是一种高性能防碳化乳液改性的水泥基聚合物复合材料，涂覆在混凝土表面并与之牢固粘结形成高强坚韧耐久的弹性保护层，可有效阻止环境中二氧化碳、氯化物、氧气和海水、酸雨等腐蚀介质对结构材料的侵蚀，是一种既有高分子材料的柔性，又有无机材料的耐久性好等优点的新型保护封闭材料。广泛适用于隧道、桥梁及其他建筑等钢筋混凝土结构的防碳化、防渗、防水、防腐等，提高结构使用寿命。

P-33 混凝土防护面涂料为单组分弹塑性透水涂料，用于混凝土结构保护涂装，并可为混凝土外立面提供美观的色彩设计。它具有抗老化、耐盐雾、耐酸碱、抗化学腐蚀和单向可呼吸性，并可根据需要提供不同的颜色和质感的装饰效果，开罐即用、施工简易。

2.1.2 圬工桥跨结构裂缝及破损修补作业

1. 梁拱整修标准

(1)圬工梁、拱严重裂损，可采用修补、灌浆、表面封闭、加固等办法处理。

(2)既有无砟无枕、无砟有枕小跨度结合梁，应根据轻重缓急逐步更换或改造；横向无连接的混凝土并置梁应逐步增设横向连接。

(3)病害严重、危及行车安全、整治处理不经济的梁拱，应进行更换或改建。更换或改建的混凝土梁或预应力混凝土梁跨宜采用整体结构，不得采用无联结的双主梁、多主梁结构。

(4)强度等级要求。预应力混凝土桥跨结构的混凝土强度等级不应低于 C40，钢筋混凝土桥跨结构的混凝土强度等级不应低于 C30。预应力及钢筋混凝土梁采用的钢材应符合国家有关标准。

(5)圬工梁拱、框构桥及桥台顶面可能被积水渗入的处所，均应铺设防水层。若发现圬工体表面有湿润渗水、流锈水白浆时，应查明防水层状态，如有破损应进行修理，必要时予以更换或增设。

(6)桥面及梁端应加强防排水设施，按要求设置排水坡、泄水管。泄水管顶端应采取可靠的防渗漏措施。道砟槽板内、外侧下缘宜设置通长滴水檐(槽)。框构桥涵顶面应沿轴向设置人字形排水坡，雨水不应排向路基内。

2. 混凝土结构物的整修措施

混凝土结构的病害表现形式多种多样，引起病害的原因错综复杂，对梁体出现的各种病害，可选用如下的方法维修加固：

(1)对梁体破损或非结构性裂缝可视裂缝大小采用修补、封闭、勾缝、注浆等方法整治。

(2)对梁的弯曲、剪切裂缝或沿预应力筋方向的纵向裂缝，可采用粘贴钢板、粘贴纤维复合方法，也可采用增大截面法等方法加固。

(3)对于腹板上斜裂缝，可在与裂缝反向并近似与水平线成45°角，及大致正交于斜裂缝的方向粘贴钢板或纤维复合材料；当梁高度低、钢板或纤维锚固长度不足时，可粘贴成沿梁底的U形箍和加压条的形式。

(4)对桥面纵向裂缝及横隔板裂缝，一般可通过加大横隔板或增加梁体横向刚度解决。

(5)对于梁体病害严重，加固不能满足使用要求时，可考虑换梁。

3. 封闭裂缝

封闭即一般性防护涂装，通常对混凝土表面细小的裂缝涂抹树脂保护膜封闭，在裂缝发生变化时，可采用具有跟踪性的焦油环氧树脂等材料，在裂缝多且密集或混凝土已老化、砂浆离析的表面上，也可大面积涂抹，进行封闭修补裂缝。

桥梁的一般性防护指采取相应措施使桥梁免遭各种化学物质的侵蚀和气候变化的影响而产生碳化、氯离子侵蚀、温差及冻融循环裂缝等病害。如果桥体由于上述原因而产生轻微病害，一般采用涂装M1500防水涂料、P-33或PCP等混凝土防护面涂料进行防护。混凝土防护面涂料自身良好的柔弹性及耐久性保证了梁体与外界水、腐蚀性物质隔绝，从而起到良好的保护效果。

4. V形或U形槽口充填砂浆修补裂缝

对只用涂抹封闭处理不能充分修补的裂缝，可采用在混凝土表面沿裂缝凿出V形、U形或梯形槽口，用树脂砂浆填充修补(可用于混凝土墩台、隧道、涵渠混凝土边墙、拱顶的裂纹修补)。

(1)作业要点

①根据需要搭设脚手架。检查裂纹宽度、确定凿缝长度(要大于裂纹长度)。

②凿缝并将缝内碎渣粉尘清擦干净。

③拌和环氧树脂砂浆。按比例拌和填充料并加入细砂，稀释环氧树脂，加入硬化剂，可加热但温度不得超过65 ℃。

④拌和砂浆：应在浅盘中拌制，一次拌和不得过多，以能在半小时内用完为宜，各种材料加入后，必须迅速搅拌均匀。

⑤在凿成的槽内涂纯水泥浆或环氧树脂涂料一层，厚度约0.2 mm。

⑥勾缝：填满砂浆、压实、抹光。

⑦涂装：涂刷混凝土防护涂料。

⑧拆除脚手架，清洗工具、容器。

(2)作业质量验收标准

①材料配合比、工艺符合要求。

②槽宽度误差不超过±5 mm，深度不超过8 mm。

③勾缝平实，凹凸不超过±3 mm，与圬工结合牢固、压实、平顺、光滑、无断道、无空响。

④色泽均匀、协调。

5. 压力灌浆法修补裂缝

先将结构物裂缝或孔隙与外界封闭，仅留进出浆口及排气孔，然后将配制好的浆液通过压浆泵以一定的压力将浆液压入缝隙内，并使其扩散、胶凝固化，以达到恢复结构整体性、耐久性及抗渗性的目的。根据浆液的不同又可分化学浆液灌浆和水泥浆液灌浆修补法。

混凝土结构裂缝注浆修补

(1)化学浆液灌浆

①作业要点

a. 搭设好安全可靠的脚手架。

b. 检查裂纹、布置压浆嘴：一般在裂缝交叉处、较宽处、端部以及裂缝贯穿处，安设注浆嘴，如圬工体的两侧裂纹贯通，其两侧应错开布嘴，不论是竖直缝、水平缝，压浆嘴的间距按裂纹密度和宽度确定，一般宽度 0.05～0.3 mm，间距为 100～150 mm；宽度 0.3～1 mm，间距为 150～250 mm；宽度 1～3 mm 及以上时，间距 250～400 mm，每条裂缝至少在两端各粘贴一个注浆嘴。

c. 清洗基面：用小锤、刮锈刀、钢丝刷将裂纹两侧 100 mm 范围内的混凝土表面的碎屑、浮渣、污垢、油漆等清理干净，打磨整平，然后用棉纱蘸无水乙醇或丙酮擦洗，擦拭时，注意防止将裂纹堵塞。

d. 粘贴注浆嘴：用封缝胶将注浆嘴按确定位置埋设粘贴，埋设时，先在注浆嘴的底盘上抹一层厚约 1 mm 的封缝胶，静放 15～20 min，将注浆嘴的进浆孔骑缝粘接在预定的位置上，操作要细心，防止堵塞嘴眼，为防止周边漏气，还应用粘嘴腻子或胶加封。

e. 封缝作业：采用专用封缝胶封缝，裂缝两侧 100 mm 范围内均匀涂刷两道薄薄的底层涂料，待第一道底层涂料不粘手后，再涂刷第二道底层涂料，待第二道底层涂料不粘手后用油灰刀刮抹密封封闭涂料。每层厚度 0.8～1 mm，总厚度 2.5～3 mm，如图 2.1.9 所示。

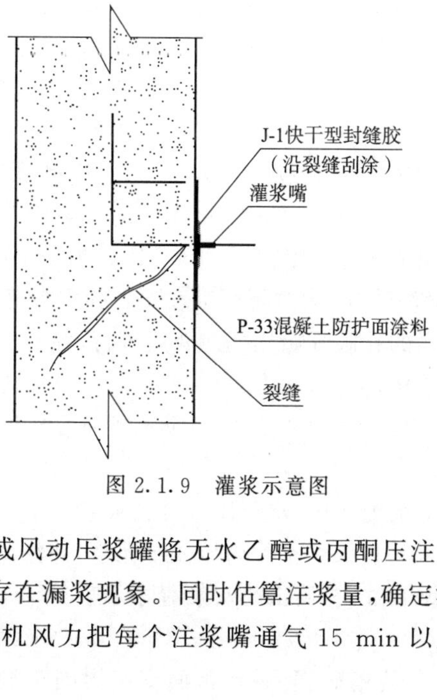

图 2.1.9　灌浆示意图

f. 试压：用手压注浆泵或风动压浆罐将无水乙醇或丙酮压注入裂缝中，检查注浆嘴粘贴和裂缝封闭的质量，看是否存在漏浆现象。同时估算注浆量，确定注浆压力。

g. 吹干：采用空气压缩机风力把每个注浆嘴通气 15 min 以上，把裂缝中的水分和溶剂吹干。

h. 压力注浆：配置环氧树脂灌注浆液，采用注胶专用注射器压力注浆，同一裂缝各注浆嘴应同时注浆，达到标准压力后保持压力稳定，每个注浆孔注浆时间不少于 40 min，以确保浆液渗入细微的裂缝深处。注浆停止后，当吸浆率小于 0.1 L/min 时，再继续压注几分钟即可停止注浆，结束注浆后，拆除管道，清洗管道和设备。

i. 铲嘴整平：初凝完成后拆除注浆嘴注浆后第二天(相隔 10 h 以上)，将注浆嘴逐个铲除，不平处所用封闭材料刮抹平整。

j. 施工记录、防护涂装：将工程地点、结构物名称、裂缝编号、长度、注浆材料、气候情况、注浆嘴编号、间距、注浆量、压力及时间记录在表格中，并采用混凝土防护涂料涂装。

②安全注意事项

a. 脚手架搭设牢固，电化区段距接触网 2 m 以内作业时需断电。

b. 作业人员要戴护目镜、防毒口罩、胶皮手套、安全帽，在脚手架上作业要系安全带。

c. 工作完毕后，必须用肥皂洗手，并尽量用医用酒精消毒，严禁不洗手即吃东西或接触皮肤。

d. 使用和存放化学材料应注意防火，粘贴注浆嘴、封缝、注浆所用胶、腻子、浆液需现用现配。

e. 工作人员由桥面上、下墩台时注意列车。

③作业质量验收标准

a. 浆液配合比、水灰比符合要求。

b. 封闭裂纹要严密，压浆嘴位置布置合理：一般为 200～400 mm，裂纹窄，间距宜小些，反之应大些，缝端应设嘴。

c. 缝内压浆饱满，圬工结合牢固。

(2)水泥浆液灌浆

水泥浆液灌浆主要适用于圬工内部空洞或裂纹较深时的整治。

①作业要点

a. 选孔：孔眼可交错布置，距离圬工边缘不小于 0.4 m，各孔间距离一般为 0.9～1.5 m。具体可在蜂窝、裂纹等敲击声响不正常处设置。

b. 钻孔：孔眼 ϕ(38～50)mm，要求能埋入灌浆嘴，在平面上灌浆孔应钻成垂直孔，在立面上钻灌浆孔应向下倾斜 10°左右。钻孔深度：当在圬工单面钻孔时，孔深一般为该圬工宽度的 2/3～3/4，双面钻孔时孔深度为该圬工宽度的 1/3～3/8。钻孔完毕后应立即埋设注浆管。

c. 冲洗：压浆前要先冲洗孔眼，用 0.2～0.4 MPa 的压力向孔内压水清洗，直到邻孔流出清水为止。冲洗自上而下逐孔进行。冲洗后用 0.2 MPa 的压缩空气吹风 20～30 min，吹出缝隙内的清水，然后用木塞塞紧注浆孔，同时将圬工表面裂缝用封缝材料封闭。

d. 压浆：在平面上由中间的孔眼开始逐孔向四周进行，在立面上由最下层孔眼向上进行。灌浆开始时，水泥浆的水灰比为 10∶1，压力为 0.05～0.1 MPa，之后水灰比逐渐增加到 1∶1，压力逐渐增加到 0.5～0.6 MPa，严重破裂的圬工应先修补后再压浆。

②作业质量验收标准

a. 注浆孔位置、深度及灰浆配合比、水灰比符合要求。

b. 不因钻孔而损坏原圬工，裂纹和空隙内压注水泥浆，并注满浆液。

c. 注浆孔用砂浆填实，无裂纹，将淌出的灰浆清除干净。

6. 修补圬工裂损

混凝土破损修补

圬工、梁拱、墩台表面风化脱落破损，墩台顶面支座周围空响积水，涵渠边墙、拱顶风化脱落以及隧道洞门风化、破损等可用环氧树脂砂浆、水泥砂浆、P-31聚合物改性水泥基修补砂浆、P-32混凝土防护底涂料、P-33混凝土防护面涂料等修补。

(1)作业要点

①检查圬工表面损坏部位,画好标记。

②清理基面。

凿除破损的旧混凝土,对外露钢筋要除锈,清除表面遗留灰屑。对旧缝用钢丝刷除去碎粉尘,用高压水冲洗,清除所有灰尘、松动的物质、油污、浮浆等杂质及污垢,如结构物表面局部破损严重时用钢纤清除松动及空鼓部分,确保基面坚实。

③拌和修补材料。

修补材料可用环氧粘结剂、涂料及环氧混凝土、水泥砂浆或聚合物改性水泥砂浆等。聚合物改性水泥砂浆是在水泥砂浆中掺一定数量的聚醋酸乙烯乳液(PVAC)、环氧类乳液(EE)等聚合物形成的一种复合胶凝材料,它提高了水泥砂浆的工作性能,粘结强度高,能与结构形成一体;比一般水泥砂浆有较高的防水抗渗、抗腐蚀、耐高湿、耐老化、抗冻、耐温、耐碱、耐酸和耐久等性能。P-31聚合物改性水泥基修补砂浆是一种水泥基、含硅灰和加强纤维的单组分聚合物改性修补砂浆,涂层黏着力强,抗压强度高,耐霜冻和硫酸盐腐蚀,无毒、无腐蚀性。

④补修破损表面。

将凿除处理好的基层表面上涂刷一层约0.2 mm水泥净浆或聚合物涂料(如PVAC),提高与基面的粘结力,用已拌制好的环氧混凝土或聚合物水泥砂浆等修补材料压实、抹平、压光,填补厚度不宜太厚,每层厚度不超过10 mm,以免发生裂纹。如补修较大面积的破损可立模板,以防止环氧混凝土下坠,模板表面涂一层二丁酯以便拆模。

如采用P-31聚合物改性水泥基修补砂浆修补,基面清理坚实、干燥,当结构物表面大面积裂损时可采用机械湿喷,局部裂损时采用泥瓦工工具修补,压实抹平,最小厚度5 mm,超过30 mm厚度须分层施工,用于隧道衬砌和梁体掉块快速修补效果较好。修补完成后用抹刀在结构表面刮涂调和好的P-32混凝土防护底涂材料,P-32混凝土防护底涂材料的涂层厚度不应大于6 mm,刮涂时应将结构的所有裂缝及缺陷嵌填平整并使表面光滑。P-32混凝土防护底涂料施工48 h后,可以用滚刷、刷子或无气喷枪进行P-33混凝土防护面涂料的施工,根据需要可以涂覆一道或两道,干膜厚度应不小于0.12 mm,作业示意图如图2.1.10所示。

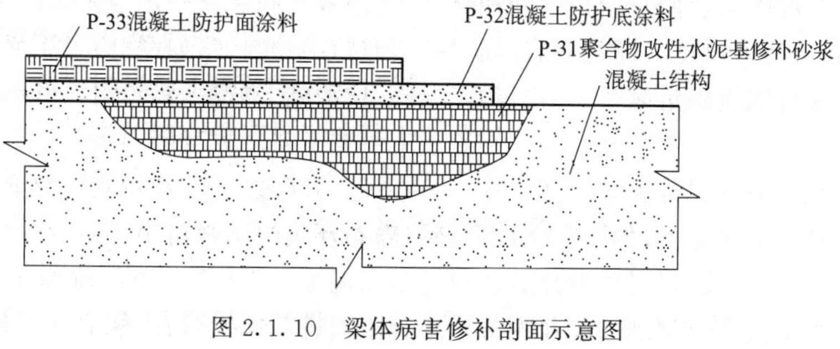

图2.1.10　梁体病害修补剖面示意图

⑤防护涂装。

⑥完工后将工具、量具清刷干净。

(2)作业质量验收标准

①材料配合比符合要求。

②补修圬工联结牢固，表面补修平整，新旧接茬密实，无飞边断裂、无空响。

③补修平整有排水坡度。

2.1.3　圬工桥垮结构粘贴钢板(或钢筋)加固作业

对于已经由于各种原因产生了较严重(A、B级病害)的桥梁病害，如梁体开裂且裂缝大于0.2 mm、钢筋锈蚀、保护层脱落等，在仍然满足运营安全要求的情况下，为了防止混凝土桥病害进一步的发展应进行强化防护措施，采用混凝土结构修补防护体系进行加固，提高结构承载能力等。

粘贴钢板加固法是采用环氧树脂胶或建筑结构胶，将钢板直接粘贴在混凝土结构物的受拉区或薄弱部位，使其与原有的混凝土成为整体，通过钢板与补强结构的共同作用，改变其受力状态，限制裂缝的发展，提高结构承载力。

1. 加固特点

(1)不需要破坏被加固的原有结构物，不改变建筑物的外观。

(2)所用钢板厚度一般为2～8 mm，基本不增加原有尺寸，不改变外观。

(3)工艺较简单，需要场地、空间均不大，加固3 d即可受力。

(4)增加自重，对桥下净空有一定影响。

粘贴钢筋加固法是用环氧砂浆作为粘结材料及保护层，将直径不超过8 mm的钢筋粘贴于受拉区表面。必要时，先将旧钢筋的混凝土保护层凿开，露出一部分主钢筋，将新增钢筋焊接在旧主筋上，再浇筑小石子混凝土或砂浆，将所有钢筋保护起来。

2. 适用范围

(1)受弯构件配筋不足或钢筋严重受损。

(2)构件抗裂和刚度不足。

(3)本方法施工环境要求温度不超过60 ℃、相对湿度不大于70%及无化学腐蚀，结构物混凝土强度不低于C15。

3. 施工工艺

粘贴钢板加固根据粘结剂不同分为注入法和压粘法，若粘结剂为液体则用注入法，若粘结剂为胶状则采用压粘法。

注入法是在混凝土表面与钢板之间加垫块，使两者之间保持一定空隙，并用环氧树脂胶泥封闭四周，而后从注入口注入环氧树脂，同时排出空隙中的空气，如图2.1.11所示。施工时一般用木槌随时敲打钢板确定灌实，不得留有空气。这种施工方法时间较长，但可用于混凝土表面不平整。

压粘法是在钢板和混凝土表面各涂1～2 mm厚的环氧树脂，利用固定在混凝土中的锚杆把钢板压紧在混凝土表面上，如图2.1.12所示，随着环氧树脂被挤出，粘贴面之间的空气也几乎不会残留气泡，粘结效果较好，但此方法只适用于混凝土表面平整的基面。

两种施工工艺只是在粘结剂的作用方法上有不同，前者是钢板安装后注入粘结剂，后者是在钢板粘贴前涂刷粘结剂，其他施工工艺相同。

压粘法基本工艺为钢板制作→粘贴面处理→粘结剂配制→涂胶和粘贴→加压固定→检验→维护。

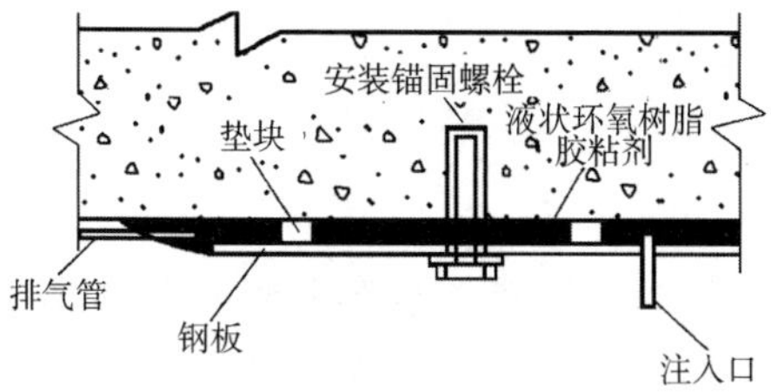

图 2.1.11　注入法施工粘贴钢板

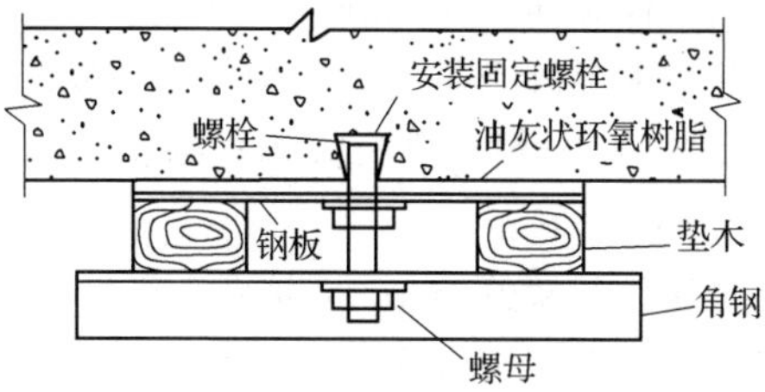

图 2.1.12　压粘法施工粘贴钢板

(1)钢板制作

按照设计图纸切割钢板，并将其粘贴面加工成菱形或格状刻痕，以增加粘结性能。采用钢丝刷对钢板进行除锈或喷砂除锈，直至出现光泽。使用前用干布或棉布沾丙酮拭净表面，待完全干燥后备用。

(2)表面处理

混凝土面应凿除粉饰层、油垢、污物，然后用角磨机打磨除去 1～2 mm 厚的表层，可采用 P-31 聚合物改性水泥基修补砂浆对梁体破损处进行修补，对大于 0.2 mm 的裂缝灌浆压注，较大凹处用找平胶修补平整，打磨完毕用压缩空气吹净浮尘，最后用棉布沾丙酮拭净表面，待粘贴面完全干燥后备用。

(3)粘贴钢板

这是最重要的一道工序。先在混凝土钢板各刷一层环氧树脂，间隔片刻再在钢板上刷一层环氧树脂砂浆，厚度一般在 2～3 mm，随即将钢板贴到混凝土表面，旋紧螺栓进行加压，使多余的胶沿钢板边挤出，达到密贴的程度。胶固化后再卸掉螺帽，截去外露的螺杆，并留出 2～3 mm 进行冷铆。

(4)钢板加压

为使钢板与混凝土表面连接紧密，必须对钢板加压。加压的方法一般有以下几种：一是用螺栓加压，即在混凝土粘贴面上每隔一定距离设一根 ϕ12 mm 的螺栓，在钢板的相应位置打孔，把钢板粘贴到混凝土上立即旋紧螺帽进行加压。二是采用千斤顶、垫板、顶杆组成的加压系统加压。该系统不仅能产生较大压力，而且在加压固定的同时卸去了部分加固荷载，能更好地使后粘钢板与原构件协同受力，加固效果较好，施工效率高。三是用木楔加压。在构件下方设支撑梁，距构件底面 20 cm 左右，然后待钢板粘贴后楔紧木楔，施加压力。四是利用重物加压。当在混凝土构件的上缘粘贴钢板时，可以采用在钢板上方均匀放置重物的方法加压。

(5)检查钢板粘贴质量

检查时可用小锤轻击粘贴钢板，从声音判断粘贴效果，也可采用超声仪检测。当锚固区有效粘贴面积少于 90%，或非锚固区有效粘贴面积少于 70%时，应剥离钢板，重新粘贴。如肉眼发现钢板与混凝土空隙，应及时填入胶结剂补贴。

(6)防护处理

常用方法是清除钢板表面污染，对钢板和螺栓进行除锈，涂环氧砂浆罩面，再涂两层防锈漆进行防护。此方法简单但需要经常维修且工作量较大。目前新技术是在钢板上喷射一层混凝土保护层，这样既减少了刷漆工序，又减少了维修养护的工作量，同时，喷射的混凝土与原结构连成一体共同工作，克服了以往钢板补强容易生锈的缺点。一般采用在钢板外挂网的方式来保证喷射混凝土层与原结构的有效粘结，结合成整体。

4. 案例：广深线某桥梁体伤损整治

(1)工程概况

广深线某桥修建于 20 世纪 50 年代，跨越广州市解放北路，该路段车流密度大，且过往的大型车辆较多。曾多次出现超高车辆撞毁铁路限高架而刮碰梁体，致使梁底多处混凝土开裂、脱落、钢筋外露。目前尤为严重的是第一孔东侧沿汽车流量方向第 3 片、第 4 片梁梁底混凝土保护层大面积被刮损，受力主筋外露、变形；第二孔西侧沿汽车流量方向第 1 片、第 2 片梁梁体下缘混凝土保护层被撞损，破损长 1.7 m、宽 0.31 m、深 3～8 cm，梁体主筋被撞断，钢筋外露长约 1.2 m，弯曲约 40°。

按《修理规则》状态评定标准对该桥技术状态评定已达到 AA 级劣化，构成安全隐患，必须尽快对该桥梁体进行整治。

整治方案主要对伤损的梁体混凝土进行修补，在梁体的下翼缘粘贴钢板防护并注胶加固。

(2)施工方案

对第一孔东侧沿汽车流量方向第 3 片、第 4 片梁和第二孔西侧沿汽车流量方向第 1 片、第 2 片梁进行修补，在修补后的梁体的下翼缘粘贴钢板防护并注胶加固。对其他局部轻微伤损梁体采用环氧腻子封闭胶直接封闭修复。

主要施工工艺：

①修补破损梁体

通过人工及气动工具凿除对梁体存在的松散、破碎、剥落的混凝土以及钢筋外露区域混凝土进行清除，直到露出坚硬密实的基面。清除表面尘土、油污，用抹布或压缩空气等除去研磨表面时产生的粉尘，表面充分干燥后方可进行下一道工序。对于轻微破损的混凝土保护层部分，采用环氧腻子封闭胶直接封闭修复(环氧腻子可采用日本小西 E370)。

如梁体有掉块缺损较大的部位，可先采用 Garbo100 聚合物水泥浆进行修补涂抹，使混凝土表面基本平整，完全固化需一天时间。对已修补完成的梁体表面用砂轮打磨，用压缩空气吹喷一遍，整个表面要保持干燥。对暴露的钢筋进行除锈，在钢筋面涂抹一层 BL-GROUT 胶封闭。

②制作、粘贴钢板

将钢板按实际尺寸进行切割、粗糙处理，钢板厚 6 mm，然后对钢板钻孔及吊装，钢板与混凝土表面留有空隙并封闭钢板边缘，安放排气管；也可用预埋螺栓将钢板紧贴梁底。

③注胶加固

采用注浆泵将胶液从注入嘴灌注到钢板和混凝土的空隙中，灌注工作持续到所有排气管均有胶液流出后，并以较低压力持续 10 min 以上。有效粘结面积应不低于 95%。

如钢板紧贴梁底，可用 BL-GROUT 压浆将钢板和梁体联成整体。钢板安装时内侧涂刷 BL-GROUT，在每个螺栓周边粘贴 3 个 5 mm 厚的小螺母，用来控制胶层厚度和保证紧固时钢板不变形。在钢板周边每 50 cm 插入一根 15 cm 长、内径 7 mm 的塑料管作为排气管，钢板的各个角均应有排气管。用 101 胶水粘贴压浆嘴，密封钢板周边，密封膨胀螺栓的螺纹间隙，养护 24 h。用压浆泵将 GROUT 注入压浆嘴，压力在 3 kg/m^2 以上，应从一端开始注入，当临近的压浆嘴有胶流出时，将当前的压浆嘴捆扎封闭，压浆管移至有胶流出的压浆嘴进行注入，直至整孔注完。要保证压浆饱满，灌注工作持续到所有排气管均有胶液流出封闭，最后一个排气管要在维持注入压力的情况下封堵，并用橡胶锤敲击检查。

④用高效防锈油漆涂刷钢板防锈

钢板表面进行除锈、涂装，刷封缝胶封闭梁体，以防空气侵蚀。

(3)作业流程

进场前准备工作→按设计要求购买材料、工具→材料、机具进场→搭设脚手架→破损梁体混凝土表面清理→修补破损梁体→探测梁体钢筋→钻孔并植入螺栓→粘贴钢板→注胶加固→钢板表面处理→拆除脚手架→清理场地→恢复设备整体外观。

(4)作业质量验收标准

①注胶孔位置、深度及浆料配合比、水灰比要符合要求。

②钻孔不得损坏原圬工和梁体钢筋，破损混凝土表层和空隙内需经压水冲洗，并注满浆。

③注胶孔要用浆料填充，保证无裂纹，淌出浆液需清除干净。

5. 粘贴钢筋加固工艺

当桥梁结构抗拉强度较低，受拉部位发生裂缝时，为了加强抗弯构件的抗拉能力，可以采用在受拉部位粘贴钢筋的方法对桥梁进行加固。粘贴钢筋具有与梁粘贴性能好、加工成型容易、加固效果明显的优点。用于粘贴的钢筋直径一般不超过 8 mm，以减少树脂层的厚度，节约材料、降低成本。采用环氧树脂砂浆粘贴时砂浆的厚度以钢筋不外露为标准，一般是 15～20 mm。主要工艺如下：

(1)搭设脚手架。

(2)混凝土表面处理。

(3)钢筋布设。

将钢筋根据设计尺寸截好，进行除锈处理并用丙酮擦洗干净，然后放在模板上扎成排栅，或事先焊好排栅再就位，先在钢筋排栅涂刷一层环氧树脂胶，然后用吊杆吊住贴在构件表面。

(4)粘贴钢筋。

为了便于脱模，粘贴钢筋前要先在模板上铺一层塑料薄膜，再将环氧树脂砂浆均匀地铺在模板上，厚度略大于设计值。粘贴时在模板与支承梁之间打入木楔，将模板顶起压在构件的表面，使环氧树脂砂浆压入钢筋的间隙，并与原结构的混凝土粘贴为一体。

(5)脱模检查。

拆模检查时必须保证环氧树脂砂浆已固化，如发现有粘贴问题及时修补。

(6)防护处理。

可采用与粘贴钢板法相同的防护措施。清除钢筋表面的锈斑和污染物，涂一层环氧砂浆罩面、两层防锈漆或防水涂料进行保护，也可采用喷射混凝土增加保护层的方法保护钢筋，避免锈蚀。

2.1.4 圬工桥跨结构粘贴纤维布加固作业

粘贴高强度复合纤维加固法是采用环氧树脂胶(或其他建筑结构胶)将高强度复合纤维布直接粘贴在结构的薄弱部位，与被加固结构形成整体，共同受力以限制裂缝的发展，提高结构的承载能力。在进行受弯构件正截面和斜截面承载力加固时，纤维布的布置方案与粘贴钢板加固法基本相同,但采用粘贴高强度复合纤维加固的方法只能提高结构强度,不能提高结构的刚度,不能控制结构变形,因此主要用于桥梁的抗震加固,提高结构的抗震性能。加固混凝土结构构件时,按构件的不同受力特点用粘结材料将纤维布有序地缠绕粘贴于构件表面,实现对结构构件的约束,来提高结构的承载能力。

用于结构加固的高强度复合材料具有优良的抗拉性能,其抗拉强度一般为钢材的十几倍,但是单纯使用高强度复合纤维布加固效果很差,纤维布中单纤维丝不能共同工作,使用时会引起纤维丝根根前后断丝导致纤维布整体断裂破坏。因此粘贴高强度复合纤维加固法的关键是在于纤维布中的纤维丝能“团结”共同工作,粘结剂是粘贴纤维加固法的关键点,它既要确保各纤维丝能共同工作,还要保证纤维布与被加固结构形成整体共同工作,从而达到加固结构提高承载力的目的。

1. 高强度复合材料性能

用于混凝土结构加固的高强度复合材料目前主要有碳纤维(CFRP)、玻璃纤维(GFRP)和芳纶纤维(AFRP),力学特点是应力应变关系呈完全线弹性,不存在屈服点和塑性区。

高强度复合纤维材料与钢材相比有以下优点:

(1)强度高。目前用于结构加固常用的是碳纤维和芳纶纤维,具有优良的力学性能,其抗拉强度一般为钢材的十几倍。

(2)高强度纤维材料重量轻,不增加结构自重,可多层粘贴直到满足强度要求。

(3)具有极强的耐腐蚀性、耐热性、耐水性,可以适应恶劣条件下的桥梁结构加固,粘结固化后可涂刷一层与原结构外观颜色一致或其他要求的涂料,不影响结构外观或增加美观。

(4)施工工艺较简单、工效高、施工人员少,不需要大型施工机具和现场固定设备,工期短,可适应各种截面形状,不改变原有结构形状,不会对原结构产生新的损伤,适用面广。

2. 碳纤维粘结材料

粘结材料是纤维布与混凝土共同工作的关键,需有足够的强度和刚度,以保证纤维布和混凝土的剪力传递,同时还要有足够的韧性,不会因混凝土结构开裂、破损导致脆性粘结破坏。另外旧桥加固均在野外,因此粘结材料还应能在一般气候环境条件下固化,具有适宜的流动性和黏性。

粘贴纤维粘结材料主要包括底层涂料(涂底胶)、整平材料(找平胶)、浸渍树脂(粘贴主胶)和防护材料(罩面胶)。

(1)底层涂料(涂底胶)

在处理好的混凝土结构基面上涂刷一层薄的底层胶,浸入混凝土结构表面,强化表面强度,改进表层胶结性能,提高混凝土和纤维布之间的粘结强度。

(2)整平材料(找平胶)

实践证明纤维布只有和所加固的混凝土结构表面密贴才能产生良好的补强效果,因此在混凝土结构基面处理后为保证混凝土表面无凹凸不平,清洁整齐,在底层材料干燥后用找平胶找平,并将带直角的结构部位打磨成圆弧状。找平胶应具有优良的力学性能、施工性能、触变性能,易于操作和不易变形等特点。

(3)浸渍树脂(粘贴主胶)

浸渍树脂在粘结材料中起着关键的作用,它连接底胶和纤维布,将纤维布粘贴在混凝土结构表面,经过碾压使浸渍树脂浸透纤维布,与混凝土结构形成一个复合整体共同抵抗外力作用。浸渍树脂应具有良好的渗透性,以利于浸透纤维布,还应具有一定的初黏力,防止粘贴的纤维布塌落而形成空洞或空隙。粘结剂还应具有良好的触变性,易于施工却不会发生明显的滴淌现象。此外,粘结剂、纤维布和混凝土有良好的相容性,能形成整体共同受力。

(4)防护材料(罩面胶)

纤维布粘贴完成后要涂一层罩面胶,保护纤维布,防止粘贴层的老化并美化结构表面。要求不脱层、不掉落,在长期冷热干湿的环境下保持稳定,能防止紫外线的直接照射。

3. 施工工艺

粘贴碳纤维的基本工艺流程为施工放线→基本处理→刷抹底层胶→用找平胶修补粘贴面→粘贴碳纤维布→养护→进行罩面胶防护处理。

(1)认真研读施工图纸,做好放样定位等准备工作。

(2)基面处理。混凝土表面的劣化层(如浮浆、风化层等)、油污等杂质要用角磨机、砂轮机、砂纸进行清除和打磨;用钢丝刷将表面松散浮渣刷去,然后用压缩空气除去粉尘;用丙酮或无水酒精擦拭表面,也可用清水冲洗;基面的错位与凸出部分要磨平,转角部位要进行倒角处理;裂缝部分要注入环氧树脂浆进行修补;用吹风机将表面吹干净、吹干,确保粘贴基面平整、干净、无油污并充分干燥。

(3)涂刷底胶。计算底胶用量,按比例准确配制好底胶并搅拌均匀,注意一次调和量在可使用时间内用完,超过时间的绝对不能使用,底胶中严禁添加任何溶剂,以确保粘接质量;用滚筒或刷子均匀地涂抹在基面上,注意直横均匀涂抹,自然风干,底胶涂刷面积不得小于所粘贴纤维布大小;施工温度应控制在 5～35 ℃,相对湿度小于 70%;底胶胶凝至指触干燥后进行检查,在表面有凸起、毛刺时,应用磨光机或砂纸打磨光顺,注意不能将底胶层打磨穿,如有失误则局部应重复操作步骤。

(4)修补粘贴面。若发现粘贴面上有凹凸、坑洼部位,应用找平胶进行修补,保证粘贴面的平整,以确保加固效果;待找平胶干燥后进入下一道工序。

(5)粘贴碳纤维布。

①在待粘贴面位置上,依据设计尺寸裁剪碳纤维布,应根据现场施工经验和作业空间确定下料长度,若需要进行接长时,接头的长度应根据实际情况而定,一般不得小于 15 cm,下料数量应以当天能用完为准。

②涂刷粘贴胶。配置粘贴胶,用滚刷均匀将粘贴胶涂刷至结构表面,涂刷面积应大于所粘贴纤维布面积,在有接头、拐角及纤维布搭接部位应多涂一些。

③粘贴碳纤维。在已涂刷粘贴胶的结构表面按纤维方向粘铺纤维布,搭接不得少于 10 cm;用专用胶辊或刮板在纤维布上沿纤维方向施加压力向一个方向或中间向两边方向碾压,不得来回滚动,使纤维布与浸渍树脂充分结合,形成复合材料,若发现有间隙或气泡,应及时处理。严禁交叉垂直于纤维方向碾压施工,以免出现折丝、弯丝现象,如图 2.1.13 所示。

④养护检查。施工完成自然养护 24 h,其间应确保不受外力冲击等干扰,每道工序过程中及完成后均应采取措施保护结构不受污染或雨水侵袭,达到设计要求需要 5 d 左右。

图 2.1.13　桥跨纤维布加固图

(6)罩面防护处理。粘贴完碳纤维布后,在其表面采用毛刷或刮板再直横均匀涂抹一层浸渍树脂,自然风干;确保粘贴表面已充分风干,结合凝胶固化后,在其表面涂抹罩面胶或防护胶,以保证结构耐久性。

4. 案例:横隔板掉块露筋整治

朔黄铁路 K33+340 梁家沟 2 号大桥等共 14 座桥梁的横隔板掉块露筋整治:朔黄线 182 号董庄分洪特大桥位于蠡县至肃宁北区间,该桥中心里程 385 km+513 m,桥梁全长 776.2 m,46 孔 16 m 预应力钢筋混凝土 T 形梁组成,该桥建成于 2000 年。综合整治横隔板掉块暴露钢板 27 个。

整治方法如下:

(1)凿除破损混凝土形成规则的矩形。

(2)砂浆修补抹光后,采用碳纤维布进行粘贴包裹。

2.1.5　防水层整治、更换作业

圬工梁拱凡有可能被水浸渗的隐蔽部位,均应铺设防水层。若发现梁体表面有湿润渗水、流锈水白浆时,应查明防水层状态,如有破损应进行修理,必要时予以更换或增设。

目前桥梁防水层的主要材料为氯化聚乙烯防水卷材、高聚物改性沥青防水卷材、聚氨酯涂料防水层。

1. 作业要点

基面处理→防水涂料(涂刷水泥基胶料)→铺设防水卷材→浇筑混凝土保护层→防水涂料封边处理。

(1)基面处理

扒开道床,清除道砟、旧防水层及污垢,将混凝土表面凿毛、清扫、冲刷干净。为保证防水层的铺设质量和节省防水涂料,桥面基层、挡砟墙内侧等涂刷防水涂料处应平整,无凹凸不平、蜂窝麻面、浮渣、浮灰、油污等。

①保证基面平整度。平整度用1 m长的靠尺检查,空隙只允许平缓变化,且不大于3 mm,不符合要求者,可用凿除的方法进行处理,或用水泥砂浆进行找平。用水泥砂浆找平时,应添加适量水溶性胶粘剂(如107胶等)增强水泥砂浆与填补面的连接,且该面应清洁、湿润。

②修补蜂窝麻面。清除蜂窝、麻面中的松散层、浮渣、浮灰、油污等,并使填补面湿润,用水泥净浆填补平整。对蜂窝、麻面的填补,均应在水泥砂浆、水泥净浆中添加适量水溶性胶粘剂,增强与填补面的连接。

③涂刷防水涂料。涂刷防水涂料时基面应干燥。基面干燥鉴别一般可凭经验、肉眼观察,也可用1 m见方的塑料布覆盖其上,利用阳光照射1～3 h后或吹风机加热的方法,观其是否出现水汽,若无水汽出现可视为干燥。

(2)防水涂料

聚氨酯防水涂料应按产品说明进行配制,搅拌均匀,为改善防水涂料的稠度,可在搅拌的同时加入防水涂料重量3%～8%的稀释剂,搅拌时间为3～5 min,混合体黑亮时方可使用。将搅拌均匀的防水涂料从挡砟墙一侧的一端开始,倒出防水涂料,按涂刷宽度约90 cm用刮板往另一端涂刷,涂刷均匀,涂刷厚度为1.5 mm,每平方米用量不少于1.8 kg。可分1～2次涂刷,前后两次的涂层应按要求接茬,涂刷防水涂料时不得因流溅或其他原因污染梁体。防水涂料每次从搅拌结束至涂刷完毕最迟不宜超过20 min。

(3)防水卷材的铺贴

①铺贴防水卷材采用一边涂刷防水涂料,一边铺贴防水卷材的顺序进行;每片梁可用两幅卷材搭接,铺设时先铺设挡砟墙一侧的一幅,横向搭接时该幅在下,再铺设另一幅。当桥梁跨度大于16 m时,先进行纵向搭接,再进行沿桥面纵向中心线的横向搭接,搭接接头应错开。防水卷材应铺贴至端边墙和内、外边墙的内侧根部。

②铺贴时应用刮板将防水卷材推压平整,并使防水卷材的边缘无翘起,其他部分无空鼓。

③两幅防水卷材铺贴完毕,用防水涂料进行封边。封边时,内外边墙及端墙内侧等竖墙处封边高度不应小于80 mm,其涂刷厚度均不得低于1.5 mm。在进行封边工序的同时,应对泄水管的进水口涂刷防水涂料,并与封边涂层接茬良好。防水涂料应涂刷到进水口往里不低于30 mm。涂刷厚度为1.5 mm,涂刷应均匀。

(4)保护层工艺

①保护层采用C40高性能纤维混凝土,混凝土原材料应符合有关规定和要求,严格按照实验室配合比施工。

②将搅拌好的纤维混凝土均匀铺在湿接缝的防水层上,用平板振动器振捣密实,在拉动平板振动器时速度尽量缓慢。表面平整并按设计要求做成一定的排水坡。混凝土接近初凝前进行抹面,抹刀应光滑,不得带出纤维。

③保护层纵向每隔4 m设置一道断缝,桥面宽大于4 m时沿纵向在中间设置一道断缝,断缝宽约10 mm,深10～20 mm,当强度达到设计强度50%时,用聚氨酯防水涂料将断缝填实、填满,填充时不得污染预制梁梁体。

(5)材料保管及其他

①防水卷材在储存期间宜单层立放,平放时不应超过3层,不应与有损卷材质量或影响卷材使用性能的物质接触。

②防水卷材应存放于阴凉、干燥、通风处,储存期间应防止日晒、雨淋,并远离热源,最高温

度不应高于 40 ℃,最低不应低于 0 ℃。

③四级以上大风严禁防水层施工(防水层保护层除外)。

2. 作业质量验收标准

(1)垫层抹平无坑洼,与原圬工联牢。

(2)防水层平顺密实,与边墙及泄水孔衔接严密,无渗漏现象。

(3)保护层厚度不小于 30 mm,坡度不小于 3%,压实抹平,无裂损和空响,与圬工边缘衔接处无裂纹,流水坡度平顺。

2.1.6　泄水管整治接长作业

桥面排水坡应不小于 2%,泄水管内径不宜小于 15 cm,泄水管向下设置,出水端须伸出梁体不少于 15 cm。泄水管顶端应采取可靠的防渗漏措施。道砟槽板内、外侧下缘宜设置通长滴水檐(槽)。

桥梁泄水管传统施工安装工艺是预埋泄水管,目前改为预埋泄水管预留孔洞模具,然后安装泄水管的工艺。材料采用 PVC 泄水管,质轻、搬运装卸便利,具有耐酸、耐碱、耐腐蚀性,壁面光滑,流体阻力小,耐水压强度、耐外压强度、耐冲击强度等都非常高。

1. 施工作业要点

(1)固定安装泄水管预留孔洞模具,浇筑混凝土、养生、拆模板、拆除预留孔洞模具。

(2)准备泄水管,在泄水管上缠绕一圈遇水膨胀橡胶止水条,在外露部分涂上防腐涂料。

(3)安装固定泄水管,配制并浇灌灌浆料。

(4)涂聚硫建筑密封剂,其优点是组装模板、拆卸模板方便,安装固定泄水管简便易行,缩短预制梁浇筑周期及施工总周期,桥面排水畅通。

2. 作业质量验收标准

(1)管内畅通,无杂物堵塞。

(2)外露部分无锈蚀。

(3)排水不污染梁体。

任务习题

(一)填空题

1. 碱—集料反应一般是指水泥中的碱和骨料中的活性硅发生反应,生成碱—硅化合物,伴随着________,导致混凝土开裂。

2. 粘贴碳纤维材料加固法工艺中________是纤维布与混凝土结构共同工作的关键。

3. 粘贴钢板加固法主要适用于抗弯构件配筋不足、钢筋受损严重或________。

4. 道砟桥面防水层铺设时在挡砟墙边需做________处理。

5. 道砟桥面应安装泄水管,桥面排水坡应不小于 2%,泄水管向下设置,出水端须伸出梁体不少于________。

6. 防水层施工作业铺贴防水卷材可进行搭接,凡进行搭接的粘贴宽度不小于________。

7. 加大钢筋的混凝土________和加强构造配筋是提高混凝土自身的耐久性方法之一。

8. 压力灌浆法修补裂缝、封闭裂缝要严密,压浆嘴位置布置合理,一条裂缝至少布置

________个压浆嘴。

9. 粘贴高强度复合纤维加固的方法只能提高结构强度,不能控制结构变形,常用于桥梁抗震加固,可提高结构的________。

10. 圬工梁拱、框构桥及桥台顶面可能被积水渗入的处所,均应铺设________。

(二)选择题

1. 与普通钢筋混凝土结构相比,预应力混凝土结构大大推迟了(　　)时间。

A. 混凝土被压坏　B. 网状裂纹出现　C. 钢筋被拉断　D. 混凝土裂纹出现

2. 钢筋混凝土梁恒载裂缝下缘竖向宽度限值为(　　)。

A. 不允许　B. 0.2 mm　C. 0.25 mm　D. 0.3 mm

3. 混凝土凿槽勾缝修补裂缝时要求勾缝平实,凹凸不超过(　　),与圬工结合牢固、平顺,色泽均匀。

A. ±1 mm　B. ±2 mm　C. ±3 mm　D. ±5 mm

4. 混凝土表面裂损修补时在凿除破损部位清理后,修补破损表面应将凿除的表面,先涂一层约(　　)的粘结剂,再用环氧混凝土补平、压光。

A. 0.1 mm　B. 0.2 mm　C. 0.3 mm　D. 0.5 mm

5. 道砟桥面防水层整治作业验收标准中混凝土保护层厚度不小于(　　)。

A. 20 mm　B. 30 mm　C. 40 mm　D. 50 mm

6. 桥隧防水卷材的粘贴一般应在防水涂料涂刷完毕后(　　)内做完。

A. 10 min　B. 20 min　C. 30 min　D. 40 min

7. 预应力混凝土梁,横隔板裂纹宽度不超过(　　)。

A. 0.1 mm　B. 0.2 mm　C. 0.3 mm　D. 0.4 mm

8. 混凝土的碳化是指空气中的(　　)与混凝土孔隙液中的氢氧化钙反应生成碱性碳酸钙的过程。

A. 氧气　B. 二氧化碳　C. 氮气　D. 一氧化碳

9. 预应力混凝土梁做成分块式在工地用化学胶粘材料胶接后,再用张拉钢丝束连成一体,叫(　　)。

A. 连续梁　B. 串联梁　C. 悬臂梁　D. 简支梁

10. TQF-I 型防水层的主要材料为(　　)防水卷材、聚氨酯防水涂料。

A. 氧化聚乙烯　B. 氯化聚乙烯　C. 氦化聚乙烯　D. 磷化聚乙烯

11. 预应力混凝土梁跨中道砟厚度不得小于(　　)。

A. 20 cm　B. 25 cm　C. 30 cm　D. 45 cm

12. 普通钢筋混凝土简支梁腹板上的竖向裂纹多发于(　　)部分。

A. 加劲肋　B. 薄腹板　C. 腹板断面　D. 跨中

13. 铺设防水层的环境温度低于(　　)时,应采取保温措施,不得用明火加热。

A. 0 ℃　B. −1 ℃　C. −2 ℃　D. −3 ℃

14. 梁体防水层作业防水涂料涂刷厚度不得小于(　　)。

A. 0.2 mm　B. 1.0 mm　C. 1.5 mm　D. 2.0 mm

15. 混凝土梁荷载作用下产生的剪切斜裂缝主要发生在(　　)。

A. 梁体支座处　B. 梁端　C. 1/4 跨处　D. 跨中

16. 浇筑大体积混凝土时由于水泥水化热引起温度升高冷却时产生(　　)。

A. 施工缝　　B. 露筋　　C. 裂缝　　D. 膨胀

(三)判断题

1. 混凝土裂缝多且小,可采用表面涂抹封闭修补,要求抹面压实,裂纹、空响面积不超过2%,砂浆符合规定。(　　)

2. 当用抹面不能充分修补混凝土裂缝时,可采用在混凝土表面凿槽勾缝的修补方法,用以提高混凝土的承载能力。(　　)

3. 混凝土结构粘贴钢板加固的特点是不破坏原有结构,不改变外观,工艺简单,但对桥下净空有一定影响,主要适用于受压构件。(　　)

4. 粘贴高强度纤维材料加固法的主要作用是提高加固体的结构强度,但不能控制结构变形,可用于桥梁抗震加固。(　　)

5. 粘贴纤维布施工时为保证纤维布与浸透树脂充分结合,使用辊子或刮板在纤维布上沿纤维方向施加压力来回滚动,形成复合材料。(　　)

6. 网状裂纹是预应力混凝土简支梁的一种常见裂纹。(　　)

7. 下翼缘受拉区的短细裂纹是普通钢筋混凝土简支梁的一种常见裂纹。(　　)

8. 圬工梁拱发现有渗水、流白浆或漏水时,应检查梁体上是否有裂纹。(　　)

9. 新型框构桥顶面应沿轴向做成向线路两侧的排水坡,不得将框构桥顶面的水排向路基以内。(　　)

10. 铁路桥梁梁体混凝土保护层中性化不得超过 25 mm。(　　)

11. 采用注浆修补混凝土结构裂缝时同一裂缝各注浆嘴应同时注浆,浆液溢出量达到标准后即停止注浆,结束注浆后拆除管道,而后清洗管道和设备。(　　)

12. 桥面泄水管顶端应采取可靠的防渗漏措施,道砟槽板内、外侧下缘宜设置通长滴水檐(槽)。(　　)

(四)简答题

1. 铁路道砟桥面中分开式和整体式的主要区别是什么?

2. 简述压力灌浆法修补混凝土裂缝作业要点。

3. 压力注浆法修补混凝土裂缝的工作原理是什么?

4. 混凝土结构粘贴钢板加固法的工作原理是什么?

5. 简述更换、整修泄水管作业质量验收标准。

任务 2.2　钢结构桥跨养护维修作业

2.2.1　钢结构桥跨相关知识认知

1. 钢桥桥跨结构类型

钢桥的构件最适合用工业化方法制造,便于运输,工地安装速度快,施工工期较短,且钢桥在损坏后易于修复和更换,但钢材易于锈蚀,需要进行涂装和经常检查,养护费用较高。

钢梁桥的桥跨结构形式主要有钢板梁和钢桁梁两种,随着铁路交通的发展,钢拱桥和钢混结构形式也越来越多。

(1)钢板梁构造

钢板梁桥构造简单,一般用于 40 m 以内的跨度,从结构上可分为上承式和下承式钢板梁桥。

①上承式钢板梁桥:由主梁和联结系组成(图 2.2.1)。

主梁一般有两片主梁对称布置,为腹板及上、下翼缘构成的工字形截面,在腹板侧面还设置加劲肋;联结系由上、下平纵联及横联组成,它和主梁共同形成一个空间结构;上承式钢板梁桥构造简单,省钢料,可整孔装运、整孔架设,是常用的一种钢板梁桥。

②下承式钢板梁桥:由主梁、桥面系和联结系组成(图 2.2.2)。

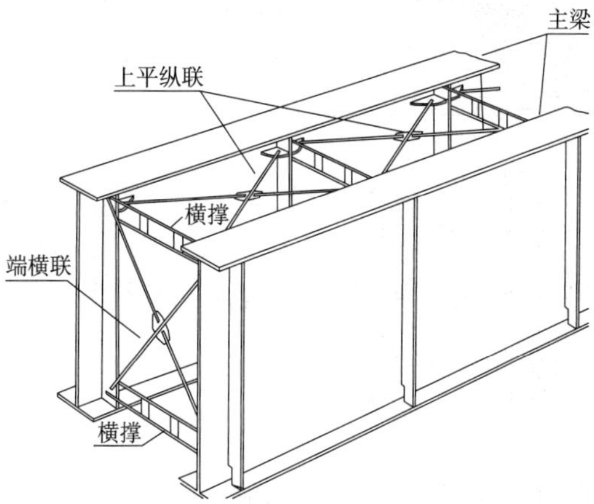

图 2.2.1　上承式钢板梁桥

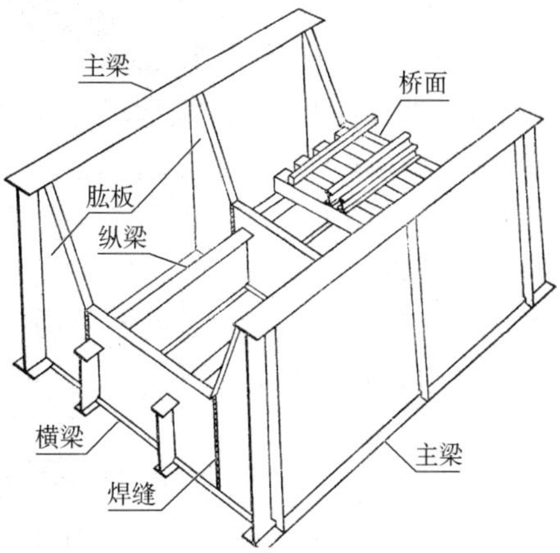

图 2.2.2　下承式钢板梁桥

(2)钢桁梁构造

当桥梁跨度增大时,梁的高度也随之增大,板梁尺寸巨大而笨重,此时采用腹杆代替腹板组成桁梁,则重量可大为减轻。由于桁梁构造较为复杂,故一般适用于 48 m 以上的跨度。钢桁梁也分为上承式与下承式,一般大跨度钢桁梁桥采用下承式(图 2.2.3)。

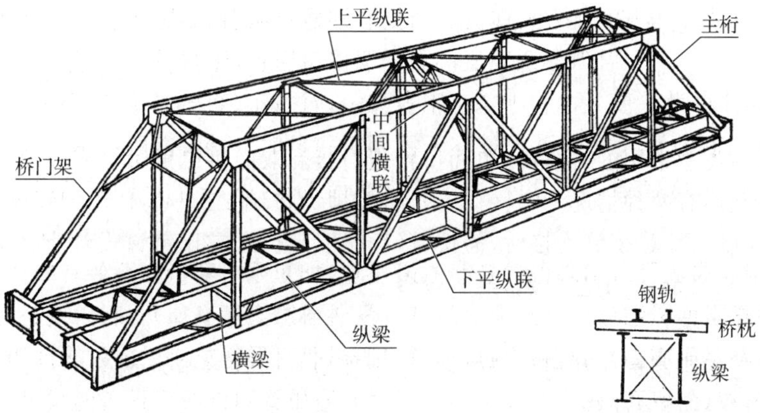

图 2.2.3　钢桁架桥

下承式钢桁梁主要由桥面、桥面系、主桁架、联结系等部分组成。

①主桁架:是桥跨结构中的主要承重结构。主桁架一般由上弦杆、下弦杆、斜杆及竖杆等组成,斜杆及竖杆统称为腹杆。主桁架各杆件在节点处交汇,用节点板通过铆钉或高强度螺栓

连接起来，联结系杆件和横梁也均在节点板处与主桁架连接。

②桥面系：包括纵梁、横梁以及纵梁之间的联结构件。每段纵梁长度等于主桁架节间长度，它的两端用角钢和横梁相连。

③联结系：为了能形成空间稳定结构以承受横向力，减少受压弦杆的自由长度而设置的各种形式的联结构件。联结系包括上、下平纵联和横向联结系。端部横联称龙门架，它可设置在端斜杆平面内或第一根吊杆平面内。

(3)钢桥连接

钢桥是由各种杆件组合而成，而这些杆件都是由钢板及各种型钢组成的。按连接方法的不同，可分为焊接连接、铆钉连接、普通螺栓连接、高强度螺栓连接。连接不仅是将部件组成杆件，更重要的是将杆件内力传给节点板或另一段杆件。

①焊接连接

焊接连接根据所用热源不同可分为电焊和气焊两大类。钢桥中主要采用电弧焊。焊缝主要有对接焊缝[图 2.2.4(a)]、点焊缝[图 2.2.4(b)]和角焊缝[图 2.2.4(c)、(d)]。它的特点是可以省拼接板，减轻重量，且不削弱杆件截面，但对钢材质量要求高，焊缝质量不易保证。

②铆钉连接(图 2.2.5)

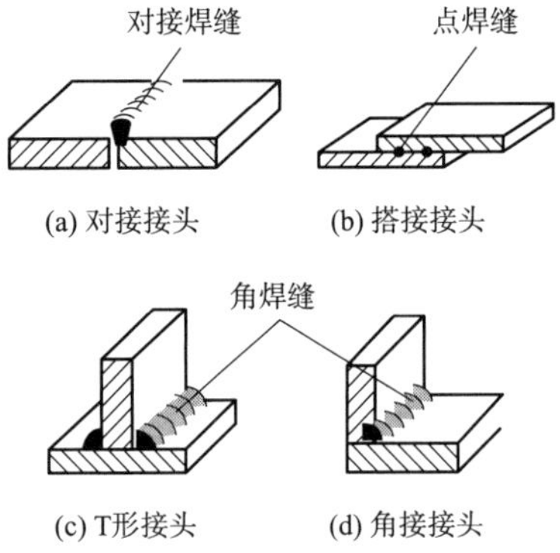

图 2.2.4　钢桥焊缝图

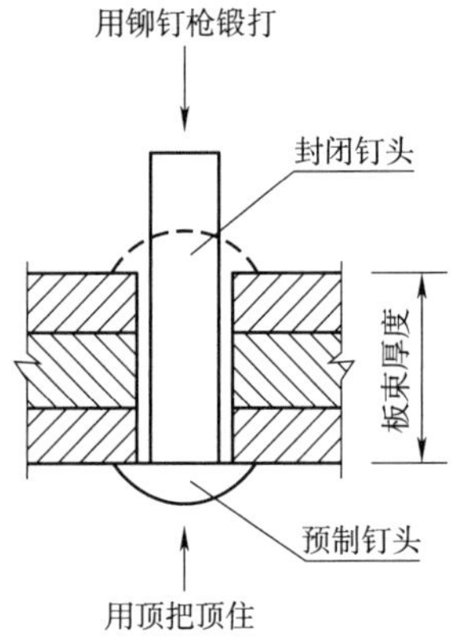

图 2.2.5　铆钉连接

铆钉连接的类型常用的有搭接、单面拼接板对接和双面拼接板对接三种。

铆钉连接破坏有两种情况，一是钉杆剪断，按剪力控制；二是由于钉杆承压能力不够而被挤坏，按承压控制。计算铆钉连接时，需按铆钉孔设计直径(它比铆钉设计直径大 1 mm)。铆接用钢量多，工艺复杂，但工艺成熟，经验较多。

③普通螺栓连接

普通螺栓是指粗制螺栓和精制螺栓，常用于工地临时性建筑及钢梁拼装。计算方法和铆接相似，只是以钉杆直径计算。

④高强度螺栓连接

高强度螺栓连接是钢结构的一种先进的连接方法，目前得到广泛使用。图 2.2.6 是一种简单的高强度螺栓连接的构造。高强度螺栓的工作特点是通过拧紧螺帽使栓杆产生很大的预拉力，从而使板束间产生很大的摩擦力。高强度螺栓连接节省钢材，改善了结构受力情况，施工速度快，施工劳动度较轻，改善了劳动条件，养护简单。

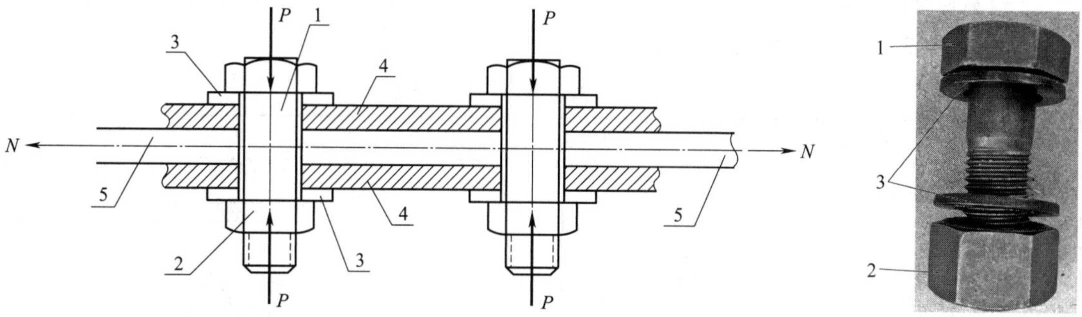

图 2.2.6　高强度螺栓连接示意图

1—高强度螺栓；2—高强度螺母；3—高强度垫圈；4—拼接板；5—杆件

2. 钢结构技术标准

钢结构技术标准如下：

(1)钢结构应具有要求的刚度、强度和稳定性。运营中根据钢结构形式，加强对各部联结节点、杆件、铆钉、销栓、焊缝的检查养护，使其经常处于良好状态。对承载能力或刚度不足、结构不良的钢梁，应进行加固或改善，确保行车安全。

(2)钢结构应保持清洁，要经常清扫污垢、尘土，冬季要及时清除冰雪。钢梁上的存水处所应设直径不小于 50 mm 的泄水孔，钻孔前须对杆件强度进行检算。

(3)钢梁杆件伤损容许限度超过表 2.2.1 的规定时，应及时进行整修、加固或更换(经检定不影响钢梁正常使用者除外)。

表 2.2.1　钢梁杆件伤损容许限度

序号	伤损类别		容许限值
1	竖向弯曲		弯曲矢度小于跨度的 1/1 000
2	板梁、纵梁、横梁	横向弯曲	弯曲矢度小于自由长度的 1/5 000，并在任何情况下不超过 20 mm
3		上盖板局部垂直弯曲 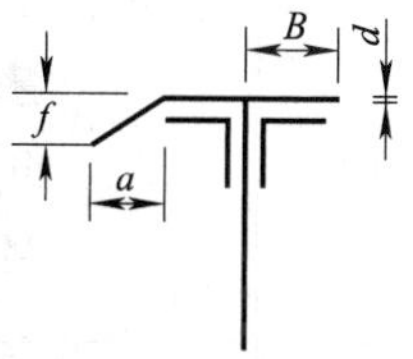	$f<a$ 或 $a<B/4$ d—钢板或钢板束的厚度 B—由腹板至盖板边缘的宽度 f—竖向挠度 a—水平距离
4		盖板上有洞孔	洞孔直径小于 30 mm，边缘完好
5		腹板上有洞孔	工字梁的洞孔直径小于 50 mm，板梁小于 80 mm，边缘完好
6		腹板受拉部位有弯曲	凸出部分直径小于断面高度的 0.2 倍或深度不大于腹板厚度
7		同上，但在受压部位	凸出部分直径小于断面高度的 0.1 倍或深度不大于腹板厚度
8	桁梁	主梁压力杆件弯曲	弯曲矢度小于杆件自由长度的 1/1 000
9		主梁拉力杆件弯曲	弯曲矢度小于杆件自由长度的 1/500
10		主梁腹杆或连接杆件弯曲	弯曲矢度小于杆件自由长度的 1/300
11		洞孔	洞孔直径小于杆件宽度的 0.15 倍，并不得大于 30 mm

(4)不良铆钉的容许限度见表 2.2.2,表中序号 1、2、3、4 项的不良铆钉应予以更换,其他不良铆钉可根据不良程度确定是否更换。

表 2.2.2　不良铆钉的容许限度

序号	不良名称	形　状	容许限度	原　因
1	铆钉松动		无	(1)铆合不良 (2)铆合前钢板未夹紧
2	钉头裂纹	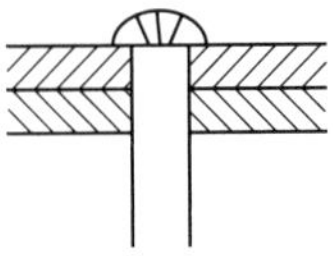	无	(1)铆钉加热过度 (2)铆钉钢质不良
3	烂头	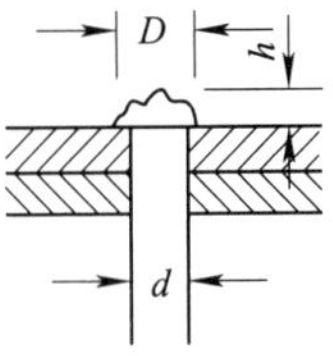	$D \geq d+8$ mm $h \geq 0.7$ 倍 标准钉头高 D—铆钉钉长长度 d—钉杆直径	年久锈蚀
4	钉头部分或全周浮离(用厚 0.2 mm 塞尺检查)	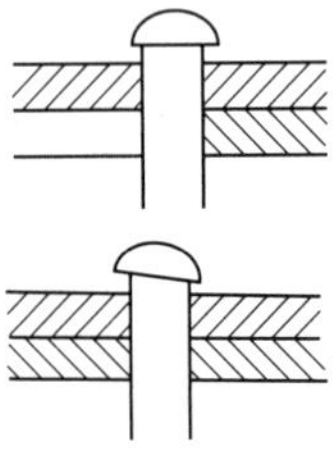	无	(1)钉头和钉杆相接处有圆角 (2)钉头未用顶把顶紧或顶把未对正
5	钉头偏心(拉绳检查钉头与铆钉线位置或观察铆钉两头)	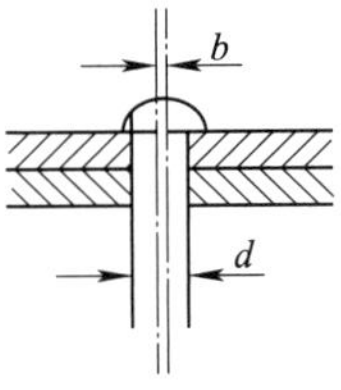	$b \leq 0.1d$	铆合不良
6	钉头局部缺边	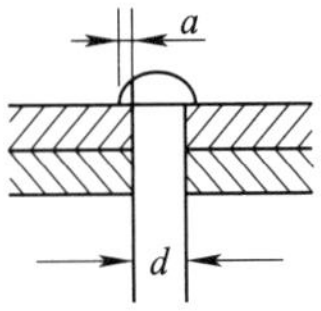	$a \leq 0.15d$	(1)钉杆过短 (2)顶压不正确
7	钉头全周缺边	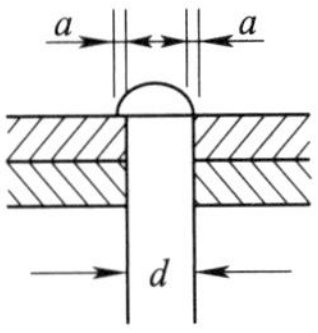	$a < 0.1d$	(1)钉杆过短 (2)顶压不正确
8	钉头过小(用样板检查)	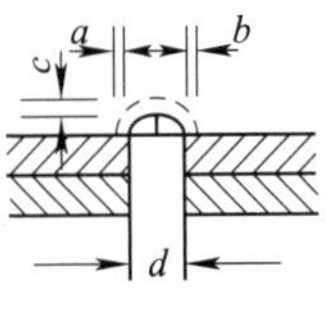	$a+b < 0.1d$ 或 $c < 0.02d$	(1)铆钉头和钉杆过小 (2)钉杆过短或铆钉孔过大

续上表

序号	不良名称	形　状	容许限度	原　因
9	钉头周围有飞边	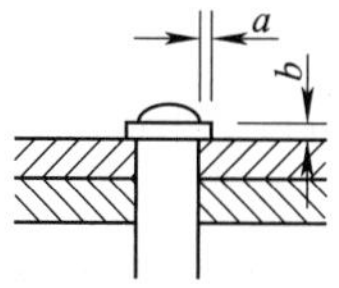	$a<3$ mm $b=1.5\sim3$ mm	钉杆过长
10	铆钉壳打伤钢板	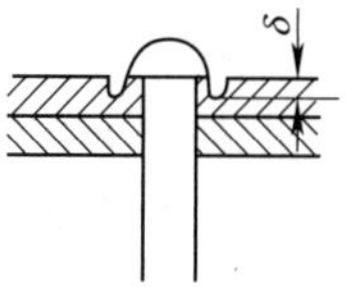	$\delta\leqslant0.5$ mm	铆合不良
11	埋头铆钉钉头全部或局部缺边	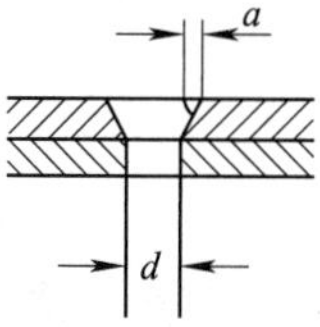	$a\leqslant0.1d$	(1)铆合不良 (2)钉杆过短

更换斜钉时，如无铆合条件，可用双帽精制螺栓或高强度螺栓永久代替，应拆除一个即上紧或铆合一个，必要时可使用 30%以下的冲钉过渡。禁止使用锛斧和大锤铲除钉头。

(5)新换钢梁或加固杆件的组拼应符合以下要求：

①组拼或加固部件尺寸应符合设计图纸要求。

②组拼板层用螺栓均匀拧紧，板层密贴，缝隙用 0.3 mm 插片探入深度不大于 20 mm。

③组拼杆件工作应在无活载情况下进行，并至少有 1/3 的孔眼安装螺栓及冲钉，其中 2/3 为冲钉，1/3 为螺栓。

④无活载情况下更换铆钉时，一般应每隔 2 个钉孔装一个螺栓，螺栓间距不得超过 400 mm，必要时，应每隔 1 个钉孔穿一个螺栓，每组孔眼应打入 10%的冲钉。

(6)钢梁有下列状态之一时，应及时处理：

①主桁腹杆铆接接头处裂纹长度≥50 mm。

②下承式桁梁的端横梁与纵梁连接处下端裂纹长度≥50 mm。

③受拉翼缘焊接盖板端部裂纹长度>20 mm。

④主梁、纵横梁受拉翼缘边裂纹长度>5 mm，焊缝处裂纹长度≥10 mm。

⑤纵梁上翼缘角钢裂纹。

⑥主桁节点和拼接板接头铆栓失效≥10%。

⑦主桁构件与板梁的结合铆钉松动连续 5 个及以上。

⑧纵横梁连接铆钉拔头。

⑨纵梁受压翼缘、上承板梁主梁上翼缘板件断面削弱≥20%。

3. 裂纹整治措施

对于栓焊梁、全焊梁，若在焊缝及附近钢材上发现裂纹，可根据裂缝位置、性质、大小及数量，采取以下相应措施：

(1)在裂缝的尖端钻圆孔，孔的直径大致与钢板厚度相等，但最大不超过 32 mm，裂缝的尖端，必须落入孔中。

(2)用高强度螺栓连接的方法进行加固,加固前裂缝尖端处凡能钻孔者均应钻孔。

(3)抽换杆件或换梁。

4. 其他

(1)对运营中的钢梁,禁止使用电焊加固或采用电焊联结主梁的方式增加检查和安全设备。

(2)相邻钢梁间及梁端与桥台挡砟墙间的净距,必须满足梁跨的正常伸缩,并不得小于100 mm(既有钢梁净距不足100 mm时,经检算及观测,不影响正常伸缩者可暂缓处理),如净距大于300 mm,可增加悬臂(牛腿),或在两孔梁间增加连接梁。

(3)对使用年久、跨度40 m及以下的上承钢板梁,技术状态不良的跨度32 m及以下的其他钢梁,应有计划地更换或改造。

2.2.2 钢结构表面清理作业

钢梁、钢塔架、钢拱肋、限高防护架等都应进行保护涂装,防止钢结构生锈。钢结构涂装失效后应对钢结构表面进行重新涂装或维护性涂装。在涂装底层涂料前,应将钢料表面的污泥、油垢、铁锈、旧涂膜和氧化皮彻底清除干净,目的在于提高新涂漆膜对钢梁表面或旧漆膜间的附着力,提高油漆质量,延长钢梁的使用寿命。故在涂装底漆前,应对钢梁除锈及表面清理。清除方法可采用喷砂、喷丸、手工清理和溶剂擦洗。严禁使用腐蚀性物质清理钢表面。

1. 清理等级标准

钢结构表面处理方法和清洁程度的处理等级通过处理后应用描述表面外观情况的文字来定义。

对于未涂覆过的钢材表面和全面清除原有涂层后的钢材表面的锈蚀程度分别以A、B、C和D四个锈蚀等级表示,处理等级用代表相应处理方法类型的字母“Sa”“St”或“F1”表示,字母后面的数字,表示清除氧化皮、铁锈和原有涂层的程度。字母“Sa”表示喷射清理表面处理,字母“St”表示手工和动力工具清理,字母“F1”表示火焰清理表面处理。

对于已涂覆过的钢材表面局部清除原有涂层后的处理等级用字母“Sa”“St”或“Ma”(代表所采用的除锈方法)表示。置于Sa、St或Ma前面的字母P表示只是局部清除原有涂层。字母后面的数字,表示清除氧化皮、铁锈和原有涂层的程度。

(1)P Sa:对局部喷射清理的表面处理。

喷射清理前应铲除全部厚锈层,可见的油、脂和污物也应清除掉,喷射清理后应清除表面的浮灰和碎屑。主要有彻底的局部喷射清理P Sa2、非常彻底的局部喷射清理P $Sa2^{1/2}$、局部喷射清理到目视清洁钢材P Sa3三种。

(2)P St:已涂覆表面的局部手工和动力工具清理。

对局部手工和动力工具清理的表面处理,如刮、刷、磨等。手工和动力工具清理前,应清除任何锈层及可见的油、脂和污物。手工和动力工具清理后应清除表面的浮灰和碎屑。

P St2:彻底的局部手工和动力工具清理。牢固附着的涂层应完好无损,表面的其他部分,在不放大的情况下观察时应无可见的油、脂和污物,无附着不牢的氧化皮、铁锈、涂层和外来杂质。

P St3:非常彻底的局部手工和动力工具清理。牢固附着的涂层应完好无损,表面的其他部分,在不放大的情况下观察时应无可见的油、脂和污物,无附着不牢的氧化皮、铁锈、涂层和外来杂质,底材显露部分的表面应具有金属光泽。

(3)P Ma:已涂覆表面的局部机械打磨。

包括彻底机械打磨清理(例如用砂纸研磨盘)或专门的旋转钢丝刷清理,可与针状喷枪一起使用。机械打磨前,应清除任何厚锈层及可见的油、脂和污物。机械打磨后,应清除表面的浮灰和碎屑。

牢固附着的涂层应完好无损,表面的其他部分,在不放大的情况下观察时,应无可见的油、脂和污物,无疏松涂层、氧化皮、铁锈和外来杂质。任何污染物的残留痕迹应仅呈现为点状或条状的轻微污斑。

(4)遗留涂层的处理

再次涂覆前原有涂层的遗留部分的处理即表面处理。任何牢固附着的底漆和配套的底层涂层应无疏松物和污染物,若有必要,应使其粗糙到确保有良好的附着性。与打磨或喷射清理区域交界的原有完好涂层应修成斜面,形成完好和牢固的附着边缘,新涂层应与原有涂层相配套。

2. 清理等级要求

根据使用的涂料品种、施工方法和构件部位的不同,涂装对钢结构表面清理等级要求如下:

(1)电弧喷铝或涂装环氧富锌底漆时,钢表面清理应达到 Sa3 级或 P Sa3 级。

(2)涂装红丹酚醛、红丹醇酸或聚氨酯底漆时,钢表面清理应达到 $Sa2^{1/2}$ 级或 P $Sa2^{1/2}$ 级。

(3)非密封的箱形梁和非密封的箱形杆件内表面涂装环氧沥青底漆时,钢表面清理应达到 Sa2 级或 P Sa2 级。

(4)限高防护架、作业通道栏杆、扶手、托架、墩台吊篮、围栏等桥梁附属钢结构及铆钉头、螺栓头或局部维护涂装使用红丹防锈底漆时,钢表面清理应达到 St3 级或 P St3 级。

3. 清理粗糙度要求

(1)涂装涂料涂层时,钢表面粗糙度为 25～50 μm;选用最大粗糙度不得超过涂装体系干膜厚度的 1/3。表面粗糙度超过要求时,需加涂一道底漆。

(2)电弧喷铝时,钢表面粗糙度为 50～100 μm;当表面粗糙度超过 100 μm 时,涂层应至少超过轮廓峰 125～150 μm。

4. 钢结构表面清理作业

用手工和动力工具,如用铲刀、手工或动力钢丝刷、动力砂纸盘或砂轮等工具除锈,以字母“St”表示。手工和动力工具除锈前,厚的锈层应铲除,可见的油脂和污垢也应清除。手工和动力工具除锈后,钢材表面应清除浮灰和碎屑。常见的清理方法如下:

(1)手工清理

适用于杆件拐角、作业面不集中或局部维修中零星作业,没有定型的工具,根据各自情况自行制作,一般用以下几种。

①手工清理方法

刮刀使用时应手持刮刀腰部,刀刃与钢料表面成 30°～50°角。当使用一端弯成半圆形的刮刀时,手稍许放平些,由前方向胸前拉或一手压住刮刀前端,一手向胸前拉(刮铆钉头时用),如图 2.2.7 所示。

锤分一头尖形,另一头平行或两头均为平行两种形式,尖头为敲除表面不平凹陷处,平头为敲除平面锈层严重处所。敲击时应防止击伤钢板,如图 2.2.8 所示。

钢丝刷用于清除钢料上残留杂质和氧化皮,有平把、翘把两种形式,使用翘把钢丝刷最为方便,如图 2.2.9 所示。

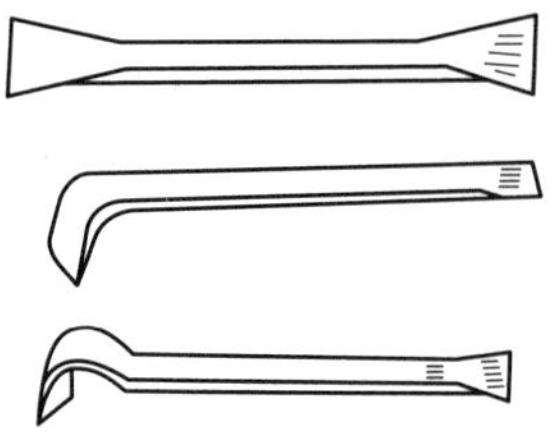

图 2.2.7　刮刀

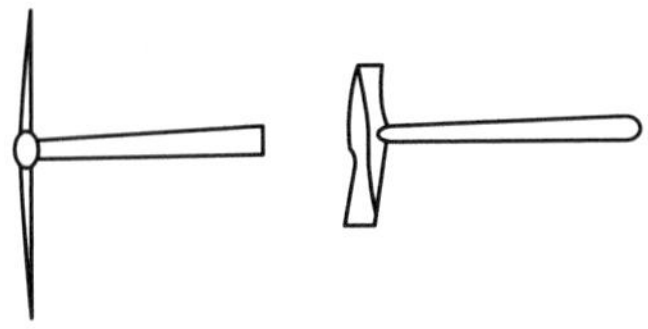

(a) 尖头除锈锤　(b) 平头除锈锤

图 2.2.8　除锈锤

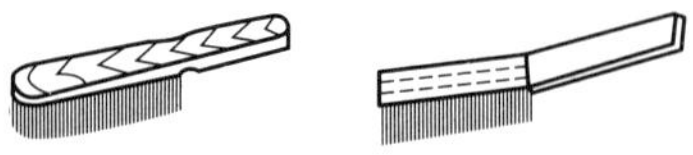

(a) 平把刷　(b) 翘把刷

图 2.2.9　钢丝刷

②手工清理注意事项

手工清理大多为单人作业，应防止用力过猛而滑倒踩空，发生高空坠落；禁用剁斧等剁击清理，也不宜使用过分质硬刃锐的工具刮铲，以免损伤钢料；除锈应彻底，钢料表面露出金属光泽，但不能留有明显的刀痕锤印。

(2)机动工具除锈

常用的工具用风动或电动刷、角磨机等，这些工具借助于轴的冲击与摩擦对钢料表面进行清理。清理效率和质量比手工除锈高，但不及喷砂等方法。

(3)喷砂清理

适用于初始涂装或重新涂装钢结构大面积的钢料表面清理，并对钢材表面有一定的粗糙度要求。用干喷砂和湿喷砂两种，由于湿喷砂易引起锈蚀，因此一般用干喷砂。

①作业特点

利用压缩空气将砂粒送至专用喷嘴，以高速度喷射于钢料表面，借助砂粒的冲击和摩擦，将其表面的附着物等全部除去。

②喷砂主要机具

动力设备由空气压缩机(内燃或电动，容量 3 m^3/min 以上，风压不小于 0.5 MPa)、储风桶、送风管路等组成；喷砂设备由 ϕ25 mm 压力橡胶皮管、油水分离器、储风桶、盛砂设备(喷砂器)、喷砂嘴及连接管路等组成；维修工具由喷砂衣等劳动保护用品和喷砂器组成。

③喷砂使用材料

采用干燥、洁净、无盐份、无污染、形状呈锐角的石英砂或河砂，粒径 0.5～0.2 mm，用砂前必须冲洗、干燥、筛选，保证处理效果，防止发生堵嘴。

④喷砂作业要点

准备工作：连接好管路及喷砂机具，检查性能是否良好，连接是否牢固。试风时要保证每个喷嘴的供风量为 3～4 m^3/min，风压为 0.4～0.6 MPa。

喷砂操作：风压达到 0.4 MPa 以上时，先打开喷砂器风阀，再开出砂阀。喷砂一般自上而下，由一端向另一端推进。先喷角落后喷窄缝处，最后喷宽敞部分，先边缘后中间，先喷铆钉头后喷平面。喷嘴与钢料表面距离以 150～250 mm、喷射角 45°～80°为宜，移动速度均匀，恰好除去锈蚀和氧化皮而不伤钢料。使用新喷嘴时，喷砂器砂阀应开小一些，随着喷砂工作的不断进行，喷砂嘴口径逐渐磨大，风压也要求高一些，风、砂阀都要开大一些。喷砂结束后先关闭砂阀后关闭风阀。

用压缩空气清除钢料表面尘埃和积砂，必要时用手工工具进行一次找细，同时检查钢梁有无裂纹。

⑤施工注意事项

a. 施工人员应穿好劳保用品，接好防护头罩内输送新鲜空气的管路，保证喷砂衣要密闭。

b. 不能带风检修喷砂设备或更换零件。

c. 喷砂时喷嘴不能对准人或其他工具。

d. 喷砂管应避免弯折过剧。

除上述方法还有火焰清理除锈和化学脱漆除锈等方法，此处不再介绍。

2.2.3　钢结构防护涂装作业

钢梁、钢塔架、钢拱肋、限高防护架等都应进行保护涂装，防止钢结构生锈。为防止钢梁生锈最广泛的使用方法是在钢结构表面喷涂油漆，应积极推广新型涂装材料和技术的应用。新建或改造桥梁时，作业通道托架、墩台吊围栏等小型钢构件防腐宜采用热浸锌工艺，并符合相应的要求。

川藏铁路线上藏木特大桥采用了高强耐候钢，全桥均免涂装，是国内第一座真正意义上的免涂装耐候钢桥。采用免涂装耐候钢意味着可以永久性免维护保养，桥梁的使用寿命有望大大提高，推动了我国耐候钢在桥梁上的应用。

1. 钢结构的维护涂装技术标准

(1)钢结构维护涂装技术标准

①钢梁涂膜粉化达 3 级时，应清除涂层表面污渍，用细砂纸除去粉化物，然后覆盖相应的面漆两道。

②涂膜起泡、裂纹或脱落劣化达 2～3 级时，底漆完好，清理损坏区域周围疏松的涂层，并延伸至未损坏的涂层区域 50～80 mm 坡口，局部涂相应的底漆和相应的中间漆、面漆。如要保持涂层表面一致，可在局部涂面漆后，全部再覆盖面漆。

③涂膜劣化达 2～3 级生锈时，应清除松散的涂层，直到良好结合的涂层区域为止，表面清理应达到 St3 级或 P St3 级，未损坏的涂层区域边缘按②中要求处理，然后局部涂装相应的底漆和相应的中间漆、面漆。如要保持涂层表面一致，可在局部涂面漆后，全部再覆盖面漆。

④旧喷锌或铝涂层发生锈蚀劣化类型为 2～3 级生锈时，应除去松动的锌或铝涂层和涂料涂层，直到良好结合的锌或铝涂层区域为止，钢表面锈蚀清理应达到 $Sa2^{1/2}$ 级或 P $Sa2^{1/2}$ 级。对于未损坏的涂料和锌或铝涂层区域边缘按本条②中要求处理。对于电弧喷锌或铝涂层清理部位，也可改涂特制环氧富锌防锈底漆两道，然后涂相应的中间漆和面漆。

⑤涂膜局部严重损坏应及时清理和涂装。

(2)钢梁的电弧喷涂金属涂装技术标准

电弧喷铝所用铝丝材质应符合规定要求。金属涂层采用环氧类封孔剂进行封孔时，封孔层厚度无要求，涂覆的封孔剂至不被吸收为止；封孔后应加涂相应的配套涂料。

(3)栓焊梁螺栓连接部分摩擦面涂装技术标准

①采用电弧喷铝时，涂层厚度为(150±50)μm；采用无机富锌防锈防滑涂料时，涂层厚度为(120±40)μm。涂层的抗滑移系数出厂时不小于 0.55，架梁时不小于 0.45。

②杆件栓接点外露的铝表面、无机富锌防锈防滑涂料表面与涂料涂层搭接处应涂装特制环氧富锌防锈底漆。钢梁组装后，栓接点外露的铝涂层应按前述规定进行涂装。栓接点螺栓、螺栓头处涂装特制环氧富锌防锈底漆，涂装前螺栓应除油，螺母和垫片应水洗清除皂化膜。

2. 钢梁涂装失效的鉴定方法

涂膜粉化、露底、裂纹、剥落、吐锈等是钢结构涂装失效的现象,可用以下几种方法检定涂膜失效。

(1)肉眼观察

观察涂膜表面现象简单判断涂装状态。

(2)用手触摸

用手指摸擦漆膜表面,如有粉末沾手则表示漆膜已粉化,对较隐蔽部位如感觉粗糙或凹凸不平则可能存在锈蚀。

(3)刮膜检验

对怀疑的部位可铲除表面漆膜判定是否锈蚀。如有漆膜脱皮,可用刮刀检查其失效范围。用刮刀铲起漆膜,若漆膜成刨花卷起,底漆色泽鲜艳,则说明漆膜良好;若漆膜用刮刀一触即碎或呈粉末状,底漆色泽暗淡或一并带起,则说明漆膜已经接近失效。

(4)滴水检查

在漆膜表面喷水,如水珠很快流淌,无渗透现象,则表明漆膜完好;如水很快往里渗透或扩散,则表明漆膜粉化,渗水的深度即为漆膜失效的厚度。

3. 钢结构涂装作业

钢梁初始涂装如在制造厂进行,应完成底漆、中间漆和第一道面漆涂装工作(节点或拼装部位只进行喷铝或涂无机富锌漆),其余面漆涂装在桥位上进行。既有线电气化改造时,应对下承式钢桁梁及上跨的铁路钢梁重新进行长效涂装。运营中钢梁保护涂装起泡、裂纹、脱落的面积达 33%,点锈面积达 5%,粉化劣化达 4 级且底漆已失效时,应进行整孔重新涂装。对于距离水面较近的钢梁底面(包括桁梁下弦杆、纵横梁底面,下承板梁主梁和上承板、箱梁底面)、跨越受污染的河流的钢梁底部应增加涂装底漆一道、中间漆一道。

(1)钢梁涂装体系

铁路桥梁涂装体系见表 2.2.3。

表 2.2.3 油漆选择及涂刷厚度

涂装体系	涂料(涂层)名称	每道干膜最小厚度(μm)	至少涂装道数	总干膜最小厚度(μm)	适用部位
①	特制红丹酚醛(醇酸)底漆	35	2	70	限高防护架等桥梁附属钢结构
	灰铝粉石墨或灰云铁醇酸面漆	35	2	70	
②	电弧喷铝层	—	—	200	钢桥明桥面的纵梁、上承板梁、箱形梁上盖板
	环氧类封孔剂	—	1	—	
	棕黄聚氨酯盖板底漆	50	2	100	
	灰聚氨酯盖板面漆	40	4	160	
③	无机富锌防锈防滑涂料	80	1	80	栓焊梁连接部分摩擦面
	电弧喷铝层	—	—	100	
④	环氧沥青涂料	60	4	240	非密封的箱形梁和非密封箱形杆件表面
	环氧沥青厚浆涂料	120	2	240	

续上表

涂装体系	涂料(涂层)名称	每道干膜最小厚度(μm)	至少涂装道数	总干膜最小厚度(μm)	适用部位
⑤	特制环氧富锌防锈底漆或水性无机富锌防锈底漆	40	2	80	钢梁主体,用于气候干燥、腐蚀环境较轻的地区
	云铁环氧中间漆	40	1	40	
	灰铝粉石墨醇酸面漆	40	2	80	
⑥	特制环氧富锌防锈底漆或水性无机富锌防锈底漆	40	2	80	钢梁主体、支座,用于腐蚀环境较严重的地区和电气化铁路
	云铁环氧中间漆	40	1	40	
	灰色丙烯酸脂肪族聚氨酯面漆	40	2	80	
⑦	特制环氧富锌防锈底漆或水性无机富锌防锈底漆	40	2	80	钢梁主体,用于酸雨、沿海等腐蚀环境严重、紫外线辐射强、有景观要求的地区和电气化铁路
	棕红云铁环氧中间漆	40	1	40	
	氟碳面漆	35	2	70	

(2)钢梁涂装技术要求

①涂装用漆应符合要求,并有复查合格证。施工前应对涂料的颜色及外观、弯曲性能、附着力、细度、干燥时间、流出时间等主要技术指标进行复验和试涂,符合要求后方可进行正式涂装。

②钢梁初始涂装和整孔重新涂装时,钢表面清理等级及粗糙度应达到规定的标准,涂装体系应根据杆件的部位和环境地区确定。

③涂膜维护涂装时,应对局部劣化部位按要求进行清理,按原涂装系逐层进行涂装,并延伸至未损坏的涂层区域 50～80 mm 坡口,局部修理处干膜总厚度不应小于原涂装干膜的厚度。

④涂料涂层涂装时,应注意不同溶剂涂层间的搭配。在节点和上盖板交界处,封孔层、中间层及聚氨酯盖板漆等强溶剂不允许搭在其他漆上。进行维护涂装时,如不可避免搭在其上时,应妥善处理。

⑤涂料涂层施工时,应严格按要求的道数及涂膜厚度进行涂装,每道干膜厚度达不到要求时,应增加涂装道数,杆件边棱和难以涂装的部位应加厚或加涂一道。

⑥涂料中可加稀释剂调整施工黏度,稀释剂的品种应与所用涂料相适应。涂装时可根据油漆说明书实施。

(3)钢梁涂装施工条件

①钢表面清理,严禁在雨、雪、凝露和相对湿度大于 80%及风沙天气进行。

②环氧类漆不允许在 10 ℃以下施工,水性无机富锌防锈底漆、酚醛漆、醇酸漆、聚氨酯漆、氟碳面漆不允许在 5 ℃以下施工。不允许在相对湿度 85%以上、雨天、雾天或风沙场合进行涂装施工。

③钢结构表面清理后应在 4 h 内涂装第一道底漆或电弧喷铝涂层,电弧喷铝完成后应立即覆盖封孔剂。利用列车运行间隔时间施工时,覆盖封孔剂或涂层前,应对铝涂层表面清洁处理。

④涂装涂料涂层需在上一道涂层实干后,方可涂装下一道漆,底漆、中间漆最长暴露时间不超过 7 d,两道面漆间隔若超过 7 d 时需用细砂纸打磨涂层表面成细微毛面后方能涂下一道漆。

(4)涂料调配

涂料使用前应按使用规定进行配合和搅拌,使之混合均匀,并对涂料黏度进行控制,使既适合当时环境温度;满足施工需要,又应尽量少加稀释剂(一般不超过涂料重量的2%),以保证涂膜质量。

涂料调配时应注意事项:

①涂料名称、牌号、出厂日期确认无误后才进行调配工作。

②调配前1～2 d将涂料整桶倒置,使沉淀颜料浮动,使用当天开桶进行搅拌。

③充分搅拌。有条件时使用搅拌机,一般搅拌15～25 min,使之均匀。

④搅拌后用120～200目筛网过滤,除去油皮、渣子。

⑤控制黏度。通过黏度测试,决定是否掺加稀释剂。所用稀释剂应与涂料配套使用,并控制用量,调配搅匀至合适黏度。

⑥调配好的涂料在桥上施工时不准再加稀释剂。涂料尽量现调现用。为防止调好后涂料结皮、起泡,在储存时可用牛皮纸封闭涂料面层,防止变质失效。

(5)腻子

钢梁连接板层之间大于0.5 mm的缝隙须将缝内污垢和铁锈清除干净,在第一道底漆干燥后,用石膏腻子填塞,待腻子表面干燥后,方可继续进行涂料涂装。小于0.5 mm的缝隙可用油漆封闭,对0.5 mm以上的裂纹均应在底漆清理干净后腻缝。

腻子应与所用防锈底漆配套使用,红丹漆采用红丹漆的腻子,富锌底漆采用锌黄环氰的腻子。

(6)涂装工艺

油漆一般分为三层。底层的主要作用是防锈,中层和面层的主要作用是保护和隔离空气、水等。油漆在使用过程中如果过度黏稠,可加入不超过2%的同类稀料。一般酚醛类油漆用松香水,醇酸类油漆用醇酸稀料。环氧类油漆用环氧稀料,不允许使用汽油做稀释剂。

①手工涂装

手工涂装设备简单,操作方便,灵活性大,但效率低,涂膜不均匀且有刷痕,只在不易喷涂的少数地方使用。手工涂装工序为涂底漆→刮腻子→打磨→涂中间层→涂面层。

②用喷漆枪喷漆

钢梁大面积的涂装应使用喷漆枪,利用压缩空气在喷枪嘴处产生的副压,将涂料液流带出并分散为雾状,使其涂覆于钢料表面。

喷漆前油漆要搅均匀,用140目以上的筛子过滤漆皮和粗粒,根据不同品种的油漆调整黏度,空气喷漆压力一般以0.3～0.5 MPa为宜。喷枪与钢料表面的距离要适当,以15～25 cm为宜,喷枪与钢料表面应保持垂直的角度。喷漆采用横喷或纵喷,自上而下、自左至右顺序进行,每次压叠一半。喷漆速度必须前后均匀一致,不能时快时慢,喷到两边时,必须关风以防端头流挂。喷漆时要特别注意钢梁杆件边角部位及其他隐蔽处所。

③涂层质量要求

a. 涂料涂层表面平整均匀,不允许有剥落、起泡、裂纹、气孔,允许有不影响防护性能的轻微橘皮、流挂、刷痕和少量杂质,厚度符合标准。

b. 金属涂层表面均匀一致,不允许有起皮、鼓泡、大熔滴、松散粒子、裂纹、掉块,允许有不影响防护性能的轻微结疤、起皱。厚度符合标准。

4. 涂料质量验收

(1)涂料现场检验方法

涂料使用单位在现场应对涂料的漆膜颜色及外观、弯曲性能(mm)、附着力(MPa)、细度(μm)、干燥时间(h)、流出时间(s,ISO6 号杯)进行抽样检验。

①漆膜颜色及外观

可制备规格为长 120 mm、宽 50 mm 的铁样板,用砂布将表面铁锈等杂物清理干净,将调配好的涂料涂刷表面,厚度以完全遮盖底面、不露底色为宜,待完全干燥后,在阳光下目视观察其颜色及外观。

②弯曲性能

测试涂膜的弯曲性能指标,以 mm 表示。

③附着力

附着力即涂膜与被涂物件表面牢固结合的能力,可用拉开法或划格法测定。

④细度

涂料的细度是用刮板细度计来测试的,以 μm 表示。

⑤干燥时间

可用吹棉球法或指触法进行表面干燥测试,涂膜涂刷完成到表面干燥时的间隔时间,即为表面干燥时间。实际干燥测试常用刀刮法,用锋利的保险刀片将涂膜刮起,若涂膜底无黏着现象,可认为涂膜已实际干燥。涂膜涂刷完成到实际干燥时的间隔时间为实际干燥时间。

⑥流出时间

涂料的流出时间是衡量涂料稀稠程度的指标,也就是涂料的黏度,常用黏度杯来测定。

(2)涂料涂层质量检验方法

①涂层的外观用目视法进行检验。即在光照良好的情况下,肉眼观察所有涂层表面的状态,有时也可借助刻度放大镜、铲刀等工具进行,检查有无缺陷、颜色外观是否达到涂料技术指标规定的要求。

a. 脱落——表面明显鼓起、掉皮,用手指按压有起壳感觉,涂层与钢表面或底面层间有小片分离或有揭皮现象。

b. 咬底——指面漆中的溶剂把底漆涂膜软化,表现为涂层的颜色外观异常,表层松软,有明显的渗色、变色、起皱现象。

c. 漏涂——表面颜色光泽异常,有明显的刷痕、失光、露底现象。

d. 起泡——涂膜鼓起,有大小不一的不规则的半圆形突起状,用手指按压有起壳感觉,尤以涂层较厚,或者潮湿气候涂刷处所,最易出现起泡现象。

②涂层厚度用涂膜测厚仪进行检验。

a. 湿膜厚度测试——用滚轮式或梳形刮片等湿膜测厚器,测试涂装过程中涂膜未干燥固化时的厚度,以能随时掌握涂装达到的涂层厚度,若发现涂刷时涂膜厚度不足,可及时加涂,以保证涂膜干燥成膜后的干膜厚度。一般情况干膜厚度约为湿膜厚度的 70%。

b. 干膜厚度测试——用钢料涂膜测厚仪、非磁性测厚仪等干膜测厚仪测试涂膜干燥固化后的厚度。底层和总涂层应分别测试,这样可测定底层、面层和整个涂层的厚度,以对照标准是否相符。每次测试应在同一位置附近,可进行统计分析。

③检验数量。桁梁的主要杆件抽验比例为 20%,次要杆件抽验比例为 5%,每根杆件检测

3 处;板梁、箱形梁每 10 m^2 检测 3 处。

④检验结果。每处取一个边长为 10 cm 的正方形范围,在正方形四角及中心共五点,分别检测其厚度,取算术平均值,即为涂层厚度的检验结果。

5. 钢结构局部防锈涂装单项作业

(1)作业要点

①除锈作业。人工除锈应注意防止用力过猛,损伤钢料,一般刮刀刃与工作面成 30°～45°角,由一端向另一端进行作业,先上后下,先难后易;清除杆件缝隙、拐角的污垢、铁锈、失效漆膜及旧腻子等,而后清除大平面,个别凸凹不平处和牢固附着的铁锈可用小锤将漆皮、锈皮轻轻敲碎后再进行铲刮,至露出钢灰色表面;若底漆完好,面漆失效,可清除粉化层,用 0 号砂纸打磨擦净后增涂面漆;铲锈完毕,应仔细检查有无遗漏、结构表面有无裂纹等,确认符合要求后,方可进行各缝隙腻缝涂漆工作。

②打磨作业。用钢丝刷、砂布打磨清除钢表面残留的污垢、漆膜、铁锈和附着不牢的氧化皮、油漆涂层等附着物。

③揩擦作业。用毛刷和棉纱头,先后将钢料表面的锈末、粉尘等刷掉揩净。

④调配油漆。漆料符合规定,且清洁,如表面有凝结油皮应去掉,并用木棒仔细搅拌,必要时可用纱或钢丝筛过滤后使用;若油漆过稠,可按规定要求酌量加入稀释剂。

⑤油漆涂装。涂漆时,应少沾多刷(漆刷蘸漆深度以刷毛的 1/3,不超过 2/3 为宜),用力平稳,先将油漆均匀地散涂在钢梁表面上,然后横刷、竖刷(或先竖刷后横刷),自上而下,从左到右,先难后易依次刷匀,使漆膜平整、光滑,厚度合乎要求,前层漆未干燥不得涂后一层,每涂一层油漆前,须将表面油漆用 0 号砂布轻轻打磨一遍,并用棉纱头擦拭干净。

⑥作业结束后,清扫现场,清洗工具。

(2)作业质量验收标准

①涂膜粉化清理彻底。涂层表面打磨、污垢清除彻底,不损伤底漆。

②腻缝。作业范围内,凡能积水的缝隙内的旧漆污垢应除净,无漏腻,腻子填实压平,无开裂积水。

③涂装体系、层数、厚度符合规定。

④涂层表面平整均匀,新旧涂层衔接平顺,色泽不匀程度不超过 10%。

⑤无剥落、裂纹,附着力不小于 3 MPa。

⑥起泡、气孔每平方米不超过两个 5 cm×5 cm 的缺陷。

2.2.4　高强度螺栓整治作业

1. 技术标准

(1)整治要求:对经检查判明有严重锈蚀(用肉眼可见的锈蚀麻面者)、裂纹或折断的高强度螺栓应立即更换,对经检查判明有严重欠拧、漏拧或超拧的高强度螺栓应予拆下,如卸下的螺栓无严重锈蚀、严重变形(指不能自由插入栓孔)和裂纹的,或施拧未超过设计预拉力 15%以上的,除锈涂油后可以再用,否则不得再用,应予拆换。高强度螺栓发生超拧时应按报废处置,严禁再次使用。

(2)高强度螺栓的施工预拉力应符合设计要求,欠拧值或超拧值均不应超过规定值的 10%。

(3)高强度螺栓的初拧值应根据试验确定。一般取终拧值的 40%～70%,终拧方法可采用扭矩法或转角法，具体内容如下：

①扭矩法

采用扭矩法施拧时，根据选用的施拧工具，应先进行螺栓扭矩系数的试验，从试验数据中求算平均值作为施拧依据，如离散性过大，应认真研究采取措施。供货时如扭矩系数值有保证，可不再作扭矩系数试验。

施拧时，使用示功扳手将螺母拧紧到规定的扭矩。扭矩值按式(2.2.1)计算：

$$M=K\cdot P\cdot d \tag{2.2.1}$$

式中 d——螺栓计算直径(mm)；

M——扭矩值(N·m)；

K——扭矩系数；

P——螺栓施工预拉力(kN)。

②转角法

采用转角法施拧时，确定初拧预拉力值后，按板束厚度及层数，试验测定螺栓轴向力与相应转角的关系，作为施拧依据，即在初拧后的螺杆和螺母的端面相对位置划一细线，再用长扳手或风动扳手将螺母拧至规定的角度。

(4)高强度螺栓更换：对于大型节点，同时更换的数量不得超过该节点螺栓总数的 10%；对于螺栓数少的节点，则要逐个更换。在一个连接处(或节点)少量更换的螺栓、螺母及垫圈的材质、规格、强度等级应与原桥上使用者相同，不准混用。

进行整个节点更换高强度螺栓时，被连接钢板表面之间安装冲钉和高强度螺栓后应密贴，0.3 mm 的塞尺不得深入 20 mm，然后将冲钉逐个换为高强度螺栓。

(5)高强度螺栓拧紧后，为防止雨水及潮湿空气侵入板缝，节点板束四周的裂缝均应用腻子封闭。高强度螺栓、螺母和垫圈的外露部分均应进行涂装防锈。

2. 高强度螺栓整治作业

(1)准备工作

①准备高强度螺栓

拆旧换新，计算高强度螺栓长度。掌握原高强度螺栓的强度、级别、规格、尺寸，新换的应与原有者相同。更换所用新栓的长度：M22 者可按板束厚加 40 mm 计算，M24 者可按板束厚加 43 mm 计算，螺栓长度在 100 mm 以下按 5 mm 为一级，计算长度在两级之间按 2 舍 3 入或 7 舍 8 入的原则定级。长度在 100 mm 以上的则按 10 mm 为一级，计算长度在两级之间，则按 4 舍 5 入的原则定级。

整治旧螺栓，涂黄油、腻缝、涂防锈漆、拧紧螺栓等。

②准备工具

初拧一般用长 550～600 mm 的套动扳手，在死角处可用开口扳手，也可采用扭力较小的风动定扭扳手；终拧一般使用国产风动扳手，有长 1.6 m 的长扳手以及示功、灯光及音响扳手。示功扳手使用前应进行标定。

准备普通套筒扳手、电动扳手、风动扳手、1.6 m 长人工扳手或示功扳手、符合规定的高强度螺栓、螺母、垫圈、棉纱、刷子、黄油、绳子、油漆、红丹腻子等。

(2)作业要点

①设置防护，搭设脚手架，确定更换的高强螺栓长度，选择螺栓。

②拆下旧螺栓，清理螺栓孔中的污物、铁锈，清除钢板表面连接处的积尘及污垢，但不得损伤钢表面的无机富锌漆或喷锌层及油漆。

③安装时，在螺栓头及螺母支承面下部各放一个垫圈，垫圈孔内边有 45°倒角一侧应与螺栓头下的过渡圆弧相配合，不得装反。在螺母的螺纹和端面上涂少许黄油，用柄长 0.55 m 的扳手进行初拧，以下压姿势拧紧螺母直到不能转动为止。同时更换多个螺栓时，拧紧一遍后，还要逐个复拧一遍，使预拉力达到相互一致。

采用扭矩扳手将初拧后的螺母拧到规定扭矩；或按扭角法在初拧后的螺杆和螺母端面上相对位置画一道细白直线，用 1.6 m 长人工扳手或机动扳手将螺母拧到规定扭矩或转角为止。

④高强度螺栓不论初拧或终拧均应从节点刚度大的部分向不受约束的边缘进行。在初拧时，后拧的螺栓会使附近先拧螺栓的预应力降低，故在初拧完毕后用同样方法将螺母再逐个复拧一遍，复拧后需对每个螺栓进行检查，对不合格未拧紧的应予补拧。

⑤高强度螺栓在拧紧过程中，有时会发生随螺母同时转动的现象，因此，在拧紧时应用短扳手卡住螺栓头。

⑥用扭矩法进行抽查验收，抽查数量为更换螺栓数量的 5%，但不少于一个。抽查中有一个欠拧或超拧时，再另抽查 5%，如仍有失格者，则应扩大检查全部更换的螺栓，失格者进行处理后再行复查。

⑦高强度螺栓拧紧检查完毕后，都符合要求时，节点板束的顶缝、侧缝、底缝均应腻缝封闭。螺栓、螺母和垫圈的外露部分应涂以底漆和面漆防锈。在螺栓相应位置划一条白细线以便于平时检查。

(3)作业质量验收标准

①无缺少、松动，超拧或欠拧螺栓不超过节点螺栓总数的 5%。

②栓焊梁螺栓联结部位摩擦系数不小于 0.45。

2.2.5　钢结构其他修理作业

1. 钢梁焊缝及邻近钢材裂纹的修理

(1)临时措施。在裂纹的尖端钻与钢板厚度大致相等的圆孔，裂纹的尖端必须落入孔中，但垂直于主拉应力方向的裂纹不得钻孔。

(2)永久性加固。应经设计，采用高强度螺栓连接的拼接板进行加固。

(3)必要时更换杆件。

由于在运营线上手工施焊不能保证质量，故钢梁不得用电焊补强方法加固焊缝或焊补钢材的裂纹。在紧急抢修特殊情况必须采用电焊加固时，也仅限于次要杆件，焊补时要了解钢材可焊性，并进行应力放散。

对运营线上的钢梁，当安检设备或其他设施需与主梁联结时也禁止使用电焊联结。

2. 钢梁杆件弯曲及损伤的修理

钢梁杆件的弯曲及损伤超过表 2.2.1 容许限度时，除经检定许可或其他局部硬弯不影响正常使用者外，均应进行整修、加固或更换。

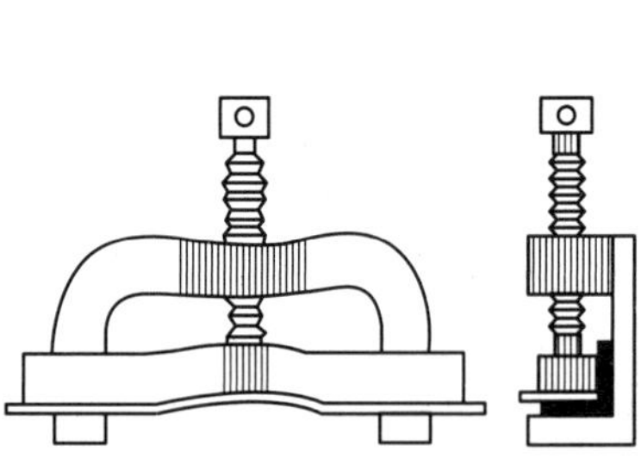

图 2.2.10　用整直器矫正杆件

一般用整直器(图 2.2.10)、千斤顶(图 2.2.11)、滑车组

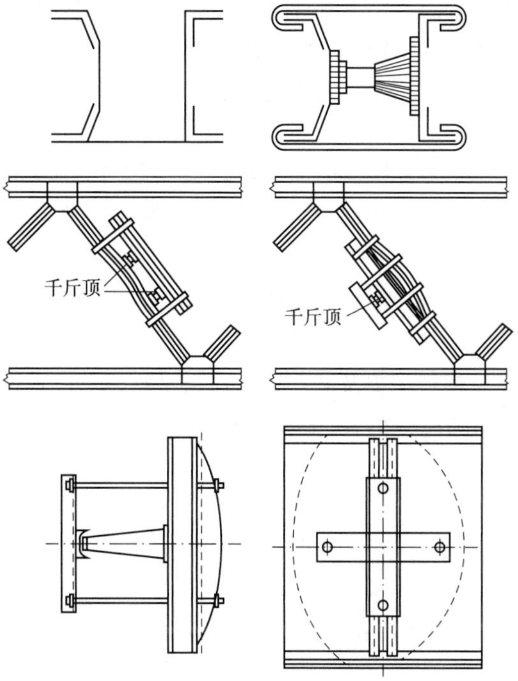

图 2.2.11　用千斤顶矫正杆件

进行矫正，对于旧梁个别缀条也允许用大锤敲打整治。杆件用矫正法修整必须无裂纹及显著的局部压损或缺口等损伤。矫正变形杆件时应尽量使力量逐步增加，在矫正的最后阶段，当变形已消失时应使压力保持 10～15 min，使钢材承受压力而慢慢复位，以后再撤去压力，防止反弹。

拆除受压组合杆件的角钢或缀条进行整直时，必须逐个进行或用临时缀条代替。杆件整直后，应用放大镜检查有无裂纹，特别注意原有损伤部位有无恶化，铆合杆件矫正后应检查并拆换松动铆钉，对不便铆合的钉子，可用精制螺栓或高强度螺栓代替。

矫正工作若在冷态(普通温度)下进行，一般适用于较小弯曲及受活载冲击影响小的杆件，冷矫时应缓慢用力，不得损伤钢料。加热矫正则用于有较大折角和大截面杆件的矫正。加热长度应扩大到变形范围的 1.5～2 倍，矫正温度应在 700 ℃以上，一般为 800～1 100 ℃。

3. 钢梁杆件损伤的修理

杆件腹板上如有弹孔超过容许限度时，应把伤损部分的边缘修整后再进行修补，缺口处应嵌以填板，再加补强板铆合(或高强度螺栓拧紧)，其尺寸应满足每边能铆两排铆钉。

若板梁腹板及翼缘均损伤或桁梁杆件局部伤损时，可用铆合法(或高强度螺栓连接)修补，其拼接板尺寸、角钢和盖板等的长度要根据计算需要的铆钉(或高强度螺栓)数来确定。

当杆件扭曲伤损过甚，不能矫正或修补时，可割去损坏部分，然后以新料接续，如果杆件、拼接板损坏或扭曲严重，无法修整，则应进行更换新杆件。

4. 整修加固钢梁质量标准

(1)加固部位及尺寸符合设计要求。

(2)钢料切割刨边后，边缘平整尺寸误差要求宽度为$^{+4}_{-2}$ mm，长度为$^{0}_{-4}$ mm。

(3)新钻钉孔与钢面自下而上垂直，孔壁平滑，不良钉孔(指直径误差不超过$^{+0.5}_{-0.2}$ mm，斜孔偏斜小于 2 mm，错孔小于 1 mm)的个数不超过 20%。

(4)杆件组拼钢料接触面间无铁屑、锈皮、污垢，组装紧密用 0.3 mm 塞尺插入深度不大于 30 mm。

(5)铆钉铆合无松动，钉头无裂纹及全周浮离，其他不良铆钉不超过 10%。

(6)高强度螺栓连接无缺少、松动，超拧或欠拧螺栓不超过节点螺栓总数的 5%；栓焊梁螺栓联结部位摩擦系数不小于 0.45。

(7)弯曲整修后无压痕及裂纹，整修处弯曲矢度在容许范围以内；整修处附近铆钉无松动，其他不良铆钉不超过 10%。

(8)钢梁孔洞伤损整修后钢料伤损及洞孔边缘修磨平整，填补后，钢料间接触紧密，无缝隙。

(9)整修后钢梁各部分清洁、无积垢，排水良好。

任务习题

(一)填空题

1. 油漆防锈的基本原理，是使钢料与气体和水分等介质隔绝，避免________，从而达到防锈的目的。

2. 涂料的________是用于衡量涂料稀稠程度的指标，也就是涂料的黏度。

3. 发现杆件裂纹后在其尖端钻孔的目的是消除尖端的________，防止裂纹的发展。

4. 高强度螺栓拧紧后，节点板束四周的裂缝均应用________，螺栓、螺母、垫圈的外露部分均应进行________。

5. 高强度螺栓的施工预拉力应符合设计要求，欠拧值或超拧值均不应超过规定值的________。

(二)选择题

1. 钢梁连接板和杆件上大于(　　)的缝隙需用石膏腻子填空。

A. 1.0 mm　　B. 1.5 mm　　C. 0.5 mm　　D. 0.3 mm

2. 直径 22 mm 的高强度螺栓长度一般按板束厚度加(　)计算。

A. 28 mm　　B. 43 mm　　C. 35 mm　　D. 40 mm

3. 加固旧桁梁杆件的断面时，应把新加钢料尽可能设置在靠近杆件的(　　)。

A. 中心线　　B. 重力线　　C. 断面　　D. 上侧

4. 漆膜表面干燥测试可用吹棉球法或(　　)。

A. 指触法　　B. 滤纸法　　C. 刀刮法　　D. 以上均可

5. 涂膜劣化达 4 级但底漆仍完好，可进行(　　)。

A. 维护涂装　　B. 局部涂装　　C. 重新涂装　　D. 罩面漆维护

6. 栓焊梁螺栓联结部位摩擦系数不小于(　　)。

A. 0.45　　B. 0.5　　C. 0.55　　D. 0.6

7. 利用高强螺栓连接，板面粗糙度过大，摩擦系数(　　)。

A. 升高　　B. 下降　　C. 不变　　D. 不确定

8. 高强度螺栓的承载能力是用(　　)表示的。

A. 抗拉强度　B. 抗压强度　C. 抗滑强度　D. 抗剪强度

9. 喷涂油漆时，一般应使用(　　)的筛子过滤。

A. 100 目　B. 120 目　C. 140 目　D. 150 目

10. 安装高强度螺栓时，螺头及螺母支承面下都应放一个垫圈，垫圈内径的(　　)斜坡一侧应与螺栓头下的过渡圆弧相配合，不能装反。

A. 50°　B. 30°　C. 45°　D. 60°

11. 示功扳手标定，主要使扭矩与百分表读数成(　　)。

A. 线性关系　B. 等比关系　C. 正弦关系　D. 余弦关系

12. 高强度螺栓杆的长度应保证能伸出螺母(　　)。

A. 1～2 mm　B. 2～3 mm　C. 4～6 mm　D. 6～8 mm

13. 检查钢梁件弯曲的办法，是用弦线测出弯曲各点的(　　)。

A. 周围的锈蚀面积　B. 矢距　C. 裂纹的宽度　D. 拱度

14. 矫正钢梁弯曲杆件时可使用整直器、千斤项、(　　)或用大锤(个别缀条)来进行整治。

A. 滑车或滑车组　B. 卷扬机　C. 电动葫芦　D. 液压机

15. 高强度螺栓在安装时，一排不少于(　　)。

A. 2 个　B. 3 个　C. 4 个　D. 6 个

16. 高强度螺栓连接板面，在组拼前对连接处钢板表面用(　　)刷去残存的污泥。

A. 钢丝刷　B. 软铜丝刷　C. 破布　D. 清水

17. 螺纹连接中使用垫圈的目的是增加被连接件的支承面积以减少接触应力，同时防止拧螺母时擦伤被连接件，另外弹簧垫圈还起到(　　)作用。

A. 密封　B. 防松　C. 防滑　D. 防断

18. 钢梁杆件中纵梁盖板上孔洞直径不得大于(　　)。

A. 20 mm　B. 30 mm　C. 50 mm　D. 80 mm

19. 钢梁上的存水处应设泄水孔，泄水孔直径应不小于(　　)，钻孔前须对杆件强度进行检算。

A. 15 mm　B. 30 mm　C. 50 mm　D. 80 mm

20. 新换钢梁或加固杆件应符合组拼板层用螺栓均匀拧紧，板层密贴情况应满足(　　)插片深入板层缝隙深度不大于 20 mm。

A. 0.3 mm　B. 0.5 mm　C. 1 mm　D. 2 mm

21. 钢桁梁主梁压力杆件弯曲，弯曲矢度不得超过杆件自由长度的(　　)。

A. 1/300　B. 1/500　C. 1/1 000　D. 1/5 000

22. 钢结构涂料施工性能的主要测定方法有漆膜厚度测量、黏度、干燥时间、弹性和(　　)。

A. 耐水性　B. 抗冻性　C. 耐冲击性　D. 流动性

23. 涂料本身含杂质、漆皮，喷刷使漆膜表面出现(　　)。

A. 起泡　B. 皱纹　C. 针孔　D. 粗粒

24. 钢梁上盖板电喷铝工艺主要分喷前准备、喷镀和(　　)三个过程。

A. 钢梁腻缝　B. 喷砂除锈后的喷漆　C. 拆除防护　D. 覆盖封孔剂

25. 钢梁涂料在使用前应充分搅拌，使用搅拌机时，搅拌时间一般不小于(　　)。

A. 12 min　B. 8 min　C. 15 min　D. 10 min

26. 钢桁梁涂装后应抽验主要杆件的(　　)进行涂装质量检查。

A. 20%　B. 40%　C. 30%　D. 10%

27. 钢结构涂装施工的方法有手工涂刷、喷涂、(　　)和静电喷涂。

A. 低压加锌喷涂　B. 高压无空气喷涂　C. 低压无空气喷涂　D. 高压加锌喷涂

28. 桥梁油漆破坏的共性现象是(　　)。

A. 裂纹　B. 粉化　C. 吐锈　D. 起泡

29. 拧高强度螺栓时，因初拧预拉力值要求比较稳定，以使用(　　)扳手为好。

A. 风动　B. 定扭　C. 示功　D. 灯光

30. 高强度螺栓松动的主要原因是(　　)。

A. 锈蚀　B. 欠拧　C. 钢材自重　D. 列车冲击

31. 钢梁连接板和杆件上大于(　　)的缝隙需用石膏腻子填空。

A. 1.0 mm　B. 1.5 mm　C. 0.5 mm　D. 0.3 mm

(三)判断题

1. 高强度螺栓更换时在一个连接处(或节点)少量更换的螺栓、螺母及垫圈的材质、规格、强度等级应比原桥上使用等级高。(　　)

2. 对运营中的钢梁，禁止使用电焊加固或采用电焊联结主梁的方式增加检查和安全设备。(　　)

3. 钢结构表面清理，严禁在雨、雪、凝露和相对湿度大于85%及风沙天气进行。(　　)

4. 钢结构如有裂纹，可在裂纹的尖端钻圆孔，孔的直径大致与钢板厚度相等，但最大不超过32 mm，裂缝的尖端必须落入孔中。(　　)

5. 高强度螺栓发生欠拧时应按报废处理，严禁再次使用。(　　)

6. 栓焊梁焊缝附近裂缝可采用高强度螺栓拼接的方法加固，但加固前裂缝尖端处应钻孔。(　　)

7. 钢结构涂料涂层涂装时在节点上盖板交界处，封孔层、中间层及聚氨酯盖板漆等强溶剂不允许搭在其他漆上。(　　)

8. 钢结构涂装涂料涂层需在上一道涂层实干后，方可涂装下一道漆，底漆、中间漆、面漆暴露时间最长不得超过24 h。(　　)

9. 对距离水面较近的钢梁底面应增加涂装底漆一道、中间漆一道。(　　)

10. 在漆膜表面喷水，如水珠很快流淌、无渗透现象则表明漆膜失效。(　　)

11. 钢结构涂装底漆前可根据表面清理等级分别采用喷砂、喷丸、手工清理和溶剂擦洗。(　　)

12. 钢梁连接板层之间大于0.5 mm的缝隙可用油漆封闭。(　　)

13. 钢梁弯曲杆件用矫正法修整时，必须无裂纹及显著的局部压损或缺口等损伤。(　　)

14. 铆钉头处有流锈痕迹，或周围油漆有裂纹现象时，即可判为铆钉松动。(　　)

15. 高强度螺栓转角法终拧是在初拧后的螺杆和螺母的端面相对位置划一细线，再用长扳手或风动扳手将螺母拧至规定的角度。(　　)

16. 高强度螺栓不论初拧或终拧均应从节点刚度大的部分向不受约束的自由边缘

进行。（　　）

17. 对经检查判明有严重欠拧、漏拧或超拧的高强度螺栓应立即更换。（　　）

18. 高强度螺栓更换对于大型节点同时更换的数量不得超过该节点螺栓总数的 10%。（　　）

(四)简答题

1. 高强度螺栓的工作特点是什么？
2. 钢结构涂料涂层咬底指什么？
3. 简述钢结构油漆涂装作业要点。
4. 钢结构涂装维护涂膜起泡、裂纹或脱落劣化达 2～3 级时处理标准是什么？
5. 钢结构涂装涂料附着力和流出时间分别指什么？
6. 简述整修加固钢梁高强度螺栓连接作业质量验收标准。
7. 更换高强度螺栓所用新栓的长度如何确定？
8. 如何鉴定钢结构涂装失效？

项目 3　墩台养护与维修作业

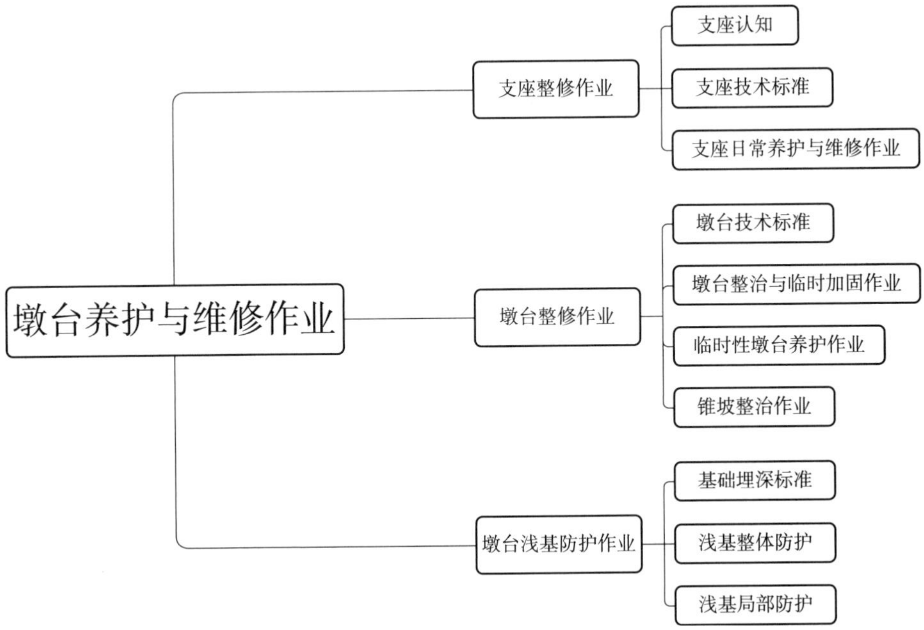

【项目描述】

本项目主要描述桥梁支座、墩台和基础的技术标准、主要病害类型、原因分析和整治方法。桥梁支座是连接桥梁上部结构与下部结构的重要部件，它能将桥梁上部结构的反力和变形(位移和转角)可靠地传递给桥梁的下部结构，墩台的主要作用是承受上部结构传来的荷载，并将它及本身自重传给基础，基础承受上部结构传来的全部荷载，并把它们和下部结构荷载传递给地基。因此，支座、墩台、基础的安全对于全桥的正常状态和安全使用是十分重要的。

【学习目标】

1. 素质目标

(1)培养学生深厚的爱国情感和中华民族自豪感，勇敢肩负时代赋予的历史责任和建设使命；

(2)培养学生良好的行为习惯，提高学生正确认识问题、分析问题和解决问题的能力；

(3)培养学生良好的团队合作精神和沟通能力。

2. 知识目标

(1)掌握常用支座类型、特点和技术标准，掌握支座常见病害类型和原因分析；

(2)了解支座更换内容和方法；

(3)掌握支座日常养护内容和方法、一般病害整治方法；

(4)掌握墩台技术标准、常见病害类型和原因分析；

(5)了解墩台临时加固方法,掌握一般裂缝、桥台倾斜、锥坡等一般病害整治方法;

(6)了解浅基防护方法,掌握基础埋深标准、常见导治建筑及浅基防护原则。

3. 能力目标

(1)能进行支座日常养护作业,支座超限、更换锚栓等一般病害整治作业;

(2)能进行墩台裂缝整治、桥台变形整治作业,搭设枕木垛作业;

(3)能进行锥坡放样、整治作业。

【思政小课堂】

中老铁路是首条全线采用中国技术标准、使用中国设备,并与中国铁路网直接连通的国际铁路,线路全长 1 035 km。在这条铁路线上有一座桥——元江特大桥,曾连破两项世界纪录!元江特大桥全长为 832.2 m,是我国首次建造的大跨度上承式连续钢桁梁铁路桥,主跨长 249 m。大桥桥面到江面的距离有 230 多米,相当于 90 层楼的高度,大桥共有 4 个桥墩,其中最高的 3 号桥墩高 154 m,为世界同类铁路桥梁第一高墩。

钢梁如线,高墩顶天。元江特大桥处于"V"形河谷地带,两侧峡谷坡度达 70°,施工场地狭窄、交通不便,154 m 的高墩给建设者提出了极高挑战。墩身重超 12 万 t,加上 2.1 万 t 的钢桁梁,不通过火车时,桥墩底部要承受约 15 万 t 的重量。经过多次的专家论证,最终确定由两个钢筋混凝土空心墩通过墩顶横梁和中间"X"形钢结构横向连接的施工方案,在确保承重达标的前提下,有效减轻了桥墩自身重量。

主桥采用"变桁高"的上承式连续钢桁梁结构,由 56 个节间一节一节接续拼装,如在空中搭积木。河谷昼夜温差大,最大风速超 40 m/s,严重影响施工精度。施工单位建立监控量测系统,运用全站仪、GPS 设备观测线形变化,在杆件上安装应变片和纠偏装置,利用墩顶纵横移动纠偏装置和温度调整法,分步骤调整合龙口,使纵向偏差达到施工要求。

中老铁路元江特大桥展现了我们中国桥梁人自主创新、精益求精、齐心协力、顽强拼搏的工匠精神。

红色钢桁梁飞架在灰白的桥墩上,远处望去,跨越元江的大桥在群山间显得格外壮美。

任务 3.1 支座整修作业

3.1.1 支座基础知识认知

1. 支座类型及特点

支座按主要材料不同可分为铸钢支座和橡胶支座,按受力不同可分为固定支座和活动支座。近年来随着新型支座的发展,又可分为固定支座、多向活动支座、横向活动支座和纵向活动支座。固定支座只容许梁端自由转动,而活动支座既容许梁端自由转动,也可以水平移动,即包括纵向移动、横向移动和多向移动。

(1)铸钢平板支座

铸钢平板支座是桥梁最早而又最简单的一种支座形式,由钢制的上支座板、下支座板和销钉组成。支座的上、下座板间用销钉固定,通过上、下支座板间的线接触传递梁体垂直力,通过销钉承受水平力。活动支座的销钉孔设为长圆形小孔,使销钉能在孔中滑动,完成梁体纵向收缩,但梁端不能自由转动,同时钢板的接触面易因积垢和锈蚀使支座"冻死"失效。平板支座一般用于8 m 以下小跨度梁,目前已被板式橡胶支座代替,平板支座的结构形式如图 3.1.1 所示。

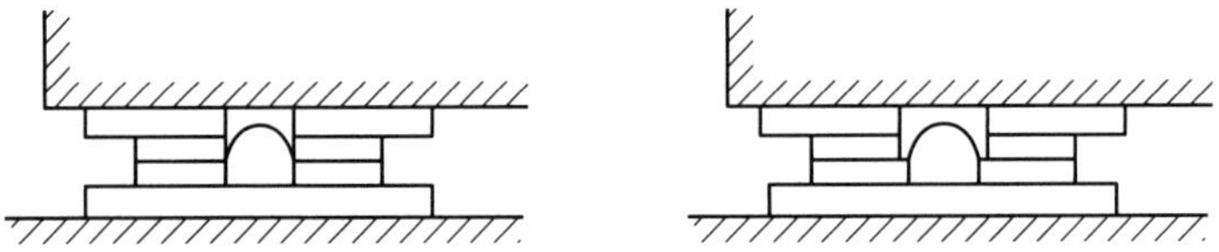

(a) 固定支座　　(b) 活动支座

图 3.1.1 平板支座图式

(2)铸钢弧形支座

铸钢弧形支座由钢制的上支座板、带有弧形面的下支座板及销钉组成,支座也是通过上、下支座板间的线接触传递梁体垂直力,通过销钉承受水平力。与平板支座相仿,支座的上、下座板间用销钉固定,活动支座的销钉孔设为长圆形小孔,使销钉能在孔中滑动,适应支座的位移要求;支座下座板的顶面为一弧面,因而梁端可有一定程度的转动(也可将上座板设为弧形面),一般用于跨度 16 m 以下的铁路桥上。弧形支座在使用过程中,经常发生转动不灵活或锚栓剪断的现象。主要原因是由于弧形接触面接触应力过大而被压平,使支座转动困难,同时由于支座锚栓与梁底钢板焊接后,使锚栓抗剪疲劳强度降低,目前大部分桥梁的弧形支座已被板式橡胶支座或小吨位盆式橡胶支座所代替,弧形支座安装图如图 3.1.2 所示,铸钢平板固定支座与活动支座外形完全一致。

(3)铸钢摇轴支座

铸钢摇轴支座分为固定支座和活动支座。固定支座由上、下摆组成,下摆的底面为平面,直接与墩台连接,下摆顶面为弧形面完成支座的转动,但不能移动。活动支座由上摆、底板和两者间摇轴组成,摇轴是圆形的辊轴两侧削去部分而成的扇形结构,支座通过摇轴的摆动来适应梁体的位移需要,下摆(摇轴)的顶面和底面均做成圆曲面形,能自由转动。摇轴的上、下弧面为同心圆,摇轴支座结构图如图 3.1.3 所示。

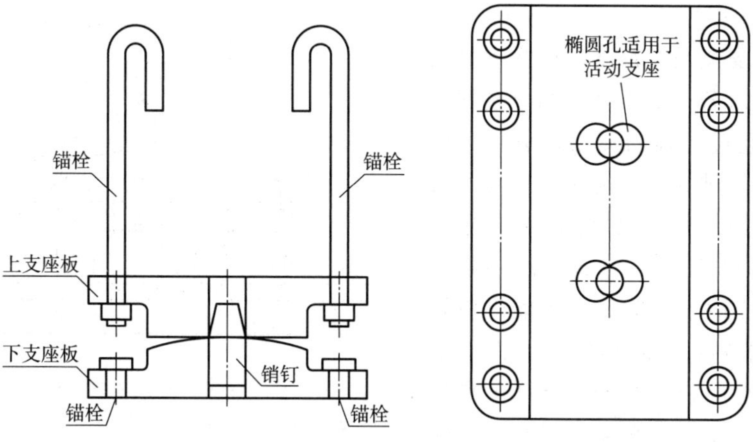

(a) 一般构造图　(b) 支座板俯视图

图 3.1.2　弧形支座安装图

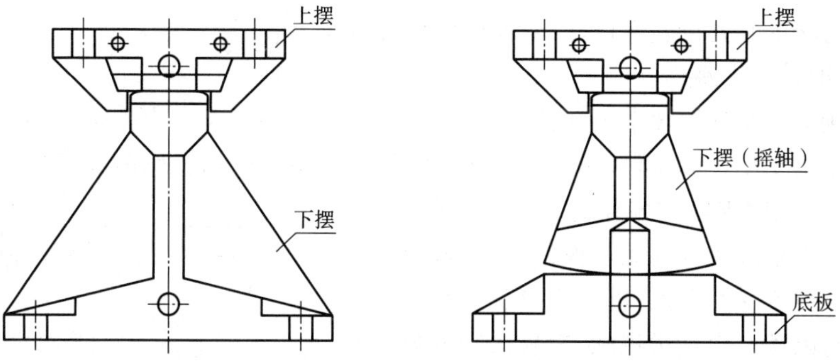

(a) 固定支座　(b) 活动支座

图 3.1.3　摇轴支座结构示意图

(4)铸钢铰轴支座

铸钢铰轴支座同样分为固定支座、活动支座。固定支座由上支座板(上摆)、下支座板(下摆)和铰轴组成,支座的转动由铰轴来实现;活动支座由上支座板(上摆)、下支座板(下摆)、铰轴和底板组成,支座的转动也由铰轴实现,支座的位移由摇轴的摆动来实现。铸钢铰轴支座是摇轴支座的一种改进形式,优点在于支座转动发生在铰轴处,且支座转动灵活。但当相邻两个铰轴支座的安装轴线不重合时,也会影响支座的正常转动,铰轴支座结构图如图 3.1.4 所示。

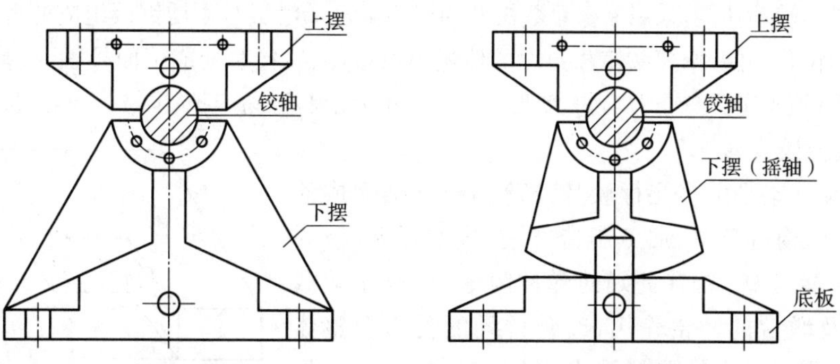

(a) 固定支座　(b) 活动支座

图 3.1.4　铰轴支座结构图

(5)铸钢辊轴支座

铸钢辊轴支座是大跨度钢桥常用的支座型式。通常由若干个小直径的辊轴并列组合在一起，通过辊轴的转动以适应梁体位移的需要。辊轴的数量视支座反力的大小而定，根据线接触应力的大小，确定单个辊轴所需要的直径，在一组辊轴的顶部加设弧形面(或铰轴)，以保证支座能自由转动。辊轴下的支座底板必须有一定的刚度，以保证支座底板的平整，辊轴支座如图 3.1.5 所示。为了节省钢料并减少支座长度，可将辊轴两边削去，但设计时必须确保被削辊轴仍能调节所要求的位移量，而不使支座倾覆。为了保证各个辊轴之间的相对位置，通常在辊轴两端中心处设置连杆，以使各辊轴平行转动。

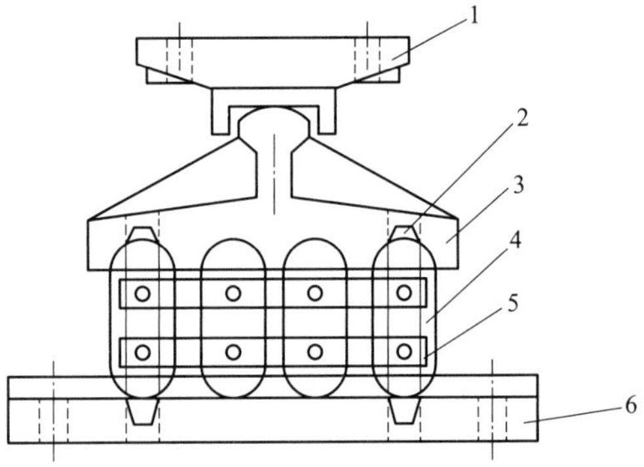

图 3.1.5　辊轴支座构造示意图

1—上摆；2—牙板；3—下摆；4—辊轴；5—连接板；6—底板

(6)铰轴滑板钢支座

铰轴滑板钢支座是铰轴支座、辊轴支座改进的一种支座类型。当桥跨梁体结构变形过大或其他因素导致支座位移超限，导致铰轴支座的活动支座中间摇轴倾斜而不能及时复位造成支座病害，同样辊轴支座在使用过程中，也经常发生辊轴在位移超限后倾斜无法恢复原位，同时辊轴连杆销钉被剪断的现象，也给支座的养护维修带来很大的困难。为克服铰轴、辊轴活动支座的上述缺点，将原辊轴、铰轴支座的辊轴、摇轴部分取消，改换成聚四氟乙烯滑板与不锈钢板之间的平面滑动，以满足支座的位移需要，保留原铰轴、辊轴支座的上摆部分，活动支座由钢制上摆、下摆、铰轴、聚四氟乙烯滑板、支座底板组成，将不锈钢板贴在下摆底面上，铰轴滑板支座如图 3.1.6 所示。铰轴滑板支座结合了传统铰轴支座和滑板支座的优点，上、下摆以铰轴为中心转动以满足桥梁的转动功能，采用摩擦系数极低的聚四氟乙烯滑板与不锈钢板组成的滑动摩擦系，实现支座结构的位移功能，摩擦系使竖向力的传递由点接触、线接触变成了面接触，改善了结构的受力性能，铰轴滑板支座具有受力均匀、变形大、转动和滑动灵活、易养护、维修少、寿命长等优点。

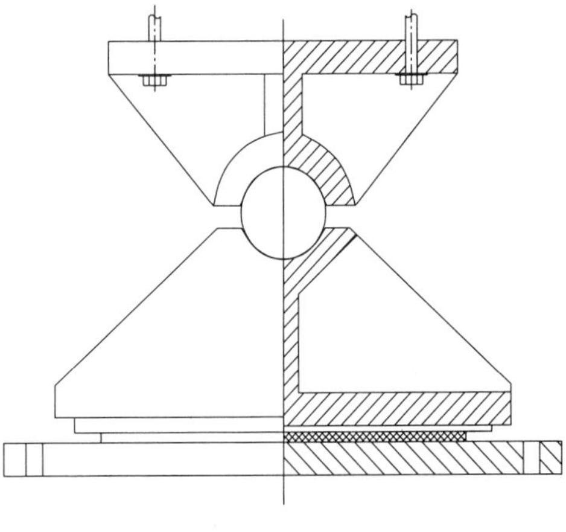

图 3.1.6　铰轴滑板支座

(7)板式橡胶支座

板式橡胶支座是由多层橡胶片及薄钢板粘结而成的橡胶垫板构成，构造简单、加工制造方便、成本低廉、节约钢材；工作性能可靠、具有良好的弹性阻尼、可减小动载对桥梁结构及墩台的冲击作用，改善桥梁的受力及整体抗震性能；不需要经常性养护维修，多用于 20 m 及以下的圬工梁，其示意图如图 3.1.7 所示。

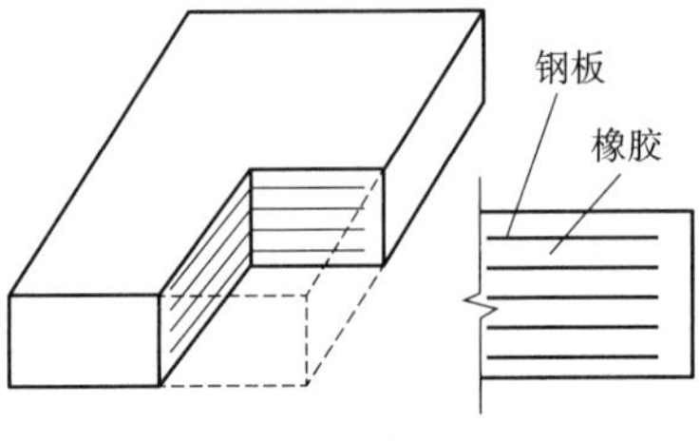

图 3.1.7　板式橡胶支座

(8)盆式橡胶支座

盆式橡胶支座承载能力大、水平位移量大、转动灵活,且具有重量轻、结构紧凑、构造简单、建筑高度低、加工制造方便、节省钢材、造价低等优点,目前被广泛使用。盆式橡胶支座主要由钢盆、密封于钢盆内的橡胶板和滑板组成。如图 3.1.8 所示,盆式橡胶支座由上支座板、不锈钢板、聚四氟乙烯滑板、铜密封圈、中间钢衬板、橡胶承压板、下支座板、套筒和螺栓组成。支座外需安装防尘罩。

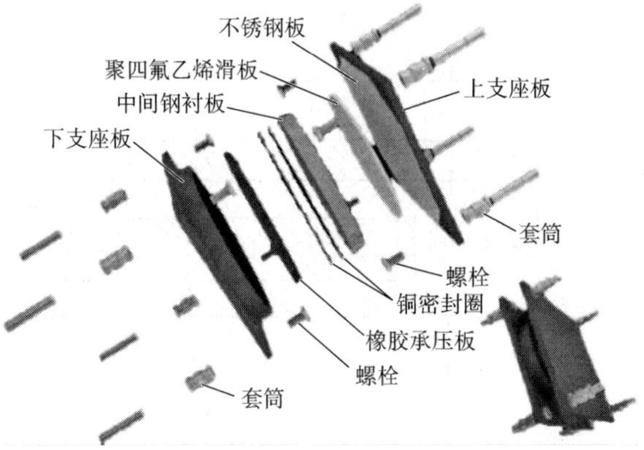

图 3.1.8 盆式橡胶支座

用于传递支座反力的承压橡胶板被密封在钢制凹盆(下支座板)内,处于三向应力状态,因而其承载能力大为提高,适用于大吨位的桥梁支座。同时处于三向应力状态下钢盆中的橡胶有类似液体的功能,转动灵活,能满足梁部转动的需要。

高分子材料聚四氟乙烯滑板与不锈钢板之间的摩擦系数很小,通过相对滑动满足支座的位移需要。高分子材料滑板的厚度一般为 4～8 mm,板厚的一部分(不小于 2.5 mm)嵌入支座钢衬板的凹槽内,一部分高出钢衬板(1.5～3 mm),以便与不锈钢板滑动。

钢衬板位于承压橡胶板与高分子材料滑板之间,钢衬板下面凸起嵌入下支座钢盆内,并略小于凹盆内径(约 1 mm),以保证支座的灵活转动。钢衬板上部设有凹槽,以便镶嵌高分子材料滑板。在承压橡胶板上设有环形铜紧箍圈,由几层厚度为 1 mm 的黄铜圈组成,它的外径与钢盆的内径一致,镶嵌在承压橡胶板的顶面。由于转动的要求,钢衬板比钢盆内径略小,在高压下橡胶易从此缝隙间挤出,造成橡胶板沿周边破坏,设置紧箍圈后,则可防止橡胶板沿周边破坏。

橡胶密封圈可使承压橡胶板处于密封状态,有利于防止橡胶老化。

下支座板是采用铸钢或钢板焊接而成的钢盆,用于约束橡胶板的变形。

上支座板通常采用厚钢板,表面用自动氩弧焊焊接上 2 mm 厚的不锈钢板。上支座板的厚度取决于支承混凝土的局部承压强度,此外板厚对保证不锈钢滑板的平面度也有重要作用。

盆式橡胶支座一般还应设置支座围板,以保证支座滑动面的清洁。

盆式橡胶支座可分为固定支座、单向活动支座和多向活动支座。单向活动支座构造是在多向活动支座的基础上设置导向限位构造,以限制支座仅能在单方向产生位移。按其限制支座横向(或纵向)位移的特点,可分为双侧导槽和中央导槽。双侧导槽可以分为上支座板通过下支座板两侧导向[图 3.1.9(a)]和上支座板通过钢衬板的两侧导向[图 3.1.9(b)]。目前在铁路桥梁多采用 KTPZ 和 CKPZ 系列盆式橡胶支座。

(9)球形钢支座

球形钢支座传力可靠,承载能力比盆式橡胶支座大,容许支座位移大,而且转动灵活,能更好地适应支座大转角的需要。球形钢支座主要由上支座板、下支座板、平面滑板、球冠衬板、球面滑板等组成,如图 3.1.10 所示。

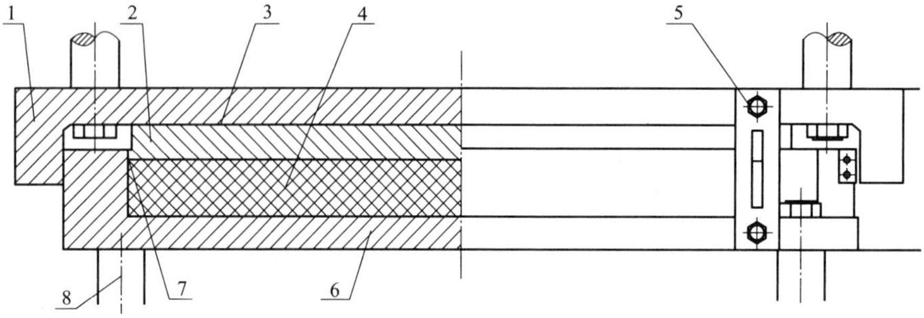

(a) 上支座板由下支座板两侧导向

1—上支座板；2—钢衬板；3—聚四氟乙烯板；4—承压橡胶板；
5—上、下制造连接板；6—下支座板；7—密封圈；8—锚栓

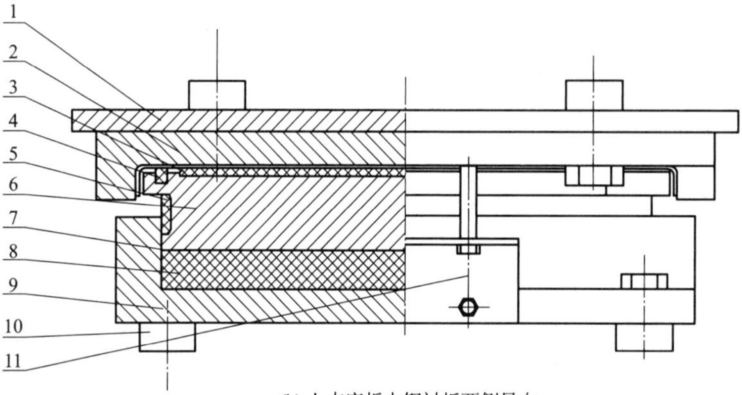

(b) 上支座板由钢衬板两侧导向

1—预埋钢板；2—上支座板；3—聚四氟乙烯板；4—密封圈Ⅱ；5—密封圈Ⅰ；6—ZX钢衬板；7—紧箍圈；
8—承压橡胶板；9—下支座板；10—地脚螺栓；11—连接钢板和连接螺栓

图 3.1.9　单向活动盆式橡胶支座双侧导槽

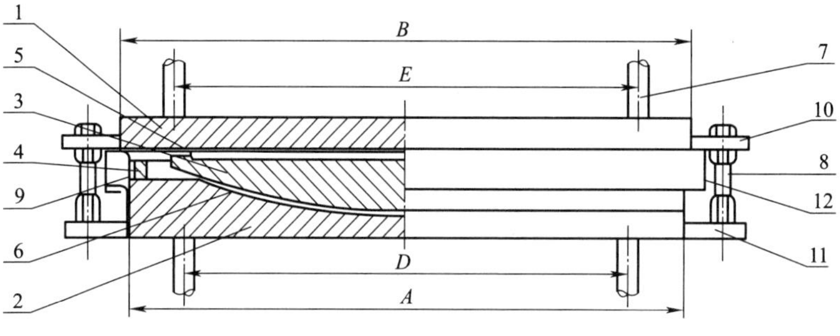

(a) 球形钢支座构造示意图

图　3.1.10

1—上支座板；2—下支座板；3—球冠衬板；4—钢挡圈；5—平面聚四氟乙烯板；6—球面聚四氟乙烯板；
7—锚固螺栓；8—连接螺栓；9—防尘条；10—上支座连接板；11—下支座连接板；12—防尘围板

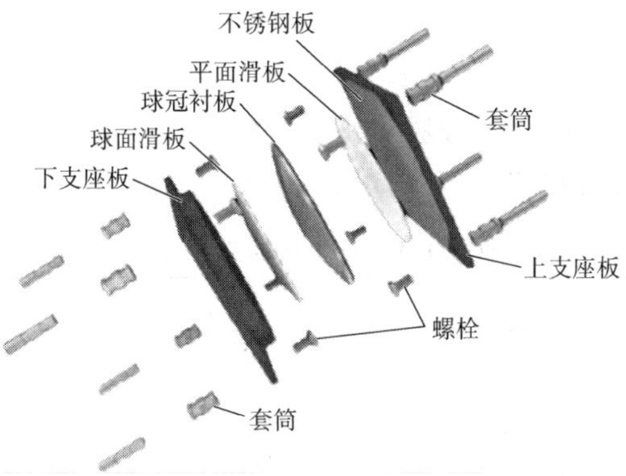

(b) 球形钢支座分解图

图 3.1.10　球形钢支座

(10)圆柱面钢支座

如图 3.1.11 所示,圆柱面钢支座分单向活动支座和固定支座,由上摆(上支座板)、下摆(圆柱状衬板)、底板、限位块、不锈钢板和聚四氟乙烯板以及密封防护结构等组成。

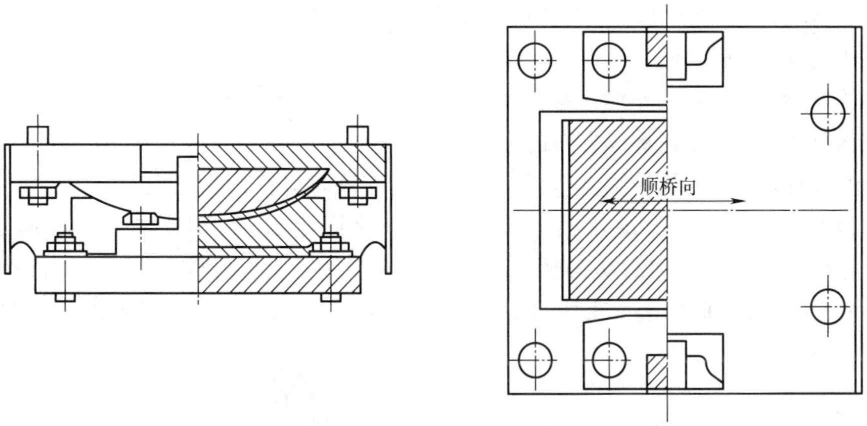

图 3.1.11　圆柱形支座结构图

活动支座利用上、下摆圆柱面的相对转动适应桥梁端部的转角,用滑块与底板之间的平面滑动来适应桥梁的水平位移。固定支座是在去掉活动支座平面滑动部分的基础上增加了限位装置。圆柱面支座在运营过程中容易因位移超限导致限制结构损坏,如图 3.1.12 所示。

(a) 支座正常　(b) 支座病害

图 3.1.12　圆柱形支座实物图

2. 支座设置标准

(1)支座类型

运营梁跨结构的铸钢支座、板式橡胶支座一般适用范围要求见表 3.1.1,其他类型支座应根据设计的竖向承载力、允许位移量、转角量、活动类型、抗震等级等确定适用范围。

表 3.1.1　桥跨结构支座类型

梁跨分类	支座类型						
	钢 支 座					橡胶支座	
	平板	弧形	摇轴、铰轴	辊轴	圆柱面、双曲面、球形和铰轴滑板	板式	盆式
钢　　梁	$L<10$	$10\leqslant L\leqslant 24$	$24<L\leqslant 48$	$L\geqslant 56$	$L>20$		
混凝土梁	$L\leqslant 8$	$8<L<20$	$20\leqslant L\leqslant 48$	$L\geqslant 56$	$L>20$	$L\leqslant 20$	$L>20$

注:(1)L 为梁的跨度(m)。

(2)跨度小于或等于 6 m 的简支梁可不设支座,采用高强石棉板等弹性垫板代替。

(3)无支座的钢筋混凝土板梁,应在两侧设支撑,防止横向移动。

(2)支座安装原则

①固定支座应设在纵向水平作用力的前端,一般规定:

a. 在坡道上,设在较低一端。

b. 在车站附近,设在靠车站一端。

c. 在区间平道上,设在重车方向的前端。

②整体多片简支 T 梁、箱梁支座设置横向位移支座时应符合以下规定:

a. 双线整孔简支箱梁,每孔梁一端应安装一个固定支座(GD)和一个横向活动支座(HX),另一端安装一个纵向活动支座(ZX)和一个多向活动支座(DX)。固定支座和纵向活动支座应在梁的同一侧,横向活动支座与多向活动支座应在梁的另一侧,如图 3.1.13 所示。

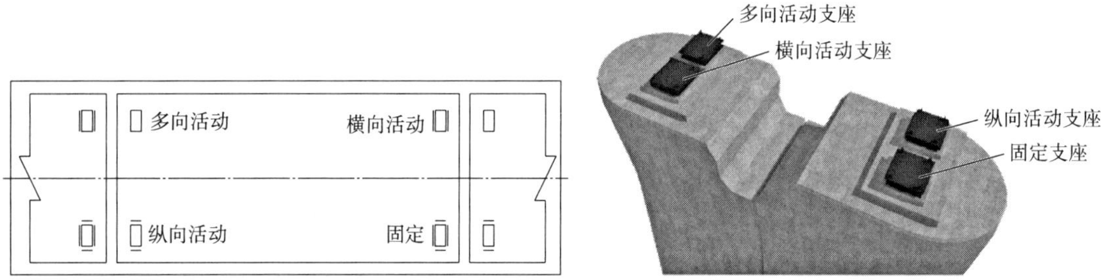

图 3.1.13　双线整孔简支箱梁

b. 双线并置简支箱梁,每孔梁一端应安装两个固定支座和两个横向活动支座,另一端安装两个纵向活动支座和两个多向活动支座。固定支座、纵向活动支座应安装在内侧,横向活动支座和多向活动支座应安装在外侧。

c. 整体多片简支 T 梁,中梁一端应安装固定支座,另一端安装纵向活动支座,边梁在中梁固定支座端应全部安装横向活动支座,另一端应全部安装多向活动支座。

d. 单线简支箱梁和简支 T 梁,每孔梁一端应安装两个固定支座,另一端应安装两个纵向活动支座。

③双线连续梁,每联梁应在一个墩顶(一般为中间墩)安装固定支座和横向活动支座,其余

墩顶安装纵向活动支座和多向活动支座。固定支座和纵向活动支座在梁的同一侧，横向活动支座与多向活动支座在梁的另一侧，如图 3.1.14 所示。

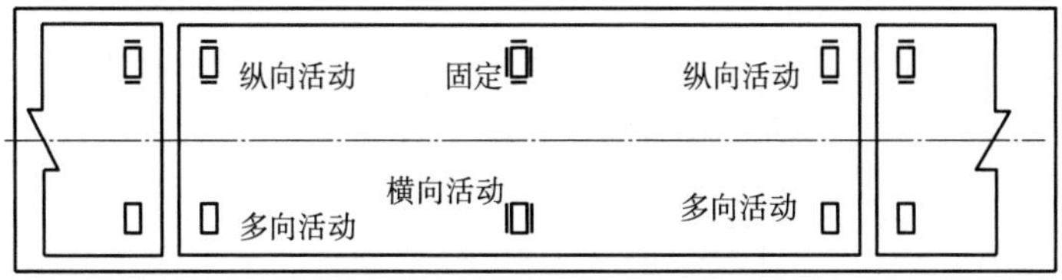

图 3.1.14　双线连续梁支座布置

④单线连续梁应在一个墩顶（一般为中间墩）安装固定支座，其余墩顶全部安装纵向活动支座。

⑤对斜交梁，支座纵向位移方向应与梁轴线或切线一致。

⑥除特殊设计外，不应将顺桥方向相邻两孔的固定支座安设在同一桥墩上。

⑦同一座桥梁中，当各桥跨固定支座安装条件相互抵触时，应首先满足线路一侧的支座横向位移约束条件相同的要求，即同桥同侧的要求；其次再按水平力作用有利情况设置。

(3)支座设置原则

①支座位置安装正确，上、下座板必须水平安装，支座与梁底及垫石间必须密贴无缝隙，水平各层部件间应密贴无缝隙。固定支座应稳固可靠；活动支座滚动（滑动）面应保持清洁滑润，保证梁跨自由伸缩、转动。

②安装应满足表 3.1.2 的规定。

表 3.1.2　安装允许偏差

序号	项　目		允许偏差(mm)
1	支座下座板中心与墩台支座设计中心纵向错动量	墩台高度＜30 m	20
		墩台高度≥30 m	15
2	支座下座板中心与墩台支座设计中心横向错动量	墩台高度＜30 m	15
		墩台高度≥30 m	10
3	同端支座中心横向距离	偏差与桥梁设计中心对称时	＋30 －10
		偏差与桥梁设计中心不对称时	＋15 －10
4	聚四氟乙烯板四个角点的外露高度	设计高度负偏差	0
5	铸钢支座	固定支座上座板与下座板中线的纵横、活动支座的横向、活动支座中线的纵向错动量（按设计温度定位后）	3
		支座下座板中心十字线的扭转，上、下座板及摇、辊轴之间的扭转	1
6	圆柱面钢支座	顺桥向支座板中心线与梁顺桥向支承中心线偏差	0.5
		横桥向支座板中心线与梁横桥向支承中心线偏差	0.5
		同一梁端两支座平面高差	1
7	双曲面钢支座	上、下座板相对水平错动位移偏差（或上、下座板相对水平扭转角度偏差）	＋0.6 (±0.1°)
		同一端梁两支座平面高差	2

续上表

序号	项　　目		允许偏差(mm)
8	球形钢支座	支座板四角高差	2
		活动支座上、下座板顺桥方向的中心线偏差(交叉角)	1(5′)
9	板式橡胶支座	同一梁端两支座相对高差	1
		每一支座板的边缘高差	2
		上、下座板十字线扭转	2
		活动支座中心线的纵横错动量(按设计温度定位后)	±3
10	盆式橡胶支座	支座板四角高差	1
		上、下座板十字线扭转	1
		同一梁端两支座高差	1
		一孔箱梁四个支座中,一个支座不平整限值	3
		固定支座上、下座板及中线的纵、横错动量	1
		活动支座中心线的纵横错动量(按设计温度定位后)	3

③支承垫石的高度应满足维修养护的需要,其高度不小于 30 cm。

④支座锚栓直径不应小于 25 mm(钢梁一般为 32 mm),锚栓埋入墩台深度不少于 300 mm,并在埋入部分下端做成弯钩式、分叉式或胀杆形式,加强锚固力量。支座预留锚栓孔必须填满捣实,螺栓标准件应采用多元合金共渗+钝化处理,其中渗层厚度≥50 μm。

⑤钢质部分防腐涂装应采用相关规定的涂装体系。

⑥具有聚四氟乙烯板滑动面的支座应设置可靠且便于拆装的防尘装置。

⑦辊轴(摇轴)支座使用时,其构造的最大纵向位移应满足以下要求:

圆辊轴的边缘超出底板边缘不应大于 1/4 直径,或削扁辊轴的倾斜角不应大于 14°(或辊轴与下摆、底板的接触线至辊轴边缘不应小于 25 mm),摇轴倾斜角不应大于 7°。辊轴(摇轴)的实际位移应与计算的正常位移值相符合,当纵向位移大于容许偏差或有横向位移时,应加以修正。当辊轴出现不允许的爬动、歪斜成摇轴倾斜时,应校正支座的位置。

3. 支座技术标准

(1)钢支座使用时,应保持各部分完好。有下列状态之一时,应及时处理:

①钢部件裂纹深度≥10 mm,主要受力部位焊缝脱焊。

②辊轴支座底板变形凹陷≥3 mm。

③销钉剪断,锚栓折断数量≥25%。

④支座位移超限,纵向>5 mm、横向>2 mm。

⑤活动支座不活动。

⑥支承垫石开裂、积水、翻浆。

⑦摇轴倾斜、辊轴位移或倾斜超过容许值。

⑧聚四氟乙烯板磨耗严重,外露厚度不足 0.2 mm。

(2)板式橡胶支座使用应符合以下规定:

①限于在线路纵坡小于或等于 6‰的混凝土梁上使用。

②常温型支座温度适用于-25~+60 ℃,耐寒型支座温度适用于-40~+60 ℃。

③板式橡胶支座应在接近年平均温度时落梁，否则应在接近年平均温度时再顶落梁调整到正确位置。

④为减少梁的横向位移或板式橡胶支座的横向剪切变形，应设置可靠的横向限位装置。

⑤更换橡胶支座时，原则上同一墩台或同一片梁应同时更换。

⑥板式橡胶支座有下列状态之一时，应及时处理。

a. 支座压溃，四周出现明显不规则的凹凸、弯曲或扭曲。

b. 支座剪切变形过大，活载作用时剪切变形≥24°，无活载作用时永久剪切变形≥15°。

c. 橡胶支座剥落掉块，导致加劲钢板表面或周边外露长度>100 mm。

d. 橡胶裂纹宽度≥2 mm，且连续长度达周边长度的50%以上。

e. 支座串动大于相应边长的25%或有脱空。

f. 横向限位装置与梁体间不密贴，限位装置失效。

(3)盆式橡胶支座出现下列状态之一时，应及时处理：

①盆环开裂或脱焊。

②聚四氟乙烯板磨损严重，外露厚度不足0.2 mm。

③位移或转角超限，位移量≥10 mm，转角超过设计值的20%。

④锚栓剪断数量>25%。

3.1.2 支座日常保养作业

1. 支座保养的项目

支座保养的项目及要求见表3.1.3。

表 3.1.3　支座保养重点

项　目	要　求
1. 支座必须经常保持清洁	支座的上、下摆与支座的滚动面、滑动面必须经常保持清洁，不积水、不积尘，冬季应清除积雪，防止结冰，钢件表面需油漆或镀锌
2. 支座的密贴	梁跨与支座上摆、上摆与下摆、下摆与支承垫石间都应密贴紧靠，不应有缝隙
3. 活动支座能自由伸缩	支座辊轴和滚动面应定期进行擦拭并涂抹石墨与黄油。禁止在辊轴和滚动面上涂油漆，绝不允许有其他异物存在
4. 支座排水良好，无翻浆流锈	一般在支座周围做排水槽，内高外低将水排走。支座底板底面应略高于墩台或支承面2～3 mm并凿成流水坡
5. 支座锚栓应防止松动、锈死	锚栓应用塑料或铁皮制的罩盖住防止雨水尘土进入螺孔。螺帽下加垫铁圈及橡胶垫圈各一层，经常松卸，清除杂物后拧紧，螺栓丝扣应涂机油，并用黄油包封螺杆，防止螺栓丝扣锈死

2. 支座保养作业要点

(1)用扫帚、钢丝刷、铲刀、破布清除支座周围、防尘罩及支座各部分的灰尘和污垢。

(2)清除支座上、下摆污垢和铁锈，均匀涂刷防锈底、面漆。

(3)对弧形支座、摇轴、铰轴支座和辊轴支座的滚动面要细致擦拭干净，掏出原有黄油，重新压填黄油或擦石墨。在新黄油面外贴一层塑料薄膜，确保支座清洁。

(4)装好防尘罩，封闭缝隙，防止灰尘侵入。

3. 作业质量验收标准

(1)各部分清洁、无灰渣,活动端涂固体油脂或擦石墨,涂擦均匀,无缺漏。

(2)支座位置平整密实,各部分相互密贴。

(3)锚栓无松动、不缺少。

(4)排水良好,无翻浆流锈。

(5)涂装油漆良好。

3.1.3 支座常见病害整修作业

1. 小跨度(≤6 m)钢筋混凝土梁横向移动

将梁身顶起移正,增设板或橡胶支座外,并在板梁两侧的墩台顶面埋设角钢或修筑混凝土支挡。

2. 支座上摆锚栓折断、弯曲、锈死

(1)支座上摆的 4 根锚栓,在梁底镶角板间被剪断时,先将支座上摆移正,然后将上摆与镶角板两侧焊接,也可用化学结构胶将上摆与镶角板粘接,但必须先检查后处理,保证镶角板与梁体为一整体。

(2)也可用 60 mm×40 mm×8 mm,$l=200$ mm 的不等边角钢,沿梁长方向,将两边长肢焊于支座上摆侧,短肢焊于梁底的镶角板上(镶角板与梁体为一个整体),如图 3.1.15 所示。

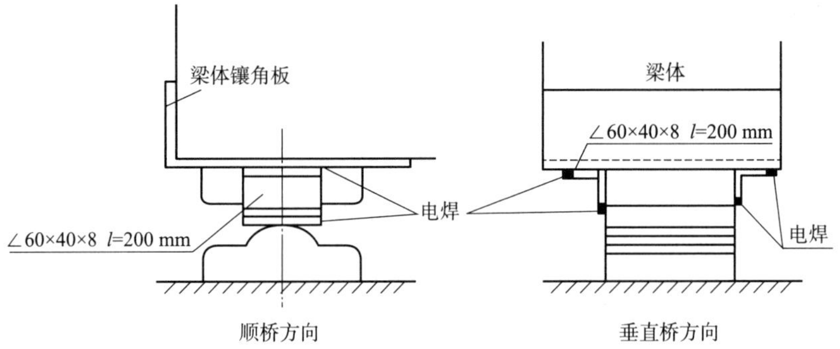

图 3.1.15 上锚栓折断后角钢焊接加固(单位:mm)

(3)另外也可采用在每片梁两侧埋设短钢轨桩,防止梁跨横移,并增设 U 形螺栓固定住梁端,U 形螺栓与钢轨联结牢固,防止梁跨串动,但在活动端应留有伸缩量,如图 3.1.16 所示。

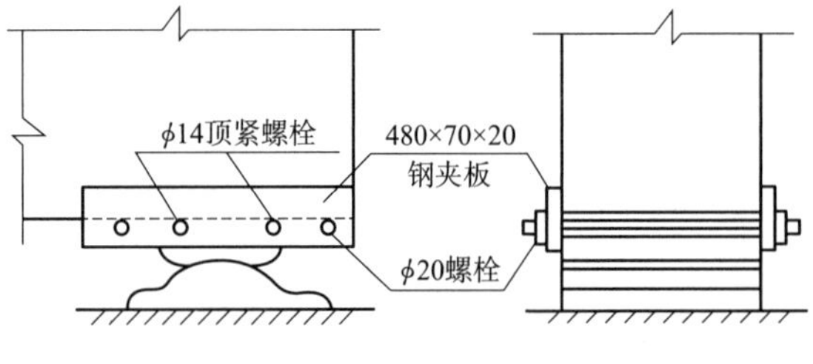

图 3.1.16 加固上锚栓(夹板加固)(单位:mm)

(4)上摆的锚栓折断较多,支座锈蚀严重者,即可更换支座。

(5)将焊好的角钢及支座、镶角板或钢轨桩 U 形螺栓进行彻底除锈,涂底漆、面漆各两道。

(6)可采用新工艺套筒安装上支座螺栓,也可采用更换螺栓的方法,一般在高速铁路桥梁支座中应用。

3. 支座下锚栓折断、弯曲、锈死

支座下锚栓折断、弯曲、锈死可在支座底板旁斜向凿去部分混凝土,取出旧锚栓,更换新锚栓。

(1)作业要点

①备好新锚栓及螺帽垫圈等。

②凿孔,取出锚栓。在支座旁斜向凿孔,侧面取出旧锚栓。

③清除锚栓孔内碎渣、粉末;冲洗干净,掏净积水。

④插入新锚栓。从侧面将新锚栓插入座板锚栓孔内。

⑤捣填砂浆。填入部分砂浆,初步捣实,整正位置和高度;然后按设计位置及高度,捣填锚栓周围的砂浆,边填边捣,填满捣实,顶部压平抹光,做好排水。目前锚固螺栓时多使用锚固包。

⑥用湿草袋等覆盖,及时浇水,养护不少于 7 d。

⑦砂浆凝固后方准进行螺栓涂油并拧紧螺帽,盖好防尘罩。

(2)作业质量验收标准

①锚栓直径及埋入深度符合规定。

②凿埋锚栓位置偏差小于 5 mm,螺栓杆正直无松动,周围砂浆填实、无裂纹。

③砂浆配合比符合规定,填捣密实无裂纹,顶部压平、抹光,不得积水。

4. 支座悬空、支承垫石破损整治

支承垫石裂损,导致梁体存在"三条腿"及个别支座出现明显悬空现象。

(1)作业要点

①预凿支座部分混凝土。支座下凿除面积不得超过支座总面积的 1/4;将支座固定在梁端,做好梁跨中心及捣垫砂浆高度标记;捣垫支座的锚栓长度不足时,应预先更换标准锚栓;做好起梁、捣垫机具、材料等准备工作;联系封锁要点,许可后按规定设置防护;旋松梁端附近线路钢轨轨卡螺栓以及起护轨道钉(松动护轨扣件螺栓),或解开钢轨接头。

②顶起梁跨,临时支垫,使用两个及以上千斤顶时,要同时起落,支垫要随起随垫。如为平板支座时,根据起梁高度的影响,应相应地松开梁跨另一端的支座锚栓的螺母,起梁时应考虑 1～2 mm 的沉落量。

③凿除支座下原砂浆垫层,清除碎渣,冲洗干净,用布擦干(亦可用高压风吹干净);模板支撑牢固(模板放置到位后,稍稍松动千斤顶,将模板压紧)。

④配料并拌制干硬砂浆。

⑤垫捣干硬砂浆。每次填砂浆量以捣实后的厚度不超过 50 mm 为宜。当抬高量为 30～100 mm 时,可捣填半干硬性砂浆;当抬高量为 50～200 mm 时,可分两至三次捣填半干硬性砂浆;当抬高量在 200 mm 以上时,可就地灌注钢筋混凝土垫块或更换钢筋混凝土顶帽;抬高量在 30 mm 以内时也可采用压力灌注高分子化学浆液;可根据捣垫砂浆厚度决定是否起梁和安设模板。

⑥落梁;检查、整修、恢复线路;移出顶梁及捣、垫机具,拆除模板;撤除防护,开通线路。

⑦填补砂浆、压实、抹光、整修支座周围边缘,达到棱角分明,排水良好。

(2)作业质量验收标准

①原圬工面凿毛洗净。

②水灰比、配合比符合规定,拌和均匀。捣垫密实,周围抹面平整,无裂纹,抹面少量有轻微空响。

③与支座底座板缝隙小于 1 mm,深度小于 30 mm。

④排水良好。

⑤支承垫石表面平整,局部凹陷深度小于 5 mm。

5. 支座调整

辊轴或摇轴活动支座倾斜超限时应进行支座调整以满足要求。

(1)调整方法及作业要点

①移动锚栓法:按照当时梁身温度考虑活载影响计算的位移量矫正辊轴或摇轴的倾斜度,移动底板,重新锚固下锚栓。

测量支座位置和位移歪斜是否超限,做好测量记录,按支座移位量,凿除部分混凝土,其面积不得大于支座底面积的 1/4,搭枕木垛,枕木垛基底应放稳,基础有足够承载力,必要时卸开桥孔两端主、护轨接头,用千斤顶起梁,操作稳妥,起落同步,随顶随垫。

按设计位移凿除锚栓孔混凝土,取出旧锚栓,清洗新凿面,移动支座达正确位置与标高,安装锚栓并用砂浆或锚固剂灌实,采用捣垫干硬砂浆整平支座。

②支座底板扩孔法:根据位移量在支座底板原螺栓孔旁割一个月牙形缺口,不动锚栓,只移动底板进行矫正,然后堵死孔眼。

③填钻法:取出底板锚栓,用预制圆柱形钢柱填塞原锚栓孔,根据矫正量,对底板重新钻孔后安装就位。

④异形牙板法:用异形辊轴牙板更换原牙板,如图 3.1.17 所示,矫正辊轴的倾斜度。整治前需顶起梁身再行处理,而前三种方法都要移动底板,辊轴支座均较笨重,工作量大,若采用异形牙板法,则工作量大为减小。

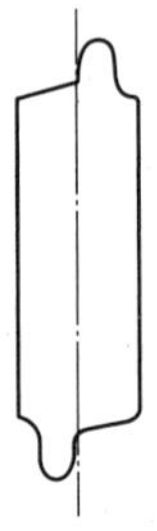

图 3.1.17　异形牙板

(2)作业质量验收标准

①支座位置正确,偏差小于 3 mm。梁体中线与桥梁中线偏差符合规定。

②各部分相互密贴,活动部分转动滑动灵活。

③凿埋锚栓正直、牢固,直径与埋深符合规定。

④各部分清洁、无灰渣。活动端涂固体油脂或擦石墨均匀,无缺漏。

6. 其他

(1)支座陷槽、积水、翻浆

支座底板四周处细凿垫石做 3%流水坡,使支座底板略高出墩台支承垫石 1～2 mm。墩台面也应修凿成大于 3%的坡面,以利于排水。

(2)活动支座不活动

在活动支座不活动时,平板、弧形支座应顶起梁身,将上、下支座板的穿销涂黄油除锈,并清除椭圆孔内的污垢杂物或移动活动支座下座板，使穿销居于椭圆孔中央；如发现固定支座和活动支座位置安装错误时应及时调整。对摇轴及辊轴支座应找出不活动的原因进行处理，必要时予以更换。

7. 安全注意事项

(1)根据要求办理封锁施工手续，设置停车信号防护。

(2)墩台高度在 2 m 以上时，应搭设工作台、架(简易操作平台)，挂安全网。

(3)作业人员应戴安全帽、护目镜、手套、口罩。

(4)打捶人员严禁戴手套、面对面打锤；锤把安装牢固；锤面、钢钎头不得有飞边。

(5)千斤顶负荷能力应满足起重量要求，使用前需经认真检查。底座要平正、坚实，顶面与钢板接触时，应加木垫或橡胶板，防止滑脱。

(6)作业人员搬运机具、材料及由桥面上、下墩台时应注意列车。

3.1.4　支座更换作业

当支座不能满足运营要求时需及时更换。

1. 支座更换安装作业工艺

此处不再详述。

2. 支座更换作业质量验收标准

(1)支座的质量和规格符合标准，安装位置正确。

(2)支座平整、密贴、无缝隙。

(3)活动支座滚动(滑动)面洁净滑润，梁跨伸缩、转动自由，固定支座应稳固可靠。

(4)支撑及限位设备齐全。

任务习题

(一)填空题

1. 桥梁支座必须具有足够的________，以保证安全可靠地传递支座反力。

2. 桥跨的自由变形主要表现在纵向和横向位移及________。

3. 摇轴支座通过摇轴的摆动来适应梁体的________需要，分为固定支座和活动支座。

4. 盆式橡胶支座中橡胶承压板用以传递支座反力和满足________的需要。

5. 球形钢支座主要由上支座板、下支座板、平面滑板、________、球面滑板等组成。

6. 铰轴滑板支座是在将原辊轴支座的辊轴部分取消，改换成________与不锈钢板之间的平面滑动，由此来满足支座的位移需要。

7. 摇轴支座使用时，其构造的最大纵向位移应满足摇轴倾斜角不大于________。

8. 支座要求排水良好，支座底板底面应略高于墩台或支承面 2～3 mm，并凿成________。

9. 支座支承垫石裂损，梁体存在“三条腿”或出现明显悬空现象可采用________的方法修补整治。

(二)选择题

1. 铸钢平板支座的活动支座上座板应设(　　)销孔，使梁能纵向伸缩。

A. 长圆形　B. 菱形　C. 正方形　D. 长方形

2.(　　)不是组成铸钢摇轴支座的部件。

A. 锚栓　B. 底板　C. 摇轴　D. 上、下摆

3. 钢梁桥不得采用(　　)支座。

A. 摇轴　B. 辊轴　C. 平板　D. 橡胶

4. 板式橡胶支座限于在线路坡度小于或等于(　　)的混凝土梁上使用。

A. 9‰　B. 7‰　C. 6‰　D. 8‰

5. 跨度 16 m 圬工梁的弧形支座，埋入桥台深度不得少于(　　)。

A. 400 mm　B. 250 mm　C. 300 mm　D. 350 mm

6. 铸钢弧形固定支座的上、下座板用(　　)固定。

A. 螺栓　B. 电焊　C. 板套　D. 销钉

7. 铸钢支座安装时活动支座纵向、横向中线错动量允许偏差量(　　)。

A. 1 mm　B. 1.5 mm　C. 2 mm　D. 3 mm

8. 辊轴的实际纵向位移是活动支座轴承座中心线与底板中心线间距离的(　　)。

A. 1/4　B. 1　C. 1/3　D. 1/2

9. 桥梁的活动支座禁止在辊轴和活动面上涂(　　)。

A. 石墨　B. 黄油　C. 机油　D. 油漆

10. 支座更换凿埋锚栓要求锚栓直径及埋入深度符合规定，位置偏差小于(　　)。

A. 1 mm　B. 3 mm　C. 5 mm　D. 10 mm

11. 支座下捣垫半干硬性砂浆时，将支座与梁临时联结，用千斤顶架空梁身，比实际需要标高要略抬高(　　)。

A. 1～2 mm　B. 3 mm　C. 2～3 mm　D. 4 mm

12.(　　)不是支座常见病害。

A. 辊轴或摇轴活动支座倾斜超限　B. 活动支座不活动

C. 支座上、下锚栓折断、弯曲、锈死　D. 小跨度的钢筋混凝土梁横向移动

(三)判断题

1. 支座是桥梁的一个重要部位，必须经常保持其良好的状态，发挥它的正常作用。(　　)

2. 跨度小于或等于 6 m 的简支梁可不设支座，采用高强石棉板等弹性垫板代替，并在两侧设支撑，防止梁横向移动。(　　)

3. 弧形支座下座板的顶面为一弧面，因而可增加位移量以适应梁端的位移。(　　)

4. 弧形支座通过上、下支座板之间的线接触传递梁体垂直力，通过销钉承受水平力。(　　)

5. 摇轴支座的固定支座由上、下摆组成，下摆的底面为平面，直接与墩台连接，支座只能转动，不能位移。(　　)

6. 弧形支座在使用过程中，经常发生由于弧形接触面接触应力过大被压平、转动不灵活或锚栓剪断的现象。(　　)

7. 板式橡胶支座由上、下座板及多层薄橡胶片与薄钢板粘结而成的橡胶垫组成，一般不分固定及活动支座。(　　)

8. 在复线桥上，第一线和第二线桥梁的同类型支座应安设在同一端。 ( )

9. 支座上摆锚栓折断、弯曲、锈死常用整治方法是更换上支座锚栓。 ( )

10. 支座下锚栓折断、弯曲、锈死可在支座底板旁斜向凿去部分混凝土，取出旧锚栓，更换新锚栓。 ( )

11. 支座捣垫砂浆整治与座板间缝隙小于 2 mm，深度小于 30 mm。 ( )

(四)简答题

1. 支座的作用是什么？
2. 简述盆式橡胶支座的构造组成。
3. 简述盆式橡胶支座滑动原理。
4. 盆式橡胶支座中钢衬板的作用是什么？
5. 简述固定支座安装原则。
6. 简述盆式橡胶支座技术标准。
7. 简述支座日常养护作业验收标准。
8. 简述更换下支座锚栓作业程序。
9. 支座更换安装的验收标准是什么？
10. 简述支座日常保养作业要点。

任务 3.2 墩台整修作业

桥墩和桥台是桥梁的重要组成部分。每座桥梁的墩台，是根据其上部结构的类型、跨径、地质、水文和地形地貌等情况来决定的。作用在桥梁墩台上的主力，恒载有结构自重、土压力、混凝土收缩及徐变的影响力、静水压力和浮力、基础变位的影响等；活载有列车活载、离心力、横向摇摆力动力作用、列车活载产生的土压力、人行道荷载等。附加力有列车制动力、风力、流水压力、冰压力、温度变化的影响等。特殊荷载有船只或漂流物撞击力、施工荷载、地震力。

墩台严重裂损，可采用修补、灌浆、表面封闭、加固等办法处理。墩台倾斜、下沉、冻害等病害，可采用地基加固、加深或扩大基础底面、台后换填、卸载等办法处理。病害严重、危及行车安全、整治处理不经济的梁拱及墩台，应进行更换或改建。

3.2.1 墩台基础知识认知

1. 桥墩结构组成及特点

桥墩主要由顶帽、墩身、基础三部分组成(图 3.2.1)。

(1)桥墩的类型

①重力式桥墩：重力式桥墩也称实体桥墩，按截面形式主要有矩形桥墩、圆端形桥墩及圆形桥墩。

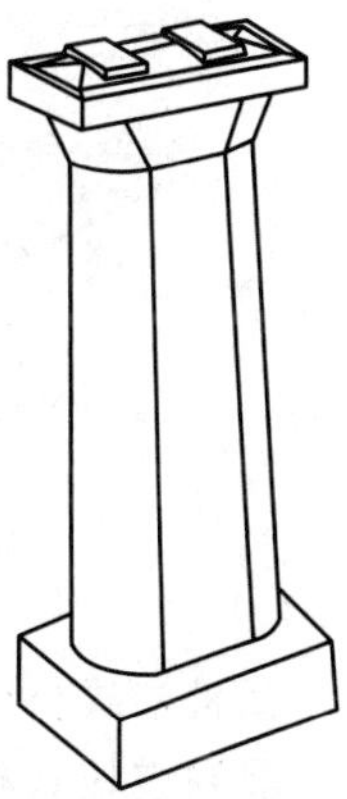

图 3.2.1 圆端形桥墩

②轻型桥墩：空心桥墩、桩柱式桥墩及双柱式桥墩。

③柔性桥墩：刚架式、排架式、板壁式。

(2)桥墩的构造

①顶帽

顶帽的类型有飞檐式和托盘式两种。它的作用是安放支座,将桥跨传来的集中压力均匀地分散给墩身;另外顶帽还要有一定宽度以满足架梁施工和养护需要。

②墩身

实体墩身可根据材料供应情况采用混凝土或石砌圬工,严寒地区宜采用整体灌注混凝土墩台,墩身混凝土强度等级不应低于C30。

2. 桥台结构组成及特点

(1)桥台的类型

桥台类型主要由台后填土高度、桥梁跨度、地质、水文及地形等因素决定。桥台主要由台顶、道砟槽、台身、基础四部分组成。

①重力式桥台:重力式桥台也称实体桥台,主要有T形桥台(图3.2.2)、耳墙式桥台、U形桥台和埋式桥台。

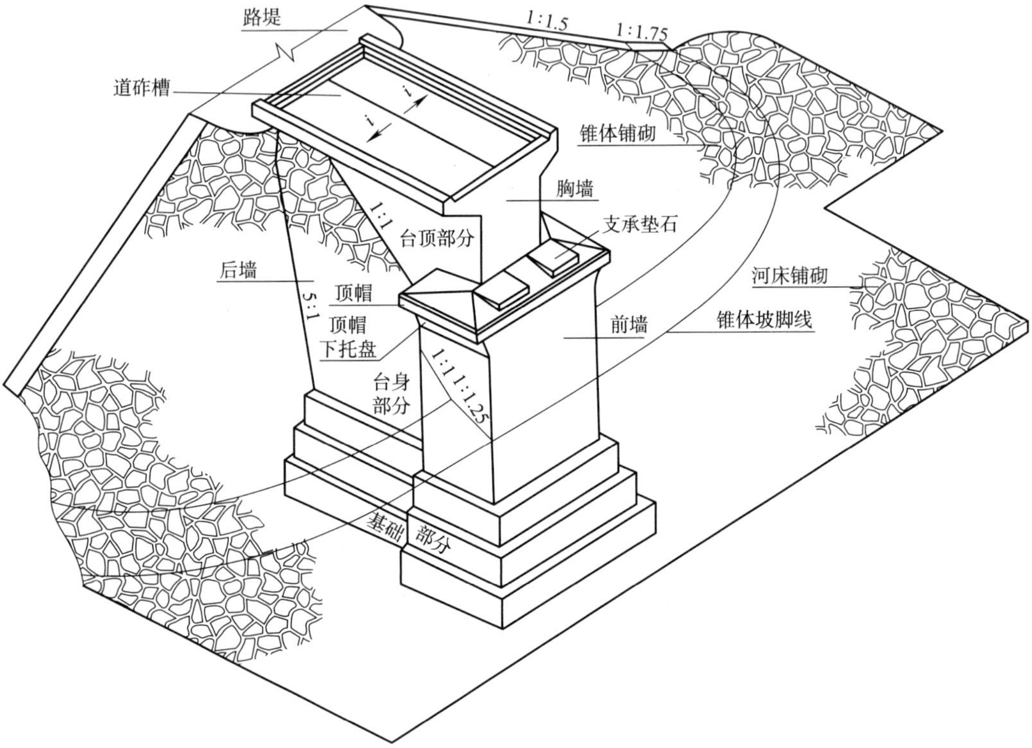

图3.2.2　T形桥台

②桩柱式桥台:是一种桩基式轻型桥台。

③锚定板式桥台:在台后设置锚定结构承受土压力。

(2)桥台的构造

①台顶道砟槽

道砟槽是用来铺放道砟或承托轨枕、钢轨等结构的,道砟槽的两侧及前墙有挡砟墙,以防止道砟向外坍落;为防止雨水渗入台顶圬工,道砟槽顶面应有流水坡和防水层设置;台顶道砟槽两侧应设置与桥跨一致的作业通道。

②顶帽

桥台顶帽的作用和构造与桥墩的顶帽基本相同。

③桥台长度

桥台长度是指桥台胸墙前缘到台尾的距离,也是道砟槽的长度,它是根据填土高度及有关规定确定的。

④台身

台身的截面形式通常是桥台命名的依据。桥台后墙背部常做成后仰的形式,使台身的底部重心前移,以减少台身背后土压力。

⑤台后排水

桥台侧墙间应填透水性良好的土,如砂性土或砂砾。U 形桥台背后是空的,为了排除桥台前墙后面的积水,应在侧墙间略高于高水位的平面上,铺一层向路堤方向设有斜坡的夯实黏土作为防水层,并在黏土层上再铺一层碎石,将积水引向设于桥台后路堤的盲沟内,将水排向路基外,如图 3.2.3 所示。

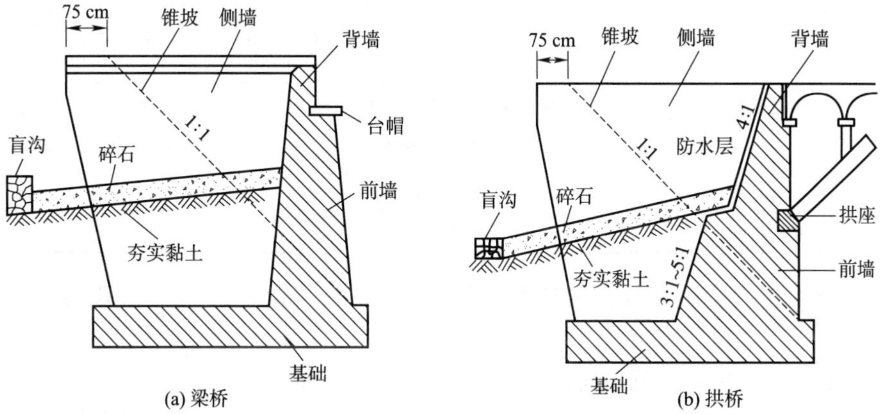

图 3.2.3　重力式 U 形台台后排水

3. 墩台技术标准

(1)墩台伸缩缝

墩台上相邻钢筋混凝土梁间、梁端与桥台挡砟墙间的间距,应能保证梁体自由伸缩,一般梁跨小于等于 16 m 时为 6 cm,梁跨大于 16 m 时为 10 cm。梁端及两片主梁中间的缝隙均应设有挡砟盖板,防止道砟流失。拱桥跨度大于 10 m 的混凝土边墙或跨度大于 15 m 的石砌边墙,应在拱脚附近设置温度伸缩缝,相邻孔的拱上刚架及刚架与墩台间也应设伸缩缝,缝宽一般为 1.0～2.0 cm。并线桥梁梁间无法设置作业通道时,梁间应设置盖板。梁端步行板缝隙应根据需要设置钢步板,并在一端固定。

(2)墩台防排水要求

桥台顶面可能被积水渗入的处所,均应铺设防水层。若发现圬工体表面有湿润渗水、流锈水白浆时,应查明防水层状态,如有破损应进行修理,必要时予以更换或增设。防水层应采用耐久性好的新型材料和 C40 纤维混凝土保护层,厚度不小于 4 cm。

(3)桥墩台防撞措施

运营桥墩受船、筏、漂流物撞击、磨损或受冰压力等作用时，在外力作用高度以下，不宜采用空心墩。桥墩有可能受到汽车撞击且影响行车安全时，应对桥墩采取防撞、加固防护等措施。位于水库、江河中的桥梁，其墩台不足以承受冰压力时，应在冬季结冰期进行破冰工作。

(4)桥梁墩台标准

圬工墩台应具有要求的强度、刚度、抗渗、耐久性和整体稳定性，并经常保持状态良好。如发现下列状态，应有计划地安排处理：

①桥涵修理用素混凝土、砌体所用材料和适用范围应符合《铁路桥涵混凝土结构设计规范》(TB 10092—2017)的规定。采用整体灌注混凝土墩台，混凝土强度等级台身不低于C30，基础不低于C30。石砌体应采用不易风化的石料，处于浸水和潮湿地区的石砌体，主体工程用石料的软化系数应不低于0.8。

②混凝土保护层中性化大于25 mm。

③圬工墩台恒载裂缝宽度大于表3.2.1规定的限值。

表3.2.1 墩台恒载裂缝宽度限值

类型	裂缝部位		最大裂缝限值(mm)
墩台	顶帽		0.3
	墩身	经常受侵蚀性环境水影响	有筋0.2,无筋0.30
		常年有水但无侵蚀性	有筋0.25,无筋0.35
		干沟或季节性有水河流	0.4
	有冻结作用部分		0.2

④相邻跨梁端或梁端与桥台胸墙间顶紧，或相邻跨作业通道栏杆顶紧，影响梁跨自由伸缩。

⑤意外事故造成墩台混凝土局部溃碎或钢筋变形、折断。

⑥有流冰的河流，在墩台前应设有破冰棱和其他防冰设施。破冰设备可附在墩身上或单设。单设时破冰棱的结构形式，视水流流向与墩台交角而定，破冰棱尾端距墩台一般为2～8 m。如流冰量较大，可在破冰棱前30～50 m处设置前哨破冰棱，其数量为墩台数的1/3～1/2。

3.2.2 墩台日常养护、维修作业

1. 墩台的养护维修要点

(1)墩台表面应保持清洁，及时清除青苔、杂草、荆棘和污渍。

(2)桥梁建成一年内每半年，其后每年应对墩台混凝土进行一次裂缝观测，对发现的裂缝应该观测其长度和宽度，记录其位置。对裂缝宽度大于0.20 mm者，应观测裂缝的深度。

(3)由钢筋混凝土建造的墩台，如圆柱式墩台、双臂式墩台和肋式墩台等，应该特别注意保持混凝土表面的完整性。发现钢筋锈蚀、混凝土表面发生侵蚀剥落、蜂窝麻面等病害，应及时将病害和其周围凿毛洗净，用高强度水泥浆或环氧砂浆抹平。

2. 墩台裂缝分析

常见墩台裂缝分析见表3.2.2。

表 3.2.2　常见墩台裂缝分析

裂缝类型	发生位置及特点	原因分析	图　示
网状裂缝	多发生在常水位以下墩身向阳部分，裂缝呈网状，裂缝宽度 0.1～1.0 mm，深 1～1.5 cm，长度不等。网状裂缝较细且发生在墩身表面	由于混凝土内部水化热和外部气温的温差，或由于气温变化和日照影响产生的温度拉应力，以及混凝土收缩而引起	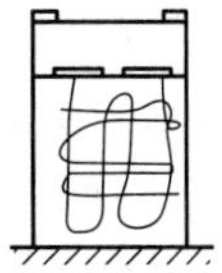
水平裂缝	桥台翼墙与前墙连接处	一般是由于墙间填土不良、冻胀或基底承载力不足引起不均匀下沉或外倾而开裂	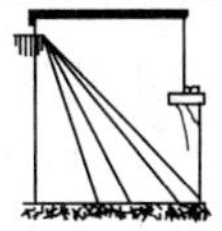
	墩台身的水平裂缝。裂缝有的在桥墩两侧，有的四周贯通，列车通过时有开合现象	桥墩截面偏小，特别是高墩，在活载作用下边缘产生拉应力造成水平裂缝；由于混凝土灌注时接缝处理不良造成	
	T 形桥台、墩身托盘与台颈、墩颈处水平裂缝	一般是由于托盘与墩台身接茬处施工不良，接缝处理不当所致	
	圆端形桥墩墩帽中间裂缝，裂缝在平面上顺桥梁中心线贯通墩身沿支承垫石呈放射状并向下垂直延伸，多发生在跨度支承反力大的墩帽上	主要由于局部应力所致。因上部结构通过支承垫石集中传力而使其他部位产生拉应力	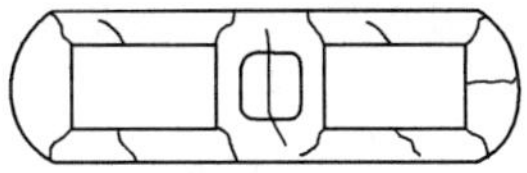
竖向裂缝	从基础向上发展至墩台身的裂缝。多发生在墩身的长边横桥向中点附近，裂缝下宽上窄，双线多发生在墩台中间部分	主要是由于基础下土层松软或不均匀沉降	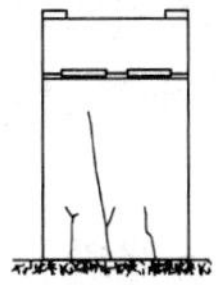
	支承垫石开始从上而下发展的裂缝	由于墩台帽在支承垫石下未布钢筋网或受过大冲击力	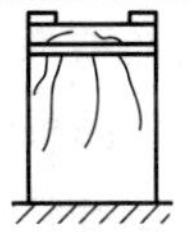
	在墩身上、下游两侧对称，上宽下窄随活载发展，有时能将桥墩分为两部分	由于相邻两孔的固定支座同一桥墩上或活动支座失效，在支座下产生较大摩擦力使支承垫石产生拉应力	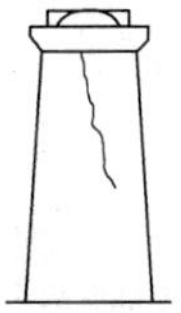
	圆形桥墩支座上裂缝，裂缝从支承垫石边发展到墩帽边缘折而向下，在墩身颈缩处合二为一向下延伸，多发生在跨度大、反力大的墩帽上	主要为施工养护不良，混凝土未达到强度而过早架梁或偏心受压	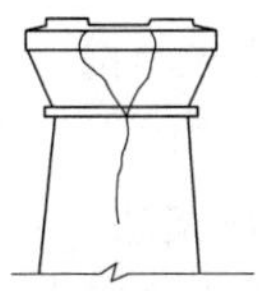
	墩身向上、下发展	偏心受压所致	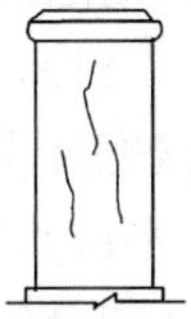
	挡砟墙上产生的自上而下的裂缝	多由于挡砟墙上存在钢轨接头、吊板或挡砟墙状态不良	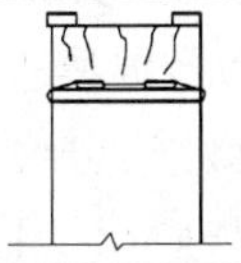

3. 墩台裂缝的常用整治措施

(1)网状裂缝为非受力裂缝,对墩台本身应力无较大影响,采用防水材料涂装封闭即可,在墩台顶部或容易积水处,为防止因冻胀而使裂缝逐渐扩大,可以用环氧树脂砂浆修补。

(2)对不影响墩台安全的裂缝,若裂缝宽度小,已趋于稳定,未上下贯通或左右对称,过车时无明显张合现象,经分析不影响墩台安全时,可用环氧树脂砂浆修补或压注浆液进行整治。

(3)对继续发展且宽度较宽,上下贯通,左右、前后对称,过车时有张合现象的受力裂缝,应找出裂缝发生的原因,采取有效的加固措施。

(4)对有急剧发展、张合严重、缝口错牙、影响承载能力、危及行车安全的裂缝,应立即采取措施保证行车安全,再查明原因进行加固或技术改造。

4. 墩台裂缝整治作业

(1)填缝

用1∶2.5或1∶3水泥砂浆填入砖石结构裂缝,进行简单处理。填补对结构的美观和耐久性起作用,但并不增强结构的强度。

(2)表面涂抹

用水泥砂浆、水泥浆或环氧等聚合物水泥砂浆涂料,涂在裂缝部位混凝土表面进行封闭修补。

(3)表面粘贴修补

用粘结剂将纤维布或钢板等材料粘贴在裂缝部位的混凝土表面上封闭裂缝。

(4)凿槽修补法

沿混凝土裂缝做一条深槽,然后在槽内嵌补环氧等聚合物水泥改性砂浆、改性沥青等化学补强剂进行修补。

(5)表面喷浆

在凿毛处理的裂缝表面,喷射一层密实且强度高的水泥砂浆保护层来封闭裂缝。根据裂缝部位、性质和修理要求,可分为无筋素喷浆或挂网喷浆等方法。

(6)钢围箍加固法

对墩身竖向开裂,如果是基础不均匀沉降所引起,且沉降还未停止,应先加固地基,再用泥浆或砂浆灌缝封闭,然后采用箍筋作为钢箍以控制裂缝的开展,如图3.2.4所示。箍筋可以是扁钢或者其他钢材制品。这种方法对提高桥墩横向刚度的作用是很有限的。

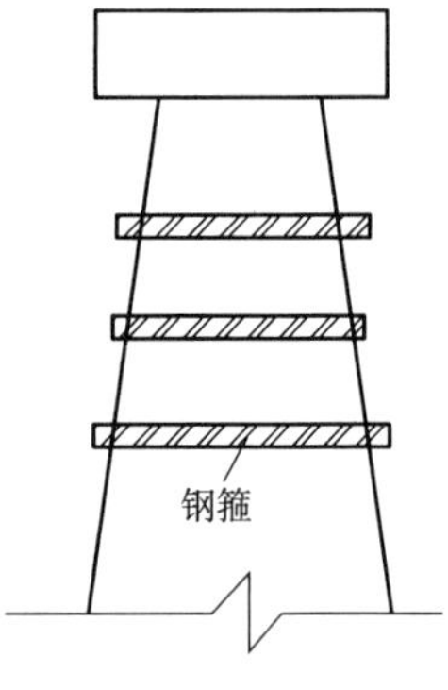

图3.2.4　桥墩钢箍加固

(7)压浆法

压浆法是通过施加一定的压力,将某种浆液压入结构物内部裂缝中去,以封闭裂缝,恢复并提高结构的耐久性和抗渗性,一般适用于裂缝宽度大且深入结构内部的情况。压力灌浆材料可以是纯水泥浆、水泥砂浆、黏土砂浆或者环氧树脂胶等水泥砂浆材料。压力灌浆法的具体作业要点见项目2。

5. 墩台混凝土缺陷修补作业

(1)微细(裂纹宽小于0.15 mm)而数量较多的裂纹。一般可不作修补,必要时可涂两层树脂涂料进行封闭。

方法：用钢丝刷除去裂纹附近表面污垢灰尘，并用丙酮擦洗，待干后涂刷防水涂料，第一层硬化后再涂第二层。

(2)裂纹宽大于 0.15 mm 且小于 0.3 mm 时，先沿裂纹凿一条外口宽 20 mm、深约 7 mm 的 V 形槽。

方法：检查裂纹宽度、确定凿缝长度(要大于裂纹长度)、凿缝、将缝内碎渣粉尘清擦干净，圬工表面用丙酮擦净(如用水冲洗则必须待混凝土表面完全干燥)；拌和环氧树脂砂浆等聚合物或水泥砂浆，应在浅盘中拌制，一次拌和不得过多，以能在半小时内用完为宜，各种材料加入后，必须迅速搅拌均匀；在凿成的槽内涂环氧树脂涂料或纯水泥浆一层，厚度约 0.2 mm，勾缝填满砂浆、压实、抹光；检查质量，清洗工具、容器。

(3)裂纹宽大于 0.3 mm 时，沿裂纹凿一条外口宽约 20 mm、内口宽约 6 mm、深约 15 mm 的梯形槽，修补办法同(2)。

(4)修补圬工裂损。对墩台表面风化脱落破损、墩台顶面支座周围空响积水等进行修补作业。

方法：凿除损坏的旧混凝土，对外露钢筋除锈涂装，清除表面遗留灰屑；拌和环氧粘结剂及环氧混凝土(或其他修补材料)。将凿除的表面，先涂一层约 0.2 mm 的粘结剂后用环氧混凝土补平压光，如补修较大面积的破损可立模板，以防止环氧混凝土下坠，模板表面涂一层二丁酯以便拆模；质量检查，清洗工具、量具。要求新旧圬工联结牢固、平整、无飞边、无空响，补修平整，有排水坡度。

(5)石砌圬工砌缝裂纹、灰缝失效、空响时，采用捣缝整治。

方法：将不良灰缝或裂缝处凿成宽 20～30 mm、深为 200～400 mm 的缝，洗净，刷上水泥浆后用干硬水泥砂浆将缝层捣实。如缝太宽或有较大空洞，可用小石填塞，个别处可用两端带弯钩的钢筋埋入缝中加强。缝的表面用 M10 水泥砂浆勾缝。如果裂缝有张合现象，整治时应卸载。

(6)墩台有断裂贯通的裂缝时，用钢筋混凝土套箍后压浆。

(7)作业质量验收标准：

修补面要彻底清理并凿毛，松散物要清除干净；聚合物砂浆的拌制要严格按拌和工艺操作，称量准确；修补后，应特别注意覆盖并洒水养生，一般不少于 7 d；检查修补处是否空响，若空响，则该处修补材料粘结不良，应凿除重新修补。

3.2.3　桥台变形修理作业

当桥台变形时，应查明原因，采取针对性措施进行修理。

(1)由于台背填土遇水膨胀而变形时，应该挖去膨胀土，检修排水设施，修好损坏部位。

(2)由于冻胀原因，应该挖去冻土，填以矿渣、砂砾等，并封闭表面以防止渗水，修好损坏部位。

(3)属于砌筑不良的，应该凿去或拆除变形部分，重新砌筑或浇筑。

(4)由于砌筑填缝不实，台身有空洞的，可在空洞部位附近，开凿通眼，以压浆机压注水泥浆或环氧树脂修补。

(5)设计考虑不周或施工不良，梁式桥台背土压力过大时，会造成桥台向桥孔方向移位。此时应该仔细了解观察病害情况，分析原因。通常的办法是挖去台背填土，更换内摩擦角大的填料，以减小土压力，如图 3.2.5 所示。当病害严重时，还需要根据实际情况增加其他措施，如加厚桥台前墙、耳墙及添设锚板等，如图 3.2.6 所示。

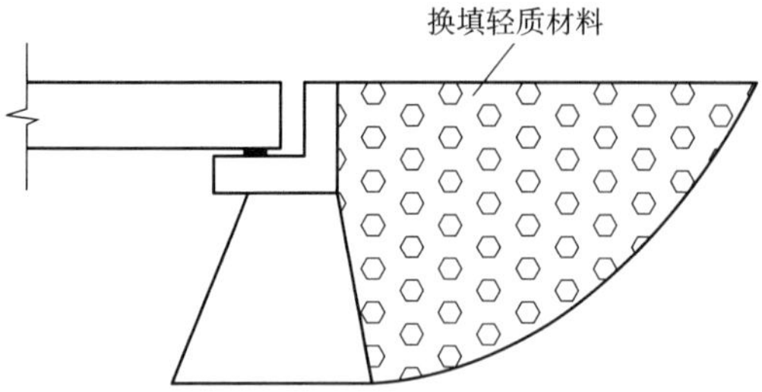

图 3.2.5　减轻荷载法降低桥台后土压力加固法

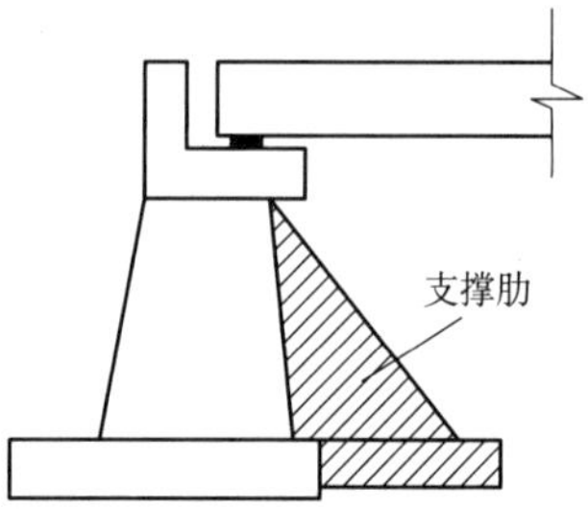

图 3.2.6　增加支撑加固法

(6)桥台锥体护坡的浆砌片石长期受大气影响、雨水侵蚀，甚至人为破坏而发生灰缝脱落、局部片石损坏时，应及时重新勾缝更换。更换时应注意结合牢固，色泽和质地与原砌体基本一致。

(7)桥墩台帽顶的纵向排水坡应该完好，利于排水；不得在其上堆放杂物，不得有积水、积渣。

(8)桥梁建成三年内每半年、三年后每年应检查墩台有无位移、倾斜、下沉，测量它们在纵向、横向及竖直方向的位移，并做好记录。因此，应设永久性测量标志。

3.2.4　墩台积水整治作业

1. 墩台顶积水整治作业

采用凿排水槽或做流水坡的方法整治墩台顶排水不良和翻浆。

(1)作业要点

根据现场病害情况在墩台顶面放线；按照放线情况凿排水槽或流水坡；清除碎渣、冲洗粉尘；在新凿圬工表面涂刷一层纯水泥浆；根据工作量拌制砂浆，砂浆拌和均匀，按凿除情况补抹砂浆；砂浆等级不得低于 M10，表面压光抹实、坡度正确、棱角分明；排水畅通，养护不少于 7 d。

(2)作业质量验收标准

①碎渣、粉尘清除干净，水泥浆涂刷均匀，无离析及没有干灰砂存在的现象。

②墩台顶面流水坡不小于 3%。

2. 增设疏通泄水孔

桥台盲沟堵塞，造成桥台正面或侧面渗水、渗浆而暂时又无法进行盲沟大修。

①作业要点

a. 检查渗漏部位，在渗漏严重的部位下边选定凿设泄水孔位置。

b. 按外低内高进行打眼凿眼，其坡度不小于 3%，孔眼大小合适，深度要贯通内部，孔眼根部尽可能作好过滤层。

c. 安设排水铁管，伸出墙外不少于 15 cm，安装牢固。

d. 对旧有排水管用钢钎进行疏通。

e. 用环氧砂浆或乳胶水泥，对嵌入铁管进行固定，做到衔接平顺、排水畅通。

f. 对圬工裂缝因排水不良出现的流白浆部位，勾缝或抹面。

②技术标准和质量要求

新增排水孔位置正确；排水良好；旧有排水孔疏通彻底；渗漏部位勾缝抹面处理后，无继续渗漏现象。

3.2.5　临时性墩台作业

1. 墩台临时加固方法

墩台局部损坏严重影响行车安全，在没有彻底修理前，应该进行临时加固。

(1)拉杆加固桥台外倾翼墙

用拉杆横穿桥台翼墙和填土部分，拉杆直径一般为 25～30 mm，两端均上双螺帽，螺帽下应设加宽垫板，如图 3.2.7 所示。

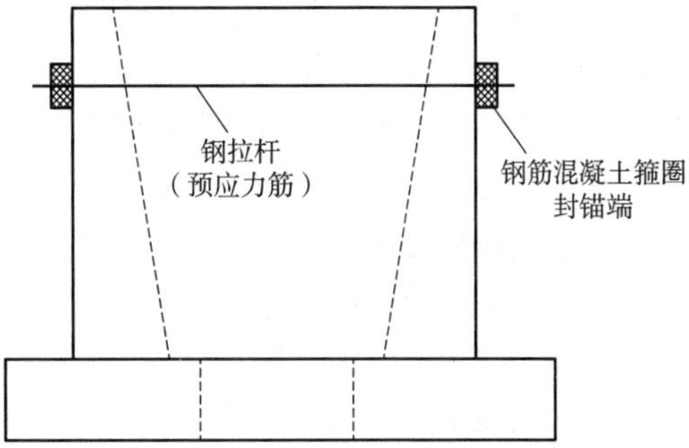

图 3.2.7　拉杆加固

(2)钢轨骨架加固桥台前墙

前墙埋锚栓锚固竖直钢轨，然后开挖护锥，并在桥台后面挖一条横沟，装上横杆，并用调整螺栓拉紧，回填桥台后横沟，恢复护锥。

(3)安装数圈钢轨箍加固桥墩

钢轨箍间距 0.4～0.7 m，在纵桥墩曲线部位，钢轨箍应有拉紧设施。

(4)减载

例如增设排架，设置纵、横向扣轨减轻原有墩台载重等。

2. 枕木垛作业

(1)枕木垛类型

枕木垛墩台承压面积大，结构简单，施工方便。但也有不少缺点，使用木料多，下沉量大，容易发生火灾，易遭洪水破坏，如图 3.2.8 所示。

图 3.2.8　枕木垛

①枕木垛桥墩。当墩高小于 3 m(约 19 层)时，枕木垛平面做成 2.5 m×2.5 m，纵横向均由 4 根枕木搭成；高度在 3～6 m(由 20 层至 38 层)时，横向加宽至每层 8 根以增加横向稳定。枕木垛越高，缺点越明显，故一般以不超过 6 m 为宜，但抢修时也有用 10 m 以上的。

②枕木垛桥台。当枕木垛高度小于 3 m 以及梁跨小于 12 m 时，垛体横向宽 2.5 m，纵向长度以锥体坡脚不伸出为止；高度在 3～4 m 及梁跨在 20 m 以下时，垛体前端横向加宽为每层 8 根；高度在 4～6 m 时，可将枕木垛搭成台阶形。枕木垛中最好填以石料，台帽以上枕木垛纵、横枕木交叉处应钉道钉防止移动。

(2)枕木垛标准

①枕木垛搭设时应选择高度一致和顺直的枕木，保证接触面平整，不得用腐朽和轻质的枕木，且不平的枕木应削平。

②基底应平整并夯实，地层软弱处应用片石或碎石填平。浅水地基可用片石或草袋装砂土填出水面，地基各边应较基础至少宽 0.5 m。最底一层枕木应满铺，各层间用扒钉钉成八字

形互相联结。

③上、下层枕木排列纵横交替，纵层与横层的枕木都要上下对正，不得悬空，空隙用木片垫平塞紧，最上一层枕木要与桥梁中线垂直以便架梁。每层枕木应预留 1 mm 的下沉量。行车初期要细致检查，随时用木垫加以垫平。

(3)搭设作业要点

①最底层密铺(基础为石层者除外)，以增加承压面积。

②搭设时，可用枕木垛设计高度除以枕木厚度，算出枕木层数。层数为双数时，底层枕木纵放(顺桥方向)；为单数时，底层枕木横放(垂直桥方向)。

③上、下层枕木纵横交错铺设，上、下层枕木应上下对正、不得歪斜，每层保持水平，各层间应密贴，空隙用木板垫好塞紧，每处只能垫一块，垫板应选用较好材料，厚度为 5～15 mm，长×宽为 15 cm×10 cm。抢修时最高搭到 70 层(11.2 m)，必须限制行车速度为 25 km/h。

④枕木垛应垂直，枕木垛过高时，要在四周加斜木撑。

⑤枕木接长时，每端至少搭接 0.5 m，如图 3.2.9(a)所示；两根枕木对接时，要在侧面加一根帮木，如图 3.2.9(b)所示。

(a) 搭接　　(b) 对接

图 3.2.9　搭接与对接

⑥枕木垛上、下层枕木相交处及同枕木搭接处要用 ϕ12 mm、长 240 mm 的扒钉互相连接，扒钉应钉成八字形以防止互相滑动或松动，如图 3.2.10 所示。

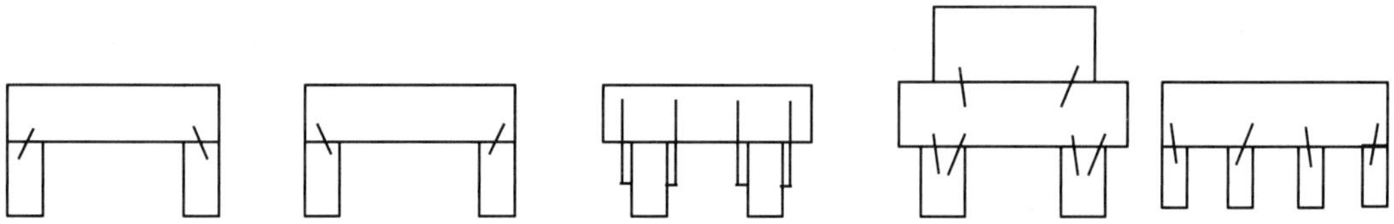

(a) 正扒　　(b) 反扒　　(c) 导向脚扒钉　　(d) 上、下相叠

图 3.2.10　搭设示意图

⑦枕木垛应预留沉落量，每层 1～3 mm。铺设时若标高不合适，可采取垫入 1～2 层厚为 5 cm 以上的木板调整，如搭到顶层发现标高不合适或方向不对(顶层应横放)时，可同向叠放进行调整，枕木立放时，应两根并成一根，如图 3.2.11 所示。

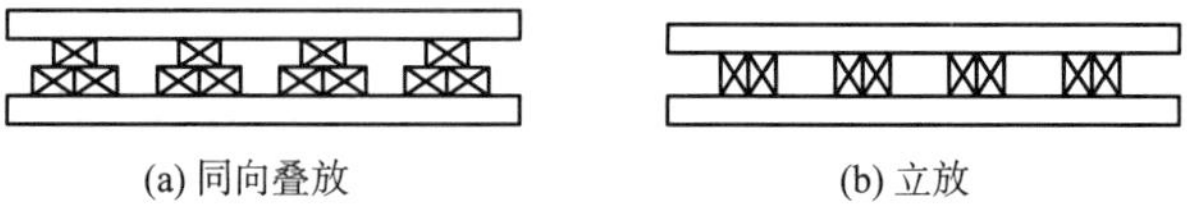

(a) 同向叠放　　(b) 立放

图 3.2.11　枕木叠放

⑧枕木垛的方向一般应与线路正交。斜交时，交角不得超过 20°。

3.2.6　翻修桥梁锥体护坡作业

桥梁锥坡指的是为了保护桥头路堤的稳定，保护桥台、路堤边坡不受冲刷，在桥涵与路基相接处修筑的锥形护坡。锥坡横桥方向的坡度应与路堤边坡一致，顺桥向坡度应根据高度、土质情况，结合淹水情况和铺砌与否来决定。因此，桥台的主要作用是加强桥台和路堤的连接，同时保护桥台和桥头路基。

1. 锥体结构特点

为保证桥台与路堤的连接，台尾上部伸入路肩最少 0.75 m，锥体距支承垫石后缘不小于 0.3 m，如图 3.2.12 所示。锥体填土的护坡通常在设计水位加 0.25 m 以上部分是采用单层干砌片石（0.25 m 厚）并加设碎石反滤层，以下部位按实际流速确定，实际流速大于 3 m/s 时采用浆砌片石，实际流速小于 3 m/s 时可采用 0.35 m 厚的干砌片石。坡脚采用砂浆砌片石作基础，置于一般冲刷线以下。

当桥台护锥冲坍、冲毁、严重破损时需进行整修。

2. 整治作业要点

(1)拆除旧护锥：拆除旧护锥上的片石，清理平整坡面。

(2)放线：准确放、挂基础线和坡度线。

桥头锥体护坡（又叫圆包头），其坡脚一般是一椭圆曲线，桥头锥体底部为 1/4 椭圆形。根据护锥高度，按纵坡（顺线路方向的坡度）和横坡（垂直线路方向的坡度），推算出椭圆曲线的长半轴 a、短半轴 b，然后经过计算或绘图再进行放样，如图 3.2.13 所示。

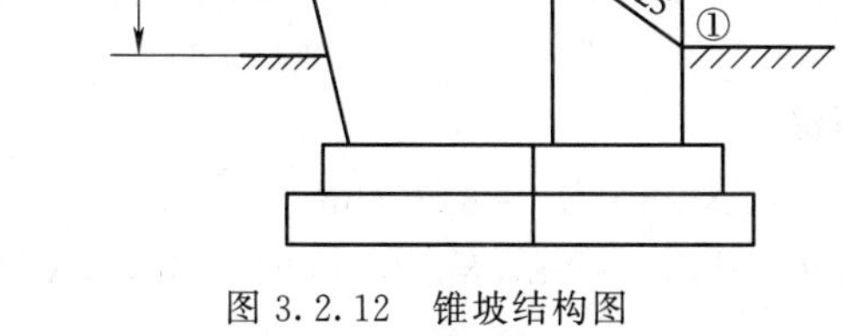

图 3.2.12　锥坡结构图

注：①—锥坡与桥台前墙交点；②—锥坡与路基交点；③—路基与桥台后墙交点。

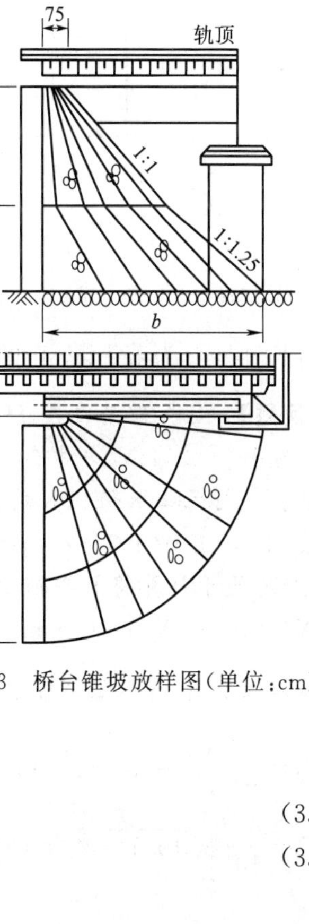

图 3.2.13　桥台锥坡放样图（单位：cm）

椭圆长、短半轴计算公式为

长半轴：
$$a = mH + (W_b - W_t) \quad (3.2.1)$$

短半轴：
$$b = nH + 0.75 \quad (3.2.2)$$

式中　H——护锥高度(m)；

m——护锥边坡横向坡度，当 $H \leqslant 8$ m 取 $m=1.5$，$H>8$ m 取 $m=1.75$；

n——护锥边坡纵向坡度，当 $H \leqslant 6$ m 取 $n=1$，$H>6$ m 取 $n=1.25$；

W_b——1/2 标准路基顶面宽度＋加宽值(m)(在直线上或曲线内侧时不加宽)；

W_t——1/2 桥台宽度(m)；

0.75——桥台上部伸入路堤之值。

①纵横等分线相交法

这种方法是桥头锥体护坡放样最简单、方便的方法。有了锥体高度纵坡及横坡的坡度，就可直接放出锥体的坡角线。

如图 3.2.14 所示，首先计算出长半轴 a 和短半轴 b 的值。以桥台尾部为准，在垂直于线路方向量取 $OA=a$，由 A 点量取 $AC=b$，使 AC 垂直于 OA，连接 CB 和 BO，使之成长方形 $OABC$。将 AC 和 BC 等分成相同的等分，并将各等分点如图所示编号。连接 $A7$ 线与 $1'6$ 线交会于Ⅰ点，$1'6$ 和 $2'5$ 交会于Ⅱ点，$2'5$ 与 $3'4$ 交会于Ⅲ点，$3'4$ 与 $4'3$ 交会于Ⅳ点，$4'3$ 与 $5'2$ 交于Ⅴ点，$5'2$ 与 $6'1$ 交会于Ⅵ点，$6'1$ 与 $7'B$ 交会于Ⅶ点，将Ⅰ、Ⅱ、Ⅲ、Ⅳ、Ⅴ、Ⅵ、Ⅶ点连成光滑曲线即为坡角线。

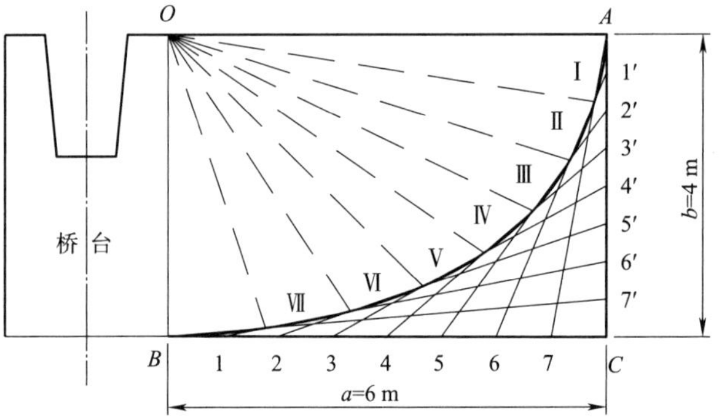

图 3.2.14　纵横等分线相交法

②支距法

将长轴划分为若干等份，即 $x_i=a\dfrac{1}{i}$，代入椭圆方程计算 y_i，则各点支距为 $z_i=b-x_i$。

【例题】　已知路基高度 $H=6$ m，该护锥纵坡 $n=1$，横坡 $m=1.5$，路基半宽 $W_1=3.2$ m，桥台半宽 $W_2=2.1$ m，求护锥各点支距。

解：(1)将已知数值代入式(3.2.1)、式(3.2.2)得

$a=1.5\times6+(3.2-2.1)=10.1(\text{m})$　　　　$b=1\times6+0.75=6.75(\text{m})$

(2)为便于计算将长半轴 a 整数部分分为 5 等份，则 $X_1=2$ m，$X_2=4$ m，$X_3=6$ m，$X_4=8$ m，$X_5=10$ m，$X_6=10.1$ m。

将以上 X 值代入公式 $Y=\dfrac{b}{a}\sqrt{a^2-X^2}$，可得

$$Y_1=\frac{6.75}{10.1}\sqrt{10.1^2-2^2}=6.62(\text{m})$$

$$Y_2=\frac{6.75}{10.1}\sqrt{10.1^2-4^2}=6.20(\text{m})$$

$$Y_3=\frac{6.75}{10.1}\sqrt{10.1^2-6^2}=5.43(\mathrm{m})$$

$$Y_4=\frac{6.75}{10.1}\sqrt{10.1^2-8^2}=4.12(\mathrm{m})$$

$$Y_5=\frac{6.75}{10.1}\sqrt{10.1^2-10^2}=0.95(\mathrm{m})$$

$$Y_6=\frac{6.75}{10.1}\sqrt{10.1^2-10.1^2}=0$$

(3)Y 值算出后，用短轴长 b 依次减去 $Y_1 \sim Y_5$，即得各点支距为

$Z_1=6.75-6.62=0.13(\mathrm{m})$

$Z_2=6.75-6.20=0.55(\mathrm{m})$

$Z_3=6.75-5.43=1.32(\mathrm{m})$

$Z_4=6.75-4.12=2.63(\mathrm{m})$

$Z_5=6.75-0.95=5.80(\mathrm{m})$

$Z_6=6.75-0=6.75(\mathrm{m})$

如图 3.2.15 所示，绘制锥坡放样图。其中 O 点为图 3.2.15 中路堤上点投影“圆心”，A 点为桥台前墙与锥坡在地面上交点，Z_1、Z_2、Z_3、Z_4、Z_5、$Z_6(B)$点为桩位点。

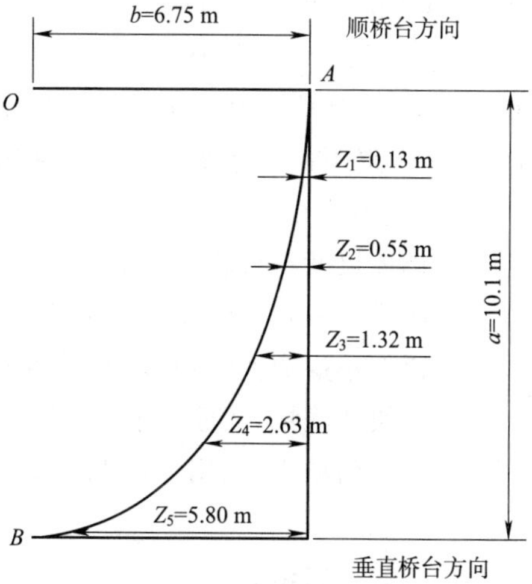

图 3.2.15　锥坡放样图

(3)挖基础：基础深度在冻结线下小于 0.25 m，并应考虑冲刷深度(由技术人员设计确定)，做碎石垫层 100～150 mm，底层块石大面向下。片石表面和侧面凹凸不超过 10 mm，侧面棱角及凸出部分必须打掉。拌和 M10 水泥砂浆和强度等级为 32.5 MPa 的水泥砂子，使其重量比为1∶4，体积比为 1∶3，砂浆拌和要均匀。按设计尺寸、质量要求浆砌基础。

(4)夯实坡面：锥坡内填渗水性较好的土。

(5)砌浆坡面：砌筑顺序自下而上，分层进行。每隔 70～120 cm 为一层，大致抄平一次；浆砌坡面时要留泄水孔，泄水孔要内高外低，以利排水。每 2 m 左右间距用 ϕ50 mm 圆棒插入砌体，初凝时拔出，内壁做过滤层；片石要在砌筑前整修好，不准在已砌好的砌体上敲打，砌筑前先将片石湿润，以免吸收砂浆中水分。不得使石块无砂浆直接接触，禁止干填石料后灌砂浆。

(6)勾缝抹面：砌缝中的砂浆要清除，其深度不小于 3 cm，用水刷洗后再勾凹缝或平缝。顶部抹面厚度不小于 2 cm。

(7)覆盖养生：在收工和完工时，必须将砌体用湿草袋覆盖，前 7 d 内要经常浇水，保持湿润。

(8)清理场地：将翻至河床内的土石方彻底清理干净。

3. 作业质量验收标准

(1)浆砌料石或块石

①砌体尺寸、砂浆等级符合设计要求，石质无风化、裂纹，耐久性、抗冻性符合要求。

②旧圬工损坏部分清除彻底、清洗干净，并且砂浆抹平，新旧圬工联牢。

③分层砌筑，丁顺相间，石块间砂浆饱满密实，无松动及空隙。

④缝宽块石不大于 20 mm，料石 10～15 mm，垂直灰缝无贯通，错缝间距离块石不小于 80 mm，如有超限，每 10 m^2 不超过 3 处。

(2)浆砌片石

①砌体尺寸、砂浆等级符合设计要求，石质无风化、裂纹、水锈、泥土，清洗干净。

②基底符合设计要求，岩石基底表面无风化及松软土石。非基底夯实平整，表面无浮土杂物，土质基底铺有砂石垫层。

③分层填筑(每层约 1 m 左右找平)，大面向下咬接密实，石块间砂浆饱满，缝宽不大于 40 mm，不小于 20 mm，垂直无空缝，错缝距离不小于 80 mm，三块石料相砌，内切圆不大于 70 mm，灰缝下限处所每 10 m^2 不超过 5 处。

(3)干砌片石

①砌体尺寸符合相应要求。

②石质无风化、裂纹，片石中部厚度不小于 15 cm。

③碎石垫层夯实平稳，厚度不小于 10 cm。

④大块在底层，大面向下、咬接密实、支垫稳固。

⑤砌石面坡平顺，用 2 m 弦线丈量凹陷矢度不超过 50 mm。

(4)勾缝

①勾缝无脱落。

②勾缝深度不小于 30 mm，新旧缝相接良好，砂浆符合规定，勾缝压实，断道空响处所不超过 5%。

(5)铁线石笼

①铁线石笼断面、长度、材料符合设计要求，网格不大于 14 cm×18 cm，双扣拧紧（六角形)不松弛。

②铺设范围、标高符合设计要求，基础平整、根部稳固，各石笼骨架间相互联牢，笼内石块填满，铁线无折断。

3.2.7 案例：集包线墩台整治

1. 工程概况及病害简介

集包铁路第二双线（现由部分唐呼线、京包客专线、京包线和包兰线组成）位于华北地区内蒙古西部，东起乌兰察布市、西至包头市，处于严寒地区，是我国与蒙古国、俄罗斯开展经贸合作的主要运输通道，也是蒙西地区煤炭外运和大秦铁路相连的重要通道。

该线为新建客货共线、双线、Ⅰ级电气化铁路，设计时速 160 km，线路全长 307.9 km，其中新建线 263.2 km，改造利用既有线 44.7 km；2009 年 4 月开工建设，2012 年 12 月正式开通运营；2014 年 12 月完成提速改造，开行时速 200 km 动车组。桥墩为圆端形实体墩，基础为桩基础；桥台为 T 形桥台，基础为扩大基础，防落梁设备为埋入式角钢支架结构。2015 年 9 月的秋季检查中，发现大量桥梁桥墩托盘开裂、渗水，墩顶防落梁设备失效等病害，经统计，共有 46 座桥梁、211 个桥墩出现托盘开裂、渗水、泛白，墩顶防落梁设备失效的病害，部分病害已达到“铁路桥隧建筑物劣化评定标准”中的 A 级。桥墩病害典型照片如图 3.2.16、图 3.2.17 所示。

图 3.2.16 防落梁设备典型病害

图 3.2.17 托盘典型病害

病害主要有以下三种：

①部分防落梁设备预留锚孔混凝土发生鼓胀、剥离，三角钢架从预留锚孔内顶出、变形，导致防落梁装置失效。

②桥墩墩帽裂缝主要分布在防落梁设备预留锚孔附近，裂缝以预留锚孔为起点向墩帽边缘扩展，部分裂缝扩展至墩帽边缘后，沿墩帽高度竖向发展、贯通全高，并向下延伸至托盘。

③桥墩托盘裂缝主要分布在托盘曲面、防落梁设备预留锚孔附近，裂缝沿托盘曲面发展形成竖向、环向、网状裂缝，严重的出现贯通裂缝及剥离、错台现象，裂缝开裂处渗水严重、有大量析出物和锈渍。

2. 病害原因分析

从桥墩墩帽和托盘的裂缝分布形态、防落梁设备的失效形态和预留锚孔不密实、存在积水的情况可做出如下分析结论：防落梁设备预留锚孔内积水冻胀是产生裂缝的主要原因，裂缝为非结构受力性裂缝。

防落梁设备预留锚孔内混凝土浇筑不密实、雨水容易渗入，内部宏观空洞和孔道较多、水在结构中迁移比较容易，地处严寒地区，冬季时，锚孔内积水冻结、体积膨胀产生的冻胀力应力集中比较严重，使墩帽和托盘混凝土发生冻胀开裂，且托盘为素混凝土结构，内部无钢筋限制裂缝发展，经过多年反复冻融循环导致裂缝宽度和深度不断加大，病害日趋严重。

桥墩墩帽和托盘大量开裂，一方面降低了接触网立柱和支座支承垫石的可靠性，影响线路运营安全；另一方面导致防落梁设备锚固端丧失了承载能力，无法发挥其抗震防落梁作用；再一方面，裂缝的存在改变了桥墩结构的受力状态，将进一步加剧结构内部的劣化，影响结构的使用性能和耐久性能。

3. 病害分类

在现场调查的基础上，依据“铁路桥隧建筑物劣化评定标准”，按照桥墩托盘病害严重程度，将桥墩病害分为Ⅰ类和Ⅱ类两种类型。

Ⅰ类病害：此类桥墩托盘存在少量或局部裂缝，裂缝宽度小于 0.3 mm，裂缝长度不超过托盘高度一半，未形成贯通裂缝，病害程度较轻。

Ⅱ类病害：此类桥墩托盘裂缝宽度达到 0.3 mm 及以上、裂缝长度超过托盘高度的一半，或者形成贯通裂缝、环向裂缝、网状裂缝,裂缝渗水严重,病害程度按劣化评定为 A 级。

根据上述病害分类原则,对已查明的 211 个桥墩按照托盘开裂病害严重程度进行了分类,其中 101 个桥墩归为Ⅰ类病害,110 个桥墩归为Ⅱ类病害。

4. 整治原则

由于桥墩墩帽和托盘裂缝开裂严重,已超过规范规定限值,且有逐年加重趋势,对结构内部的劣化将产生极大影响,进而降低结构的承载能力和耐久性,为了保证线路运营安全,必须对病害进行整治。

整治原则是在消除病因后,采取措施解决目前出现的病害,在不改变原有结构恢复正常使用功能的基础上,提高结构的可靠性和耐久性,防止再次出现因防落梁预留锚孔积水冻胀引起的桥墩开裂病害。

5. 整治方案

整治方案为重新安装防落梁设备、清理孔内杂物及积水,对墩帽和托盘裂缝进行压注胶修复、封闭,针对Ⅰ类病害桥墩对裂缝宽度达到 0.3 mm 及以上的墩帽还需采用钢筋混凝土加厚的方式进行加固,针对Ⅱ类病害桥墩对托盘曲面采用外包钢筋混凝土的方式进行加固,对墩帽采用钢筋混凝土加厚的方式进行加固,重做墩顶排水坡和防水层。

主要施工步骤及流程如下:

①凿除防落梁设备附近的排水坡和预留锚孔内的混凝土,将角钢支架拔出,拆除孔内 PVC 管;对预留锚孔孔壁进行凿毛处理,凿除破损的混凝土;将预留锚孔内杂物、混凝土碎块、水等清理干净;在托盘曲面斜向钻孔至预留锚孔底部,排除预留锚孔内积水,用热风机吹干孔道。

②待预留锚孔内干燥后,重新安装角钢支架,浇筑 C40 高性能细石混凝土,填实预留锚孔和托盘孔眼,抹平孔口。

③待防落梁设备重新安装完成后,凿除墩帽和托盘开裂处松散、剥离的混凝土,清理裂缝区域混凝土表面及裂缝中的灰土,用热风机吹干裂缝中的积水。

④采用裂缝修复胶和压力注浆法对墩帽和托盘裂缝进行填充修复处理,并确保所有裂缝完全封闭。

⑤针对Ⅰ类病害桥墩待裂缝全部修复完成后,对裂缝宽度达到 0.3 mm 及以上的墩帽,还需采用钢筋混凝土加厚的方式进行加固。凿除墩帽加固区域的排水坡,并进行凿毛处理;在墩帽上植筋,绑扎钢筋网,支立模板,浇筑 C40 细石混凝土形成 0.15 m 厚钢筋混凝土结构。针对Ⅱ类病害桥墩待裂缝全部修复完成后,在托盘曲面上植筋,绑扎钢筋网,支立模板,在托盘底部做好滴水槽,浇筑 C40 细石混凝土形成 0.2 m 厚外包钢筋混凝土结构;在墩帽上植筋,绑扎钢筋网,支立模板,浇筑 C40 细石混凝土形成 0.15 m 厚钢筋混凝土结构。

⑥待裂缝全部修复完成或墩帽加固完成后,采用 C40 细石混凝土重做防落梁附近的排水坡,厚度不小于 5 cm;在墩帽及新旧混凝土结构接缝部位 20 cm 范围内涂刷 2 mm 厚聚氨酯防水涂料进行防水处理,如图 3.2.18 所示。

图 3.2.18　防水处理

6. 主要施工要求

施工前对墩帽和托盘裂缝进行详细检查，查清墩帽、托盘裂缝宽度、深度及破坏状态，以便分析Ⅰ、Ⅱ类病害，确定维修加固处理方法。

①墩帽和托盘表面处理。混凝土表面破损、掉块清理、混凝土缺陷修补。采用混凝土修补破损结构基面，遇外露钢筋时，应对钢筋进行打磨、除锈处理，并注意将钢筋空隙填满。

②修补微细裂缝。对混凝土结构表面上、下部存在的所有可见干缩龟裂、膨胀龟裂及受力引起的裂缝用高强修补树脂进行修补，裂缝宽度 $f_w<0.5$ mm 的裂缝采用涂刷封闭处理，裂缝宽度 $f_w\geq0.5$ mm 的裂缝进行灌缝封闭处理。

③裂缝灌缝封闭

裂缝化学注浆维修法采用低黏度、高抗拉强度环氧基灌浆材料，通过压力(0.2～0.4 MPa)将浆液注入混凝土构件的裂缝、空洞中，通过其扩散、胶凝、固化，达到粘结、强化、恢复构件整体性的目的，裂缝注浆封闭工艺如图 3.2.19 所示。

图 3.2.19　裂缝注浆封闭工艺

④植筋工艺要求

a. 原有结构钢筋植入深度为 25 cm。

b. 新增混凝土结构中植筋伸入长度，墩帽不得小于 10 cm、托盘不得小于 15 cm。

c. 植筋如遇钢筋、空洞、裂缝等位置可适当调整，但孔位与裂缝边缘的距离不小于 10 cm，数量不能减少。

d. 钻孔前用钢筋探测仪探测植筋部位钢筋位置，严禁切割钢筋，且应尽量减小对病害墩体的损伤。

e. 钢筋按设计尺寸进行下料并弯曲成型，用人工或机械进行彻底除锈，确保植筋质量。

⑤无机类锚固胶施工工艺

a. 钻孔：钻孔深度应满足设计要求，钻孔直径大于植筋直径且不小于 6 mm。

b. 清孔：成孔后先将结构物表面的粉尘清除，用电动毛刷深入孔中清渣，最后用细软管将无油压缩空气压入孔底彻底清除钻渣 3 遍，严禁使用水冲洗清孔。

c. 填装：清孔、制胶及其他准备工作完成后，给孔内注入适量锚固胶，一般为孔深的三分之二。

d. 植筋：将钢筋用手锤打入孔中，确保植筋到底，抹平孔口多余植筋胶。

⑥其他

a. 外包或加厚钢筋混凝土结构外层钢筋保护层厚度不得小于 5 cm。

b. 外包或加厚钢筋混凝土结构内层钢筋与原有结构间的距离不得小于 4 cm。

c. 模板应具有足够的强度、刚度和稳定性，能安全可靠地承受新浇筑混凝土的重力、侧压力以及列车和附着式振动器的振动荷载。

d. 加强混凝土养护，防止产生早期裂纹。

任务习题

(一)填空题

1. 桥台类型主要由________、桥梁跨度、地质、水文及地形等因素决定。

2. 桥台顶为防止雨水渗入,道砟槽顶面应有________和防水层设置。

3. 圬工梁拱、框构及桥台顶面可能被积水渗入的处所,均应铺设________。

4. 梁拱、墩台两侧有明显对称裂纹时,应检查是否________。

5. 对于墩台上微细而数量较多的裂纹,可用________的方法来处理,也可涂________封闭。

6. 对有急剧发展、张合严重、缝口错牙、影响承载能力,危及行车安全的裂缝,应________保证行车安全,再查明原因进行改善。

7. 墩身自上而下的垂直裂纹,其产生原因是________不能发挥作用。

8. 枕木垛底层应该密实,最上一层枕木应________桥跨,以便支撑纵向梁体。

9. 对于冬季无水的桥梁墩台,在冻结前应采用________防寒。

10. 桥台常显潮湿或从镶面石缝内流水,说明桥台后路堤或道砟槽________,应加强处理。

11. 桥梁墩台顶积水常用整治方法是________。

12. 桥梁上泄水管直径在严寒地区不小于________,出水端伸出梁体长度不得少于________。

13. 为使路基与桥台连接良好,锥坡处路基伸入桥台________。

(二)选择题

1. 圆形桥墩适用于河流急弯,流向不固定,与水流斜交角度大于(　　)的桥梁。

A. 20°　　B. 16°　　C. 15°　　D. 18°

2. (　　)高度、梁跨形式和跨度决定所选取的桥台形式。

A. 桥墩　　B. 护锥　　C. 梁长　　D. 填土

3. 桥梁墩身裂缝在有冰冻作用的部分不得大于(　　)。

A. 0.2 mm　　B. 0.3 mm　　C. 0.5 mm　　D. 0.4 mm

4. 桥梁墩身顶帽裂缝不得大于(　　)。

A. 0.2 mm　　B. 0.3 mm　　C. 0.5 mm　　D. 0.4 mm

5. 对基础不均匀沉降所引起墩身竖向开裂,可采用(　　)以控制裂缝的开展。

A. 表面封闭　　B. 注浆　　C. 凿槽修补　　D. 套箍

6. 梁跨及墩台的病害往往首先反映在(　　)的变化上。

A. 梁身裂纹　　B. 墩台裂纹　　C. 支座位移　　D. 轨道变形

7. 桥长在 50 m 以下的桥梁墩台或桥梁位于干沟、封冻河上进行墩台定位测设时,都可以采用(　　)丈量法。

A. 三角　　B. 间接　　C. 直接　　D. 曲线

8. 以下(　　)不是常用的临时性桥梁墩台。

A. 枕木垛　　B. 木排架　　C. 拆装式钢墩　　D. 重力式

9. 枕木垛桥墩结构简单、施工方便,但越高缺点越明显,故一般以(　　)为宜。

A. 3 m　　B. 5 m　　C. 6 m　　D. 10 m

10. 搭设枕木垛，如需枕木接长，每端至少搭接(　　)。

A. 1.2 m　　B. 1 m　　C. 0.8 m　　D. 0.5 m

11. 严寒冰冻地区的桥梁，在冰层开始移动前，应将墩台、翼墙、堤坝周围及破冰棱上游(　　)的一部分冰层破开。

A. 40 m　　B. 30 m　　C. 35 m　　D. 25 m

12. 严寒地区桥梁对有冻害的墩台应采用加钢筋混凝土套箍加固、(　　)和重做新墩等整治方法。

A. 化学加固土体　　B. 石笼　　C. 换土　　D. 增大截面

13. 对于水流不大的桥梁墩台，可防止桥涵冻害的措施是(　　)。

A. 堆草培土　　B. 抬高水位　　C. 抛投片石　　D. 填平冲刷坑

14. 桥台后砌筑盲沟作业时，出口应高出地面或常水位至少(　　)。

A. 0.3 m　　B. 0.4 m　　C. 0.5 m　　D. 0.6 m

15. 桥台锥体、护坡坡脚在平面上为四分之一个椭圆曲线，其短半轴计算公式 $b=nH+0.75$，公式中 n 表示(　　)。

A. 护锥长度　　B. 护锥高度　　C. 护锥宽度　　D. 护锥边坡纵向坡度

16. 下列填料最适合桥头护锥下填土的是(　　)。

A. 渗水土　　B. 黏土　　C. 膨胀土　　D. 沙土

(三)判断题

1. 桥墩受船、筏、漂流物撞击、磨损或受冰压力等作用时不宜采用空心墩。(　　)

2. T形桥台托盘与台身连接处水平裂纹，主要是由于基础不均匀沉降造成的。(　　)

3. 桥梁墩台身横向裂纹，主要是由于施工时灌注混凝土接缝处理不良造成的。(　　)

4. 桥梁墩台的裂缝多且深入圬工内部时，可用喷浆方法处理。(　　)

5. 枕木垛基础应平整坚实，松软地段应铺垫碎石或抛填片石加固。(　　)

6. 八三式轻墩可适应单线、直线、平坡及半径大于 500 m，坡度不大于 6‰的铁路桥梁使用。(　　)

7. 桥台处增设泄水孔时按外低内高进行打眼凿眼，孔眼大小合适，坡度不小于 3%，深度贯通内部，孔眼根部尽可能作好过滤层。(　　)

(四)简答题

1. 桥梁墩台局部损坏临时加固常用的方法有哪些？

2. 简述锥坡浆砌坡面作业要点和作业验收标准。

3. 已知路基高度 $H=5$ m，该路基宽 $W_1=6.9$ m，桥台宽 $W_2=4.6$ m，求护锥各点支距。

任务 3.3　墩台浅基防护作业

桥梁基础的作用是承受上部结构传来的全部荷载，并把它们和下部结构荷载传递给地基。因此，为了全桥的安全和正常使用，要求地基和基础有足够的强度、刚度和整体稳定性，使其不产生过大的水平变位或不均匀沉降。

3.3.1　基础知识认知

主要类型有扩大基础、桩基础、沉井基础等。

1. 扩大基础

扩大基础常为台阶式，一般每台阶高为 1 m，各台阶坡度线与竖直线所成夹角称为刚性角，对石砌圬工应不大于 35°，对混凝土圬工应不大于 45°，襟边宽度应不少于 20 cm（图 3.3.1）。

2. 桩基础

根据桩的材料可分为木桩、钢筋混凝土桩、钢桩等；根据桩的形状可分为板桩、方桩、管桩等；根据桩的施工方法可分为打入桩、钻孔灌注桩和挖孔桩等；根据基础承台的所在位置可分为低桩承台（承台修建在冲刷线以下）和高桩承台（承台底高出河底或水面）；桩基础根据传力方法的不同又可分为摩擦桩与柱桩，如图 3.3.2 所示。

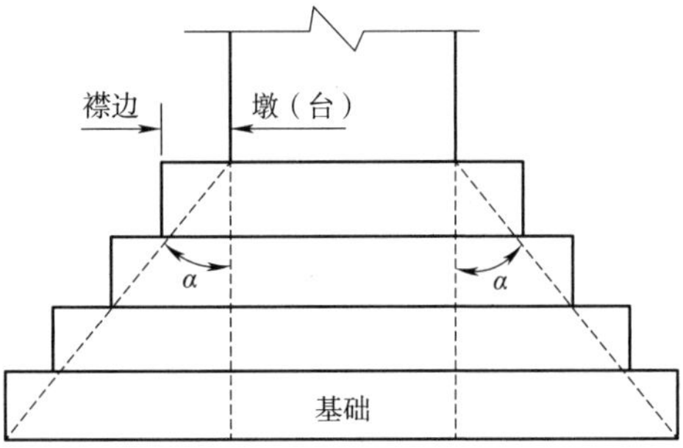

图 3.3.1　扩大基础

注：α 为刚性角。

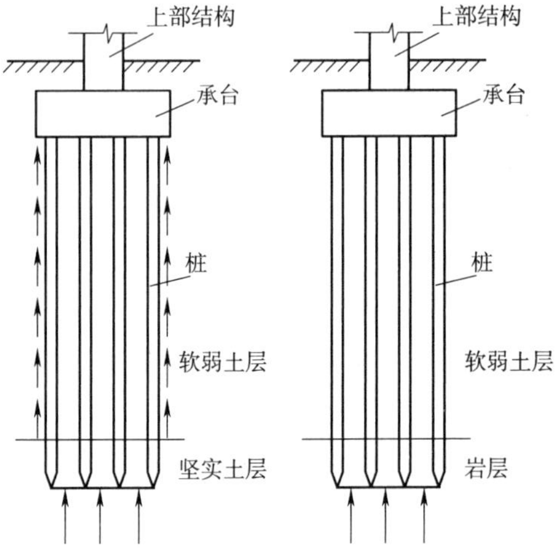

图 3.3.2　桩基础

3. 沉井基础

沉井是一个无底无盖的井状结构物，常用水泥混凝土或钢筋混凝土先在建筑地点预制好，然后在井孔内不断取土，井体即可借自重克服外壁与土的摩擦力而不断下沉，简称沉井，如图 3.3.3 所示。沉井的承载力大，整体性强，稳定性好，能承受较大的水平推力；缺点是施工期较长，且施工要求高。基岩层面倾斜，起伏较大。

沉井一般由井壁、刃角、隔墙、封底、填心和盖板等构成(图 3.3.4)。

(1)井壁：是沉井的主体部分，作为施工围堰；提供重量使沉井下沉；填心盖板修筑墩台身。

(2)刃角：主要是沉井下沉时切土和克服障碍；支承沉井重量，是受力最集中处。

(3)隔墙：当沉井尺寸较大时增大沉井刚度，减小井壁跨度；有利于掌握挖土位置而控制沉井下沉方向。

(4)封底：混凝土封住沉井底部。

(5)填心：井壁内填低强度混凝土。

(6)盖板：在沉井井壁上加盖盖板以修筑墩台。

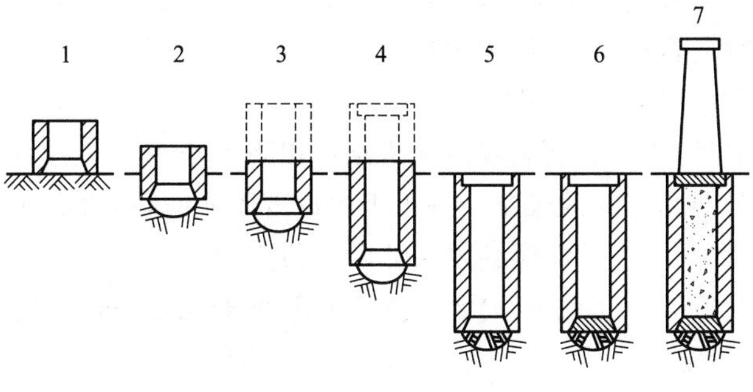

图 3.3.3　沉井制作简图

1—制作底节沉井；2—底节沉井下沉；3—沉井接长；4—沉井下沉接长；5—沉井就位；6—沉井混凝土封底；7—沉井填心盖板

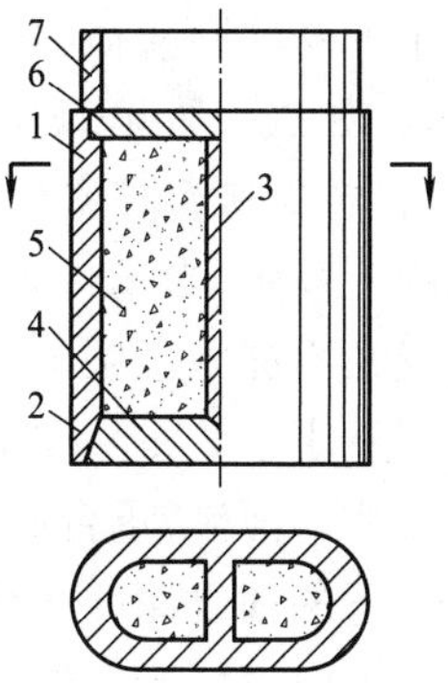

图 3.3.4　沉井构造图

1—井壁；2—刃角；3—隔墙；4—封底；5—填心；6—盖板；7—墩台

4. 基础埋置深度

(1)运营桥梁墩台明挖基础和沉井基础的基底埋置深度应符合下列条件：

①冻胀土、强冻胀土和特强冻胀土，在冻结线以下不小于 0.25 m；弱冻胀土，不小于冻结深度；基底埋置深度不满足要求，但无基础冻害出现，可暂缓处理。

②无冲刷处或设有铺砌防护时，在地面下不小于 2.0 m。

③有冲刷处，在墩台附近最大冲刷线下应不小于表 3.3.1 中安全值。对一般桥梁，在检算洪水频率流量下，安全值为 1.5 m 加冲刷总深度的 10%；对技术复杂、修复困难、重要的特大桥、大桥，在检算洪水频率流量下，安全值为 2.5 m 加冲刷总深度的 10%；在校验洪水频率流量下，安全值为检算洪水频率流量时安全值的 50%，见表 3.2.1，河床冲刷图如图 3.3.5 所示。

表 3.3.1　基底埋置安全值

冲刷总深度(m)			0	5	10	15	20
安全值(m)	一般桥梁		1.5	2.0	2.5	3.0	3.5
	技术复杂、修复困难、重要的特大桥(大桥)	检算流量	2.5	3.0	3.5	4.0	4.5
		校验流量	1.25	1.5	1.75	2.0	2.25

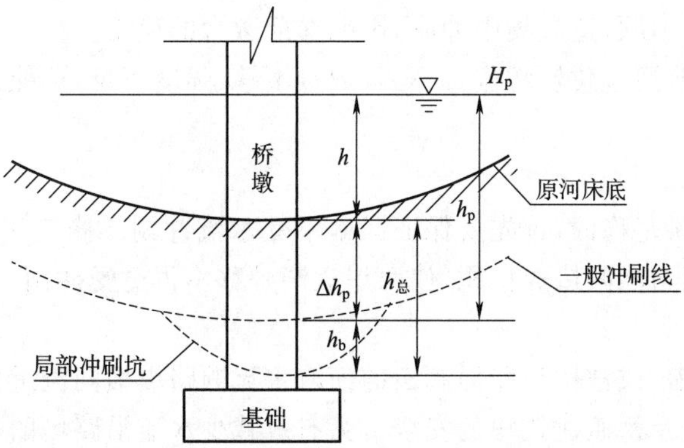

图 3.3.5　河床冲刷图

h_p—一般冲刷值；h—水深；h_b—局部冲刷值；$h_{总}=h_p-h+h_b=\Delta h_p+h_b$；$H_p$—设计水位

④对于不易冲刷磨损的岩石，墩台基础应嵌入基本岩层不小于0.25～0.5 m(视岩层抗冲性能而定)。如嵌入风化、破碎、易冲刷磨损岩层，按未嵌入岩层计。

(2)运营桥梁墩台桩基础的埋置深度应符合下列条件：

①冻胀土地区，当承台底设置在土中时，承台底面高程应在冻结线以下不小于0.25 m；当承台底设置在不冻胀土层中时，承台埋深不受冻深的限制。桩入土中深度不明时，承台底在最大冲刷线下不小于2 m。桩在最大冲刷线下的入土深度必须保证墩台稳定。

②有流冰的河流，承台底面高程应在最低冰层底面(冻结线)以下不小于0.25 m；或桩在最大冲刷线下的埋置深度必须保证墩台稳定。

③木桩顶面应位于最低地下水位或最低水位以下不小于0.5 m。

④嵌入新鲜岩面以下的钻(挖)孔灌注桩，其嵌入深度不小于0.5 m。

3.3.2　浅基防护作业

墩台基础埋置深度不明时，应予以查明。基础埋置深度不符合规定条件的墩台即为浅基墩台，应进行防护、加固或改建。对木桩基础应有计划地进行整治。

1. 防护原则

为了保证洪水和流冰的正常通过，必须清除桥涵附近河道的淤土杂物。对有泥石流的桥涵，可采取在上游修建拦砂坝(谷坊)、拦石栅或加陡桥涵下游河道坡度等方法，以防止河床发生淤塞。

对有冻害的桥涵应予以整治，在未彻底整治前应采取防冻措施。对浅基墩台应进行防护加固，加固方法一般采用局部防护、整体防护或钻孔桩围幕等。

防护标高应符合下列原则：

(1)局部防护的防护面不高于一般冲刷线，整体防护的防护面一般不高于河床最低点。

(2)防护的标高不得影响桥孔规定的泄洪能力，也不允许造成淹没堤防及上游农田的后果。

(3)防护的形式和标准，力求做到全桥等强度。

(4)对桥长大于50 m的浅基墩台，宜采用桩基托换或其他可靠的局部防护措施。

(5)遇有下列情况时，应修建或加固防护设备和调节河流建筑物，也可根据具体情况，对河道作适当的截弯取直：

①水流威胁桥台、桥头路基及淘刷桥头路基的堤脚。

②河道变迁，流向不顺，造成集中冲刷，影响局部墩台的稳定。

③防护设备或调节河流建筑物位置不当，数量不够，强度不足，可能造成冲毁或损坏。

2. 导流建筑物

(1)丁坝

维护临近河岸的路基稳固，首先要保证河岸不受水流冲刷。修筑丁坝可使河槽主流挑离河岸和桥头路堤，在坝与坝间造成淤积，使河岸逐渐外移不再遭受冲刷。

(2)导流堤

当河道受桥孔压缩，或被桥头路堤遮断的河滩水流顺路堤横向流进桥孔时，造成河床及桥头路堤冲刷，危及路堤及桥渡建筑物的安全。为有效减少水流沿路堤的比降与流速，充分利用桥下净孔，减少对墩台的冲刷，可根据不同情况修筑各种形式的导流堤或导流堤配合设置丁坝等河流调节建筑物予以导治。

(3)锥体护坡

桥台两侧的锥体护坡是保护桥台附近河岸的桥头路基不被水流冲刷或淘刷破坏的防护设施，因此锥体护坡的强度是否足以抗御当地洪水的威胁，以及它的质量是否处于完整稳固的良好状态，是直接关系到洪水期间保证线路安全的问题，锥体防护坡角示意图如图 3.3.6 所示。

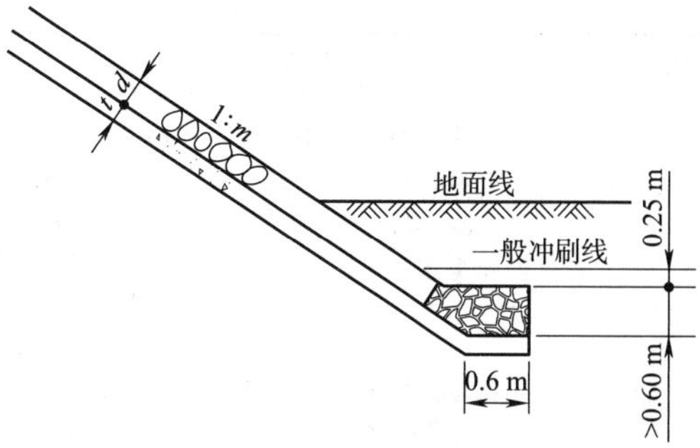

图 3.3.6　锥体防护坡脚示意图

d—防护坡砌厚度；*t*—垫层厚度

(4)护岸和顺坝、格坝

对于因河道弯曲、水流不顺、河岸地质不良等原因而造成河岸冲刷并从而威胁路基设备安全的处所，可根据具体情况，修建各种类型的护岸加以防护。但有时由于河床严重冲刷、变迁，单一地修建护岸往往还不能见效，这就必须根据水流特征配合修建顺坝、格坝等导流建筑物进行综合整治。

3. 浅基防护措施

桥梁墩台应有足够的埋置深度，使得在通过规定频率洪水的时候仍能保持稳定。桥梁浅基是指在通过检算流量的情况下，墩台基础埋深不满足标准要求。

桥梁浅基威胁汛期安全，严重时能造成桥梁被冲。浅基防护就是通过削弱水流的冲刷能力，提高基础周围河床的抗冲刷能力，或者采取加深基础满足安全深度等方法来克服浅基对行车安全的隐患。

(1)桥梁浅基整孔防护要求

①整孔防护顶面标高一般可设置在现有河床最低点高程处。

②防冲材料按流速大小采用浆砌片石或混凝土。

(2)常用的整孔防护形式

常见的整孔防护形式及其适用范围见表 3.3.2。

表 3.3.2　常见的整孔防护形式及其适用范围

类　型	适用范围	结构形式	优 缺 点
1. 浆砌片石	(1)山区及山前区，漂石、卵石及砂质河床(或平原砂质河床集中冲刷不严重的河流)。枯水期水不深，梁跨较小，净空容许，局部防护难以设置于一般冲刷线者； (2)最大流速小于或等于4 m/s； (3)为最常用的一种整体防护形式	(1)结构形式见右图，防护尺寸可计算确定，也可根据多年经验选用； (2)每隔一定距离做纵横伸缩缝； (3)护底与两端锥体护坡做好衔接，下游锥体护坡的垂裙应与浆砌片石护底下游垂裙做到等强度；在垂裙(特别是锥体)附近，应在施工时在一定深度内抛填大块石； (4)下游垂裙的下游，可做5～10 m长的护底，护底顶面比垂裙顶面适当降低； (5)在稳定河床上，可将护底做成凹槽	(1)整体性强，抗冲强度大，使桥下冲刷均匀化，比干砌片石石笼等的整孔防护耐用，易保养，效果好； (2)一般需围堰抽水，造价高； (3)石料比砂土导热系数大，在严寒地区可能造成基础冻害，所以防护面高程要保持墩台基底在冻结线以下 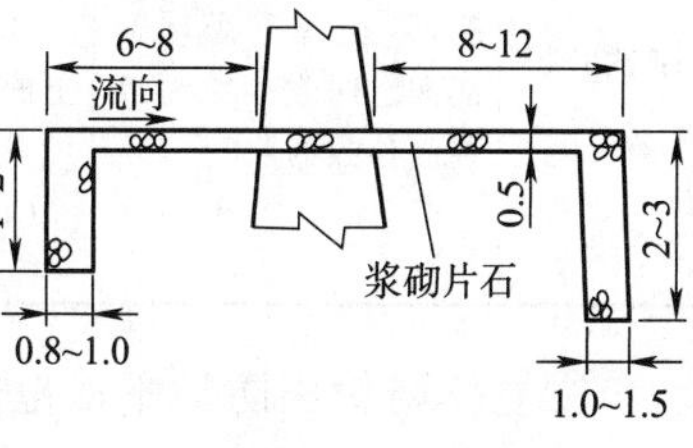 示意图(单位:m)

续上表

类　型	适用范围	结构形式	优缺点
2. 拦砂坝	桥下河道比降大，水流急的河流，或因在下游取砂，河床逐年下降，对桥梁浅基很不利，当河宽不大	坝位及顶高、坝身尺寸及结构应根据具体情况确定，坝址应选择在桥址附近河槽比降平缓，土壤平均始冲流速大，河岸较稳定地段	效果较好，但对于粉砂黏土河床，因冬季表层冻结后地下潜流挟带冻层下细砂从坝底流向下游，会导致失败
3. 干砌片石护底	流速较小(平均流速 2～3 m/s)的间歇性河流上	一般平面尺寸与浆砌片石护底相同，厚度 0.35 m，其中片石厚 0.25 m，碎石垫层 0.1 m，垂裙尺寸亦同浆砌片石护底	造价比浆砌石护底甚至比石笼护底低，施工简便，但抗洪能力低，使用年限短
4. 混凝土块或大块石护底	(1)最大流速大于或等于 4 m/s； (2)同 1 中内容	同浆砌片石护底	抗冲能力比浆砌片石强

(3)桥梁浅基局部防护

局部防护原则上应设置在一般冲刷线处，可是由此产生两个问题：其一，一般冲刷深度尚难精确计算，此线不易划准；其二，施工上存在较大困难。然而，如将局部防护布置得高于一般冲刷线则更会造成增大桥墩阻水面而形成涡流，导致局部冲刷加剧，并且桥下过流断面减少后又会增大桥下一般冲刷。因而，局部防护的关键问题是防护体顶面的标高应当尽量做到接近一般冲刷线。

局部防护又分为平面防护和立体防护。

①平面防护是指对墩台周围一定范围内的河床表面进行的防护，它又可以分成两种类型，即柔性防护和刚性防护。依据各自的功能以及构筑防护体的材质与形状的不同，上述两类防护又可分成若干种，见表 3.3.3。

表 3.3.3　平面防护分类

类　型	功　能	防护体种类	适用范围	优缺点
柔性防护	可随河床变形而自动沉落以抵御冲刷的继续发展	(1)石笼护基； (2)混凝土块排护基	平原细砂河流，建桥后河床已普遍下降接近一般冲刷线山前区砂卵石河床，一般冲刷较小的河段上	优点：造价低，施工简易，柔性较好。 缺点：抗冲能力小，整体性差，维修工作量大；阻水影响大
刚性防护	凭借防护体自身刚度，防止在下卧层局部淘空时发生大量断裂而导致的冲毁	(1)混凝土或钢筋混凝土箍墩台基础； (2)浆砌片石或钢筋混凝土护基； (3)干砌片石护基； (4)混凝土块或料石护基	基岩位置较高，基底被洪水淘空，或平原砂质河床(或山前区砂卵石河床)梁跨较大、天然河床下切及建桥后一般冲刷已充分发展的河段，护基顶面有条件设置在一般冲刷者	优点：造价低，施工简易。 缺点：抗冲能力小，整体性差，维修工作量大；因只能在枯水期铺设，阻水影响大

②立体防护因防护平面范围小，一般减缩桥下过水断面亦小，只要施工条件容许，河床地质能适应，防护建筑物又能抵御墩周围因防护体加深的冲刷，是一项合理有效的防护办法，常用方法见表 3.3.4。

表 3.3.4　立体防护

种　类	适用范围	结构要求
(1)板桩围堰内填片石	—	主要靠深入局部冲刷线以下的闭合桩群来防止淘空基底，所以板桩打入河床应有足够深度以抗御冲刷。钢轨桩间以短轨将桩顶焊接成一闭合整体，所填石料不宜做成刚性，应任其下陷，维修时填补，防护效果较好，如图 3.3.7 所示
(2)桩围幕压浆	山区水流湍急的河流	可用板桩或钻孔桩，但钻孔桩桩径较小，做成密闭围幕，围幕内压注水泥砂浆，施工技术要求高，工期较长
(3)化学加固土体	对大孔隙土效果较好，细砂和黏土不适用	是将墩周一定深度、一定平面范围内的河床土质进行化学加固的方法。防护体可埋在一般冲刷线以下，不改变天然水流状态。浆液灌注于墩周或基底用于固结土体加固基础，以防止局部冲刷
(4)旋喷桩	能满足不同土质对强度的要求	冲刷严重的墩台周围，在一般冲刷线以下用一整片旋喷桩防止局部冲刷，如图 3.3.8 所示
(5)钻孔桩加承台	天然河床下切或一般冲刷较大，枯水时水较深，难以抽水或改流	桩孔布置在墩台周围，钻孔须达到要求深度或岩层内，在桩头围绕墩台修筑钢筋混凝土包箍式承台，与承台相连接的旧墩基础或墩身应凿槽并埋设牵钉，配置钢筋灌混凝土，承台与墩台连为坚固的整体，构成高桩承台结构，如图 3.3.9 所示

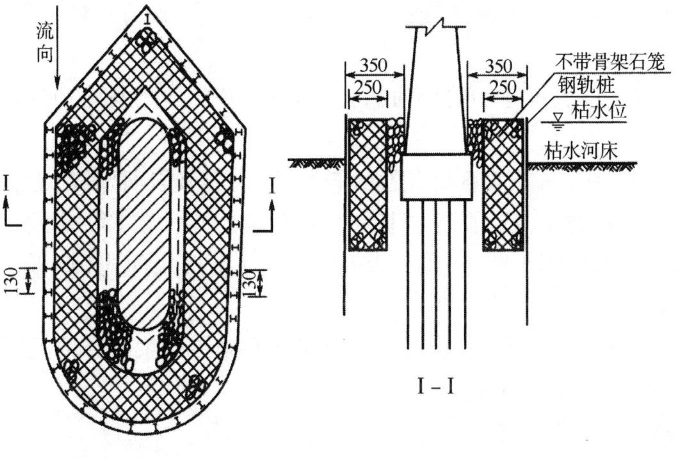

图 3.3.7　某桥钢轨桩石笼围堰防护(单位:cm)

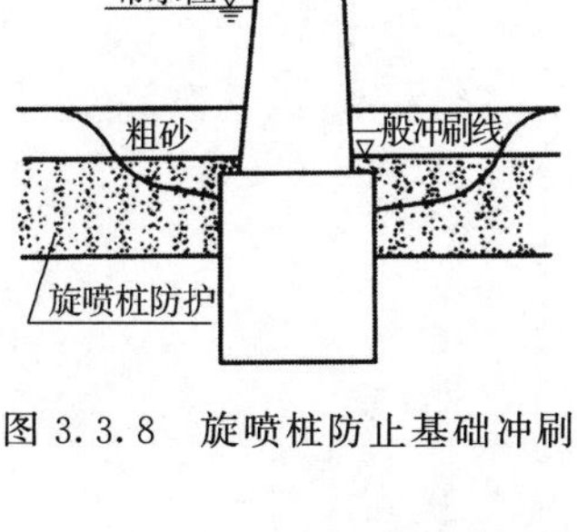

图 3.3.8　旋喷桩防止基础冲刷

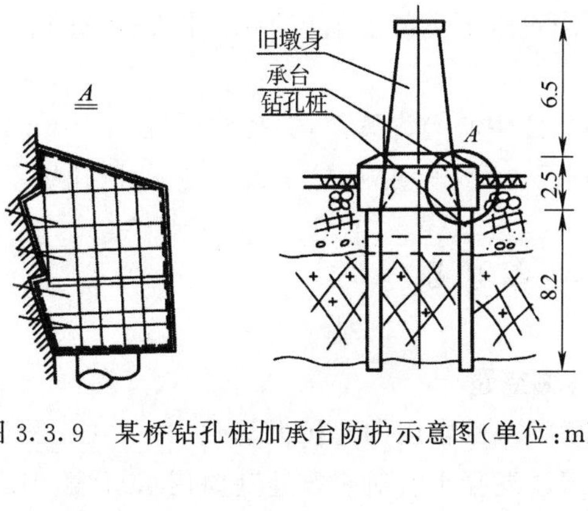

图 3.3.9　某桥钻孔桩加承台防护示意图(单位:m)

3.3.3 基础加固作业验收标准

1. 地基处理

地基处理根据地质条件和施工环境不同有多种方法。

(1)换填地基

①换填用砂应为中、粗砂,有机质和含泥量均≤5%;碎石料径≤100 mm,含泥量≤5%;石灰等级≥Ⅲ级。

②换填范围、填料比例、填筑及压实工艺、压实密度符合设计要求。

③换填地基底部和顶部高程偏差为±50 mm。

(2)夯实地基

①处理范围、施工技术方案、夯点布置、密实度、承载力和有效加固深度符合设计要求。

②重锤夯实最终总下沉量应大于试夯总下沉量的90%。

③允许偏差为顶面平整度:50 mm;夯点间距:重锤夯实±0.1d,强夯±500 mm。

(3)旋喷桩加固

①桩的加固范围、数量和布置形式,水泥浆配合比例,桩身无侧限抗压强度,地基承载力符合设计要求。

②允许偏差:桩位中心 50 mm;桩径−50 mm;桩长$^{+100}_{0}$ mm;桩体垂直度1.5%。

2. 明挖基础

(1)基坑平面位置、坑底尺寸、开挖方式、支护形式、基底地质条件、回填填料应满足设计要求,夯实符合规定。

(2)岩层基底应清除岩面松散石块、淤泥、苔藓,凿出新鲜岩面,表面清洗干净,应将倾斜岩面凿平或凿成台阶;碎石类土及砂类土层基底承重面应修理平整,黏性土层基底整修时,应在天然状态下铲平,不得用回填土夯平;砌筑基础时,应在基础底面先铺一层 5～10 cm 的水泥砂浆。

(3)基础浇筑、砌筑应在无水情况下施工,混凝土和砌体砂浆终凝前不得浸水。

(4)基底高程偏差:土质 10 mm,石质$^{+50}_{-200}$ mm。

3. 灌注桩基础

(1)孔径、孔深、孔型、钻(挖)顺序、防护措施、桩头处理、桩顶高程、主筋伸入承台长度和桩承载力试验符合设计、施工技术要求。

(2)浇筑水下混凝土前应清底,桩底沉渣允许厚度:摩擦桩不大于 300 mm,柱桩不大于 100 mm。

(3)孔位中心允许偏差:钻孔桩群桩 100 mm,单排桩 50 mm;挖孔桩 50 mm。

(4)成孔倾斜度:钻孔桩不大于1%;挖孔桩不大于0.5%。

任务习题

(一)填空题

1. 桥梁基础常用的有扩大基础、________和沉井基础。

2. 灌注混凝土前对岩石地基要用水清洗,但表面不允许________。

3. 墩台钻(挖)孔灌注桩基础为柱桩的埋置深度时嵌入基本岩层以下小于________为浅基。

4. 浅基整孔防护顶面标高一般可设在________高程处。

5. 防洪工作应贯彻________、确保安全、积极抢修、当年复旧的方针。

(二)选择题

1. 桥台基础嵌入不易冲刷磨损的基本岩层少于(　　),即为浅基桥台。

A. 0.5 m　　B. 0.25 m　　C. 0.3 m　　D. 0.35 m

2. 对平时无水的河道,必须清理桥涵附近的淤泥杂物和阻碍水流的杂草,清除上、下游至少各(　　)范围内的灌木丛,使洪水能正常通过。

A. 20 m　　B. 30 m　　C. 40 m　　D. 50 m

3. 为维护临近河岸的路基稳定,保证河岸不受水流冲刷而修建的导流建筑物是(　　)。

A. 丁坝　　B. 导流堤　　C. 锥体护坡　　D. 石笼

4. 桥梁护岸防护加固的迎水面边坡,当不经常浸水时用(　　)坡度。

A. 1∶1　　B. 1∶0.5　　C. 1∶1.5　　D. 1∶20

5. 浆砌片石护底适用于最大流速不超过(　　)的山区或山前区。

A. 4 m/s　　B. 3 m/s　　C. 2 m/s　　D. 1 m/s

6. 钻挖孔灌注桩为柱桩时,嵌入基本岩层以下不小于(　　)。

A. 0.5 m　　B. 0.6 m　　C. 0.7 m　　D. 0.4 m

7. 以下不属于浅基局部立体防护方法的是(　　)。

A. 石笼护基　　B. 化学加固土体　　C. 旋喷桩　　D. 钻孔桩加承台

8. (　　)不是浅基墩台桥梁的整治措施。

A. 修筑导流堤　　B. 局部防护　　C. 整体防护　　D. 加深基础

9. 防止冲刷措施中不采用的方法是(　　)。

A. 可采用草皮护底　　B. 下游增加消能装置

C. 下游筑拦沙坝　　D. 可用浆砌片石护底

10. 桥梁防护设备丁坝多采用(　　)布置。

A. 单个　　B. 成群　　C. 重叠　　D. 间隔

11. 铁丝石笼的(　　)网孔受力可较大,较为坚固。

A. 六角形　　B. 四角形　　C. 圆形　　D. 方形

12. 石笼铺设前基底要整平,石笼与石笼之间应用铁丝或直径为(　　)的钢筋连接牢固。

A. 2～3 mm　　B. 3～4 mm　　C. 4～6 mm　　D. 6～8 mm

13. 砌片石作业,铺砌坡度符合要求,表面凹陷用2 m弦线丈量应小于(　　)。

A. 30 mm　　B. 50 mm　　C. 80 mm　　D. 100 mm

14. 石笼的网眼对角线不大于(　　)。

A. 100 mm　　B. 120 mm　　C. 140 mm　　D. 160 mm

15. 对有泥石流的桥涵能防止河道被淤积的最好措施是进行(　　)。

A. 草皮护底　　B. 增设削防设备　　C. 下游设拦沙坝　　D. 增加下游坡度

(三)判断题

1. 浅基墩台不但汛期行车安全受到威胁，严重的还会造成水毁事故，中断行车，故应尽快采取有效防护，进行加固或予以根本改善。（　　）

2. 拦砂坝是一种效果较好的浅基整体防护方法，可适用于粉砂黏土河床。（　　）

3. 桥梁浅基局部防护的顶面标高应尽可能做到接近局部冲刷线。（　　）

4. 对于山区水流湍急的河流内的墩台浅基可采用桩围幕加浆的方法进行局部防护。（　　）

5. 为预防小桥涵处河床受冲刷，可采取锥体护坡。（　　）

6. 局部防护的顶面高程，必须放置在最大冲刷线以上才能收到预期效果。（　　）

7. 抛石防护仅适用于桥梁墩台防洪抢险。（　　）

(四)简答题

1. 简述桥梁墩台明挖基础和沉井基础基底埋深的基本条件。

2. 简述桥梁浅基整体防护方法。

项目4　涵渠隧道养护与维修作业

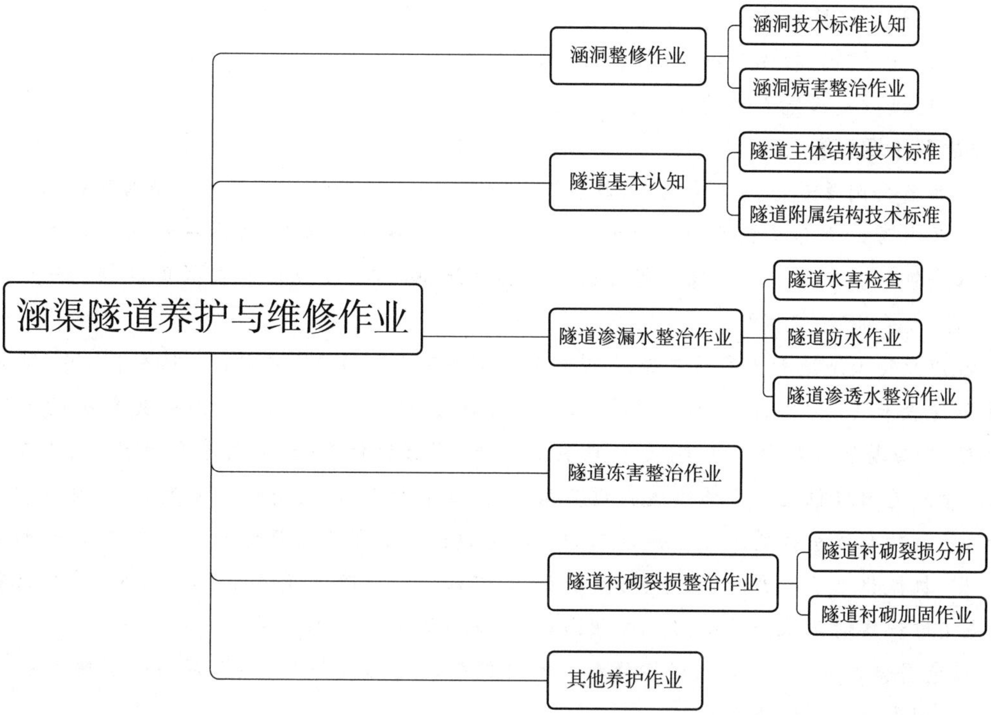

【项目描述】

本项目主要描述涵渠和隧道技术标准、涵渠主要病害原因分析和整治方法，描述隧道水害和衬砌残损原因分析和常用整治方法。涵洞修筑于路基下，用于跨越天然沟谷洼地排泄洪水或横跨大小道路立交通道，或农田灌溉作为水渠，结构简单但数量较多；隧道在铁路线路中则可以克服平面或高程的障碍，避免线路展线过长或用来绕避地质不良地段、人口密集地区；可以改善线路质量，提高运输能力，降低运营成本。

【学习目标】

1. 素质目标

(1)培养学生深厚的爱国情感和中华民族自豪感，勇敢肩负时代赋予的历史责任和建设使命；

(2)培养学生良好的职业道德和职业素养；

(3)培养学生具有团队协作精神和语言表达能力；

(4)培养学生质量至上、安全第一的精神。

2. 知识目标

(1)掌握涵洞特点和技术标准、涵洞常见病害类型和原因分析及整治方法；

(2)掌握隧道结构特点和技术标准、日常养护内容和方法；

(3)掌握隧道冻害、水害类型、原因分析及常用整治方法；

(4)掌握隧道衬砌残损等病害类型、原因分析和一般病害整治方法；

(5)了解隧道其他病害及整治原则。

3. 能力目标

(1)能进行涵洞日常养护、整治作业；

(2)能进行隧道冻害、渗漏水整治作业；

(3)能进行隧道衬砌裂缝、破损修补、加固作业；

(4)能进行隧道危石整治作业。

【思政小课堂】

江西省兴国县是誉满中华的“将军县”,孕育了萧华、陈奇涵等几十位中华人民共和国开国将军以及上百位省部军级干部。如今,昌赣高铁(京九高铁江西段)的开通让这片红色热土即将跨入高铁时代。为了加快改善老苏区人民的生活,昌赣高铁设计时在兴国县拐了一个近乎90°的弯,被誉为“兴国弯”。

在以丘陵山地地形为主的江西,一座座隧道必不可少。昌赣高铁兴国隧道全长10.345 km,万安隧道全长13.928 km。万安隧道穿越18条断层、15个褶皱带,兴国隧道共穿越12条断层破碎带、3条围岩接触带以及13条节理密集带等,围岩变化频繁,地质条件复杂,尤其万安隧道,由于隧道出口位置的山体垂度接近直角,作业面展开困难,具有施工难度大、安全风险高等特点,是昌赣高铁全线的重点控制性工程。隧道建设者们严格按照标准化作业要求,全面实施标准化、机械化作业。开挖、拱架、防水板施工、二次衬砌混凝土浇筑等重要工序全部推行实名制,施工过程实时记录隐蔽工程施工状态,有效保障了隧道施工质量。

红色昌赣忆初心,踏上征程担使命。京九铁路和昌赣高铁的开通,助力老区群众脱贫致富,为兴国发展插上腾飞之翅。

任务4.1 涵洞整修作业

4.1.1 涵洞相关知识认知

涵洞是指在铁路、公路工程建设中,修筑于路基下的排水孔道(过水通道),用于跨越天然沟谷洼地排泄洪水,或横跨大小道路作为人、畜和车辆的立交通道,或作为水渠农田灌溉。涵洞主要由洞身、基础、端墙和翼墙等组成,常用砖、石、混凝土和钢筋混凝土等材料筑成。一般孔径较小,形状有圆形、箱形及拱形等。

1. 涵洞的基本构成

(1)涵洞的特点

由于涵洞是处于大自然环境(风、霜、雨、雪、冰冻、高温、水流冲击)和行车荷载的作用下,因此要求涵洞必须具备如下特点:

①满足排泄洪水能力,保证在100年一遇洪水的情况下,顺利快捷地排泄洪水。

②具有足够的整体强度和稳定性,保证在设计荷载的作用下,构件不产生超限的位移和

变形。

③具有较高的可靠性和耐久性，保证在运营过程和自然环境中，长期完好，不发生破损。

(2)涵洞的构造

涵洞由洞身、基础、进出口(如端墙、翼墙等)、锥体、导流堤、截水墙、缓流井等附属设备组成。

①涵洞洞身

洞身形成过水孔道的主体，它应具有保证设计流量通过的必要孔径，同时又要求本身坚固稳定，一方面保证水流通过，另一方面也直接承受荷载压力和填土压力，并将其传递给地基。洞身通常由承重结构(如拱圈、盖板等)、帽石、防水层、伸缩缝等部分组成。

②涵洞洞口

洞口是洞身、路基、河道三者的连接构造物。洞口建筑由进水口、出水口和沟床加固三部分组成。洞口的作用：一方面使涵洞与河道顺接，使水流进出顺畅；另一方面确保路基边坡稳定，使之免受水流冲刷。沟床加固包括进出口调治构造物、减冲防冲设施等。

涵洞常见的洞口形式有以下两种：

a. 端墙式洞口：构造简单，泄水能力小，仅用于流量较小的涵洞，如图 4.1.1 所示。

b. 八字式洞口：适用于平坦顺直、纵断面高差变化不大的河沟。具有水力条件较好、工程量小、施工简单、经济性强等优点，因而是经常采用的洞口形式，如图 4.1.2 所示。

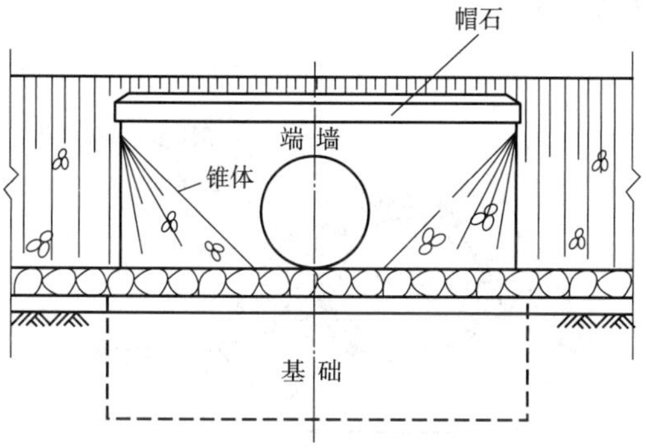

图 4.1.1　端墙式洞口

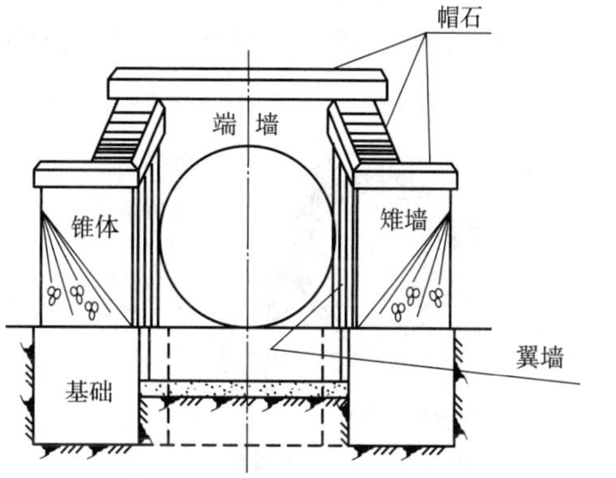

图 4.1.2　八字式洞口

③基础

根据地质条件不同，基础可分为无基式、整体式和分离式等。

④其他

洞身是涵洞的主要组成之一，承受路堤填土自重和由路堤填土传来的列车活载压力。由于上述两种压力对洞身中部作用较大，而对涵洞端部作用较小，因此，位于非岩石地基上的涵洞，一般将洞身分段修建，其间设置沉降缝，用具有弹性且不透水的材料填塞。同时为避免涵洞中部受力较大而形成中部下沉多，两端下沉少产生中间积水淤塞，或洞身下游出现逆坡现象，洞身设置上拱度。

(3)圆涵

①一般结构

圆涵管节一般为 1 m，管节之间以接缝连接，填塞严密，如图 4.1.3 所示。

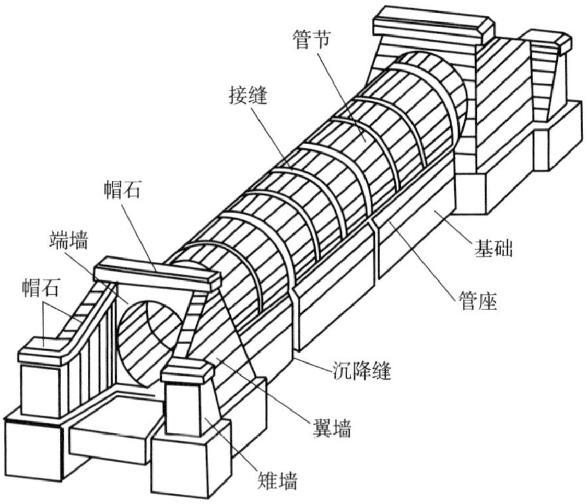

图 4.1.3　圆涵透视图

圆涵进口和出口构造尺寸相同，进出口经常受水流冲刷，易出现病害，且基础埋置较深，通常还需在进口上方和出口下方一定范围内，用片石或大卵石铺砌沟床，以作防护。

洞身基础分有基(一律为整体式，如图 4.1.4 所示)、无基(图 4.1.5)两种。出入口的端墙、翼墙、雉墙一律采用有基。无基涵洞洞身不设沉降缝。

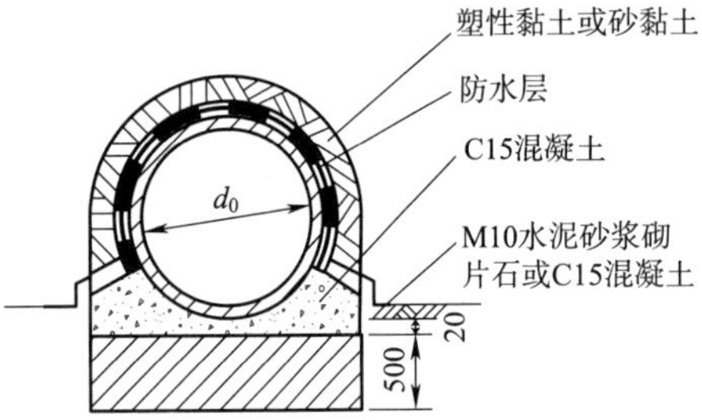

图 4.1.4　有基圆涵(单位：mm)

注：d_0 为圆涵内直径。

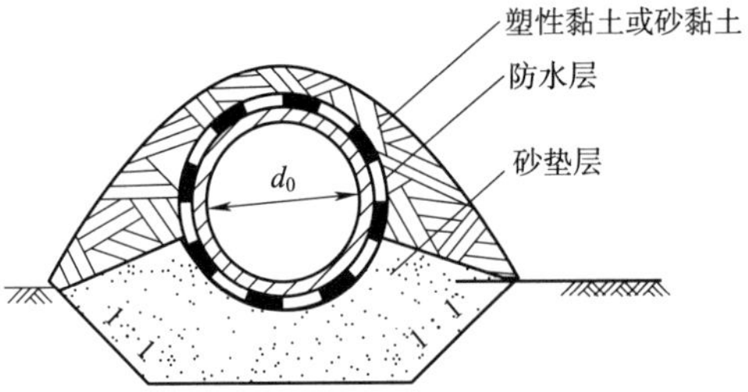

图 4.1.5　无基圆涵

为避免涵身下沉不匀引起涵洞开裂，每隔 2～5 m 应设沉降缝一处，新旧接头处、两种地基土交界处亦应设置沉降缝。

②沉降缝的构造

沉降缝宽约 3 cm，缝中以弹性防水橡胶条或其他有弹性不透水的材料填塞，在沉降缝处涵洞外围做一层防水层，最后在整个涵洞外围敷设一层塑性黏土。

涵洞底面需要设置预留上拱度 Δ，预期在全部沉降量出现以后，涵洞底面能达到设计纵坡 i 或微呈上拱，避免出现反坡。

(4)拱涵

①一般构造

石及混凝土拱涵分为单孔和双孔两种。孔径范围为 0.75～6.00 m。拱涵的孔径系指涵身边墙与边墙或边墙与中墩之间的水平净距。

拱涵的洞身主要由基础、边墙和拱圈组成(图 4.1.6)，双孔拱涵尚有中墩部分。

拱涵的基础有整体式、非整体式(即分离式)和板凳式三种不同的类型。

拱涵的边墙适应受力的要求，设计成上窄、下宽的类似挡墙的形式。拱圈一律采用圆弧形。

对于孔径 1.50～2.50 m、填方高度大于 10 m 或孔径 3.00～6.00 m、填方高度大于 5 m 的拱涵，需在边墙与拱圈之间设置 400 mm 厚的拱座，拱座采用与拱圈相同的材料砌筑。上述拱涵所适应的路堤填方高(拱顶至轨底)，因路堤填料(土或石)和基础类型的不同而异，其范围为 1～30 m。

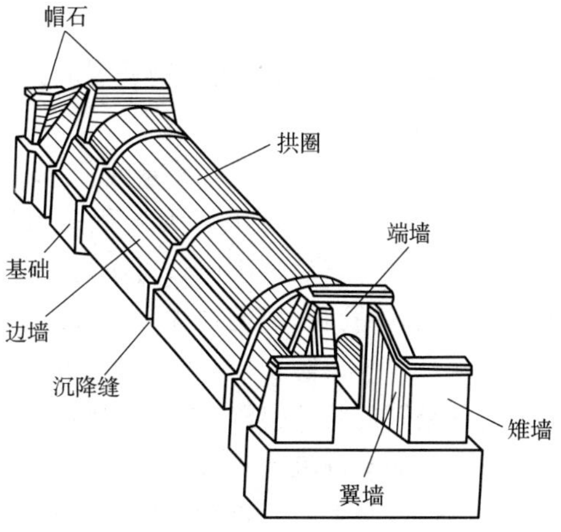

图 4.1.6　拱涵结构图

拱涵的出入口一律采用八字式。其中的入口节又分为提高节和非提高节两种形式。若入口采用为非提高节式，则出入口节的形状、尺寸完全一致。有提高节的涵洞较无提高节的涵洞有更高的泄水能力。

此外，还有一种低边墙扁平式拱涵(采用整体式基础)。此种拱涵适于配合较低矮的路堤使用，要求拱顶至轨底的填方高(土或石)最小为 0.78 m，最大为 3.00 m。入口形式仅有非提高节式一种。

②沉降缝及防水层

拱涵沉降缝的外侧塞以 5 cm 深的沥青浸制麻筋，内侧塞以 15 cm 深的 M10 水泥砂浆，中间空隙处用黏土填塞。在沉降缝处，于拱背及边墙的外面(指襟边以下 15 cm)设两层石棉沥青、中间加一层沥青浸制麻布的防水层，宽 0.5 m。其余部分用水泥砂浆抹平以防积水，最后用 20 cm 厚的黏土将整个洞身抹平。

(5)盖板箱涵

钢筋混凝土盖板箱涵由基础、边墙、钢筋混凝土盖板组成。基础和边墙用石砌或混凝土就地砌筑，盖板为预制钢筋混凝土板。涵身分段和设置沉降缝，原则上和圆涵一样，只是沉降缝构造有所不同，在涵洞外围一侧，沉降缝中填塞弹性防水橡胶条，深约 5 cm；内侧则填 M10 水泥砂浆，深约 15 cm；其余部分填塑性黏土。基础部分的沉降缝，用塑性黏土填满或埋 3 cm 厚的木板。此外，沉降缝外围敷设 0.5 m 宽的防水层。盖板通常预制成宽 1 m 的板，相邻盖板接缝处也应铺设防水层，新型盖板箱涵盖板全面积铺设防水层。

盖板箱涵应和圆涵一样设置预留上拱度。盖板箱涵进口节有抬高式和不抬高式两种。进口节设成抬高式有利于适应涵洞水流形态，提高涵洞的泄水能力。

盖板箱涵基础分为整体式基础和分离式基础两种，如图 4.1.7 所示。整体式基础又称刚性联合基础，其基础厚度按基础圬工刚性角向下扩展到涵洞中心来确定，这种基础在地基承载能力不高的情况下可以采用。地基承载能力较高时，

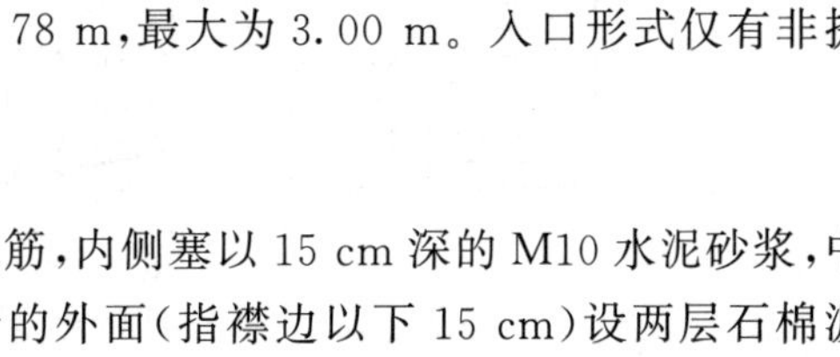

图 4.1.7　板涵基础

宜采用分离式基础,可以减少工程量。对于容许承载力较差的地基,则可采用钢筋混凝土联合基础,这种基础厚度小,可利用钢筋混凝土扩大地基承载面积,减小对地基承载能力的要求。

2. 涵洞的技术要求

(1)排洪涵洞的最小孔径不应小于 1.25 m,且全长不超过 25 m。当全长超过 25 m 时,为便于养护,孔径应相应加大。无淤积的灌溉涵孔径应不小于 0.75 m。当净高(或内径)$h<1.0$ m 时,长度不宜超过 10 m;当净高(或内径)$h\geqslant 1.0$ m 时,长度不宜超过 15 m。城市或车站范围内涵洞的孔径,需酌情加大。如有涵洞不符合相应规定者,应结合具体情况逐步改造。

(2)涵身应铺设防水层,并做好管节接缝、沉降缝、伸缩缝的防水工作,确保不漏水。有压涵洞、倒虹吸管的管节接缝,应密不透水,无渗透现象,保证路堤及基底的稳定性。

(3)涵洞如有满流情况时,可采用在入口处抬高管节及增砌漏斗形进口的办法处理,如图 4.1.8 所示,必要时应进行改建或扩孔。涵管裂损严重或管节离缝过大时,如孔径容许,可在洞内加筑衬环或套环。拱圈裂损时,可采取在其上部加筑钢筋混凝土板、加筑套拱、喷射混凝土等办法处理或更换。

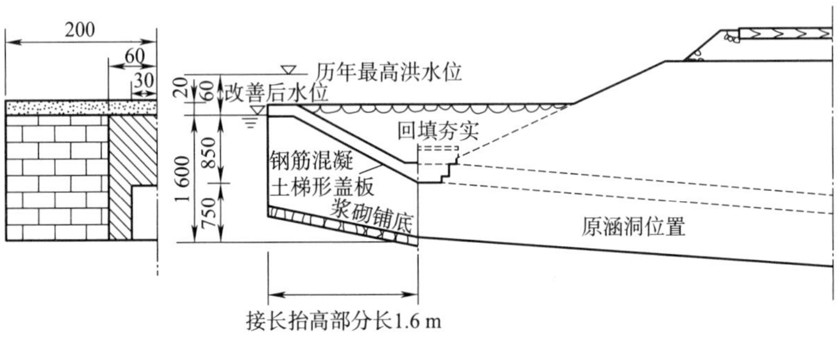

图 4.1.8　增砌漏斗形进口(单位:mm)

(4)涵洞改造时,涵洞顶不宜高于基床表层底面,控制路肩高程时,涵洞顶可与路肩平齐。列车时速 200 km 以下时,涵洞顶至轨底的填土厚度不宜小于 0.8 m,站线涵洞填土厚度不宜小于 0.6 m。列车时速 200 km 以上时,涵洞顶填土厚度不宜小于 1.2 m。

(5)线间距拨移、加宽的涵洞,应按《铁路桥梁检定规范》(铁运函〔2004〕120 号)对基础和地基进行检算,当检算结果不满足要求时,应进行加固。对废弃的涵洞,应采用回填注浆等工程措施进行处理。

(6)运营涵洞基础除设置在不冻胀地基土上者外,其出入口和自两端洞口向内各 2 m 范围内的涵身基底埋深:对于冻胀土、强冻胀土和特强冻胀土应在冻结线以下 0.25 m;对于弱冻胀土,应不小于冻结深度。涵洞中间部分的基底埋深可根据地区经验确定。严寒地区,当涵洞中间部分的埋深与洞口埋深相差较大时,其连接处应设置过渡段。冻结较深的地区,也可将基底至冻结线下 0.25 m 处的地基土进行处理,对出现基础冻胀病害的涵洞应有计划地进行整治。

(7)涵洞的轴长不应小于对应高度处路基宽度,并满足路肩安装封闭网的要求。

(8)对废弃的涵洞,应采用回填注浆等工程措施进行处理。

3. 涵洞技术标准

涵洞应保持状态完好。如发现下列状态之一时,应有计划地安排处理:

(1)钢筋混凝土结构裂缝宽度大于等于 0.3 mm;混凝土拱形结构(含砖、石等砌体拱形结构)裂缝宽度大于等于 20 mm。

(2)涵身破损变形、错位、拉开造成漏土或排水不畅;冻害引起线路变形。

(3)涵身、端、翼墙基础冲坏,基底全部或局部冲空。

(4)涵洞基底冒水潜流,洞内渗漏水,影响路基稳定。

(5)涵洞严重腐蚀风化,脱落深度≥20 mm,脱落面积≥0.5 m^2。

(6)涵洞淤积严重,影响排洪。

(7)涵洞进出口护锥及防护设施被冲毁。

4.1.2 涵洞养护整治作业

1. 涵管伸缩缝整治

对于伸缩缝破坏造成涵管脱节或离缝导致涵管内漏水、漏土等病害,一般可用弹性嵌缝膏、防水沥青麻筋或半干硬性水泥砂浆堵塞。接缝分离较大时可先放入木衬圈,两边填砂浆,待砂浆初凝后取出木衬圈,砂浆凝固后在原木圈位置填入弹性嵌缝膏,用砂浆抹平;或用沥青麻筋捣实,再用沥青封口。

某铁路线上较多盖板涵的盖板缝之间,沥青砂浆勾缝脱落,盖板缝渗水。盖板缝脱落是维修中较麻烦的病害,总是反复出现,主要原因有列车运行振动脱落;涵顶防水层损坏,水流灌入,浸泡冻胀导致脱落;或施工不良、耐久性不好导致脱落。可使用改性沥青拌和砂浆修补盖板缝,具体如下:

(1)加热改性沥青和细沙,施工材料配合比采用改性沥青∶细砂=1∶3。

(2)搭设脚手架,清理盖板缝。将缝隙内部松散砂浆全部清理干净,再用钢丝刷刷净相邻盖板圬工端面。

(3)涂刷改性沥青。将改性沥青加热成稀浆,涂刷在盖板缝相邻盖板圬工端面。

(4)加热盖板缝。用喷灯在盖板缝间来回烘烤,盖板缝圬工温度升高使沥青涂料与圬工良好粘结。

(5)勾缝。将按配合比拌和好的沥青砂浆趁热一次性抹入盖板缝内填满,再用捣固铲(棒)捣实。

(6)抹缝。沥青缝表面用喷灯加温,再用勾缝平铲将表面抹平,剔除缝边毛茬,用喷灯轻微烘烤使缝边平滑。

2. 涵身排水不畅

涵渠上、下游及洞内应定期进行清淤以保证排水畅通。涵洞堵塞抢修时,应先在上游疏通淤积,不准从下游淘挖。对涵洞基础底下有潜流淘刷的病害主要整治的方法有对上游河床进行铺砌,端部修筑垂裙或加深原有垂裙。

涵管下沉量过大或由于河床淤积造成涵身排水不畅形成半有压流时,可用抬高管节或提高涵洞入口的办法整治,提高涵洞入口适用于填土较高、涵身较长的涵洞。

3. 涵身裂缝、局部破损

涵身裂缝、局部破损要参考项目 2、项目 3 中圬工结构裂缝、破损整治方法,包括封闭法、凿槽勾缝法、注浆法、抹面法等。

4. 涵身破损严重

涵管严重破损或裂缝继续发展时,若涵洞孔径符合要求,可在洞内增建一层封闭式钢筋混凝土套管或拉入直径较小的涵洞。加固关键即新旧圬工结构的连接处。施工时旧圬工表面洗净凿毛，新旧混凝土间设置牵钉，最后在新旧混凝土间压注灰浆。若涵洞孔径大于 3 m，也可用喷射混凝土加固，视圬工破损程度采用钢网喷、素喷等不同方法整治。

5. 涵洞冻害

(1)涵洞冻害分析

涵洞的冻害破坏主要是由于涵洞进出口及洞身中间部分的环境条件和上部荷载作用往往有很大差异，致使沿涵洞纵向产生不均匀冻胀或融沉变形。涵洞是路基下的线性结构，一般顺水流方向较长，由一节节管节组成，当涵洞基础较浅时，严寒地区冬季各管节将由于冻胀作用产生不均匀的隆起，在融化期，冻胀力消失，涵洞又开始产生融化下沉，形成洞身的冻胀隆起和融化下沉。

涵洞进出口直接与外界进行热交换，地基的冻结深度和作用于底部的冻胀力都大于洞身中部，且一般涵洞进出口管节上部填土厚度也小于洞身中间部分，进出口管节冻胀上抬和融化下沉量一般大于中间管节，使靠近进出口管节与中部管节接缝处产生错位，又由于冻胀和融沉的往复作用使各管节在接缝处脱离。

管节在接缝处脱离和错位使防水结构破坏，在渗流或水流直接的淘刷下往往导致涵洞在短期内被破坏。当涵洞管节过长或采用刚性接头时，由于沿纵向不能适应地基的冻胀或融沉变形，往往被折断，产生环向裂缝。

(2)涵洞冻害破坏的防治措施

涵洞的冻害可以通过改变地基土的冻胀条件或隔水等措施来防治。

在建筑物各种防冻害措施中，换填法是采用最广泛的一种。它是指用粗砂、砾石等非(弱)冻胀性材料置换天然地基的冻胀性土，以削弱或基本消除地基土的冻胀。

保温法是指在建筑物基础底部或四周设置隔热层，增大热阻，以推迟地基土的冻结，提高土中温度，减少冻结深度，进而起到防治冻胀的一种方法。对于已建涵洞，寒冷地区为防止涵洞内发生冻结，在冬季应用挡雪板遮挡小孔径涵洞的洞口；当发现涵洞进出口有冻胀现象发生时，为防止冻胀破坏现象继续恶化，可临时采用干草捆挤塞涵洞进出口的办法，干草捆应顺涵洞方向挤进，挤进深度一般大于 2 m。

涵洞冻胀中水是决定性因素，用排水隔水法消除水的影响是一种有效的防冻措施。排水隔水法的具体措施可归结为降低地下水位及季节冻层范围内土体的含水率、隔断水源和排除地表水防止地基土致湿等。

如有因基础过浅发生冻害者应加固垂裙伸入冻结线以下 0.25 m，同时加深翼墙基础；如有水从涵洞底流过时，除上面的防护外，还应对上游河床铺砌进行加固。陡坡涵洞或基础底部不透水层下有砂砾石层时，可在涵洞出口陡坡段设置排水孔，对进出口坡降缓的可在涵洞基础底部设置砂桩排水。

6. 整修涵洞作业质量验收标准

(1)勾缝无脱落，节缝无漏水、漏土。

(2)清除淤积，排水通畅。

(3)圬工部分修理加固质量标准满足维修规范要求。

4.1.3　涵洞整修案例

1. 工程概况

近年来，重载铁路运力不断提升以及 30 t 大轴重列车的开行，给现有桥涵设备带来了严重的影响。某铁路线管内涵洞存在不同程度的沉降缝处剥落露筋，边墙剥落露筋，中墙沉降缝周围混凝土鼓起、剥落，混凝土腐蚀风化严重，局部脱落，边墙水平裂缝，翼墙斜裂缝，翼墙帽石断裂等病害，影响行车及设备安全，须进行整治加固。

某铁路线管内 2 孔框架涵，跨度 6 m，涵洞全长 15.08 m。经过十几年的运营，涵洞各个部位存在着不同程度的病害：

(1)混凝土保护层鼓起脱落，出现露筋。

(2)防水层失效，沉降缝部位渗水、泛白。

(3)边墙底部由于盐碱腐蚀产生麻面。

2. 原因分析

(1)环境因素影响

该地区温差变化比较大，干湿循环及温度变化对混凝土的强度造成了影响，致使混凝土风化严重，而雨季排水不当使地基被浸泡而发生不均匀沉降，边墙产生裂隙，伸缩缝处错台。该涵洞地处滨海盐碱地区，导致盐碱腐蚀情况较为严重。

(2)设计施工

设计仅考虑强度的要求，混凝土结构保护层厚度不足，防水层不能达到使用性能的要求，施工质量有缺陷。

(3)涵顶填土厚度不足

线路运营后，由于涵洞两侧路基沉落量较大，导致涵洞顶部填土厚度不足，列车通过涵洞时冲击力增大，造成涵洞各涵节发生不同程度的下沉以及墙体的开裂。

(4)运营

随着 30 t 轴重列车开通和行车密度的提高，列车动荷载的作用不断加大，尤其是处于钢轨接头下方的涵洞，涵顶受到冲击力更加明显，近两年涵洞病害情况愈发严重，且重载影响导致地基产生不均匀沉降，进而导致边墙变形及涵顶产生裂缝。

3. 施工方案

为了保证不中断运输任务，经分析研究采用套涵加固方案。在原混凝土表面灌注一定厚度的混凝土为套衬补强。套衬补强技术一方面抑制了原混凝土裂损变形，而且可以起到一定的防水作用；另一方面与原衬砌混凝土共同作用成为新的承载结构，同时具备治理彻底，施工安全、快捷，投资少等优点。

4. 施工流程及加固技术研究

套涵加固的施工流程：施工准备→涵洞表面清理凿毛→浇筑底板垫层→绑扎底板钢筋→底板立模→浇筑底板混凝土→绑扎边墙和顶板钢筋→边墙和顶板立模→浇筑边墙和顶板混凝土→拆模及养护。

套涵加固技术的关键在于涵洞表面清理、钢筋植入和混凝土浇筑。

5. 施工工艺

(1)涵洞表面清理

涵洞边墙多处剥落露筋，需在其表面进行衬砌处理。先将表面清理凿毛清除涵洞底板和流水槽表层淤泥和杂物，清理完毕后对其表面进行凿毛，采用鼓风机吹净表层。

(2)钢筋植入

套涵涵底至既有涵基础顶面浇筑 2 cm 的 C25 水泥砂浆垫层作为找平层。底板钢筋主筋采用 HRB400 钢筋，分布钢筋和箍筋采用 HPB300 钢筋。钢筋布置如图 4.1.9 所示。框架涵套涵施工前需对既有涵钢筋分布进行探测，根据设计要求钢筋需要植入既有结构内，植筋打孔需隔孔施作，并需要每成一孔，清理一孔，清理干净后立即植筋。

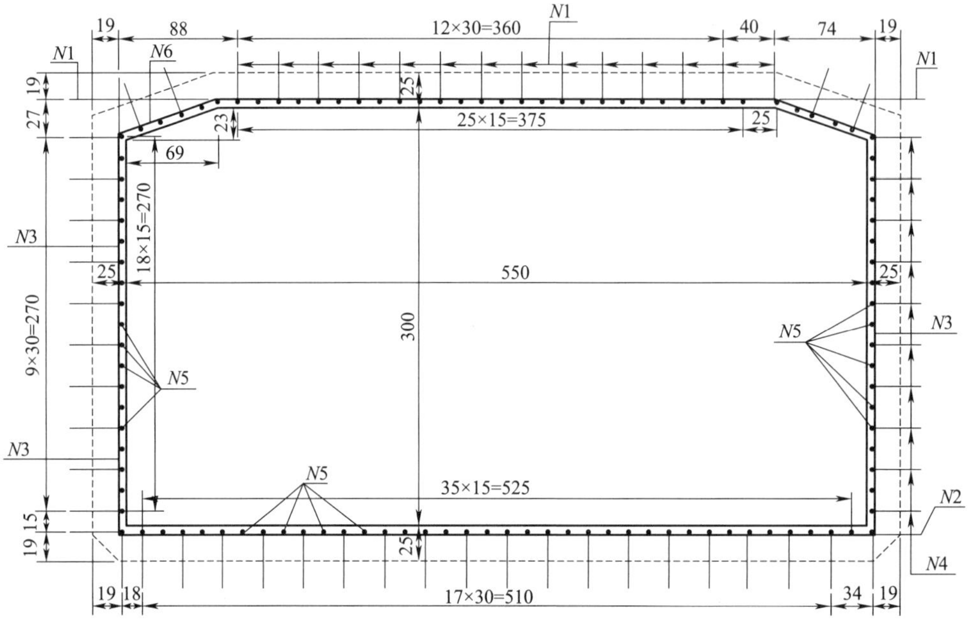

图 4.1.9　构造配筋图(单位：mm)

图中所示虚线为既有涵洞截面，$N1$ 为平行顶板横向钢筋，其两端分别伸入既有涵顶板倒角处各 50 cm；$N2$ 为平行底板横向钢筋，其两端分别伸入既有涵侧墙各 20 cm；$N3$ 为平行边墙竖向钢筋，其两端伸入既有涵顶底板各 20 cm；$N4$ 植入既有涵洞内 15 cm，勾住 $N5$ 钢筋，$N5$ 筋与 $N1$、$N2$、$N3$ 筋绑扎。边墙植筋如图 4.1.10 所示。

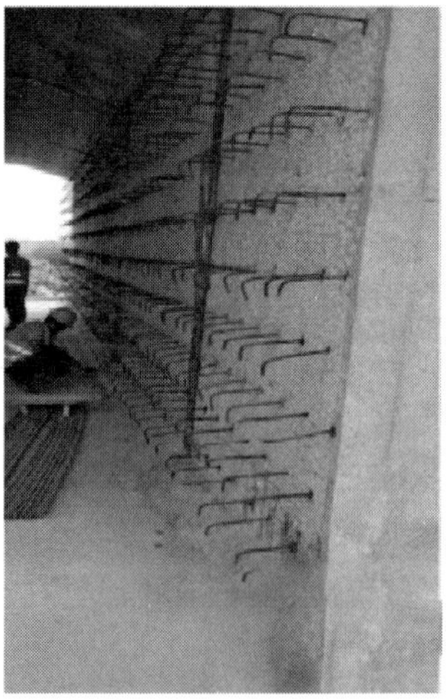

图 4.1.10　边墙植筋

(3)套涵加固技术要求

①主筋、分布筋、箍筋净保护层均不小于 3.5 cm；涵节始末端可适当调整间距，净保护层为 3.5～5.0 cm。纵向分布钢筋在钢筋弯曲及锚固等处可作适当移动，结构中钢筋骨架均为焊接。

②保护层厚度均为分布筋至结构边缘的距离。

③套涵沉降缝与既有涵沉降缝对齐。

(4)沉降缝设置

①设置方案

套打涵浇筑前，在沉降缝相应位置的既有涵边墙粘贴高聚物改性沥青防水卷材。在沉降缝相应位置处安装防水涂料浸渍木板(厚度与沉降缝宽度相同),同时当作模板使用,在施工缝相应位置处安装缓膨型遇水膨胀橡胶止水条。

②铺设防水卷材

沉降缝铺设防水卷材时,保证沉降缝两侧结构高度一致,否则采用M30水泥砂浆找平后铺设防水卷材。

③安装快速膨胀型遇水膨胀橡胶止水条

套打涵浇筑完毕且混凝土达到设计强度后,沉降缝内侧安装快速膨胀型遇水膨胀橡胶止水条,然后用双组分聚硫嵌缝膏嵌缝,嵌缝应均匀、整齐、不得污染结构。

快速膨胀型遇水膨胀橡胶止水条安装前,对沉降缝相应部位进行清理,安装槽道应干净,无水且无尖状物,以免影响止水效果。

快速膨胀型遇水膨胀橡胶止水条安装时应与沉降缝两侧结构密贴,橡胶止水条的尺寸根据实际沉降缝的宽度调整,使橡胶止水条闭合且连接可靠,保证其止水效果。如沉降缝两侧结构高度不一致时,保证膨胀橡胶止水条外缘至少嵌入20 mm深,且保证20 mm双组分聚硫嵌缝膏嵌缝深度。

任务习题

(一)填空题

1. 涵洞由洞身、基础、进出口建筑物以及附属设备组成,常见的洞口形式有________和________两种。

2. 盖板箱涵可将进口设置成________,有利于涵洞水流形态,提高泄水能力。

3. 为避免涵洞产生中间积水淤塞,或洞身下游出现逆坡现象,洞身设置________。

4. 为避免涵洞洞身下沉不均匀引起涵洞开裂,涵洞特设置________

5. 涵洞洞口是洞身、路基、河道水流三者的连接构造物,由进水口、出水口和________三部分组成。

6. 涵洞如有满流情况时,可采用在入口处抬高管节及________的办法处理,必要时应进行改建或扩孔。

7. 线间距拨移、加宽的涵洞,应按《铁路桥梁检定规范》对________进行检算,当检算结果不满足要求时,应进行加固。

8. 涵洞堵塞抢修时,应先在上游疏通淤积,不准从下游________。

9. 涵渠上、下游及洞内应定期进行________以保证排水畅通。

10. 对涵洞基础底下的潜流淘刷病害可采用在上游河床进行铺砌,端部修筑________的整治方法。

(二)选择题

1. 对于基底土质均匀下沉不大的黏性土涵洞,应采用(　　)。

A. 整体基础　　B. 砂石基础　　C. 碎石基础　　D. 浆砌片石基础

2. 对既有线中涵洞严重腐蚀风化,脱落深度(　　),面积≥0.5 m^2 的病害情况应有计划地安排处理。

A. ≥10 mm　　B. ≥15 mm　　C. ≥20 mm　　D. ≥25 mm

3. 时速 120～160 km 涵洞顶至轨底的填土高度不宜小于(　　)。

A. 1.0 m　　B. 0.8 m　　C. 1.2 m　　D. 0.6 m

4. 运营线上的涵洞实际入口处洪水位高于或等于(　　)涵洞高度或有严重泥石影响排洪者即为孔径不足,应有计划进行扩孔或改建。

A. 1.2 倍　　B. 1.5 倍　　C. 2 倍　　D. 3 倍

5. 钢筋混凝土盖板箱涵应在沉降缝外围敷设(　　)宽的防水层。

A. 0.4 m　　B. 0.5 m　　C. 0.2 m　　D. 0.3 m

6. 运营涵洞必须保持状态完好,钢筋混凝土结构裂缝宽度不得大于(　　)。

A. 0.2 mm　　B. 0.25 mm　　C. 0.3 mm　　D. 0.4 mm

7. 更换或增设涵洞时要求沉降缝垂直、整齐、无交错,填塞紧密,无漏土、漏水,接头错牙小于(　　)。

A. 5 mm　　B. 10 mm　　C. 15 mm　　D. 20 mm

8. 对易被漂浮物、泥石等堵塞的涵洞,应在洞前设置栅栏或(　　)并及时进行清除。

A. 沉淀池　　B. 挡墙　　C. 挡水坝　　D. 护底

9. 涵洞的新旧接头处,两种地基交界处应设置(　　)。

A. 带子缝　　B. 平缝　　C. 伸缩缝　　D. 沉降缝

10. 涵洞的沉降缝和管节都应按要求进行(　　)处理。

A. 抗冻　　B. 防振　　C. 防水　　D. 防裂

(三)判断题

1. 涵洞的全长即涵洞的轴长,不包括端墙在内。(　　)

2. 涵管裂损严重或管节离缝过大,可在洞内加筑衬环或套环。(　　)

3. 寒冷地区为防止涵洞内发生冻结,在冬季应用挡雪板遮挡小孔径涵洞的洞口。(　　)

(四)简答题

1. 简述盖板箱涵沉降缝的设置原则和构造。

2. 涵洞两端有冻害时怎样进行防护?

3. 简述整修涵洞质量验收标准。

4. 涵洞主要的病害有哪些?

任务 4.2　隧道基本认知

4.2.1　隧道基本知识

1. 隧道概念与作用

修建在地层中,断面面积不小于 2 m^2的地下通道统称为隧道。它的主要用途一是用作交通运输通道和水流通道;二是用于国防及市政等工程建设,如人防工程、城市地铁、过街地道等。隧道可以克服平面或高程的障碍;可以避免线路展线过长或用来绕避地质不良地段、人口密集地区;可以改善线路质量,提高运输能力,降低运营成本。

2. 隧道分类

(1)按照隧道穿越障碍或作用的不同可以分为山岭隧道、水底隧道、地铁隧道。

(2)按隧道长度可以分为：短隧道($L \leqslant 500$ m)、中长隧道($500 < L \leqslant 3\ 000$ m)、长隧道($3\ 000$ m$< L \leqslant 10\ 000$ m)、特长隧道($L > 10\ 000$ m)。

隧道长度 L 系指进、出口洞门端墙的墙面之间的距离，即以端墙墙面与内轨顶面的交线同线路中线的交点计算。双线隧道以下行线为准，位于车站上的隧道以正线为准。

(3)按隧道埋置的深度可以分为浅埋隧道和深埋隧道。

(4)按隧道所处的地质条件可以分为土质隧道和石质隧道。

4.2.2 隧道主体结构

隧道主体结构为洞门和衬砌结构。隧道洞门及衬砌修理所用混凝土、喷射混凝土、水泥砂浆、石材材料应符合《铁路隧道设计规范》(TB 10003—2016)的规定，选用的建筑材料应符合结构强度和耐久性的要求，同时根据结构功能的需要还应满足抗冻、抗渗、抗侵蚀的要求。混凝土的抗渗等级，寒冷地区有冻害地段和严寒地区不应低于 P10，其他地区不应低于 P8。

1. 隧道洞门

(1)洞门的作用

①减少洞口土石方开挖量。洞口段范围内的路堑是依照地质条件以一定的边坡而开挖的。当隧道埋深较大时，开挖量就很大。设置隧道洞门，起到挡土墙的作用，可以减少土石开挖量。

②稳定边坡、仰坡。

③引离地表流水。地表流水往往汇集在洞口，如不予以排除，将会漫及线路，危及行车安全，修建洞门，可以把流水引入天沟、侧沟，保证洞口的正常干燥状态。

④装饰洞口。洞口是隧道唯一的外露部分，是隧道正面的外观。作为隧道的标志性建筑物，应与隧道的规模、使用特性以及周围建筑物、地形条件等相协调。

(2)洞门的形式

①环框式洞门

适用于洞口石质坚硬稳定，Ⅰ级围岩，且地形陡峻无排水要求时，起到加固洞口和减少洞口雨后滴水的作用。

②端墙式洞门

它由端墙和洞门顶排水沟组成，适用于较为稳定的Ⅰ～Ⅲ级石质围岩，用于抵抗山体的纵向推力及支持洞口正面上的仰坡，保持其稳定，洞门顶排水沟用来将从仰坡流下来的地表雨水汇集后排走，如图 4.2.1 所示。

③翼墙式(八字式)洞门

它由端墙、翼墙和排水沟组成，适用于洞口地质条件较差的Ⅳ～Ⅵ级围岩，山体纵向推力较大，且地形开阔时，可支撑洞口正面上的仰坡，保持其稳定，起到抵抗山体的纵向推力、增加洞门的抗滑和抗倾覆能力的作用，两侧面保护路堑边坡起到挡土墙的作用，将地表水引至路堑侧沟内排走，如图 4.2.2 所示。

④柱式洞门

适用于地形较陡，Ⅲ、Ⅳ级围岩，仰坡有下滑的可能，且设置翼墙式洞门会受到地形、地质条件的限制时。

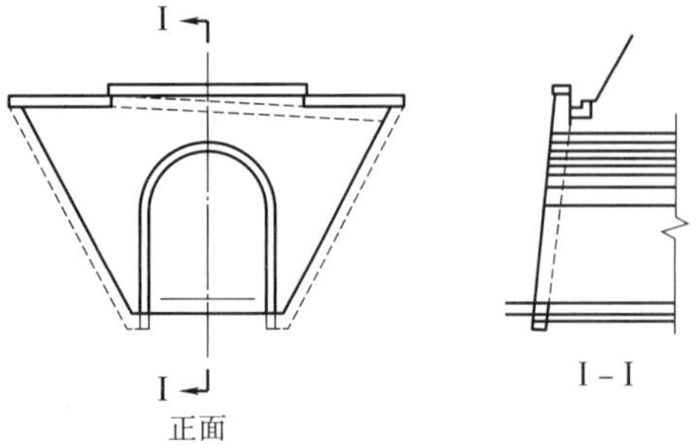

图 4.2.1　端墙式洞门

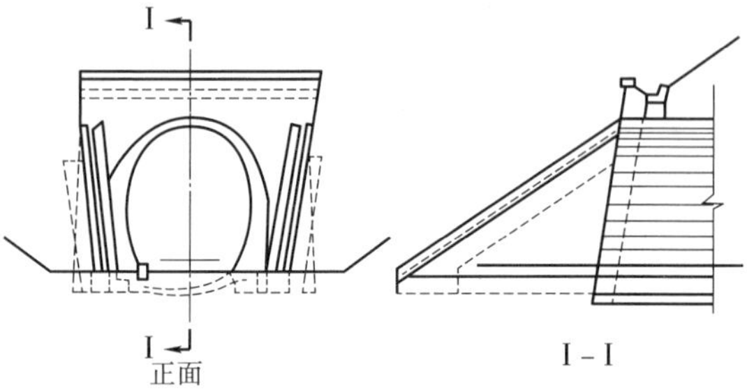

图 4.2.2　翼墙式(八字式)洞门

⑤台阶式洞门

适用于洞门位于靠山侧坡地区,洞门一侧边仰坡较高时。可减少洞门圬工及仰坡开挖数量,起美化作用,如图 4.2.3 所示。

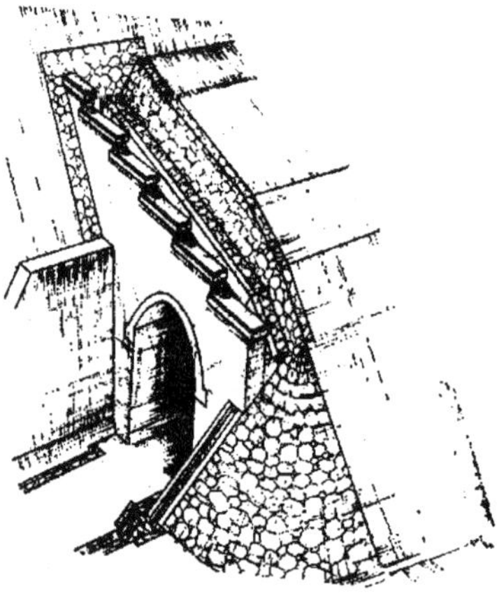

图 4.2.3　台阶式洞门

⑥新型洞门

为了更少地扰动山体,防止山体滑坡和坍塌,新型洞门大量采用了帽檐式和斜切式洞门结构,如图 4.2.4 所示。隧道洞口边坡、仰坡采用现浇钢筋混凝土骨架,并植草绿化。当洞口上方有危石、落石隐患时,除接长明(棚)洞外,采取稳妥的斜坡防护措施,必要时还应增加主、被动防护网。当洞口上方有公路跨越时,公路设置防撞护栏,防止异物侵入铁路限界。

(a)正切式洞门　　(b)喇叭口状洞门

图 4.2.4　新型洞门

高速列车通过隧道时,在隧道进出口产生微气压波,发出强烈的爆破声,影响洞口环境以及人员身体健康。为减缓高速列车通过隧道时产生的空气动力学效应,当洞口附近有建筑物或特殊环境要求时,宜设置缓冲结构,如图 4.2.5 所示。

(3)技术标准

①隧道洞口应设置洞门。洞门端墙顶面高出仰坡脚不少于 0.5 m,仰坡脚至洞门端墙顶帽背的水平距离应不少于 1.5 m。洞门端墙与仰坡之间的水沟底至衬砌拱顶外缘的厚度不宜小于 1.0 m。

②洞口仰坡周围须设置排水、截水设施检查通道。洞口仰坡及进出口路堑边坡有剥落可

(a) 顶部开孔式　　(b) 侧面开孔式

图 4.2.5　典型缓冲结构

能时，坡面应予以防护。

③洞口应有必要的检查设施和有关的标志。对设有巡守的隧道，应设巡守房屋。

④隧道仰坡高度大于 3 m 时应设置台阶。

2. 隧道洞身衬砌

隧道开挖以后，为了保持围岩的稳定性，一般需要进行支护(衬砌)。修建隧道衬砌的材料，应具有足够的强度和耐久性，在某些环境中，还必须具有抗冻、抗渗和抗腐蚀性。此外，还应满足就地取材、降低造价、施工方便及易于机械化施工等要求。

(1)整体式混凝土衬砌

它是指就地灌注混凝土(钢筋混凝土)衬砌，也称模筑混凝土衬砌。它对地质条件适应性强，易于按需成型、整体性好、抗渗性强，且可以适合多种施工条件。因而，在我国铁路隧道工程中广泛采用。依照不同的地质条件或不同的围岩级别，其可分为直墙式和曲墙式(图 4.2.6)两种衬砌形式。直墙式衬砌适用于地质条件比较好，以垂直围岩压力为主而水平围岩压力较小的情况。结构形式由衬砌上部拱圈、两侧竖直边墙和下部铺底三部分组合而成。曲墙式衬砌适用于地质条件比较差，有较大水平围岩压力的Ⅳ级及以上的围岩。结构形式由顶部拱圈、侧面曲边墙和底部仰拱(或铺底)组成。除在Ⅳ级围岩无地下水、基础不产生沉陷的情况下可以不设仰拱、只做平铺底，其他一般均设仰拱，以抵抗底部围岩压力和防止衬砌沉降，使衬砌形成一个环状的封闭整体结构，以提高衬砌的承载力。

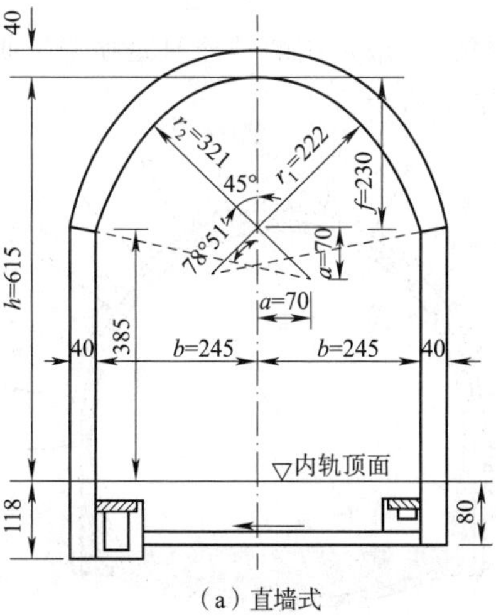

(a) 直墙式

图 4.2.6

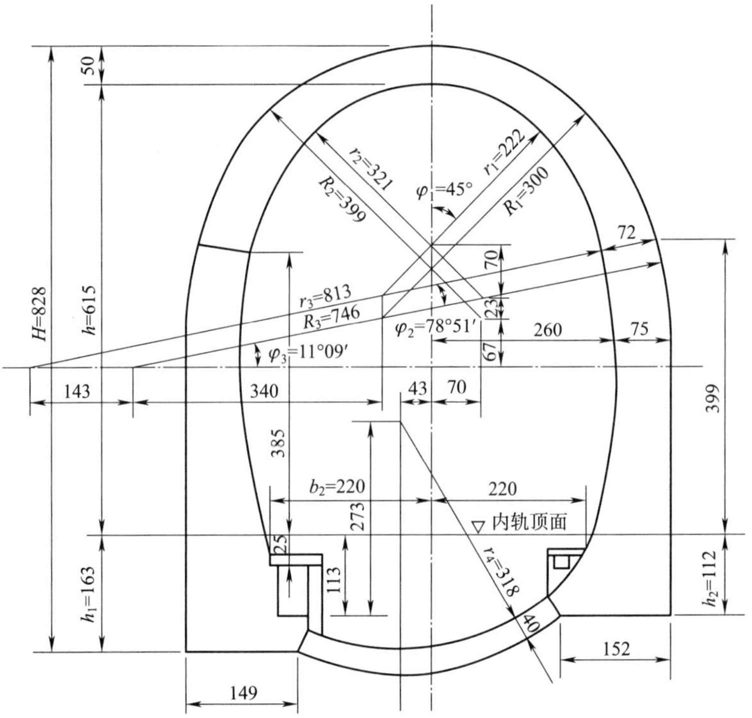

（b）曲墙式

图 4.2.6　直墙式和曲墙式衬砌(单位:mm)

(2)喷锚衬砌

采用混凝土喷射机,将掺有速凝剂的混凝土拌和料和水高速喷射到清洗干净的岩石表面凝结,当围岩不够稳定时,可加设锚杆或钢筋网,构成的一种支护形式,简称“喷锚支护”。

采用喷锚支护可充分发挥围岩的自承能力,控制围岩的变形,并有效地利用了洞内净空,提高作业安全性和作业效率,并能适应软弱和膨胀地层中隧道的开挖,还可用于整治塌方和隧道衬砌的破损。

(3)复合式衬砌

目前大都采用外衬和内衬两层,最常用的是外衬是喷锚支护,内衬是整体式混凝土衬砌,在两层间设置防水层,如图 4.2.7 所示。

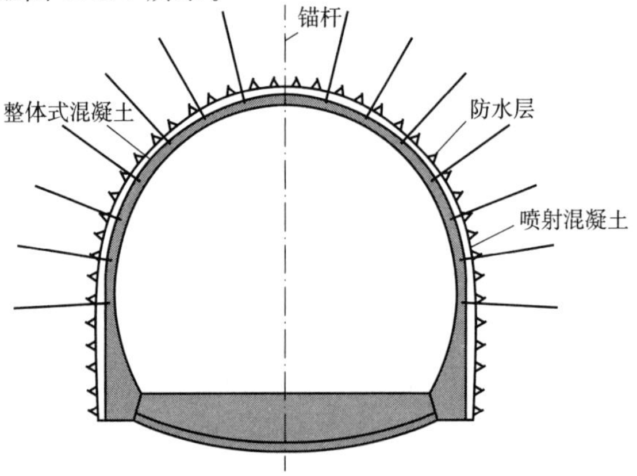

图 4.2.7　复合式衬砌

复合式衬砌初期支护刚度小、易变形，能充分发挥围岩的自承能力；初期支护施作及时、且与围岩结合密切，从而能保护和加固围岩；二次衬砌完成后，衬砌内表面光滑平整，可以装饰内壁，增强安全感，是一种较为理想的结构形式，目前应用广泛。

(4)技术标准

①既有线隧道无衬砌地段，应根据隧道状态有计划地补做衬砌或加固。加固隧道底板时应采用钢筋混凝土，底板厚度不小于 30 cm。

②在寒冷及严寒地区隧道受冻害影响的地段，应采用整体式钢筋混凝土衬砌，混凝土强度等级应适当提高。

4.2.3 明洞

以明挖法施工修建的隧道或在露天修建而有回填土覆盖的衬砌结构，称为明洞。它适用于洞顶覆盖层较薄，难以用暗挖法修建隧道的地段；受塌方、落石、泥石流等威胁的隧道洞口或路堑地段；线路之间形成立体交叉，但又不宜做立交桥时，通常宜修建明洞。

明洞的类型有拱式明洞和棚式明洞两种。

1. 拱式明洞

拱式明洞的结构形式与一般隧道基本相似，也是由拱圈、边墙和仰拱或铺底组成，如图 4.2.8 所示。它的内轮廓也和隧道一致。但是，由于它周围是回填的土石，得不到可靠的围岩抗力的支持，因而结构的截面尺寸要略大一些。

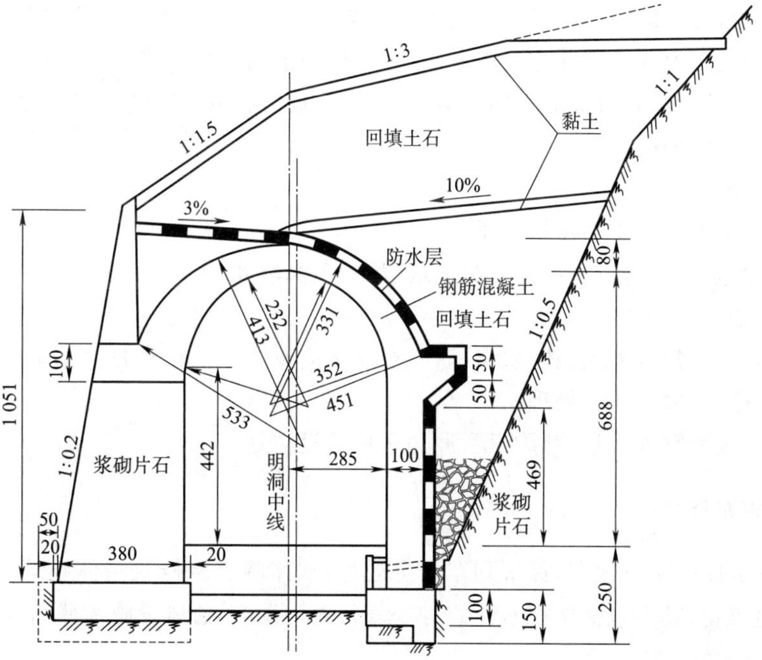

图 4.2.8 半路堑单压式拱形明洞(单位:cm)

当边坡塌方数量较大，落石较多，基础条件较好时，常常需要修筑拱式明洞来防护。拱式明洞结构坚固，可以抵抗较大的推力，适用范围较广。

2. 棚式明洞

山坡的塌方、落石数量较少，山坡路堑外侧低下，不能适当地安置拱形明洞的庞大外墙时，可以修建棚洞，如图 4.2.9 所示。

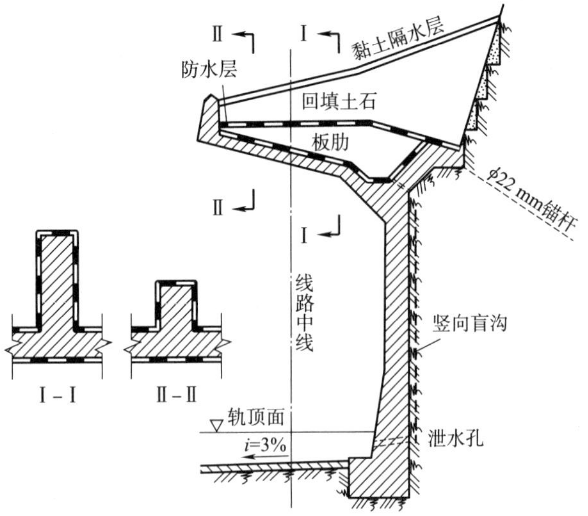

图 4.2.9　悬臂式棚洞

棚洞是一种框架结构，其顶上不是拱圈而是平的梁板，内墙一般为重力式墩台结构，抵抗山体的侧向压力，且它的基础必须放在稳固的基岩上。若是边坡坡度较陡，地面水不大，坡面稳定而坚实，采用重力式内墙开挖量太大时，也可以用钢筋混凝土锚杆挡土墙的形式。当外墙不受侧向压力仅承受梁和盖板的竖向荷载时，可以根据落石的危险情况以及地质情况，采用立柱式、连拱墙式或钢架结构。

3. 技术标准

(1)明洞顶应设置必要的截排水系统。

(2)靠山侧边墙或边墙后，应设置纵向或竖向盲沟，将水引至边墙泄水孔排出。纵向盲沟设置纵坡不小于 2‰。

(3)衬砌外壁应敷设外贴式防水层，防水层表面应设 3～5 cm 水泥砂浆保护层。洞门与既有隧道的接头处，应做好防水处理。

(4)回填土表面宜铺设黏性隔水层，并与边坡搭设良好。

4.2.4　隧道附属结构

为了使隧道能够正常使用，保证列车安全运行，铁路隧道除修筑主体建筑物以外，还要修建一些附属建筑物，其中包括防排水设施、避车洞、通信设施、通风设施和照明设施等。

1. 隧道防排水设施

(1)排水设施

排水是将地下水引入隧道内，再经由洞内水沟排出洞外。若地下水无出路，衬砌背后的地下水位就会逐渐升高，以致给隧道衬砌施加更大的压力，故一般要“以排为主”。

主要排水设施有：衬砌内的纵横向排水沟，衬砌上的引水管(暗槽)或泄水孔，衬砌背后的环向、纵横向盲沟和集水钻孔等。

地下水排水路径为围岩内地下水→环向盲沟(排水管)→纵向盲沟(排水管)→横向盲沟(排水管)→中央(侧向)排水沟→洞外排水系统,如图4.2.10所示。

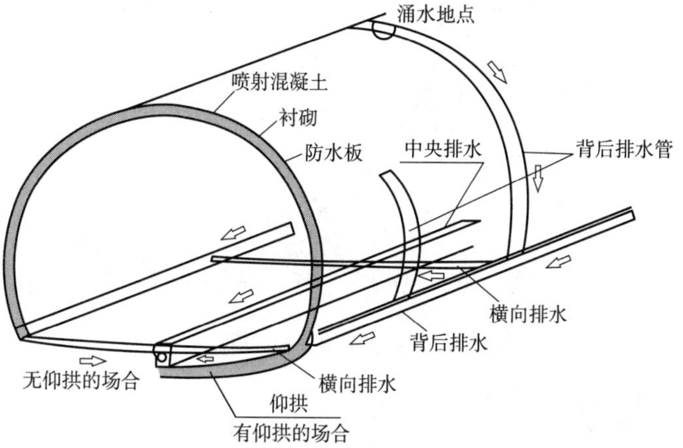

图4.2.10　隧道排水图

(2)防水设施

防水即衬砌防水,是指防止地下水从衬砌背后渗入隧道内,可以采取防水混凝土结构、外贴式防水层(由沥青和油毡间隔铺贴而成,分为特、甲、乙、丙四种)、内贴式防水层[喷水泥砂浆防水层、五层(四层)抹面防水层或阳离子乳化沥青胶乳防水层]、复合式衬砌中间防水层(铺设塑料防水板或喷防水材料薄膜)等,如图4.2.11、图4.2.12所示。

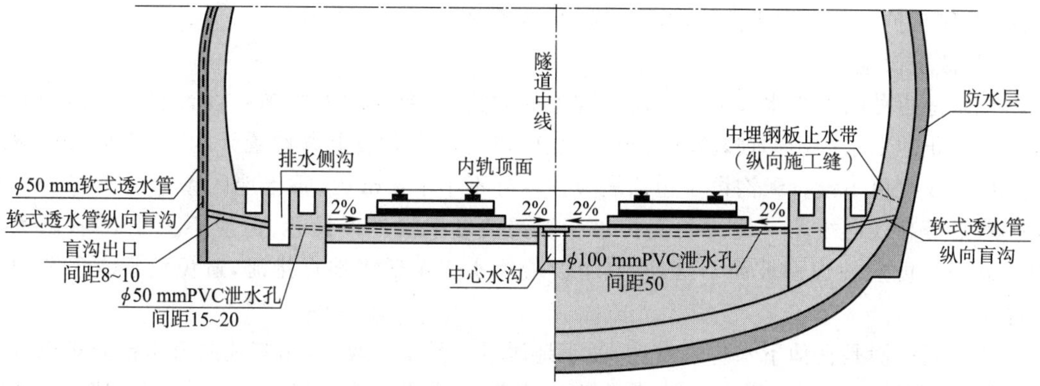

图4.2.11　隧道内防排水设施(单位:m)

在变形缝处主要用沥青木板、沥青麻筋、沥青、橡胶带或塑料止水带等几种材料进行防水,其中常用的是沥青木板。将沥青木板塞在两段衬砌之间,在接缝处的外表面挖一个宽12 cm、深6 cm的沟槽,用防水胶油、防水油膏及水泥灰浆等填塞封堵,外表面抹以M10水泥砂浆(水灰比为0.35∶1)。橡胶止水带防水性能质量可靠,可承受较大的相对变形,但价格较贵,可用于防水要求较严格的重要工程。

变形缝指沉降缝和伸缩缝,沉降缝是为了防止不均匀沉陷所引起衬砌的开裂而设置的,在

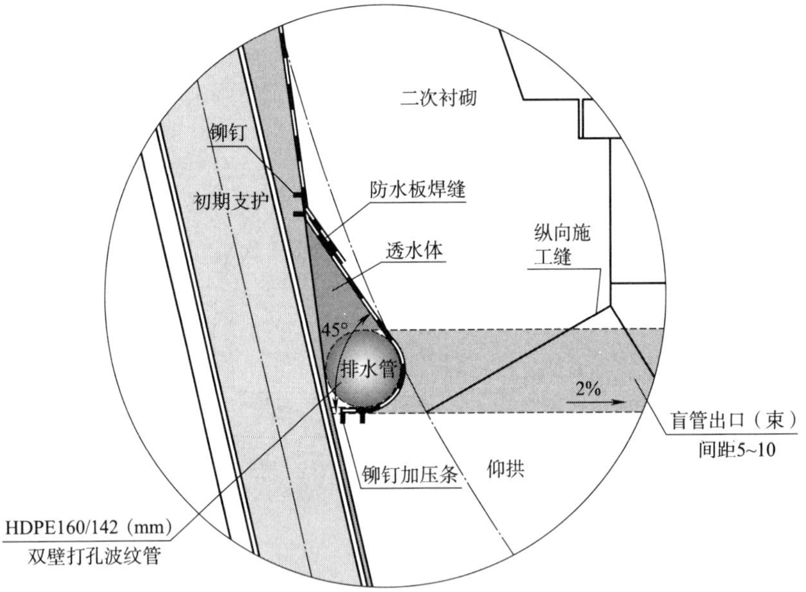

图 4.2.12　防水层(单位：m)

地质条件有显著变化处、明洞与隧道衬砌连接处，均应设置沉降缝。伸缩缝是为了防止因温度变化使混凝土自由伸缩产生裂缝而设置的。由于隧道内温差较小，故除严寒地区外，一般地区在隧道内不设置伸缩缝。

(3)堵水设施

向支护背后压注水泥砂浆及化学浆液，用以充填支护与围岩之间的空隙，以堵住地下水的通路，并使支护与围岩形成整体，改善支护受力条件。

(4)截水设施

截水是指截断地表水和地下水流入隧道的通路，主要采取的措施有设置洞顶天沟和泄水洞。为防止地表水冲刷仰坡，流入隧道，一般应在洞口边仰坡上方设置天沟，但当地表横坡陡于 1∶0.75 时可不设。天沟设于边仰坡坡顶以外不小于 5 m 处，黄土地区应不小于 10 m。天沟一般沿等高线向线路一侧或两侧排水。天沟坡度根据地形设置，但应不小于 3‰，以免淤积。天沟长度应使边仰坡面不受冲刷，下游应将水引至适当地点排泄，避免危害农田和冲刷山体。

泄水洞一般是在地下水特别发达、涌水地段较长且水压较高，用其他防排水措施难以收效时才采用。泄水洞应设在地下水上游一侧，与隧道方向平行或近似平行，使周围的地下水经由泄水洞的过滤孔眼流入泄水洞内排走，以达到拦截排水，防止地下水影响隧道的目的，如图 4.2.13 所示。

(5)技术标准

①隧道内外应有完整的防排水设施，以保证结构和设备的正常使用，要求达到：

a. 拱部不滴水，边墙不淌水，安装设备孔眼不渗水。

b. 道床排水畅通，不浸水。

c. 在有冻害地段的隧道，拱部和边墙基本不渗水，衬砌背后不积水。

②隧道全长范围内均应设置排水沟、疏水盲沟、纵向盲管(沟)、环向盲管等，组成完整的排

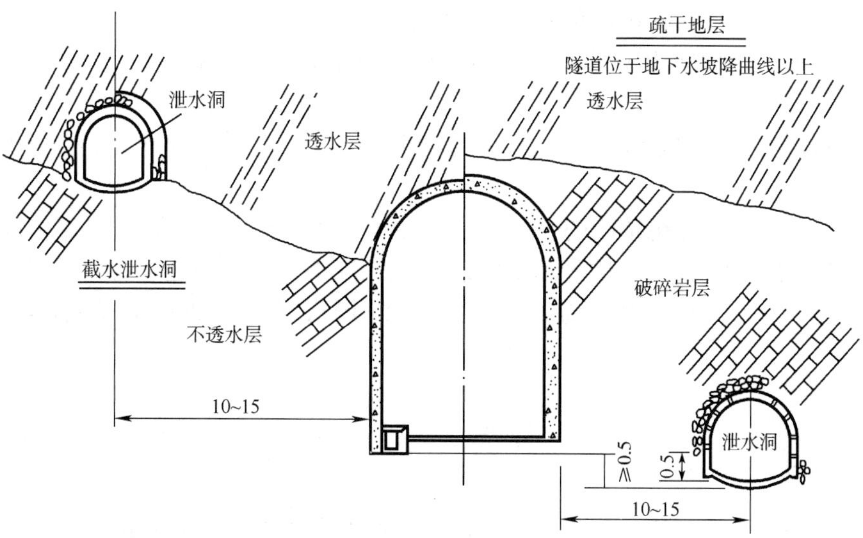

图 4.2.13　隧道泄水洞(单位:m)

水系统,并符合下列规定:

a. 排水沟底及疏水盲沟中心的深度应在铺底或仰拱底面 0.5 m 以下,排水沟断面宽度应便于清淤。

b. 排水沟坡度应与线路坡度一致,在隧道中的分坡平段范围内和车站内的隧道,排水沟底应有不小于 1‰的坡度。

c. 中心排水沟间隔一定长度应设置检查井,以便于清理和检查,沟顶应有钢筋混凝土或石质盖板。

d. 靠近道床一侧的侧沟墙身应增设构造钢筋,并留泄水孔,泄水孔直径为 4～10 cm,间距为 100～300 cm。

e. 寒冷及严寒地区的排水设备,应有防寒设施,或设在冻结线以下的深埋水沟。

f. 运营中的隧道因电气化改造落底时,其原有排水沟应同时下落,沟底至道床底顶面不得小于 0.5 m,必要时边墙基础亦应下落。

2. 隧道避车洞

(1)避车洞作用

既有线隧道避车洞分为小避车洞和大避车洞。小避车洞主要是为了保证隧道内行人和维修人员的安全而设置,大避车洞是为了存放必要的维修材料、工具以及轨道小车避让列车而设置。避车洞衬砌类型一般与隧道衬砌类型相适应。

(2)技术要求

隧道避车洞应交错设置在隧道两侧边墙上,大避车洞之间设置小避车洞,应符合下列规定:

①隧道长度为 300～400 m 时,可在隧道中部设一个大避车洞,长度小于 300 m 时,可不设大避车洞。

②洞口紧接桥或路堑,当桥上无避车台、路堑侧沟无平台时,应与隧道一并考虑布置避车洞。

③避车洞不应设于衬砌断面变化处或变形缝处。

④旅客列车行车速度为 160 km/h 的隧道内，避车洞内应沿洞壁设置高 1.2 m 的钢制扶手。

⑤避车洞应有衬砌，其结构类型应与隧道衬砌类型相适应；避车洞底面应与道床、作业通道或侧沟盖板顶面平齐。

⑥为使避车洞的位置明显，便于人员在光线暗淡的隧道内易于寻找，得以迅速地奔向最近的避车洞，且可不跨越线路，在避车洞内以及周边上用石灰浆刷成白色，并在两侧距离为 10 m 处的边墙上各绘一个白色的指向箭头，如图 4.2.14 所示，在运营期间应保证这些标志鲜明醒目。

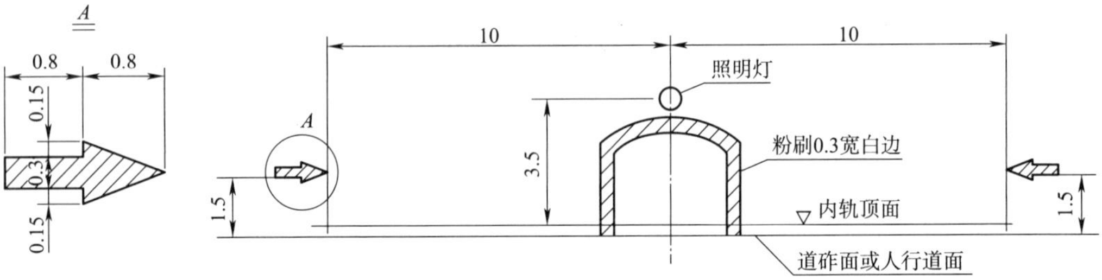

图 4.2.14　避车洞周围标志(单位：m)

3. 隧道通信设施

全长 3 000 m 以上的隧道，应设置通信设备，必要时设置安全报警装置。

①电缆槽

当铁路通信、信号电缆通过隧道时，为了避免电缆被损坏、腐蚀，以保证通信、信号工作的安全，应在隧道内设置电缆槽。

②无人增音站(洞)

根据电信传输衰耗和通信设计要求，每隔一定距离应设置无人增音站(洞)一处。当无人增音站(洞)位于隧道内时，则应在边墙外增设无人增音站(洞)，以便安装无人增音机。

无人增音站(洞)因与大避车洞轮廓大致相同，一般多设于大避车洞内。洞内应有良好的防水、防腐、保温措施，保证增音机的正常使用。除此之外，根据具体情况，隧道内有时也设信号继电器箱洞、绝缘梯车洞、无线电通信电台箱洞、无线可调继电器洞、变压器洞等附属设施。

4. 隧道通风设施

主要有纵向式通风和横向式通风方式，一是在通风机的作用下，使风流沿着隧道轴线方向流动的通风方式；二是隧道内风流方向与隧道轴线方向成正交的通风方式。纵向式通风有以下几种。

①洞口风道式通风

这种通风方式是把通风机设置在隧道洞口端处，通风道与隧道连通。为防止通风机工作时，新鲜空气从出洞口吸进隧道造成短路，降低通风效果，需在出洞口设置一个用钢或钢木结构组成的框架式帘幕。它用轨道电路与信号系统进行连锁，当列车驶向隧道时，帘幕自动提起，当列车通过后，帘幕自动落下。

②喷咀式通风

对于列车运行密度大、长度不太长的隧道，可采用环形喷咀式通风形式，如图 4.2.15 所示。它是在隧道洞口处的衬砌上方，设计一个汇集新鲜空气的空气室，空气室的尽端在衬砌周边上做成环形喷咀通向洞内。洞口段可不做帘幕，新鲜空气不会从洞口溢出，反而会由于高速风流引起的负压，带进一些新鲜空气。但这种通风形式结构复杂，施工工艺要求高，维修不方便且能量损失大、效率低。

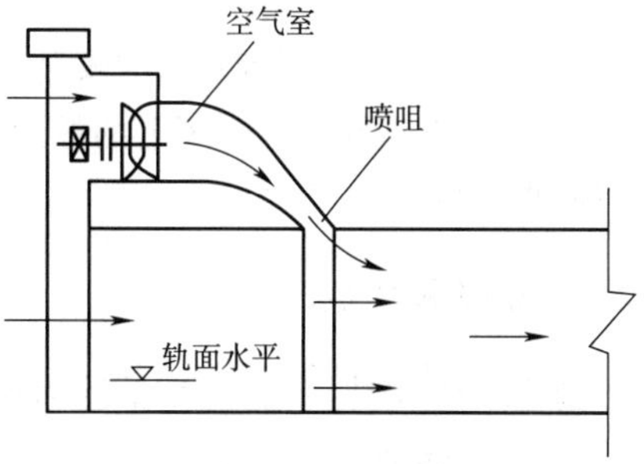

图 4.2.15　喷咀式通风

③射流式风机通风

射流通风是通过在隧道顶部串联悬挂几台射流风机，或在隧道口建造引风洞集中并联安装数台射流风机，依靠射流风机产生的高速气流诱导周围空气一起流动，将隧道外的新鲜空气引入隧道，让隧道内的有害气体从隧道另一端排出洞外。射流通风或帘幕通风是目前隧道通风采用最好的方式。

④竖井、斜井式通风

长大隧道纵剖面为人字坡时，污浊空气常积聚在坡顶。若在隧道施工中，为增加开挖工作面而设置竖井或斜井作为辅助坑道时，可利用这些辅助坑道作为通风道，把通风机置于竖井或斜井处，借助于通风机和竖井的换气作用，以达到通风之目的。

⑤技术标准

a. 运营隧道内空气的卫生标准应达到列车通过隧道后 15 min 以内，空气中 CO 浓度在 30 mg/m^3 以下，氮氧化物（换算成 NO_2）浓度在 10 mg/m^3 以下。电气化运营隧道内的卫生标准还应符合湿度小于 80%，温度低于 28 ℃，臭氧浓度小于 0.3 mg/m^3，含有 10%以下游离 SiO_2 的粉尘浓度小于 10 mg/m^3。

b. 瓦斯隧道在运营期间，必须进行瓦斯检测，隧道内在任何时间、任何地点瓦斯浓度不得大于 0.5%。

c. 自然通风条件不良的隧道，经过空气化验或通风试验，不能在规定时间内达到规定标准时，应设置机械通风。机械通风洞内风速不应大于 8 m/s。

d. 机械通风方式宜采用射流风机通风，射流风机安装应牢固可靠、启动灵活、便于维修。洞内通风设备应具有防潮、防腐蚀、防漏电功能，必须经常保持良好状态和正常运行。

e. 隧道内为自然通风设置的通风井两端衔接必须圆顺，边墙面必须平滑，外口应有防护设施。如有妨碍空气流通的地方，应予整修。

f. 改建隧道设置机械通风时，验交前必须进行通风试验，其试验结果作为隧道交接验收资料移交。

5. 隧道照明设施

隧道照明设施按其设置方式和功能作用分为固定照明和移动式照明，其设计及安装应符合相关规范的要求。

固定隧道照明安装及照度应符合以下要求：

①固定指示照明灯具安装高度距轨面不应小于 3.5 m，单线隧道安装在同一侧，双线隧道安装在两侧，间距为 30 m。

②固定指示照明灯具及配件应具有防潮、防腐、防振动的“三防”性能，并满足相关规范的要求。

③洞内所有照明设备，都应安装在基本建筑限界以外。

④固定指示照明在轨面上的最小照度在任何情况下不得小于 1.0 lx，作业照明在轨面以上的最小照度不小于 15 lx。

4.2.6 隧道技术标准

隧道内应保持清洁，定期清除衬砌表面及整体道床上的煤粉、尘土、杂物。

1. 技术标准

隧道、明洞应保持状态完好，如发现下列病害，应查明原因，安排处理。

(1)衬砌开裂、变形、损坏——衬砌裂纹长度＞5 mm、宽度＞5 mm；衬砌变形速率＞10 mm/年；拱部衬砌压溃范围＞1 m^2、掉块深度＞10 mm。衬砌多条裂缝贯通，有掉块可能时应立即有计划地安排处理。

(2)衬砌严重风化、腐蚀风化造成衬砌崩塌、剥落——衬砌腐蚀疏松深度大于衬砌厚度的 1/6、面积在 0.3 m^2 以上。

(3)严重漏水、涌砂、涌水——电力牵引区段隧道拱部漏水直接传至接触网，影响接触网正常使用；非电力牵引区段隧道拱部漏水成线，边墙淌水，造成严重翻浆冒泥，道床下沉；严寒地区漏水造成结冰侵限；涌水、涌砂浸泡道床。

(4)仰拱或底板变形损坏，导致基床下沉、道床翻浆，影响轨道稳定。

(5)内外排水设施损坏、失效，影响排水功能。

2. 整修隧道日常养护作业质量验收标准

(1)整治漏水后无滴水。

(2)煤烟清扫无堆积。

(3)排水沟无渗漏、积水，盖板齐全、有效，局部淤积但不影响排水。

(4)圬工裂损修补符合圬工修补要求。

(5)洞门、避车洞指示箭头刷白清晰。

(6)通风照明设施整修完好、使用正常。

任务习题

(一)填空题

1. 为减缓高速列车通过隧道时产生的空气动力学效应，当洞口附近有建筑物或特殊环境要求时，宜设置________。

2. 隧道长度 L 系指进出口洞门端墙墙面之间的距离，即以端墙墙面与________的交线同线路中线的交点计算。

3. 明洞衬砌外壁应敷设外贴式防水层，防水层表面应设______水泥砂浆保护层，洞门与既有隧道的接头处，应做好防水处理。

4. 截水是指截断地表水和地下水流入隧道的通路，主要采取的措施有洞顶天沟和________。

5. 排水沟间隔一定长度应设置________，以便于清理和检查，沟顶应有钢筋混凝土或石质盖板。

6. 自然通风条件不良的隧道，经过空气化验或通风试验，不能在规定时间内达到规定标准时，应设置________。

7. 衬砌严重风化、腐蚀风化造成衬砌崩塌、剥落是指衬砌腐蚀疏松深度大于衬砌厚度的________、面积在________以上。

8. 隧道长度计算时双线隧道以________为准。

(二)选择题

1. 一座 5 600 m 的隧道按隧道长度为(　　)。

A. 短隧道　　B. 中长隧道　　C. 长隧道　　D. 特长隧道

2. 以下(　　)不是隧道洞门的作用。

A. 减少洞口土石方开挖量　B. 稳定边坡、仰坡　C. 防止山体渗水　D. 装饰洞口

3. 隧道洞口应设置洞门，洞门端墙顶面高出仰坡脚不少于(　　)。

A. 0.3 m　　B. 0.5 m　　C. 1.0 m　　D. 1.2 m

4. 隧道防排水措施是(　　)。

A. 以排为主　　B. 以堵为主　　C. 以截为主　　D. 以防为主

5. 旅客列车行车速度为 160 m/h 及上的隧道内，避车洞内应沿洞壁设置高(　　)的钢制扶手。

A. 1.5 m　　B. 1.2 m　　C. 1 m　　D. 1.3 m

6. 隧道排水沟底应在铺底或仰拱底面(　　)以下，排水沟断面宽度应便于清淤。

A. 0.3 m　　B. 0.5 m　　C. 0.8 m　　D. 1.0 m

7. 根据运营经验，排水沟底部或疏水盲沟中心深度应在隧道铺底或仰拱底面以下至少(　　)。

A. 0.2 m　　B. 0.3 m　　C. 0.4 m　　D. 0.5 m

8. 隧道全长(　　)以上应设置通信设备，必要时设置安全报警装置。

A. 500 m　　B. 3 000 m　　C. 10 000 m　　D. 都设置

9. 运营隧道内空气的卫生标准：列车通过隧道后 15 min 以内，空气中一氧化碳浓度应在(　　)以下。

A. 20 mg/m^3　　B. 30 mg/m^3　　C. 40 mg/m^3　　D. 50 mg/m^3

10. 明洞顶回填土的厚度，应根据明洞的用途和要求确定，为防御落石、崩塌而设的明洞，回填土的厚度不宜小于(　　)。

A. 1.5 m　　B. 2 m　　C. 2.5 m　　D. 3 m

11. 通风不良的隧道，应在避车洞处安设(　　)。

A. 通风口　　B. 斜井　　C. 竖井　　D. 防烟门

12. 隧道固定的电力照明灯具安装高度一般距轨面(　　)左右。

A. 3.5 m　　B. 4 m　　C. 4.5 m　　D. 5 m

13. 避车洞的洞口周边应粉刷(　　)宽的白色边。

A. 20 cm　　B. 30 cm　　C. 40 cm　　D. 50 cm

14. 碎石道床的隧道，在其一侧设置大避车洞的距离应间隔(　　)。

A. 200 m　　B. 250 m　　C. 300 m　　D. 350 m

15. (　　)属于隧道衬砌类型。

A. 防护衬砌　　B. 喷锚衬砌　　C. 花边墙衬砌　　D. 翼墙衬砌

(三)判断题

1. 曲墙式衬砌适用于地质条件比较差，有较大水平围岩压力的Ⅳ级及以下的围岩。(　　)

2. 复合式衬砌初期支护刚度大、易变形，能充分发挥围岩的自承能力。(　　)

3. 避车洞应有衬砌，其结构类型应与隧道衬砌类型相适应；避车洞底面应高于道床、作业通道或侧沟盖板顶面。(　　)

4. 瓦斯隧道在运营期间，必须进行瓦斯检测，隧道内在任何时间、任何地点瓦斯浓度不得大于0.5%。(　　)

5. 翼墙式洞门中，翼墙的主要作用是排水。(　　)

(四)简答题

1. 简述隧道地下水排水路径。

2. 隧道内外应有完整的防排水设施，技术标准是什么？

任务 4.3　隧道渗漏水整治作业

4.3.1　隧道渗漏水检查

1. 隧道水害的类型

隧道水害是指在隧道修建和运营过程中遇到地下水干扰所形成的危害，是最常见的隧道病害。水害会对隧道稳定、洞内设施、行车安全、地面建筑和隧道周围水环境产生诸多不良影响。

(1)隧道渗漏水的描述

铁路隧道渗漏，按其发生的部位和流量可分为润湿、渗水、滴水、漏水、射水、涌水六个等级。

①润湿：衬砌表面出现湿痕但无法形成水滴下落的现象。

②渗水：衬砌表面出现水痕，3 min以上汇集成水滴下落的现象。

③滴水：水滴间断缓慢下落的现象。

④漏水：水滴间断急速下落的现象。

⑤射水：水滴连续成线下落的现象。

⑥涌水：水滴成柱状下落或激射。

(2)隧道渗漏水的危害

①隧道渗漏水可引起衬砌混凝土风化、剥蚀，甚至造成衬砌结构破坏，如地下水中含有侵蚀性介质，还可造成衬砌混凝土腐蚀，引起围岩变形。

②隧道渗漏水与冻害相联系，在寒冷地区，隧道渗漏水会造成边墙结冰、拱部挂冰，侵入隧道建筑限界，还会造成衬砌冻胀裂损等，形成冻害，引发洞内线路高低起伏不平，降低轮轨间的

附着力。

③隧道渗漏水会加快其内部设备(通信、照明、钢轨等)锈蚀,影响设备的正常使用,缩短线路设备的使用寿命,增加维修费用。

④隧道渗漏水可引发路基下沉、基底裂损、翻浆冒泥等病害,导致铁路轨距、水平变形超限,压力大的地下水还会使隧道结构破损涌水,造成淹没轨道、冲空道床,影响行车安全。

⑤隧道渗漏水会使电绝缘失效、短路、跳闸,引发漏电伤人事故,影响安全运营。

⑥严重渗漏水会引发地面和地面建筑物的不均匀沉降和破坏。

⑦隧道渗漏会造成地表水和含水层的水大量流失,破坏周围水环境,造成生态环境灾害。

(3)衬砌周围积水的危害

衬砌周围积水是指地下水向隧道周围渗流汇集,不能迅速排走,聚集在衬砌周围,其危害有:

①产生过大水压致使衬砌破坏。

②软化围岩,致使围岩压力增大,衬砌开裂。

③膨胀性围岩体积膨胀,压溃衬砌。

④寒冷地区积水结冰引发冻害。

(4)防排水要求

①拱部不滴水,边墙不淌水,安装设备孔眼不渗水。

②隧底不涌水,道床不积水。

③在有冻害地段的隧道,拱部和边墙基本上不渗水,衬砌背后不积水。

④碎石道床无翻浆冒泥,整体道床基床稳定。

⑤消除侵蚀性水对衬砌的腐蚀。

2. 隧道漏水情况的检查观测

隧道漏水检查观测主要包括以下几方面:

(1)隧道衬砌部位划分

为了准确描述隧道病害的位置,需要将隧道衬砌分成若干部分进行命名。一般是将隧道衬砌的拱部和边墙分成左右两部分,仰拱作为一个部分,总体上分为 5 个部分。将每一部分依衬砌内缘再进一步细分为 4 等分,这样整个隧道衬砌结构分割为 20 个部分进行描述,如图 4.3.1 所示。在描述时将其打开,按照左为隧道进口方向、右为隧道出口方向展示,并将有关要描述的内容展示在其上。

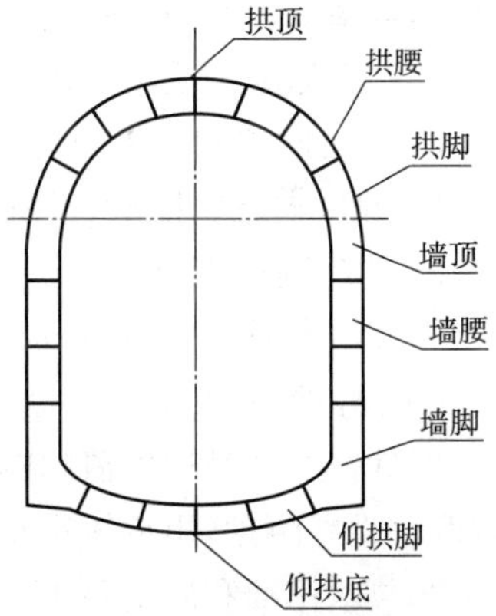

图 4.3.1　衬砌部位划分图

(2)洞外检查

主要检查洞顶仰坡坡面是否平顺、洞顶地面有无裂隙、洞穴和积水洼地是否积水。观测地表水流水痕迹及其流向、地面排水系统的状态。

(3)洞内检查

主要检查洞内漏水量、面积和部位,并检查洞内排水设备是否畅通等。

(4)漏水量观测

对隧道的排水沟进行流量观测,摸清地下水和地表水在隧道内各段的分布情况及不同季节的变化规律。

对于隧道渗漏水量较大时,可用容器法、浮标法、三角堰法来观测。

4.3.2　隧道排水日常养护作业

1. 整修山上截、排水沟

整修山上截水沟护坡、排水沟护坡，护底坍塌沉陷、勾缝脱落，水沟底有潜流，水沟堵塞、冲刷、沉陷病害。

①作业要点

a. 拆除原圬工砌体，凿除松动部分，用水清洗干净后再进行补砌。

b. 翻修基础时要夯实地基。

c. 对于冲刷比较严重的部位也可以灌注混凝土，完工后用湿润草袋(帘)盖好，浇水养护不少于 7 d。

②技术标准和质量要求

a. 保持水沟排水畅通，护坡、护底无坍塌、无断裂、无渗漏、无潜流。

b. 清理淤土，冲刷处所用浆砌片石护底，沉陷处要夯填补平，要有足够的排水断面和纵向坡度。

c. 砌筑圬工的各项质量符合标准，冻胀性基础深度应在冻结线 0.25 m 以下。

2. 整修洞口堑坡和排水设备

整理修补仰坡、洞口堑坡和排水设备坍陷及损坏，水向隧道内倒灌，洞顶泥石流淹埋洞口病害。

①作业要点

清除淤土及危石，整修仰、堑坡面的坡度；破除损坏圬工，基础冲空处要彻底拆除；夯实回填坡面或基础，按原砌护工程或新设计放线。

②技术标准和质量要求

a. 洞顶仰坡砌筑稳固，仰坡排水全部进入天沟。

b. 洞口与路堑排水系统连接良好，排水流畅。

3. 清除隧道表面烟尘

整理清除衬砌表面、水沟盖板、避车洞内煤灰和尘土。

①作业要点

用铁铲及扫帚逐段清扫隧道边墙煤烟，清除水沟上及避车洞内火车掉落的煤屑并装筐待运，两段设好防护，用单轨小车将煤烟推出，倒在适当地点。

②技术标准和质量要求

侧壁表面干净、无烟尘堆积或二层皮。水沟清除干净、无煤烟堆积。水沟盖板及避车洞保持干净，无脏物。

4. 清理、整治隧道排水沟

清理、疏通隧道内侧沟(包括洞口外翼墙排水沟)、洞内暗沟。增设隧道内明侧沟盖板及更换补充隧道侧沟盖板缺少和破损处。翻修因沟底破碎下沉而造成的水沟断裂、严重破损。

①作业要点

a. 作业前装好洞内照明，用小撬棍掀开暗沟盖板，用方铣清除洞内的堆积杂物，将侧沟内的煤烟、杂物铲成堆，用筐装好。暗沟清完后，要盖好暗沟盖板，安放平稳，较大缝隙用水泥砂浆堵塞。

b. 拆除旧有的水沟盖板，对圬工的支承表面进行整平处理；清除侧沟内杂物，铺设新更换的水沟盖板，找平找齐新换的盖板，较大缝隙用砂浆进行填补。

c. 对因沟底破碎下沉而造成的水沟断裂、严重破损，影响排水，翻修必要时架设吊扣轨，以加强线路稳定，揭盖板并清除淤土，成段凿除破碎圬工(必要时按 2～4 m 分段间隔进行凿除)，有水时采取截流引排，清理沟底弃砟、淤泥等；制立模型，基底铺 2～3 cm 厚的 M10 水泥砂浆，按比例配料，拌和均匀，灌注捣实，需及时检查模板；发现走模时，立即纠正，抹平顶面并压光；覆盖 12 h 后进行养护，7 d 后拆模并拆除吊轨；回填、安装、盖板。

②技术标准和质量要求

a. 清理排水沟内杂物，保持排水畅通。暗沟要掀开盖板、清理疏通。清除的煤烟杂物要运送至洞外适当地点。

b. 缺少、损坏的水沟盖板全部更换，盖板铺设整齐、平稳，较大缝隙用水泥砂浆堵塞抹平。盖板正反面安放正确，与相邻盖板衔接处，平面相错不大于 10 mm，高差不大于 2 mm，板缝不大于 10 mm，板下铺砂浆，装后无空响。

c. 新修水沟断面与原水沟断面相同，不改变其与电缆槽、边墙的相互关系尺寸；接茬平顺、光滑，结合良好；混凝土、砂浆等材料等级满足要求；盖板入槽平整、稳固，不漏砟；灌注后 12 h 内不得受水冲刷。

4.3.3　隧道渗漏水整修作业

1. 隧道渗漏水整治原则

隧道内有漏水时，应查明水源、漏水量大小，遵循“防、排、截、堵相结合，因地制宜，综合治理”的原则进行整治，达到防水可靠、经济合理。整治隧道漏水，视漏水部位和漏水量，可选用以下措施：

①拱部(或边墙)漏水。采用快凝水泥或化学堵水材料封堵；围岩及回填层压注普通水泥或特种水泥浆液；衬砌内灌注速凝止水化学浆液；禁止使用水玻璃浆液作永久堵水材料。

②边墙淌水。边墙内设竖向排水暗槽或边墙背后设竖向盲沟等。

③施工缝、伸缩缝、沉降缝渗漏。嵌填弹性防水橡胶条、橡胶止水带等。

④隧底冒水。压注水泥砂浆；加深或增设排水沟；翻修隧底仰拱或铺底等。

⑤整治隧道衬砌漏水，宜采取“拱堵边排”方案，整治的部位均应设置临时堵漏、柔性防水、刚性防水等防水层，以防止堵水材料收缩而渗漏。

⑥隧道内漏水结冰危及行车安全时，应及时刨除。

2. 隧道防水措施

(1)衬砌自防水

衬砌自防水指隧道衬砌采用防水混凝土，按照国家《地下工程防水技术规范》(GB 50108—2008)，防水混凝土的设计抗渗等级应符合规定。铁路隧道相关规范规定抗渗等级达到 P8(即抗渗压力为 0.8 MPa)。

(2)大面积湿渍的抹面防水

对于混凝土表面的大面积湿渍，在没有明水流出的情况下，由于其水压力和出水量很小，可先将混凝土表面凿毛，并用钢丝刷刷去浮尘，在其表面作防水抹面或刷涂防水涂料 1～2 mm，为保证涂抹质量，一般分 2～3 次涂刷。防水抹面材料有普通水泥砂浆，添加了外加剂、防水剂、聚合物乳液的水泥浆(砂浆)、特种水泥浆(砂浆)等。防水涂料有水泥基防水涂料、聚氨酯类、硅橡胶类、聚合物水泥类、改性环氧树脂类、丙烯酸酯类、乙烯—醋酸乙烯类及聚物(EVA)类等。

(3)注浆防水

①隧道衬砌注浆

注浆法整治点面渗漏水

当隧道出现大面积渗漏时，采用注浆防水较为适宜，其原理是通过压力将防水浆液注入衬砌或衬砌与围岩孔隙及岩层节理中，阻止地下水的渗入，集中疏导引出。常用的压浆方式主要有双泵压浆(图 4.3.2)和单泵压浆两种，常用的注浆嘴及其埋设情况如图 4.3.3 所示。

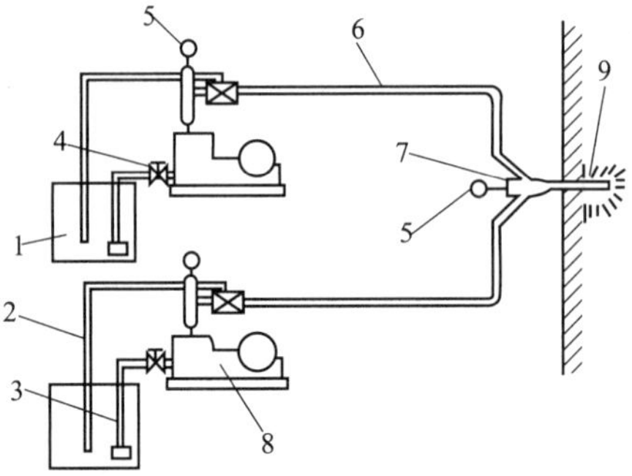

图 4.3.2　双泵压浆

1—储浆桶；2—回浆管；3—吸浆管；4—进浆阀门；5—压力表；6—输浆管；7—混合器；8—压浆泵；9—压浆管

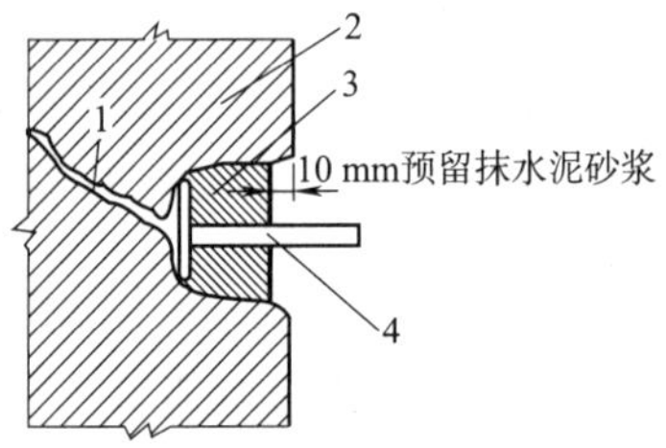

图 4.3.3　压浆嘴示意图

1—漏水裂缝；2—衬砌；3—浆液；4—注浆嘴

注浆工艺一般为：

a. 注浆区段长度一般长 14～30 m，每段间隔设置排水暗槽，钻打集水孔，引排地下水至排水沟。在注浆区段内进行孔眼布置并确定孔深，一般呈梅花形布置。

b. 锚孔安装注浆管。大范围渗水布孔宜密宜浅，裂隙渗漏布孔宜疏宜深。注浆孔径大于 40 mm，深入围岩一般应大于 20 cm。注浆孔一般采用棋盘式或梅花形布置，注浆孔间距可根据渗漏水情况以及围岩的含水情况来确定，最小 1.0 m，最大 2.4～3.0 m。注浆管前段为花管，用上浆塞堵住注浆管与孔壁之间，外接注浆设备。

c. 注浆试机，检查后再进行注浆。注浆压力一般为 0.2～0.3 MPa，最大不超过 0.5 MPa，压浆时，及时观察衬砌变形情况，如发现串浆、跑浆严重而堵塞排水系统时，应及时停机检查，采取降低注浆压力、间隙压浆、改变浆液配比、更换注浆材料等。

d. 封堵注浆孔，将注浆管尾气焊割掉，用快硬水泥浆填充注浆管，在管口 2 cm 处封堵快凝砂浆，最后用 SWF 混凝土密封胶涂刷 2 遍。

②衬砌内部化学注浆

衬砌内部化学注浆通过埋设注浆嘴，将化学浆液灌注到衬砌混凝土的缺陷部位填充空隙，浆液遇水膨胀，达到堵漏、止水的目的。选择浆液化学浆材应掌握两个原则：一是浆材的可灌性，即所选化学浆材必须能够灌入裂缝，充填饱满，灌入后经凝结固化，与裂缝结合紧密；二是浆材的耐久性，即所选用化学浆材在使用环境条件下性能稳定，不易起化学变化。目前铁路隧道衬砌内部注浆常用浆液有：普通水泥浆、普通水泥与双快水泥混合浆、改性水玻璃—水泥混合浆、水溶性聚氨酯类、环氧树脂浆等。

化学注浆方法可分为斜孔注浆、骑缝钻孔注浆、贴嘴注浆。

a. 斜孔注浆

斜孔埋管化学注浆的工艺流程为：裂缝清洗→钻孔→清孔及埋管→表面封缝→通风检查→浆液配制→注浆→封孔处理→待凝检查→表面处理，如图 4.3.4、图 4.3.5 所示。

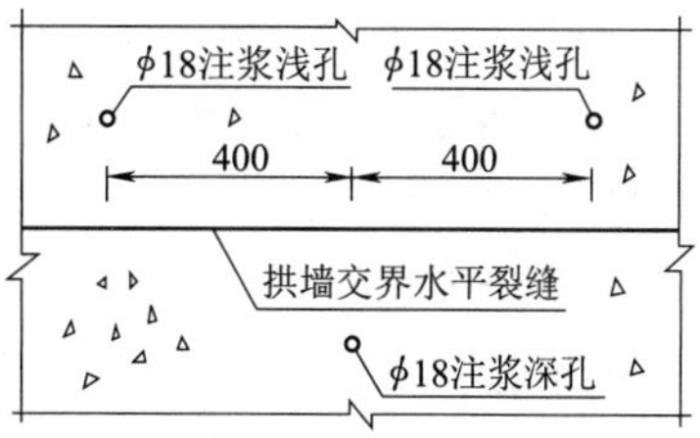

图 4.3.4　衬砌内部化学注浆堵漏斜缝钻孔注浆立面(单位：mm)

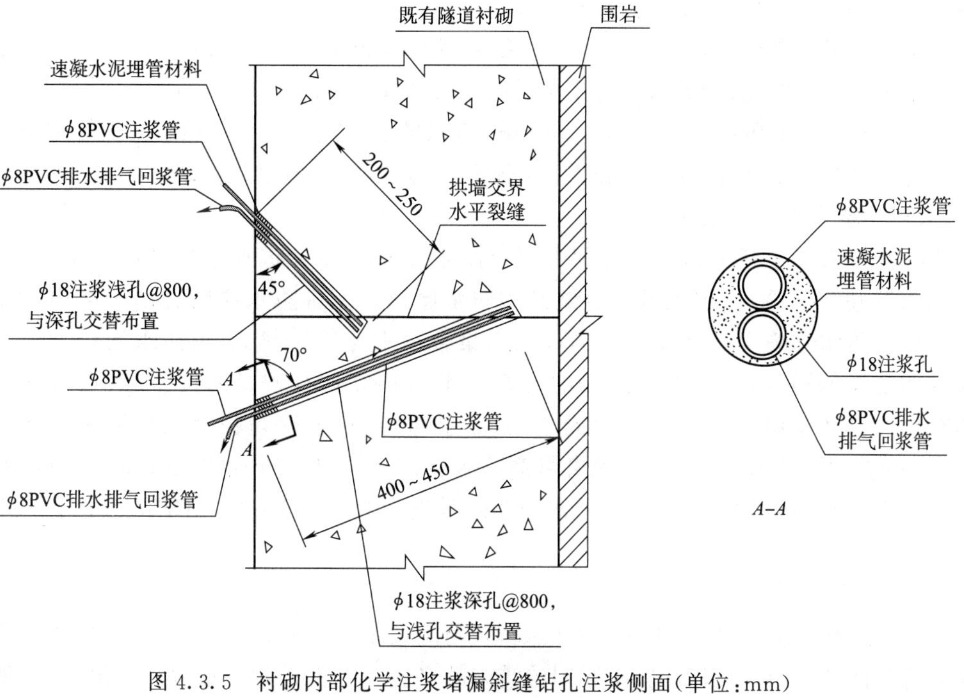

图 4.3.5　衬砌内部化学注浆堵漏斜缝钻孔注浆侧面(单位：mm)

b. 骑缝钻孔注浆

骑缝钻孔注浆是直接在衬砌裂缝处实施钻孔、埋设注浆管并注浆从而封堵裂缝的方法，其基本工艺与斜缝钻孔注浆相同。

c. 贴嘴注浆

贴嘴注浆法及工艺流程：注浆嘴加工→打磨→冲洗→裂缝检查→贴嘴→封缝→压风检查→灌浆→注浆嘴清除→质量检查。

(4)塑料防水板防水

塑料防水板防水宜用于经常受水压、侵蚀性介质或受振动作用的地下工程复合式衬砌的初期支护和二次衬砌之间。

塑料防水板可选用乙烯—醋酸乙烯共聚物、乙烯沥青共混聚合物、聚氯乙烯、高密度聚乙烯类及其他性能相近的材料，具体规格应符合有关标准和要求，尤其应具有良好的耐刺穿性、耐久性、耐水性、耐腐蚀性、耐菌性。

铺设塑料防水板前应先铺缓冲层，缓冲层应采用暗钉圈固定在基面上。铺设时，宜由拱顶向两侧展铺，下部防水板应压住上部防水板，并应边铺边用压焊机将塑料板与暗钉圈焊接牢靠，不得有漏焊、假焊和焊穿等现象。两幅塑料防水板的搭接宽度不应小于 100 mm。搭接缝应为热熔双焊缝，每条焊缝的有效宽度不应小于 10 mm。

(5)其他防水层

除此之外，目前广泛使用的防水层还有卷材防水层、水泥砂浆防水层、涂料防水层等。按其粘贴方式又可分为内贴式和外贴式。

①卷材防水层宜用于经常处在地下水环境，且受侵蚀性介质作用或受振动作用的地下工程混凝土结构的迎水面。主要有高聚物改性沥青类防水卷材和高分子类防水卷材，前者要用热熔法施工，后者可用冷粘法或者焊接法施工。

②防水砂浆还包括聚合物水泥防水砂浆、掺外加剂或掺和料的防水砂浆等，可用于地下工程主体结构的迎水面或背水面，不应用于受持续振动或温度高于 80 ℃的地下工程防水。聚合物水泥防水砂浆厚度单层施工宜为 6～8 mm，双层施工宜为 10～12 mm；掺外加剂或掺和料的水泥防水砂浆厚度宜为 18～20 mm。水泥砂浆防水层应分层铺抹或喷射，铺抹时应压实、抹平，最后一层表面应提浆压光。

③涂料防水层包括无机防水涂料和有机防水涂料。无机防水涂料可选用掺外加剂、掺和料的水泥基防水涂料、水泥基渗透结晶型防水涂料。无机防水涂料宜用于结构主体的背水面。有机防水涂料可选用反应型、水乳型、聚合物水泥等涂料，有机防水涂料宜用于地下工程主体结构的迎水面，用于背水面的有机防水涂料应具有较高的抗渗性，且与基层有较好的粘结性。防水涂料应分层刷涂或喷涂，涂层应均匀，不得漏刷、漏涂；接茬宽度不应小于 100 mm。另外喷涂 M1500 水泥密封剂防水层以及采用“优止水”(U-Seal)高效防水剂进行衬砌表面处理时，应采用 UP2000 结构修补剂进行修补，或采用 ADEX 混凝土结构修补防护体系。

(6)施工缝、变形缝防水

对于隧道衬砌施工缝、变形缝防水的处理，则应根据缝的结构特征、不同的防水等级选用不同的防水措施，防水等级越高，拟采用的措施越多。一方面是为了解决施工缝、变形缝的渗漏率高的问题，另一方面是防止施工缝、变形缝因结构变形而出现防水能力退化，保证工程整体的防水质量。

目前施工缝多为平口式，防水措施一般采用中埋式止水带、外贴式止水带、防水密封材料、遇水膨胀橡胶止水条、预埋注浆管等，防水效果较好。

(7)防止隧道洞顶地表水的下渗

隧道防水体系中应重视防止洞顶地表水的下渗，洞口段往往是浅埋段，存在对防水有不利影响的因素，在条件适宜时可采用下列措施进行地表处理，防止地表水下渗：

①洞顶地表为洼地、漏斗等，可采用开沟疏导、填平积水洼地，保证地表径流通畅，必要时可根据地形地质条件及水量等，增设泄水洞引排。

②地表有坑穴、地质勘探钻孔等，应考虑用不透水材料处理，并分层夯实封闭。

③洞顶有流水的沟槽，宜根据沟槽的状况予以整治，确保水流畅通，必要时可对沟床铺砌。

④洞顶有水池、河流、水塘、水库等时，应设防渗漏措施，对溢水进行疏导。

⑤岩层风化严重、岩体松散破碎，地下水位较高或有涌水风险时，可从地表向地层中注浆进行加固处理。

(8)隧道防水系统维护措施

当衬砌施工缝发生渗漏时，可用斜孔埋管注浆或贴嘴注浆处理。对于设计施工时已采用了可维护性的防水系统，可通过对防水系统预埋的注浆设施，在二次衬砌漏水时进行注浆，实现对防水系统的维护。

①对采用了可重复注浆管的隧道衬砌接缝防水系统的维护措施

二次衬砌的施工缝发生渗漏时，可通过已预埋的可重复注浆管进行注浆堵漏，工艺如下：

(a)在隧道渗漏水处，仔细核对注浆管的安装图纸，找到现场标记，从接线盒中找到注浆管和出浆管。

(b)进行浆液配置及测定。

(c)将注浆嘴接到注浆管，并封闭出浆管端，注浆直至观察到有浆液从接缝中渗出或注浆达到一定的量即可停止。

(d)注浆结束后，立即打开出浆管，并对注浆管用高压水进行冲洗，直至看到清水从出浆管端流出为止。

(e)观察是否仍有渗漏水。若有，需重复以上步骤。

②对隧道内应用分区防水技术地段的维护措施

衬砌发生渗漏时，若在隧道设计施工时采用了分区防水技术的防水板，可通过二次衬砌内侧的注浆软管进行注浆堵漏，工艺如下：

(a)核对注浆嘴的布置，结合渗漏水的位置，确定注浆范围。

(b)进行浆液配置，做好注浆的准备工作。

(c)将注浆塞接到注浆管上，进行分区注浆。

当变形缝渗漏水时，可采用埋管法注浆处理。工艺流程为：剔槽(一般槽宽 2～3 cm、深 4～6 cm)→埋管封槽→注浆止水→二次注浆→凿嘴封孔→清理基面→填嵌柔性密封材料→抹速凝微膨胀水泥砂浆层→擦洗界面→粘贴环氧玻璃布。如果接缝的基面未出现大面积开裂、疏松时，可采用骑缝注浆或斜孔埋管注浆法止水加固；但是注浆会降低变形缝的变形能力，而变形缝工作时又会破坏注浆形成的堵水效果，因此建议采用带导水槽密封垫或者是可注浆的增强软管与槽齿形密封垫配合，也可采用可充气的泡沫橡胶软管等可变形的堵水材料作为变形缝渗漏水的整治材料。

3. 隧道渗漏的引排措施

隧道内排水主要是利用沟、管、槽及钻孔等排出地下水以及渗漏进入隧道的水。如在衬砌背后设置纵向、横向和竖向排水暗槽、盲沟，而后集水、钻孔，将地下水导入隧道内两侧或中心设置的排水沟将水引出洞外。对于颗粒易流失的围岩，要采取筛管等措施，防止排水产生沉降危害。

(1)查找渗漏点

明显的渗漏点，出水量大，肉眼好观察、易查找，但也应凿除表皮 3～5 cm，找到真正渗漏点。不明显的出水点，应将其表面清洗干净，用干水泥粉末撒在潮湿面上，即可发现渗水点。找到表层渗水点后，作好标记。

(2)隧道引排水方法

水量和水压均较小的一般渗漏水可采用注浆、喷(抹)涂防水层、嵌填防水材料等措施堵水。

对水压高、水量大的集中出水，如果直接封堵困难且封堵后可能影响隧道的安全和稳定时，应修建排水设施进行泄压和引排。引排方法主要可分为水沟引排、水管引排、泄水洞引排(图 4.2.13)。

①变形缝的漏水可凿槽埋管引排

a. 沿变形缝剔槽，清除缝内原来的填充材料，清除深度 5～10 cm。

b. 用冲击钻在槽内钻孔，孔深 25～30 cm，间距 15～20 cm。

c. 用钢刷将槽内浮尘扫除干净。

d. 孔内插入注浆嘴，在缝内填充遇水膨胀腻子，厚度 2～3 cm，之后填入 2 cm 厚的环氧砂浆。

e. 待砂浆强度达到要求后，注入环氧树脂，对原止水带周围不密实混凝土进行加固和充填。

f. 注浆完成后，切断注浆管，在凹槽内嵌入 ϕ30 mm 弹簧排水盲管，盲管两端伸入两侧水沟内。

g. 在盲管外侧抹 2 cm 防水腻子，再抹 3 cm 厚的防水砂浆，砂浆表面与混凝土表面平齐。

h. 防水砂浆抹面。

②增设与改建排水设备

如隧道原来为单侧水沟，可增设侧沟同时加深边墙，可以增设密井全封式暗管。为使基岩裂隙水顺利排入双侧水沟内，应设碎石渗水隔离层。

单线隧道可增设较深的中心沟。沟槽周围的反滤层及其渗水性土壤应按设计断面分层回填。道砟层可填至横向扣轨梁底部，不足部分待拆除横向扣轨梁时再补充。

当水量较大，且净空断面尺寸较富裕时，可凿开部分衬砌，增设排水(管)槽，将暗槽嵌入衬砌内，引至排水沟排出。当漏水量范围大时，采用比较宽的槽管。

对严寒地区的隧道，增设竖向排水盲沟，在衬砌背后，用碎石、片石或预制槽、管作排水盲沟(管)，将水经盲沟引至排水沟排出，如图 4.3.6 所示。

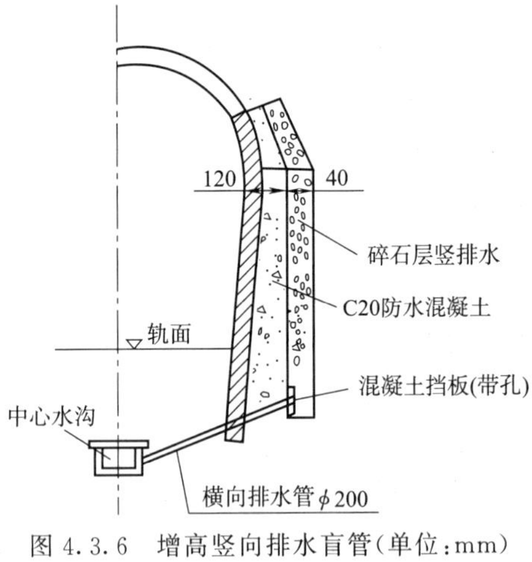

图 4.3.6　增高竖向排水盲管(单位：mm)

③隧道排水系统维护方法

我国在隧道运营养护中并不十分注意对排水系统的维护工作，通常只是对水沟进行简单清理。而往往由于对排水系统的清理不及时或清理效果不好会引起水沟及泄水孔堵塞使衬砌背后水压增高、加重隧道水害等病害。国内外经验表明，注重对运营隧道排水系统的维护对于防治隧道水害十分重要，其维护方法主要有以下四种：

a. 高压水射水清洗法

高压水射水清洗法是将排水沟管中的沉淀附着物冲至沉淀井(检查井)中，这种方法成本低、效果好、速度快且环保，但要进行试验，控制射水压力确保不损伤结构。

b. 气压脉冲清洗法

以水和空气为介质，在高压下形成气水混合物高速射流，这种可控脉冲所形成的物理波对沟管内的沉淀附着物进行冲洗的振荡，逐步将其剥落并快速冲洗到检查井中，再由检查井清理。它同样具有快速、高效、环保、可靠等优点。

c. 采用硬度稳定剂进行排水系统维护

硬度稳定剂是一种绿色、低污染度的聚酰胺、聚碳酸等相似化学物质的混合物，将其分散到水中后可防止水中的碳酸钙沉积堵塞。

d. 采用可维护性的防水系统

指由无纺布、防排水板、盲管组成防水系统。纵、横盲管之间由二、三、四通等接头连接，保证管内通畅，便于清理维护，一般在隧道沿纵向每 100 m 左右设一检查井以便检查维护盲管并清理污物，检查井可用玻璃钢材料制成，可在检查井处用上述的高压水及气压脉冲等方法维护盲沟系统。

4. 隧道堵水措施

隧道排水结构应只排出限量水，以防造成生态环境破坏，可采用压注堵漏浆材方法进行堵水，降低地下水渗透能力，减少隧道出水量。目前应用较多的堵漏浆材有双快水泥浆和堵漏王浆液等，注浆堵水方法主要有围岩注浆、全断面注浆、裂隙注浆等，向衬砌背面压浆时应防止因压浆过量而堵塞衬砌背后的排水设施。

5. 隧道截水措施

截水就是截断流向隧道的水源，或尽可能使流量减少，从而使隧道围岩的水得不到及时补充，达到疏干围岩、根治水害的目的。

(1)地表截水

①对洞顶的积水洼地宜开沟疏导引流。

②对洞顶以上的漏水要作强防渗处理。

③对施工及地质勘测留下的孔、洞、穴要做好排水处理或封填。

④对有较大径流的地表宜作截水沟或回填，无明径流但造成隧道漏水的地表应采取封闭措施(换填、注浆等)。

(2)地下截水

当隧道衬砌周围地下水有明显集中的来水通路，导致地下水流很大，可采取地下水截水设施截断水源。主要办法有：设置泄水洞截水、钻孔截水、拦截暗河截水、防渗帷幕截水。

4.3.4　隧道渗漏水整治案例

1. 拱部大面积渗水：防水砂浆抹面封闭处理

(1)作业要点

①将渗水衬砌表面凿毛。凿毛时，应将衬砌表面疏松部分全部凿除，暴露出新鲜混凝土，并用高压水冲洗干净。

②找出明显的渗水(或漏水)点，将其凿出直径约 5 cm、深约 6 cm 的孔眼，然后用速凝水泥胶浆或防水浆膏封堵，把出水眼堵住。

③防水砂浆抹面。抹面至少两道，每道厚 1～2 cm，总厚度 3 cm。第一道抹面终凝以后，

用钢丝刷刷毛，再抹第二道。抹面以后，应及时喷水养护。

(2)作业质量验收标准

①漏水位置要找准，并堵住不漏。

②防水材料的配制，要严格计量，称量误差不大于2%。

③各道防水层施工时，要认真压实，防止开裂成渗漏。

2. 隧道边墙部位漏水的整治

(1)作业要点

①划线。根据调查漏水点情况，搭设作业平台，用石笔在衬砌面划出边线。

②清理基面。凿除旧混凝土，清洗表面。

③封堵漏水点。开槽、钻孔，采用堵漏剂对主要裂缝及出水点进行压注封堵，使水从预留排水点排出。

④选准部位，在起拱线附近或边墙上凿眼截流，设排水暗槽引流。按设计要求开凿排水孔眼，将水放出，从排水眼处沿水流方向凿(垂直)排水暗槽，用钢丝刷将浮渣清刷干净。暗槽尺寸一般凿成深100～120 mm，底口宽50～60 mm，开口处60～80 mm的梯形槽，根据流水量的大小可选不同梯形槽尺寸。

⑤安装透水软管和钢丝网排水槽。可用内贴ϕ(50～60)mm半圆塑料管、厚8～10 mm防腐木板条或1 mm厚涂沥青镀锌铁皮等挡水(北方严寒地区需考虑防冻措施)。

⑥用封堵剂封堵透水软管，或用水泥水玻璃浆膏或矾类防水剂浆膏将塑料管边与混凝土的连接缝隙堵住，防止漏水，同时设置防水层(防水带、防水卷材等)。

⑦刷净水泥浆一层(水灰比0.38～0.4)，厚1 mm，再用1∶2的砂浆填平暗槽(比原混凝土面凹下10 mm)。

⑧砂浆终凝后用氯化铁(或有机硅)防水砂浆抹面两层，宽260～280 mm，厚10 mm，并外涂防水覆盖层两层(此项技术作业标准按隧道防水抹面的有关标准操作)。

(2)作业质量验收标准

①位置准确，边线顺直。

②压浆前应用速凝水泥浆等对衬砌蜂窝麻面和裂缝进行嵌补以防跑浆，孔眼按梅花形布置符合标准。

③封堵处不漏水，出水点钻孔位置准确。

④排水暗槽外层无裂纹变形，封堵密实无渗漏水。

⑤暗槽无堵塞，排水畅通，将衬砌背后积水导入侧沟。

⑥根据隧道最低气温条件，排水暗槽可适当加深，避免冻坏暗槽，影响排水。

任务习题

(一)填空题

1. 衬砌周围积水将产生过大水压致使衬砌破坏或 ________，致使围岩压力增大，衬砌开裂。

2. 隧道渗漏水检查主要有洞外检查、洞内检查和 ________。

3. 衬砌自防水指隧道衬砌采用防水混凝土,铁路隧道规定抗渗等级达到 ________。

4. 隧道目前施工缝多为平口式,防水措施一般采用中埋式止水带,外贴式止水带、防水密封材料、遇水膨胀橡胶止水条和________等。

5. 隧道渗漏引排水的方法有________和增设与改建排水设备。

6. 隧道施工缝、伸缩缝和沉降缝渗漏时,应采取嵌填弹性防水橡胶条、________及粘贴橡胶条止水带等措施进行整治。

(二)选择题

1. 隧道渗漏水描述中水滴间断缓慢下落者称为(　　)。

A. 渗水　B. 滴水　C. 漏水　D. 射水

2. 隧道渗漏水描述中漏水指(　　)。

A. 水滴间断缓慢下落　B. 水滴间断急速下落

C. 水滴连续成线下落　D. 水滴成柱状下落

3. 土质隧道及松散破碎岩层不宜采用(　　)防止拱顶渗漏。

A. 外贴防水层　B. 钻孔排水　C. 喷浆　D. 环氧树脂砂浆抹面

4. 采用复合式衬砌的隧道,初期支护与二次衬砌之间应铺设防水板,防水板厚度不得小于(　　)。

A. 0.6 mm　B. 0.8 mm　C. 1.0 mm　D. 1.2 mm

5. 隧道拱顶漏水病害的整治宜采用(　　)的整治办法。

A. 引排　B. 封堵　C. 预防　D. 截水

6. 隧道内漏水严重处所至少(　　)观测一次。

A. 一个月　B. 半年　C. 三个月　D. 一年

7. 隧道的漏水水源有地表水和(　　)两种。

A. 地下溶洞　B. 岩层集水　C. 潜流　D. 地下水

8. 排水盲沟以片石、碎石、河卵石等材料砌筑,沟底一般以(　　)夯实黏土做基础。

A. 5～10 cm　B. 10～15 cm　C. 15～20 cm　D. 25～30 cm

9. 隧道渗井直径不宜大于(　　)。

A. 300 mm　B. 250 mm　C. 200 mm　D. 150 mm

10. 隧道无论晴雨天隧道内渗漏,如水量稳定,则该水源可判定为(　　)。

A. 地表水　B. 地下水　C. 雨水　D. 地表水和地下水均有

11. 以下(　　)不是隧道排水必须考虑的。

A. 水文地质条件　B. 工程防水等级　C. 材料来源　D. 行车速度

12. 当隧道衬砌出现大面积渗漏且无明显集中出水点时可采用(　　)。

A. 抹面　B. 凿槽引排　C. 单注浆防水　D. 双侧竖向盲沟

13. 压浆法埋管工序中应埋设(　　)管子。

A. 2 根　B. 3 根　C. 4 根　D. 1 根

14. 隧道边墙淌水常用整治措施是(　　)。

A. 抹面防水　B. 增设排水暗槽或竖向盲沟　C. 压注水泥砂浆　D. 增设排水沟

15. 整治隧道衬砌漏水,宜采取(　　)方案。

A."以截为主"　B."拱堵边排"　C."排堵结合"　D."以排为主"

16. 隧道顶部天沟一般设在离仰坡开挖边缘至少(　　)开外。

A. 5 m　　B. 4 m　　C. 3 m　　D. 2 m

(三)判断题

1. 当隧道出现大面积渗漏时,采用大面积防水抹面较为适宜。(　　)

2. 地表截水主要是对洞顶的积水、漏水、孔、洞、穴及较大的径流地表要做好排水处理或封填或设置泄水洞截水、钻孔截水、拦截暗河截水、防渗帷幕截水。(　　)

3. 气压脉冲清洗法是指水和空气为介质,在高压下形成气水混合物高速射流对沟管内的沉淀附着物进行冲洗、振荡。(　　)

4. 隧道注浆堵水主要有围岩注浆、全断面注浆、裂隙注浆等,用于降低地下水渗透能力,减少隧道出水量。(　　)

5. 隧道排水暗槽要求无堵塞,排水畅通,将衬砌背后积水导入截水沟。(　　)

(四)简答题

1. 隧道防排水原则是什么?

2. 简述隧道边墙渗漏水整治标准。

3. 简述隧道防水斜孔埋管衬砌内部注浆工艺流程。

任务 4.4　隧道冻害整治作业

4.4.1　隧道冻害整治

1. 隧道常见的冻害类型

(1)拱部挂冰、边墙结冰

隧道漏水冻结,在拱部形成挂冰,不断增长变粗;在边墙形成冰柱,多条相近的冰柱连成冰侧墙;如不及时将挂冰及冰侧墙清除,挂冰、冰柱和冰侧墙就会侵入限界,对行车安全造成严重威胁。

(2)围岩冻胀、衬砌胀裂破坏

①隧道拱部衬砌发生变形与开裂。拱部受冻害影响,拱顶下沉内层开裂,严重时有错牙发生,拱脚变形移动,冻融时又有所恢复,产生残余裂缝,这样随着冻胀—回融的反复,气温回暖多次循环会严重危及结构安全。

②隧道边墙变形严重。

边墙背后排水不畅,积水成冰,产生冻胀压力,造成拱脚不动、墙顶内移;或是墙顶不动,墙腰内鼓;也可能造成墙顶内移致使边墙断裂成段。

③隧道内线路冻害。道床隆起进而引起冻融使道床翻浆冒泥、水沟结构断裂破坏。

④衬砌材料冻融破坏,隧道混凝土结构的设计标号较低时,其抗渗性差,在地下水压较大时水会渗入混凝土内部,这样在冬季混凝土结构内会结冰产生冻胀,经多年冻融循环使强度降低、结构变得脆弱,造成冻融破坏。除此之外,也可能因洞口段岩体冻胀给衬砌传递较大的压力而致使衬砌发生纵向开裂和环向开裂。

⑤隧底冻胀和融沉。对多年冻土隧道,隧底季节融化层内围岩产生冻胀,而底部没有排水设备,则每年会出现冻胀—融沉交替,无铺底的隧道很难维持正常状态,有时铺底和仰拱也发生隆起或下沉开裂而影响线路。

(3)衬砌发生冰楔

①硬质围岩衬砌背后积水冻胀，产生冰冻压力(称为冰劈作用)，传递给衬砌。经缓慢发展，常年积累冰冻压力像在衬砌背后打入楔子似的，使衬砌发生破碎、断裂、掉块等现象。已裂解为小块状的拱部衬砌混凝土块，在冰劈作用下，可能发生错动掉块。

②衬砌的工作缝和变形缝充水冻胀，经多次冻融循环，使裂缝不断扩大，引起衬砌裂开、疏松、剥落等病害。

(4)洞内网线挂冰

隧道渗漏滴水落在铁路电力牵引区段的接触网、电力、通信、信号架线上结冰，如不及时除掉，会坠断网线，使接触网短路、放电、跳闸，中断通信、信号，危及行车和人身安全。

(5)隧底冰锥、水沟冰塞

隧道渗漏水在线路上产生丘状冰锥。埋深不足或防冻措施不好的排水沟内水流冻结冻实，产生水沟冰塞和冰漫型冰锥，造成水沟衬砌的冻胀破损，或者使线路冻胀而起伏不平，甚至冰锥逐步覆盖整个轨道，对行车安全造成巨大威胁。

2. 隧道冻害整治措施

要整治隧道冻害，就要分析隧道冻害产生的原因，采取针对性的措施来处理。首先应该考虑完善隧道的防排水设施，如采用深埋水沟、增设水沟保温措施，其次考虑隧道设置保温帘幕，最后应加强结构的防冻能力，也可采用隔热措施或土壤中融冰措施等。

隧道冻害产生的因素主要是由于有地下水的存在及其渗漏冻结，所以治理隧道冻害要牢牢把握住“治冻先治水”的原则，就是采取一些阻止地下水渗漏进入隧道和防止冻结的措施，可以以综合治水、改良土壤、保温防冻等为目标考虑。

(1)完善隧道防排水设施

在探明隧道的渗漏水情况及衬砌背后的含水情况下，保证排水通畅，将水沟、泄水孔埋于冻结线以下或采用保温型结构。

①设置浅埋保温侧沟

将侧沟或暗管改建为新型的保温水沟，即在侧沟或暗管上覆盖保温材料或安设电热设备，保证不结冰，排水畅通。

②设置中心深水沟

严寒地区中心深埋水沟是指将水沟埋置于洞内相应的冻结深度以下，利用地温达到水沟内水流不致冻结。适用于最冷月平均气温低于－15 ℃的严寒地区，当地黏性土的冻结深度在1.4～2.5 m，且冬季有水的隧道。

中心水沟的回填材料除需满足保温性好、渗水性好的要求外，还应防止石屑、泥砂掉进水沟引起水沟淤积。目前采用在水沟附近以级配骨料分层回填，上面覆盖弃渣效果较好。铺设整体道床的隧道宜用混凝土回填，以防止道床下沉，同时应注意留设渗水通道。

为防止淤积堵塞，便于检查维修，深埋保温水沟应设置检查井。检查井间距一般为30～50 m，其断面形状可为方形或圆形。为便于清淤，检查井下应设有沉淀坑，为防止冻结，检查井应设双层盖板，在两层盖板间填塞干草或其他保温材料。

③防寒泄水洞

设置泄水洞的地层应不易流失、不易碱化且不易溶解，且渗透系数不小于10 m/d。防寒泄水洞一般适用于严寒地区最冷月平均气温低于－25 ℃，当地黏性土的冻结深度大于2.5 m，且冬季有水的隧道。泄水洞的断面尺寸一般不小于1.8 m×1.2 m(高×宽)(图4.4.1)。纵向坡度应根据实际情况决定，但不应小于 3%，当坡度较陡，水流速度太大时，要设置防冲刷的措施。洞口一般应设置洞门及出水口沟渠，其位置一般置于隧道底部。衬砌结构尺寸应根据地质条件和埋置深度，满足稳定要求，结构一般包括衬砌、铺底。拱部及边墙应留有足够的泄水孔以引入地下水，其间距不宜小于1 m，必要时应于衬砌背后设置反滤层。防寒泄水洞的埋置深度(即隧道底至防寒泄水洞的高度)主要根据当地围岩的最大冻结深度决定。一般应低于此最大冻结深度，且应满足暗挖施工不致引起隧底坍塌的要求。

对防寒泄水洞每隔一定距离应设检查井。检查井间距一般为 150～200 m。检查井按其出入口位置不同分为中心检查井和侧检查井两种。中心检查井设于线路中线上，侧检查井设于大避车洞内。另外，在衬砌表面或在初期支护与二次衬砌之间加设隔热层，使地层中的温度不致散失，减少冻害的影响。

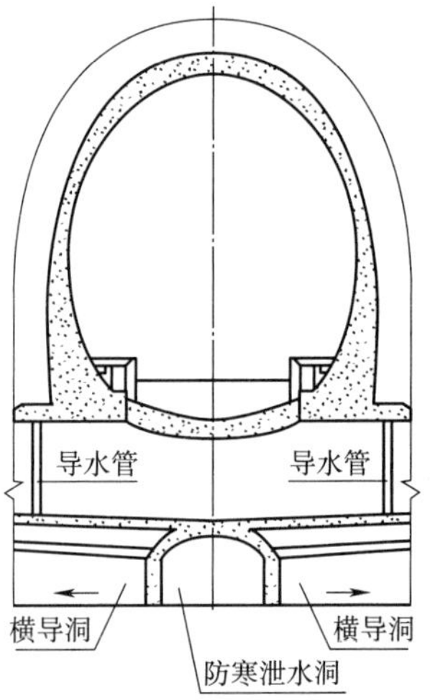

图 4.4.1　防寒泄水洞示意图

(2)强化结构

对于Ⅳ、Ⅴ、Ⅵ级围岩条件，采取强度等级 C18 以上的防水混凝土曲墙加仰拱的衬砌结构；对于Ⅲ级以上围岩可采用防水混凝土或采用网喷加抗冻胀锚杆的衬砌结构。

(3)改良土壤

可采取注浆加固的方法使冻结圈内的岩土固结，清除其冻胀性，也可采取将原地层的细粒土更换为碎石、卵石等粗颗粒或保温隔热材料，并加快排水，防止衬砌背后区域积水冻胀。

4.4.2　隧道洞口防寒保温的措施

(1)在洞口设防寒帘幕。

(2)用膨胀珍珠岩混凝土、浮石混凝土或加气混凝土等作内衬保温层，或先涂防水水泥砂浆，再喷涂泡沫绝热层和防火层做成保温层。

(3)将聚氯乙烯瓦楞板锚固制造隔热保温层。锚固时，使其与衬砌有一定间隙，板上喷涂氨基甲酸乙酯泡沫绝热材料和防火层，隧道漏水可在间隙中流泄而不致冻结。

(4)用电加热器或热排水管加热侧沟冰冻水，保证排水畅通。

(5)在洞外设锅炉用管道，向洞内供热，提高洞内温度。

4.4.3　隧道刨冰作业

隧道内拱顶、边墙渗漏水结冻，道床积水结冰，侵入限界，影响行车。隧道冬季日常养护作业项目即为刨冰。

(1)作业要点

工具主要有长竹杆、白腊杆、破冰枪、破冰钩、破冰镐。

主要采用人工破冰，用破冰工具将拱顶、边墙、道床冰锥破碎，刨下的冰块要运出洞外，保持线路清洁。

(2)技术标准和质量要求

①隧道结冰侵入限界及时刨除，刨冰时不许损坏洞内设备。

②刨下的冰块要运出隧道。

(3)安全注意事项

①作业人员戴好劳保用品。

②破冰时注意洞内设备,不得损坏。

③破冰时要有足够的照明设备。

④春融前破冰,防止地温回升引起冰柱坠落砸人。

任务习题

(一)填空题

1. 隧道硬质围岩衬砌背后积水冻胀,产生冰冻压力(称为冰劈作用),传递给衬砌简称为________。

2. 隧道冻害整治首先应完善隧道防排水设施,包括设置浅埋保温侧沟、______和防寒泄水洞。

(二)选择题

1. 最冷月平均气温低于(　　)的严寒地区隧道,只要确定冬季有水,其水沟均应采取防寒措施。

A. −25 ℃　　B. −20 ℃　　C. −15 ℃　　D. −10 ℃

2. 混凝土的耐久性,主要可用抗渗性、(　　)和耐蚀性来反映。

A. 抗破坏性　　B. 抗冲刷性　　C. 抗冻性　　D. 抗风性

3. 隧道衬砌腐蚀类型不包括(　　)。

A. 烟蚀　　B. 冻蚀　　C. 水蚀　　D. 火蚀

4. 严寒地区隧道防寒保温措施不包括(　　)。

A. 设门帘　　B. 换土　　C. 向洞内送暖气　　D. 做保温层

(三)判断题

1. 隧道结冰侵入限界应及时刨除,刨冰时不许损坏洞内设备。(　　)

2. 隧道冻害产生的主要因素是地下水及其渗漏冻结,治理隧道冻害应掌握“治冻先治水”的原则。(　　)

3. 隧道内刨冰作业应在春融后破冰,可增加刨冰作业安全,提高效率。(　　)

(四)简答题

简述隧道冬季日常刨冰作业质量标准。

任务 4.5 隧道衬砌裂损整治作业

4.5.1 隧道衬砌裂损分析

1. 隧道衬砌裂损类型

隧道衬砌的裂损主要有开裂、变形和移动三种情况。

(1)隧道衬砌开裂

按裂缝走向可分为纵向裂缝、斜向裂缝及环向裂缝三种,如图 4.5.1 所示。

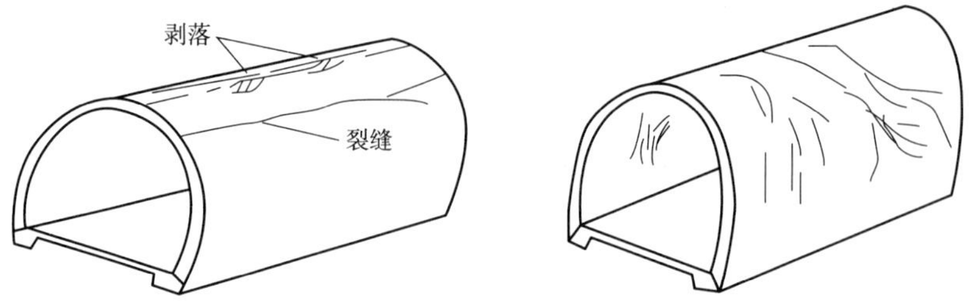

(a) 隧道纵向裂缝　　(b) 斜向裂缝及环向裂缝

图 4.5.1　裂缝示意图

按照衬砌裂缝的受力类型可分为弯张裂缝(张开裂缝)、剪切裂缝(剪断错台)、扭弯裂缝(斜裂缝)及压剪裂缝(压溃),如图 4.5.2 及表 4.5.1 所示。

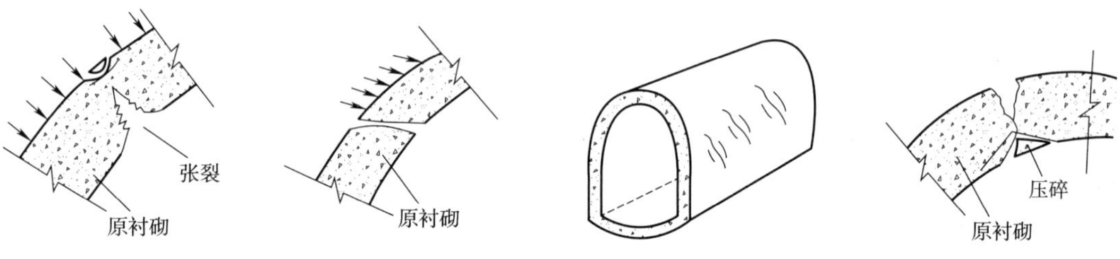

(a) 弯张裂缝(张开裂缝)　(b) 剪切裂缝(剪断或错台)　(c) 扭弯裂缝(斜裂缝)　(d) 压剪裂缝(压溃和崩裂)

图 4.5.2　隧道衬砌残损示意图

表 4.5.1　按隧道衬砌受力变形形态和裂缝裂口特征分类表

顺序	裂纹种类	隧道衬砌混凝土受力变形和裂口特征描述
1	衬砌受弯张口开裂纹	常见在拱腰部位、边墙中部,衬砌承受较大的地层压力作用,衬砌受弯向内位移,内缘拉应力超过混凝土的极限抗拉强度,而发生张口型裂纹
2	内缘受挤压闭口形裂缝	常见在对应于两拱腰发生较严重的纵向张裂内移地段的拱顶部位,出现闭口纵裂,衬砌向上位移,其中较为严重处,拱顶内缘在高挤压应力作用下发生剥落掉块
3	衬砌受剪错台形裂纹	偶见拱腰部位衬砌,在其背后局部松动滑移围岩的推力作用下,沿水平工作缝较薄弱处,有一侧的衬砌变形突出,形成错台型裂纹
4	收缩性环向裂纹	多见在隧道靠洞口地段,受气温变化影响较大,混凝土衬砌环向施工缝出现收缩性裂纹

(2)隧道衬砌变形

隧道衬砌变形主要有横向和纵向变形,横向变形为主要变形,它是指衬砌受外力作用而使横截面形状发生改变。

(3)隧道衬砌移动

略。

2. 隧道衬砌裂损整治

(1)隧道衬砌裂缝(纹)宽度 δ

δ 值是在缝口处沿垂直裂面方向量取的,如图 4.5.3 所示。按裂缝宽度的大小可分为四

个等级，即

毛裂缝：$\delta \leqslant 0.3$ mm

小裂缝：0.3 mm$<\delta \leqslant$2.0 mm

中裂缝：2.0 mm$<\delta \leqslant$20 mm

大裂缝：$\delta >$20 mm

(2)裂缝(纹)错距

当衬砌出现错牙状裂缝时，用裂缝错距来表示裂缝大小，如图 4.5.3 所示。沿裂缝垂直方向量取的 ε 值称垂直错距；沿裂缝水平方向量取的 c 值称水平错距，见表 4.5.2。

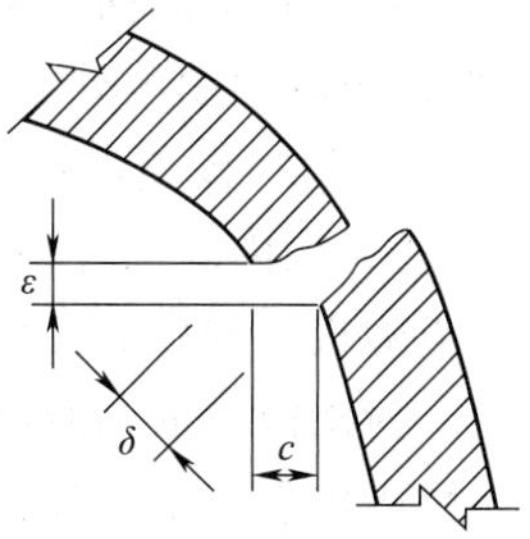

图 4.5.3　隧道裂缝

表 4.5.2　裂缝错距分类

错距分类	垂直错距	水平错距
小错距	$\varepsilon \leqslant$2 mm	$c \leqslant$25 mm
中错距	2 mm$<\varepsilon<$20 mm	25 mm$<c<$50 mm
大错距	$\varepsilon \geqslant$20 mm	$c \geqslant$50 mm

(3)裂缝(纹)间距

走向大致相同的两条相邻裂缝之间的距离称为裂缝间距。它被用来描述衬砌的破损程度。一般采取每一节段或每一节段中的某一部位(如左半拱、右边墙、仰拱等)为单位来分析。

(4)裂缝密度

裂缝密度即裂缝总面积(各裂缝长度与裂缝宽度乘积的总和)与所分析的节段或节段某一部分衬砌表面积之比值，用此比值的百分数来表示衬砌裂损的程度。

4.5.2　隧道衬砌裂损整治作业

1. 隧道衬砌裂损的整治原则

整治衬砌裂损病害首先要消除已有的裂损可能带来的危害，并防止裂损加重。其次是采取以稳固围岩为主，稳固围岩与加固衬砌相结合的综合治理措施。

(1)通过治水稳固围岩

地下水活动可极大地削弱围岩的稳定性。合理疏干围岩中的水，是稳固围岩的根本措施之一。

(2)锚杆加固岩体

对Ⅳ级以上较好的围岩，从衬砌内侧向围岩内打入一定数量和深度(3～5 m)的锚杆，提高破碎围岩的整体性。

(3)注浆加固围岩

通过向破碎松动的围岩压入水泥浆液和其他化学浆液(如铬木素、聚氨酯等)以加固围岩。

(4)支挡加固岩体

对靠山、沿河偏压隧道或位于滑坡地带的隧道，除治水稳固山体外，尚可采用支挡措施。支挡措施包括设支挡墙、锚固沉井、锚固钻(挖)孔桩等来预防山体失稳与滑动，但这种工程措施只能用于洞外整治。

(5)回填与换填

如果衬砌背后与围岩之间存在着各种大小空隙(如超挖而没有回填等)，要采取用砂浆或混凝土将围岩空隙回填密实。如果隧底存在厚度不大的软弱不稳定的岩层或不稳定的填充物,可以采取换填法处理。

2. 隧道衬砌整治措施

(1)衬砌内表面补强

当隧道衬砌内表面出现张裂性裂损导致其强度下降,可采用此项技术。

①衬砌内表面黏着纤维材料补强

衬砌内表面黏着补强的纤维材料主要有碳纤维、尼龙纤维、玻璃纤维等。一般情况下碳纤维应用最多,玻璃纤维很少应用。

如图 4.5.4 所示,纤维材料通过多层粘贴补强,效果明显而且几乎不占用隧道内的净空。

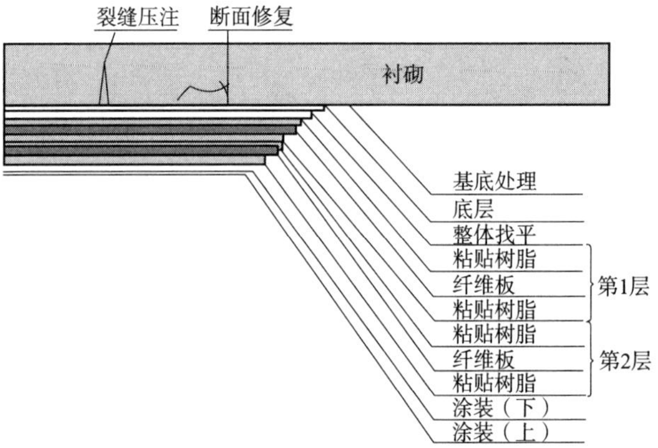

图 4.5.4　混凝土结构内表面钢板补强示意图

粘贴工艺流程为:定位放线→衬砌表面处理→涂底胶→修整找平→浸渍树脂的配制与涂刷→碳纤维粘贴施工→固化表面涂装防护→养护、检验。具体工艺可参见项目 2。

②衬砌内表面黏着钢板补强(图 4.5.5)

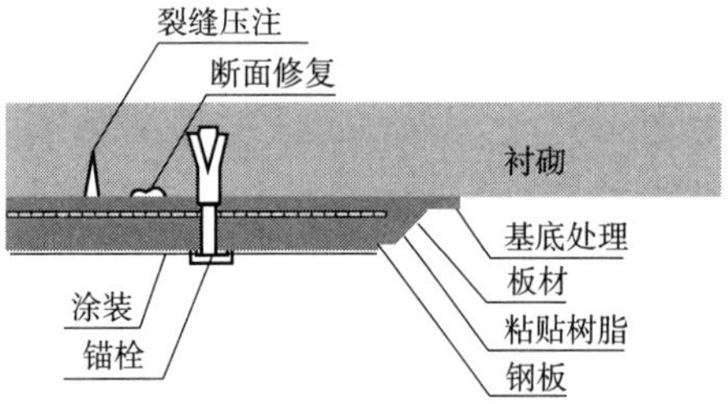

图 4.5.5　混凝土结构内表面纤维补强布置示意图

粘贴加固施工工艺:定位放线→粘贴面处理→锚固纤钉钻孔→配制结构胶→涂胶、粘贴→固化、锚固→检验→维护。

应该将钢板锚入混凝土衬砌内,锚孔深应不小于 200 mm。若锚固尚不满足设计要求时,应加设机械锚固件予以增强,钢板厚度一般在 4～10 mm。

(2)注浆加固技术

①向衬砌混凝土体内压浆加固

衬砌裂损发展非常缓慢或者已稳定时,可进行混凝土体内压浆,一般选择无水季节施工。

②衬砌背后注浆加固

在衬砌背后注浆可增加约束效果，提高衬砌刚度和稳定性，所以一般可以局部应用于发生外鼓变形的部位。

(3)嵌补加固

对已呈稳定暂不发展的裂缝，还可将裂缝修凿剔深，在裂缝口处用水泥砂浆、环氧树脂砂浆或环氧树脂混凝土进行嵌补，如图 4.5.6 所示。

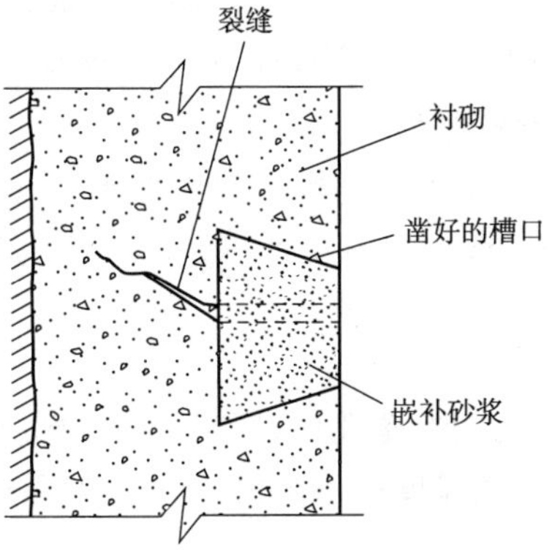

图 4.5.6　嵌补加固示意图

嵌补衬砌裂缝，即沿裂缝凿成内口稍大于外口的楔形槽，槽宽不宜小于 5 cm，槽深应接近缝深，并大于 5 cm；用水冲洗槽内。一般采用 M10 水泥砂浆嵌填捣实，最好用膨胀性水泥砂浆填灌；如裂缝宽度较大时，也可以采用混凝土填补，采用环氧树脂或环氧树脂砂浆嵌补裂缝效果更好。该方法适用于衬砌局部开裂，且裂缝已经停止发展或者衬砌被各向裂缝分割，但仍是一个完整的整体，尚未丧失承载能力的情况。

(4)嵌轨加固衬砌

如果裂缝发展较快且规则，衬砌的整体性也较好，可考虑局部或全环嵌设钢拱支撑。钢支撑设置方法、大小、间距等视隧道限界净空尺寸、外载的大小而定。一般是将衬砌凿开，埋入固定钢拱架或旧钢轨。若仅拱部设钢拱，拱脚要支撑在墙顶或预埋拱脚处牛腿上；若全断面支撑，接头要形成刚性节点。为了考虑纵向抗弯能力，应加强纵向联结，一般用 ϕ(12～16)cm 的钢筋，以间距 40 cm 左右焊接联结钢拱(钢支撑)。如净空允许，在原衬砌外再浇筑混凝土套拱；若净空受限制，可在嵌设钢支撑处浇筑混凝土，使其与原衬砌连成一体。嵌轨加固应视围岩压力大小、衬砌裂损情况，经分析推断后，以工程类比方法确定构造尺寸，一般采用 38～43 kg/m 的钢轨。嵌轨拱架的间距不宜过小，一般在 50～120 cm。如果净空允许，钢轨还可以不完全嵌入原衬砌内，但外露部分应加作混凝土保护层。

(5)喷锚加固裂损衬砌

裂损衬砌的所有内鼓变形和向内移动的裂损部位，采用(预应力)锚杆可将衬砌与围岩结合在一起，形成一个均匀压缩带，以增强围岩的稳定性。

目前喷锚加固常用的方法有以下几种。

①素喷加固裂损衬砌

素喷即不设钢筋网喷射混凝土。这种方法主要适用于围岩压力小、基本稳定、拱部衬砌裂损变形较轻、裂缝较小的情况。一般喷射厚度在 10 cm 左右，这种方法比较少用。

②网喷加固裂损衬砌

网喷，即设钢筋网喷射混凝土。一般钢筋采用主筋 ϕ(16～22)mm，构造筋 ϕ(8～10)mm，网格 15 cm×15 cm～25 cm×25 cm，采用牵钉与衬砌相互联结。牵钉深度 20 cm 左右，此种方法适用于围岩压力大、病害地段仍在发展的情况，也可适用于衬砌局部裂损加固。

③锚网喷加固衬砌裂损

锚网喷即加设锚杆进行网喷。一般锚杆采用 ϕ(20～22)mm 的钢筋，其长度 2～3 m，间距 1 m 左右。这种方法适用于围岩较完整或呈大块状，有成孔锚固条件的地段。锚杆也可单独用于拱腰、墙腰张裂型裂缝加固，这种方法是目前采用较多的方法。

④喷射钢纤维混凝土加固衬砌裂损

此方法是在喷射的混凝土中加入钢纤维。钢纤维一般为圆形或方形截面，直径或边长 0.3～0.5 mm，长度 30～40 mm，掺入量为 1 m^3 混凝土 50～120 kg，并向衬砌周围破碎围岩体内注浆，进行围岩加固。

(6)深锚杆加固法

对较好围岩，可以在衬砌上均匀布置孔位，用 4～6 m 长的小导管，进行压浆，使衬砌周围及破碎不稳定围岩体形成一个完整厚度的承载拱，防止、治理衬砌变形和裂损效果显著。

(7)套拱加固

如果衬砌混凝土质量差、厚度不够、开裂掉块剥落严重、拱腰墙顶出现纵裂错台但仍有一定承载能力，并且拱顶净空有富余时，可对拱部衬砌加筑套拱，或全断面加筑套拱，如图 4.5.7 所示。

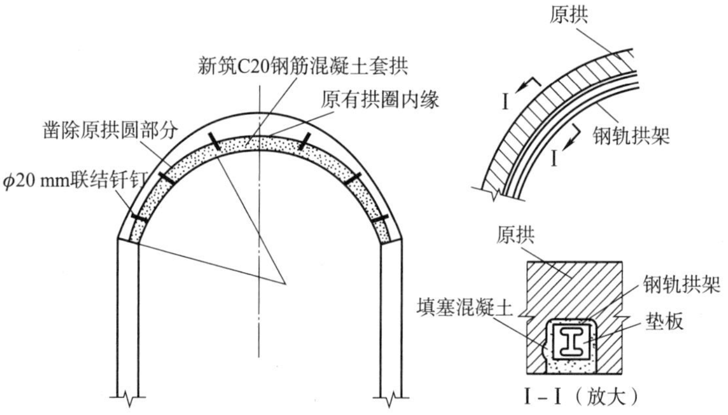

(a) 素混凝土套拱　　(b) 嵌轨套拱

图 4.5.7　套拱加固

套拱是在原来衬砌的内部(或外部)增设一个圈拱形结构物。可以用素混凝土、钢筋混凝土或锚喷混凝土，甚至可使用型钢与混凝土联合支护的结构物。一般采用跳槽开挖，跳槽灌注，流水作业。

钢筋混凝土套拱厚度为 20～30 cm，多采用单心圆拱以提高其适应不均匀围岩压力的能力。

(8)更换衬砌

衬砌破坏严重，已丧失承载能力，无法用补强手段保证结构稳定，或者衬砌严重侵限，需采用更换衬砌，彻底根除病害。

重建的新衬砌一般采用钢筋混凝土结构或钢纤维混凝土结构，这样可以提高衬砌的承载能力，并且可针对不同围岩压力分布情况配置钢筋以减少衬砌厚度及开挖数量。在拆除原衬砌时可用跳槽开挖，并架设钢拱架，在拱部范围内配置适量钢筋，灌注混凝土。

3. 整修加固隧道作业质量验收标准

(1)加固更换模筑混凝土衬砌

①限界及各部尺寸与设计相符，向内无偏差。

②圬工质量符合标准。

③墙顶封口处与拱脚底面结合无浮渣，并用同等级较干的砂浆捣实结合平整。

(2)锚喷混凝土(或钢筋混凝土)衬砌

①混凝土配合比和添加剂掺量符合要求。

②受喷面无浮渣，并经高压风、水清洗。

③试块的抗压强度等级平均值不低于C25，任意一组试验抗压强度平均值，最低不得低于设计等级的85%。

④所有检查断面上全部检查孔处喷射混凝土的厚度80%以上应不小于设计厚度，网喷最小厚度不小于6 cm，素喷最小厚度不小于4 cm。

⑤喷射混凝土与围岩或受喷面应紧密粘结，锤敲击无空声(或仪器检测粘结紧密)。

⑥锚杆材质、尺寸、间距和锚固力符合设计要求。

⑦钢筋网与受喷面的空隙应不小于3 cm。

⑧无裂缝、露筋，非寒冷和严寒地区有个别面积漏水。

4. 隧道衬砌加固案例

(1)工程概况

丰沙下行线44号隧道位于丰沙线沿河城西站—旧庄窝东站区间，隧道中心里程K69＋703，全长620 m，进口里程K69＋393，出口里程K70＋13。隧道进洞330～335 m拱顶无衬砌，边墙有衬砌；左侧382～515 m、右侧388～515 m边墙无衬砌，拱顶有衬砌；进洞515～577 m全断面无衬砌，无衬砌地段均为喷射混凝土防护，厚为5 cm，其余地段均有混凝土衬砌。线路设备状况：隧道所属线路为碎石道床，混凝土Ⅱ型枕，60 kg钢轨，无缝线路，电气化区段。线路坡度3.5‰，进洞至121.3 m处为直线，进洞121.3 m至出口为$R=600$ m、$L=960$ m、$h=70$ m的曲线。

隧道位于电气化区段。在隧道左侧，轨面以上4.5 m处，洞壁悬挂无线漏缆1根，轨面以上2.0 m悬挂4根通信、信号电缆，路肩电缆槽内有电缆2根。

(2)病害分析

隧道经过几十年的运营，由于自然环境的影响和列车运营的作用，许多无衬砌地段的喷射混凝土不断劣化，劣化的混凝土强度很低，本身开裂、酥解、掉块，不足以支撑松动的围岩，又进一步引起围岩的塌落，在进洞393～540 m地段尤其严重，对行车、人员安全造成极大威胁，需要尽快治理。

(3)施工方案

本大修工程主要在隧道525～540 m段，计长15 m，采用波纹钢板对既有隧道进行全断面衬砌加固，如图4.5.8所示。在隧道393～415 m、419～425 m、427～439 m段隧道左侧，计长40 m范围内采用锚杆、挂钢筋网、模筑混凝土对既有隧道新做钢筋混凝土直边墙加固，如图4.5.9所示。

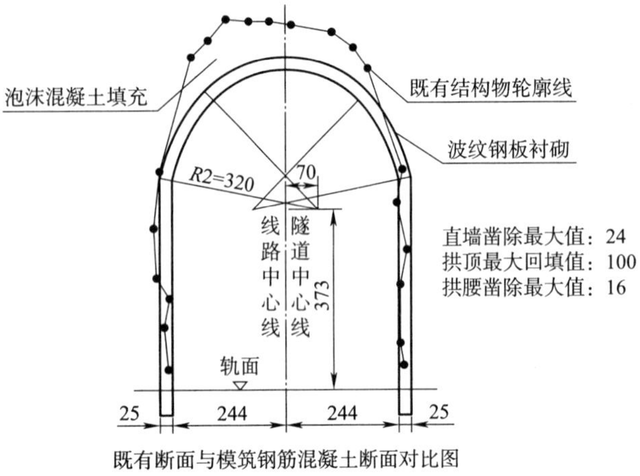

图 4.5.8　波纹板加固图(单位:cm)

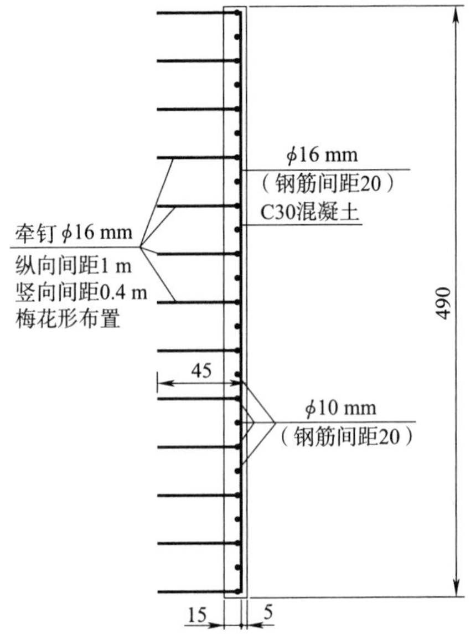

图 4.5.9　直墙加固图(单位:cm)

(4)锚杆、挂钢筋网、混凝土直边墙衬砌施工工艺

工艺流程如图 4.5.10 所示。

图 4.5.10　工艺流程图

①施工准备

安装洞内照明,铺设风管、水、电路,准备设备工器具,按要求进行各单位拆改、移设、防护工作,做好施工地段断面测量复核,确定凿除范围。

②制作、安装锚杆

作业流程如图 4.5.11 所示。

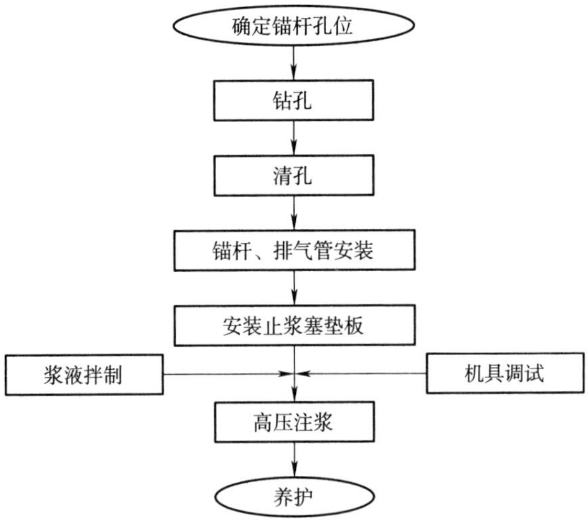

图 4.5.11　锚杆作业流程图

a. 风钻钻孔，将安装好锚头的中空锚杆和排气管同时插入孔内，利用锚头上的倒刺将锚杆挂住，人工安装止浆塞，锚固包封堵，连接锚杆和注浆机，开启注浆机器，按照设计的注浆压力进行压力注浆。

b. 锚杆孔的孔径应符合设计要求，锚杆孔的深度应大于锚杆长度 10 cm，锚杆孔距允许偏差为±10 cm，锚杆插入长度不得小于设计长度的 95%，且应位于孔的中心。

③安装牵钉

按照设计位置确定牵钉孔位，利用电锤钻孔，钻孔深度满足设计要求，清孔后利用锚固包锚固牵钉。

④凿除既有围岩

待锚杆与牵钉安装牢固，封闭点内在梯车上搭设作业平台，对隧道围岩进行凿除。开凿围岩每段长度不大于 2 m，可跳槽开挖。增设混凝土衬砌地段按照设计图要求凿除至设计净空。对于拱腰及以上部分的围岩凿除，为确保既有围岩稳定，凿除前应增设锚杆临时加固。

⑤钢筋绑扎

钢筋洞外下料并加工成型，然后运到现场安装，靠近围岩的主筋要焊接在锚杆上，其他钢筋绑扎固定，保护层厚度不小于 4 cm。钢筋的加工、安装要求：钢筋网的网眼尺寸误差±10 mm，钢筋网的漏焊、开焊不得超过焊点的 2%，且不应集中。

⑥直墙支模灌注

直墙混凝土可根据现场实际分段、分层灌注。模板支立可采用既有牵钉、锚杆固定，混凝土采用泵送结合人工来进行灌注。

(5)波纹板套衬施工

①施工前准备。备齐安装工具、安装所需配件、套筒扳手、定扭电动扳手、定扭扳手、钢绞线、缆绳；备足脚手架、跳板、电源等设备。检验拼装波纹板结构是否与该工点符合。

②定位放线。依据实测断面，确定波纹板底部标高，确保波纹板与隧道拱顶间距控制在 10 cm 以内。

③作业梯车。梯车在洞外开阔地进行组装，制作好后放在隧道口附近，天窗点内推进隧道。有专人跟行，推进至施工指定位置。梯车到达施工地点后，在四个车轮下打紧木楔，作业人员上梯车，将预埋钢筋环与梯车距轨面 3 m 处的 4 个角用铁线连接并拉紧拉线，确保施工时车体稳定，打开折叠施工围栏。施工完毕后，松开边墙钢筋环与车体的连接，将梯车推出隧道放置在限界以外。

④拼装波纹板。分片拼装波纹板时，先拼装边墙模块，确定竖向标高及横向位置，必要时采用撬棍进行校正，确保螺栓孔位准确对位。

⑤螺母紧固。隧道拼装全部完成后，应先检查钢波纹板隧道线形，若满足要求时，再用定扭气动扳手按预定扭矩紧固所有螺栓，保证波纹的重叠部分紧密嵌套在一起，每个螺母的扭力矩不得小于 135.6 N·m，最大不得超过 203.4 N·m。用机动扳手时，拧扳时间应持续 2～5 s。以此方式依次连接。

⑥锚杆施工。采用 ϕ32 mm 涨壳式中空锚杆将波纹板与隧道结构进行连接，沿线路方向锚杆间距 1.0 m，锚杆深度 3.0 m，入岩深度不小于 1.0 m，单根锚杆拉拔力不小于 50 kN。

⑦接缝处理。外圈搭接处螺栓拧紧并符合要求后，为防止波形钢板板缝和螺栓孔处渗水，

在钢板连接处和螺栓孔处采用专用密封材料密封，以防波纹板连接处渗水。

⑧波纹板背后空隙注浆。为保证波纹板与既有隧道结构成为整体结构从而达到共同受力的要求，隧道边墙处波纹板背后空隙设计采用水泥砂浆进行填筑，注浆工艺如下：

a. 按照设计沿波纹板环向一定距离钻孔，钻孔为 ϕ50 mm。

b. 按照纵向间距 5.0 m、环向间距 3.5 m 安装长度为 0.5 m 的 ϕ50 mm 注浆软管。

c. 注入水泥砂浆，要求采用 C40 混凝土，水灰比约为 0.6。

d. 注浆完毕后，用速凝水泥封孔。

⑨拱腰及拱顶注浆。针对隧道拱腰及拱顶大面积空隙采用泡沫混凝土材料进行填充，该材料施工方便，发泡效果较好，密度约为 300～1 600 kg/m^3 左右，早期强度高、轻质、膨胀稳定性好、遇水抗分散性好，需采用专用注浆机具进行施工。泡沫混凝土施工工艺如下。

a. 在既有波纹板背后注浆孔位置进行钻孔，注浆钻孔深度以穿透波纹板进入空隙内为准，钻孔为 ϕ50 mm。

b. 两端采用竹胶板进行支模封堵。

c. 空隙填充：现场材料实验→灌注泵组装→连接灌注管→灌注材料→换管→灌注结束→专用清洗剂清洗。

d. 注意事项：材料发泡效果需施工前进行工艺试验；灌注管合理安排确保填充密实；严格控制灌注速率防止发泡压力过大，灌注初压控制在 0.1～0.3 MPa，终压不得大于 0.5 MPa；本次填充密度控制在 300 kg/m^3 左右。

e. 泡沫混凝土灌注施工工艺流程如图 4.5.12 所示。

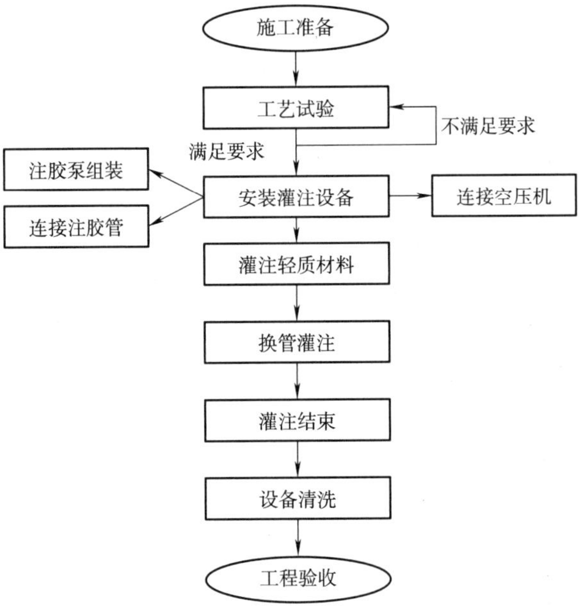

图 4.5.12 泡沫混凝土灌注程序

f. 注浆施工要求：注浆顺序按照边墙、拱腰、拱顶的顺序，即先下后上的次序进行；注浆前应进行压水试验，检查机械设备是否正常，管路连接是否正确，为加快注浆速度和发挥设备效率，可采用群管注浆（每次 2～3 根）；注浆过程中要随时观察注浆压力及注浆泵排浆量的变化，分析注浆情况，防止堵管、跑浆、漏浆。

⑩波纹板锁脚锚杆施工。

a. 孔位定位：按设计图要求，锁脚锚杆孔位在波纹板上预留，其间距可适当调整。在确保衬砌稳定和结构安全的前提下，可适当放宽定位精度或调整锚孔定位。

b. 钻孔：采用 ϕ32 mm 螺纹钢锚杆将墙角范围内的波纹板与衬砌进行连接，沿线路方向锚杆间距 0.4～0.6 m，锚杆深度 3.0 m，入岩深度不小于 1.0 m。另外，钻孔孔径、孔深要求不得小于设计值。

c. 锚杆注浆：按设计配合比搅拌好浆液，并将其倒入注浆机中；开动注浆机，浆液注入锚孔中，直到锚杆尾端流出浆液且注浆压力达到设计值为止，注浆压力一般为 0.1～0.2 MPa，最大压力不得超过 0.5 MPa。

d. 锚杆防腐：针对外露锚杆头可涂刷氟碳漆 2 遍。

e. 波纹板锁脚锚杆施工工艺流程，如图 4.5.13 所示；波纹板成型图如图 4.5.14 所示。

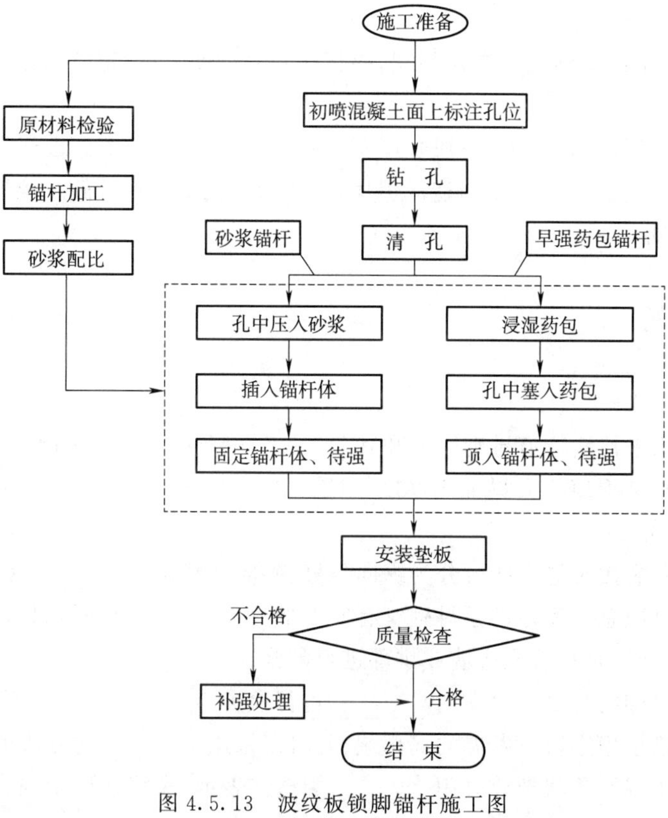

图 4.5.13　波纹板锁脚锚杆施工图

(6)安设锚杆、注意围岩开挖作业安全

①岩层破碎、开挖量大、凿除围岩较厚地段，应先锚杆加固稳定岩层后方可进行凿除作业。凿除较厚岩层时，要采用混凝土切割设备进行分割，减少对周边既有围岩的扰动。

②施工中应对围岩加强检查与观测，每日封锁点内，应将开挖作业面松脱岩石处理、清除干净，方可开通。加强点外对开挖作业面围岩状态的检查巡视力度。

③注浆人员熟练掌握有关作业规程，注浆泵必须由专人负责操作。

图 4.5.14　波纹板成型图

④严格执行风钻或电钻机械操作规程，锚杆达到养护期，应指定专人按规定进行锚杆抗拔试验。

⑤开凿围岩开挖面不能太大，每段长度不大于 2 m，可跳槽开挖。遵守先拱顶、后边墙、自上而下的顺序进行，防止因开挖不当造成坍塌，坚决禁止掏底开挖。施工应遵循“短开挖，早衬砌(早喷锚)”的原则。

任务习题

(一)填空题

1. 敲击法常用来检测隧道衬砌厚度和其________以及________情况。

2. 隧道衬砌钢筋混凝土套拱加固厚度一般为 20～30 cm，多采用单心圆拱以提高其适应不均匀________的能力。

3. 隧道衬砌开裂按裂缝走向可分为纵向裂缝、斜向裂缝及________三种

4. 隧道衬砌腐蚀总深度超过原衬砌实有厚度的__________，其面积超过该段边墙或拱部表面积的 60%以上时，宜将该段边墙或拱部进行翻修。

5. 检查隧道衬砌的裂纹一般常用________进行检查。

6. 隧道衬砌已呈稳定暂不发展的局部裂损，可以采用________的方法进行修补。

7. 隧道衬砌出现错牙状裂缝时用________裂缝来表示，裂缝(纹)走向大致相同的两条相邻裂缝之间的距离称为________裂缝。

(二)选择题

1. 洞顶岩石裂隙过大时，应采用(　　)整治。

A. 水泥砂浆勾缝　B. 水泥砂浆抹面　C. 浆砌片石填塞　D. 喷水泥砂浆

2. 隧道衬砌腐蚀总深度超过原衬砌实有厚度的 2/3，其面积不足该段边墙或拱部表面积的(　　)时，可以考虑采取局部镶补或翻修。

A. 40%　B. 50%　C. 60%　D. 70%

3. 当隧道衬砌总腐蚀厚度大于 10 cm 时，宜采用(　　)进行修补。

A. 抹补法　B. 补筑法　C. 喷补法　D. 镶补法

4. 当隧道衬砌总腐蚀厚度小于 10 cm 时，宜采用(　　)进行修补。

A. 抹补法　B. 补筑法　C. 喷补法　D. 镶补法

5. 隧道防护衬砌是在表面喷(　　)厚的混凝土。

A. 5 cm　B. 6 cm　C. 7 cm　D. 8 cm

6. 属于临时应急性支护形式为(　　)。

A. 构件支撑　B. 锚喷支护　C. 模筑混凝土衬砌　D. 钢筋网支护

7. 隧道整体道床基底出现道床凹陷、凸起、裂缝、(　　)，不能保持原有的轨距及水平、方向、高低时，应立即进行加固或改造。

A. 错台　B. 掉快　C. 渗水　D. 腐蚀

8. 在Ⅰ～Ⅱ类围岩，洞口约 50 m 范围内，衬砌拱墙环节每(　　)左右，宜设置沉降缝。

A. 30 m　B. 20 m　C. 15 m　D. 10 m

9. 对衬砌破坏严重丧失承载能力或者衬砌严重侵限可采用(　　)方法加固衬砌。

A. 喷射钢纤维混凝土　B. 更换衬砌

C. 深锚杆加固衬砌　D. 套拱加固衬砌

10. 加固隧道底板时应采用钢筋混凝土，底板厚度不小于(　　)。

A. 20 cm　B. 25 cm　C. 30 cm　D. 35 cm

11. 观测隧道顶山体滑动主要采用(　　)。

A. 设观测网　B. 设测标　C. 进行地质分析　D. 设专人观测

(三)判断题

1. 已呈稳定暂不发展的局部裂损，可以采用表面补强的方法进行修补。(　　)

2. 在严寒及寒冷地区隧道受冻害影响的地段，应采用整体式混凝土衬砌，混凝土强度等级应适当提高。(　　)

3. 隧道、明洞内避人(车)洞中心线距两侧 10 m，在边墙上划制白色箭头，指向避人(车)洞。(　　)

4. 隧道拱圈裂损拱底掉块是因为受到拉力所致。(　　)

5. 裂缝(纹)走向大致相同的两条相邻裂缝之间的距离称为裂缝错距。(　　)

6. 铁路隧道围岩分类等级为Ⅰ～Ⅵ级，等级越低围岩地质条件越差。(　　)

7. 隧道洞口“晚进早出”是导致进出口处深堑高坡造成山区隧道洞口病害的根本原因。(　　)

8. 当隧道衬砌内表面出现张裂性裂损导致其强度下降可采用注浆加固技术补强 。(　　)

9. 隧道轨道控制标志设在左侧边墙上，曲线设在外侧。(　　)

10. 衬砌内鼓变形和向内位移，当背后围岩坚固良好时，可以采用锚杆加固。(　　)

(四)简答题

1. 喷锚加固隧道衬砌的工作原理是什么？目前常用有哪几种方法？

2. 简述隧道衬砌裂损的整治原则。

任务 4.6　其他养护作业

4.6.1　隧道仰坡危石处理

1. 主要工具备品

撬棍、钢钎、大锤、绳索、抬杠、锄头、土箕、扁担及安全防护用品等。

2. 作业要点

(1)调查作业区的地形、危石体积、周围土石稳定情况，估计落石方向和落点，拟定作业方法，制定安全措施。

(2)在危石区域范围外缘设立“危险”标志牌，禁止无关人员进入危险区。

(3)设置避免建筑物受冲击损毁的临时缓冲设施。

(4)检查安全桩、安全绳是否良好，并按规定佩戴好安全劳动保护用品。

(5)工作人员应观察危石、活石情况，有计划、有目的地实行先上后下、先外后里的顺序处理危、活石。

(6)工作时，摆正安全绳，先清除仰坡顶边缘的活石；块径超过 2 m 以上的危、活石可用覆土爆破法进行处理；对鹅头岩体，可在鹅头顶部钻浅孔进行小爆破，炸掉鹅头岩体。

(7)确认仰坡危石、活石处理干净后，方可离开作业地点。

(8)清理及搬运线路上的石块，若有不稳定的坑穴应用圬工填补。

(9)铁路防护、工具备品撤出限界，经施工负责人检查确认后放行列车。

3. 技术标准

(1)立面开采时山体坡度应保持 50°～60°，无危石、活石、突出鹅头石，清理彻底无隐患。

(2)阶段开采时的最终边坡角，应符合设计规定。

(3)坡面处理危石时，山体顶部岩石上要设置安全桩，安全桩与开采边缘的距离应不少于 3 m；安全桩的埋深一般不小于 0.75 m，土质山坡不小于 1.0 m，设在斜坡上应适当加深。

(4)使用钢轨及钢钎作安全桩埋设时，不得少于 2 根，其间距不少于 3 m。

(5)安全绳直径应不少于 25 mm，安全带直径应不少于 16 mm，在安全桩拴好后的剩余绳头应不短于 1 m，不长于 3 m。

(6)一个安全桩只准拴一根安全绳，一根安全绳只准一人使用。使用安全绳左右移动距离不得大于绳长的 1/5，并不得超过 5 m。

(7)撬活石作业应选好落脚点，由两侧开始，按先上后下的顺序进行。

(8)清理后遗留不稳定的坑穴用圬工填补。

(9)弃石地点适当。

4.6.2　隧道划箭头作业

隧道、明洞内避人(车)洞中心线距两侧 10 m，在边墙上划白色箭头，指向避人(车)洞。

1. 作业要点

(1)定出箭头位置，清除污垢。

(2)划出箭头尺寸线。

(3)备好白涂料或白色油漆。

(4)粉刷。

2. 技术标准和质量要求

(1)箭头位置按图布置,高度误差±3 cm,距离误差±5 cm。

(2)箭头尺寸符合要求,误差±2 cm。

(3)涂刷整齐、洁白明显。

任务习题

(一)填空题

1. 隧道、明洞内避人(车)洞中心线距两侧________,在边墙上划制白色箭头,指向避人(车)洞。

2. 在隧道危石区域范围外缘需设立“________”标志牌禁止无关人员进入危险区。

3. 撬活石作业应选好落脚点,由两侧开始,按________的顺序进行。

(二)判断题

1. 工作人员应观察危石、活石情况,有计划、有目的地实行先下后上,先里后外的顺序处理危、活石。 (　　)

2. 隧道轨道控制标志设在左侧边墙上,曲线设在内侧。 (　　)

3. 一个安全桩只准拴一根安全绳,一根安全绳只准一人使用。 (　　)

项目5　桥 隧 检 测

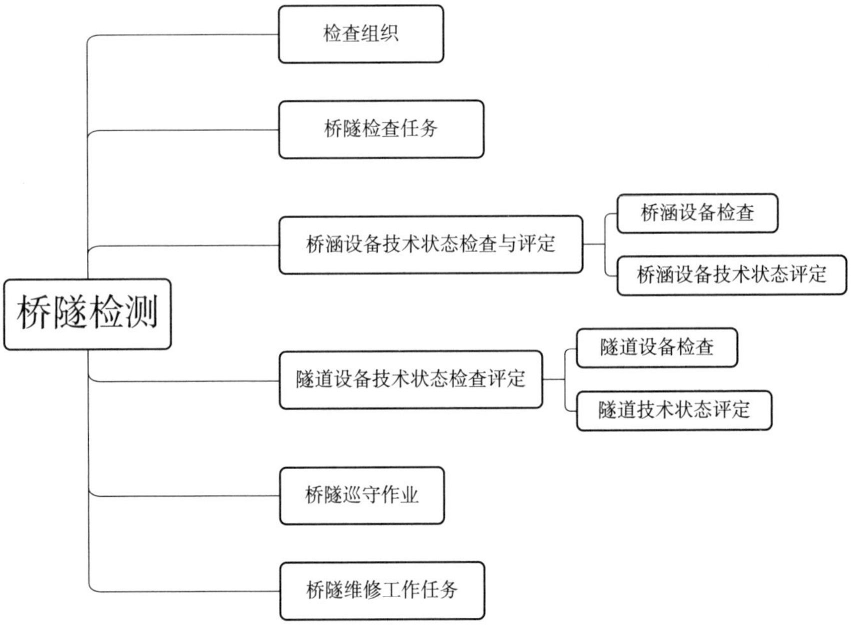

【项目描述】

本项目主要描述铁路桥隧设备检查的组织、重点检查内容和设备状态评定方法。桥隧设备使用过一段时间后，其状态不可避免地要发生一些变化，甚至发生损伤。为了保证桥隧设备的安全运营，必须对桥隧设备各部位进行周期性地检查或针对性地检查，以及时发现桥隧病害，随时掌握桥隧结构的技术状态，为运营、管理、养护维修提供依据。

【学习目标】

1. 素质目标

(1)培养学生探索未知、追求真理、勇攀科学高峰的责任感和使命感；

(2)培养学生爱岗敬业、积极探索、求真务实的学习态度，不人云亦云、不盲目抄袭套用；

(3)培养学生安全责任感，具备脚踏实地、严谨求实、勇于创新，遵守相关规则、作业标准的基本素质。

2. 知识目标

(1)掌握桥隧设备检查的任务；

(2)掌握桥隧设备技术状态检查的内容和常用方法；

(3)掌握桥隧设备技术状态劣化评定的标准；

(4)了解桥隧设备综合维修和大修管理的基本内容；

(5)了解桥隧巡守基本内容。

3. 能力目标

(1)能够进行河床断面、流速、洪水流量、流冰等水文观测；

(2)能够进行桥面、桥跨、支座、墩台、隧道等设备检查、观测；

(3)能够进行桥面、圬工裂缝、支座、隧道等设备简单常用项目劣化评定。

【思政小课堂】

为减少季节转换和轮对冲击对铁路设备造成的影响，及时找出桥隧设备“潜伏”的隐患，保证列车行车安全，我们的大桥“医生”——桥隧工，每天都要对桥隧设备进行不间断的巡视检查，用“猫头鹰”一样的眼睛仔细观察每个部位，不放过任何一个死角。每年8月，铁路桥隧工都要对桥隧、涵洞等铁路设备进行秋季检查，给桥隧设备整修提供依据。工人们用眼观、用耳听、用手摸，哪里有明显裂纹、预留孔有没有淤堵，都需要他们重点检查，多年的工作经验让他们能根据声音的清脆和沉闷程度，分辨桥墩混凝土结构是否密实等。中国“铁路之父”詹天佑说过：“我们的工作首先要精密，不能有一点儿马虎，‘大概’‘差不多’这类说法不应该出自工程人员之口。”桥隧工们日夜守护大桥“健康”，不放过一个裂缝、一颗松动的螺丝。

1. 深山里“90后”桥隧工，铁路线上挥洒青春

27岁的乐伟文是中国铁路南昌局集团有限公司鹰潭工务段富庶岭路桥工区的工长，祖父子三代桥隧工。平日里，团队负责维护工区管内鹰厦铁路沿线的铁路设备安全。要巡查几十座山头，维修养护钢梁桥、排水沟、板桥、隧道、涵洞、堑坡、挡墙等，数量庞大、环境复杂，但乐伟文对这些设备如数家珍。

2. 铁路桥隧写担当

中国铁路太原局集团有限公司原平工务段繁峙桥隧车间检查工区工长白存平，从事桥隧工几十年，从一名普通桥隧工逐步成长为共产党员、工人首席技师、专业骨干人才，多次被评为先进生产者、优秀共产党员，取得多项技术革新成果。为提高安全管控能力，创新总结出《安全生产“1＋1＋N”作业安全风险源卡控模式》，让标准成为习惯，让习惯符合标准。

3. 你眼中的风景，我心里的安全

李剑锋是中国铁路沈阳局集团有限公司通化工务段桥隧检查工区的工长。某日，他和3名工友对铁路线上全长1 947 m的小荒沟铁路特大桥进行“秋检”。“桥梁检查责任重大，必须仔细检查，一丁点儿隐患我们都不能忽视”李剑峰说。这里地处长白山脉，最高落差58 m的大桥如长虹卧波雄伟壮观，大桥两侧山峦起伏，壮美的风景背后，是一群铁路人日复一日的守候。他们忠诚岗位职责，忠诚铁路事业，用青春守护大桥，用奋斗点亮人生，践行新时代铁路精神。

4. 最美铁路人——二十年的工匠精神

谢小华是中国铁路成都局集团有限公司贵阳工务段遵义桥路车间乌江桥路检查工区桥隧工长。1988年参加工作，与乌江大桥相依相守几十年，他与他的“乌江奇兵”共同肩负桥梁、隧道、涵洞等桥路设备的检查养护任务。几十年，没有丰功，唯有乌江河边的默默坚守；几十年，没有伟绩，唯有乌江桥畔的勇敢担当；几十年，他把班组当成了自己的家，全心全意用最忠诚的方式，只为捍卫一辆辆列车的守时与安全！

任务5.1 检查组织

桥隧设备使用过一段时间后，其状态不可避免地要发生一些变化，甚至发生损伤。为了保证桥隧设备的安全运营，必须对桥隧设备各部位进行周期性的检查或针对性地检查，以及时发现桥隧病害，随时掌握桥隧结构的技术状态，为运营、管理、养护维修提供依据。

5.1.1 组织机构设置

桥隧设备的检查修理管理工作由工务段负责，实行检查与养修分开的管理体制。工务段应根据管辖桥隧建筑物的数量，设立桥隧车间，在桥隧车间下设桥隧检查工区和养修工区，负责桥隧设备的检查维修工作。

1. 机构设置标准

(1)桥隧车间管辖桥隧换算长不宜超过 30 km。桥隧车间管理的营业长度：平原微丘区不宜超过 250 km、重丘山区不宜超过 200 km、险峻山区不宜超过 150 km、草原沙漠地区不宜超过 400 km。

(2)每个桥隧车间下设 1～2 个桥隧检查工区，山区铁路检查工区管辖范围可适当缩短。

(3)桥隧养修工区管辖桥隧换算长不宜超过 6 km。养护工区管理的营业长度：平原微丘区不宜超过 60 km、重丘山区不宜超过 50 km、险峻山区不宜超过 40 km、草原沙漠地区不宜超过 100 km。

(4)长大隧道或隧道较多的工务段宜设置专门工区负责隧道低压通风、照明工作。

2. 组织机构职责

(1)工务段桥隧科或路桥科全面负责桥隧设备技术状态的管理。

(2)桥隧车间全面负责所辖设备状态检查维护、组织生产，掌控作业安全、质量和进度等。定期分析设备质量状态，适时调整生产计划。

(3)桥隧检查工区负责桥隧设备经常检查，对桥隧车间制定的日计划提出建议，提报周检查报告；参加工务段组织的定期检查；参与保养质量评定、维修质量复验、维修工作量调查等工作。

(4)桥隧养修工区负责桥隧设备保养、维修和部分大修工作以及桥隧周边环境检查工作，除河床断面测量以外的水文观测项目，对桥隧车间制定的日计划提出建议；完成保养质量自评、维修质量自验；参与维修工作量调查；参与防洪、地震等临时检查工作和现场应急处置。

(5)桥隧检测小组负责桥隧专项检测，以及水文观测中的河床断面测量，对技术复杂、难度大的项目可委托专业单位进行检测。

桥隧修理人员应按管辖设备的桥隧换算长度核定。

5.1.2 维修长度计算

维修长度指维修的桥隧建筑物长度。单线桥为全长，双线及多线桥为各线相加；单孔涵洞为全长，双孔及多孔涵洞为各孔相加；单线隧道为全长，双线及多线隧道为全长的 1.2 倍。

桥梁全长指两桥台边墙外端(包括托盘和基础)间的距离，两边墙不相等时以短边计，曲线桥为中心线上墩台之间各段折线之和；涵洞全长指两端墙外端间的中心轴线长度；隧道全长指隧道长度。

桥隧换算长度计算标准见表5.1.1。

表5.1.1　桥隧换算长度计算表

序号	设备分类	分类明细	折合桥隧换算米
1	钢梁和组合梁桥	跨度40 m以下的钢板梁(包括结合梁、箱形梁)	1.0
		跨度40 m及以上的钢板梁、结合梁、箱形梁及跨度小于64 m的钢桁梁	1.5
		跨度64～80 m的钢桁梁	2.0
2	钢梁和组合梁桥	跨度64～80 m的混凝土梁＋钢管拱组合结构	2.2
		跨度大于80 m的钢桁梁	3.0
		跨度大于80 m的混凝土梁＋钢管拱组合结构	3.2
3	圬工桥	圬工桥(含框构桥)	0.3
4	隧道	隧道、明洞和棚洞(全长在1 500 m及以下)	0.4
		隧道(全长在1 500 m及以上)	0.5
5	涵洞	涵洞	0.2
6	河调	调节河流建筑物及桥涵上、下游防护设备(每立方米体积)	0.025
7	限高防护架	钢管或型钢防护架(每吨钢材)	1.0
		钢轨防护架(每吨钢材)	0.5
		钢筋混凝土防护架(按跨度每米)	0.2

注:(1)混合桥按类分别计算。

(2)公路、铁路两用桥的公路部分及站内检查坑、渡槽比照圬工桥,天桥比照桥梁,地道比照隧道,倒虹吸管比照涵洞。

(3)设有整体道床的隧道,维修长度每米增加0.1桥隧换算米;设有通风及照明的隧道,维修长度每米增加0.005桥隧换算米。

任务习题

(一)填空题

1. 桥隧设备的修理管理工作由工务段负责,实行________分开的管理体制。

2. 铁路桥隧维修长度指维修的桥隧建筑物长度,双线及多线桥为________。

(二)选择题

桥隧维修费用和人员应按管辖设备的桥隧(　　)核定。

A. 换算长度　　B. 实际长度　　C. 等效长度　　D. 总长度

(三)判断题

1. 维修长度指维修的桥隧建筑物长度。单线隧道为全长,双线及多线隧道为各线相加全长。(　　)

2. 桥隧换算长度计算标准跨度64～80 m的钢桁梁—维修长度每米折合2.0桥隧换算米。(　　)

任务5.2　桥隧检查任务

桥隧检查制度包括水文观测、经常检查、定期检查、临时检查、专项检查、检定试验等。各项检查必须建立相应的责任制和考核制度,保证各项检查工作的落实。

各有关单位应建立检查记录、病害观测记录，并按规定认真填写，保证数据准确可靠，为状态分析评定和修理工作计划的编制提供依据。

为保证检查的工作效率和质量，应配备必要的交通工具，对各级检查人员配备检查工具和仪器、仪表，仪器、仪表应定期标定，统一计量标准。

5.2.1　桥隧检查的单项任务

1. 水文观测

水文观测包括河床断面测量、洪水通过观测、结冰及流冰观测。凡有洪水通过的桥涵，应在上游设置稳固而垂直的水标尺或在墩台侧面的上游处或涵洞的进口端用油漆画出水标尺。水标尺的起点须与国家水准基点高程相对应，标出历史最高洪水位和发生时间。凡跨越江河水库的特大桥、大桥及其他需要了解的墩台基础冲刷、河床变化、河道变迁、流量、冰凌等情况的桥梁，均应进行河床断面测量、洪水通过观测、结冰及流冰观测。其他有洪水通过的桥梁和涵洞，只需观测最高洪水位。

1)河床断面测量

(1)测量时间

常年有水桥梁至少每年洪水后测量一次。对季节性河流上的桥梁，洪水冲刷河床断面发生变化时，汛后测量一次。

(2)测量地点

一般在桥下及桥梁上、下游各 25 m 的三个断面上进行，每次测量的测点应相对固定。

(3)测量范围

应在桥梁全长范围内进行。

(4)测点位置

应能明确表示出河床断面，每隔 10 m 左右一个测点，必要时应增加测点，每次测量应在固定的测点上进行。

(5)冲刷

对常年有水的桥梁，需要了解墩台周边冲淤变化时，应以桥墩中心为圆心，一定距离为半径，测量该范围内的水下地形。必要时在墩台周边进行潜水摸测，掌握墩台基础冲刷情况。

每次测量结果，应绘在图纸上，用不同色笔绘制历年冲刷总图，每五年更换一次。图上应绘有各种水位、轨底、墩台顶、基底、河床的标高以及水深、墩台中心线及河床断面，如图 5.2.1 所示。

2)洪水通过观测

(1)洪水通过时，应观察水流流向、流速，以及有无旋流、斜流、流木、漂浮物等情况，观测水位、水流流速情况等，同时应监视墩台、调节河流建筑物、防护设备和桥头路基状态是否正常。对排洪能力不足和墩台稳定易受影响的桥涵，应特别加强观测。

(2)对冲刷严重的墩台，可在该处设置自动记录的测深装置或在洪水通过时使用铅鱼等设备进行测深，必要时使用仪器测深。

(3)洪水过后，应立即检查河道、河床、防护设备、调节河流建筑物和桥头路基的状态。

(4)位于泥石流区的桥涵，应注意检查泥石流动态、谷坊内储量和冲积扇的变化。

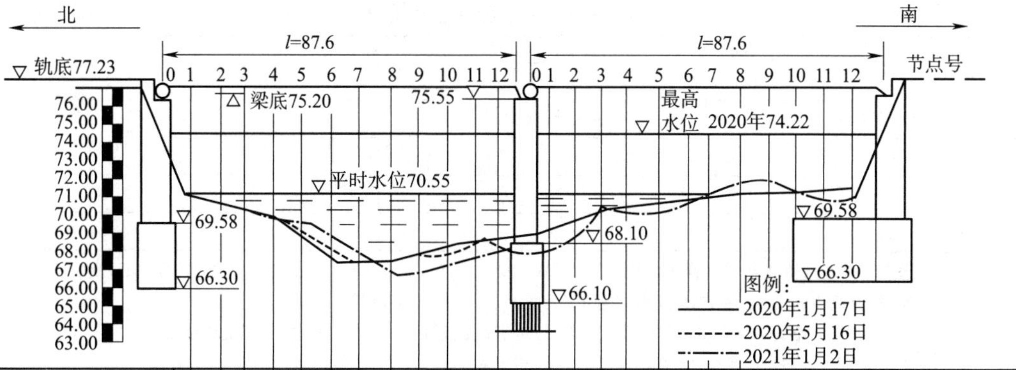

水平距离																								
1.7	7.30	7.30	7.30	7.30	7.30	7.30	7.30	7.30	7.30	7.30	4.20	8.00	4.20	7.30	7.30	7.30	7.30	7.30	7.30	7.30	7.30	7.30	7.30	2.50

桥下河床绝对标高																										水位 平时	水位 高
2020年1月17日	70.27	70.35	70.21	69.79	68.55	67.31	67.25	67.29	67.55	67.89	67.99	67.95	68.41	68.81	69.41	69.93	69.95	70.21	70.55	70.79	70.79	70.71	70.35	70.71		70.35	—
2020年5月16日	70.27	70.35	70.21	69.51	69.21	67.99	67.35	67.29	67.55	67.49	68.16	67.55	68.09	68.09	69.41	69.93	69.95	70.21	70.55	70.79	70.79	70.71	70.35	70.71		—	73.55
2021年1月2日	70.27	70.35	69.89	69.51	69.39	68.75	67.91	66.55	66.55	66.99	67.21	67.31	67.69	67.89	68.83	70.11	69.97	69.95	70.55	71.01	70.95	70.71	70.91	70.71		70.56	—

图 5.2.1　河床断面图(单位:m)

(5)设有巡守工的桥梁,应在汛期或水库放水时期每日上午八时观测水位一次,其余时间每旬首日上午八时观测水位一次,并填写水位观测记录。在主汛期水位上涨时,应增加观测次数,找出当年最高水位及其发生日期。其他排洪桥涵应设洪峰观测水尺,指派专人记录当年最高洪水位。设备管理单位应根据水位观测记录,定期绘制水位曲线图。

3)结冰及流冰观测

(1)结冰初期,需观测结冰时间、封冰情况、气温、水温、风力及风向。

(2)结冰期,需经常观测冰层厚度,河面及河岸处是否结冰、有无冰槽(亮子),水温,气温。

(3)解冻期,需观测水位、冰层厚度、冰色及冰槽(亮子)的变化;冰层初期移动时间、流冰密度等;并观测水温风向,以判断流冰的产生及流向。

2. 经常检查

经常检查以目测为主,配以简单工具,与日常管理及保养小修结合进行。主要是检查桥隧设备状态变化较快和直接影响行车安全的部位,并对已发生的病害定时检测。

经常检查工作由桥隧检查工区实施。应根据检查计划,每月应对钢梁和工务段规定的重要桥隧设备及重点病害设备检查一遍;每半年至少对管内设备全面检查一遍;在每座桥隧综合维修时,应进行一次全面检查,仅通过货运且年运量小于 500 万 t 的线路可适当放宽检查周期。

桥隧车间主任(副主任、技术员)每半年有计划地对管内桥隧设备全面检查一遍,至少每季度对钢梁和工务段规定的重要桥隧设备和重点病害设备检查一遍。桥隧车间主任(副主任、技术员)、桥隧检查工区对每次检查情况,应运用管理系统认真填写“桥隧检查记录簿”,画出病害图,建立观测台账。桥隧检查工区还应填写“桥隧检查结果汇总表”,将检查结果上传至桥隧车间,车间组织分析桥隧检查结果,形成月度检查分析报告,妥善保存备查。表 5.2.1 为桥隧病害检查表。

表 5.2.1　桥隧病害检查表　　工桥—3

<table>
<tr><td colspan="3">线名______　行别______　中心里程______　桥隧名______
桥隧号______　全长______　孔跨式样______</td></tr>
<tr><td>检查日期</td><td>检查情况记录</td><td>处理日期</td></tr>
<tr><td></td><td></td><td></td></tr>
<tr><td></td><td></td><td></td></tr>
<tr><td></td><td></td><td></td></tr>
</table>

注：(1)应按《普速铁路桥隧建筑物修理规则》(TG/GW 103—2018)(铁总工电〔2018〕125 号)规定的周期，及时检查记录。
(2)每座桥隧至少占一页，每次检查均应记录，无病害、无保养失格时填写正常。
(3)有病害者要详细记录、描述(包括病害种类、数量、部位、程度)，病害无发展者填写无变化。
(4)对严重病害除本簿记录外，应另建桥隧病害观测记录簿。
(5)病害经过处理后应及时填写处理日期，对维修不能解决者应及时上报并注明。

对超过保养标准处所，由桥隧车间通过管理系统及时向桥隧养修工区下达“桥隧设备紧急保养通知书”，并由桥隧检查工区检查其完成情况。

对使用年久、结构特殊及有严重病害的桥隧建筑物，应按工务段规定由指定人员进行定期检查，及时填写“桥隧病害观测记录簿”，发现重要病害或病害发展较快时，应立即逐级上报，绘制病害示意图，记入桥隧登记簿或桥隧卷宗内。

工务段段长至少每年对工务段规定的重点病害设备检查一遍，主管副段长对工务段规定的重要桥隧设备和重点病害设备每年至少检查一遍，工务段桥隧科或路桥科至少每半年对钢梁和工务段规定的重要桥隧设备和重点病害设备检查一遍，工务段应对桥隧车间、检查和养修工区填写的检查数据和状态描述进行不定期现场抽查核对，对检查质量进行考核。桥隧车间对检查和养修工区也应进行相应的考核。

3. 定期检查

定期检查是指春融及汛前，应对桥隧设备的排水、泄洪及渡汛防护设施进行一次检查。检查工作一般由工务段根据各铁路局的要求组织进行，铁路局应有重点地进行检查。

秋季(第三季度)，在经过夏期洪汛后，应对桥隧设备进行全面检查，据以进行桥隧设备技术状态评定，拟定病害整治措施、安排设备改善计划。对桥隧设备各部分的技术状态，应按“铁路桥隧建筑物状态评定标准”的规定，进行全面细致的检查，必要时用仪器检测或试验，以查明各种病害情况及发生原因。

工务段根据秋季检查结果，对每座设备填写“桥隧状态评定记录表”，凡劣化桥隧建筑物应填写“桥隧建筑物状态评定明细表”，并汇总填写“桥隧状态评定报告表”，见表 5.2.2，提出病害发生原因、增减情况等状态分析报告上报。

表 5.2.2　桥隧状态评定报告表

单位：　　年度：　　劣化等级：　　轨距：　　运营状态：

<table>
<tr><td rowspan="5">集团公司名</td><td rowspan="5">线名或者单位名</td><td colspan="14">桥</td></tr>
<tr><td colspan="14">桥面劣化</td></tr>
<tr><td colspan="4">木桥枕(复合材料桥枕)</td><td colspan="2" rowspan="2">护木</td><td rowspan="2">钢梁明桥面护轨</td><td colspan="2" rowspan="2">联结零件</td><td rowspan="2">作业通道钢支架、栏杆</td><td rowspan="2">步行板</td><td rowspan="2">其他安检设备</td><td colspan="2" rowspan="2">抗震限位设施缺少失效</td></tr>
<tr><td>合计</td><td colspan="3">其中整孔</td></tr>
<tr><td>根</td><td>座</td><td>孔</td><td>根</td><td>座</td><td>米</td><td>座</td><td>座</td><td>孔</td><td>座</td><td>座</td><td>座</td><td>座</td><td>处</td></tr>
<tr><td></td><td>列序号→</td><td>(1)</td><td>(2)</td><td>(3)</td><td>(4)</td><td>(5)</td><td>(6)</td><td>(7)</td><td>(8)</td><td>(9)</td><td>(10)</td><td>(11)</td><td>(12)</td><td>(13)</td><td>(14)</td></tr>
<tr><td></td><td></td><td></td><td></td><td></td><td></td><td></td><td></td><td></td><td></td><td></td><td></td><td></td><td></td><td></td><td></td></tr>
<tr><td></td><td></td><td></td><td></td><td></td><td></td><td></td><td></td><td></td><td></td><td></td><td></td><td></td><td></td><td></td><td></td></tr>
<tr><td></td><td></td><td></td><td></td><td></td><td></td><td></td><td></td><td></td><td></td><td></td><td></td><td></td><td></td><td></td><td></td></tr>
</table>

春季主要检查桥隧设备经过严寒后的技术状态，包括桥隧结构易受低温影响的部位、混凝土结构中易于积水冻胀的部位、桥头路基冻融变位、衬砌冻融变化等；检查桥梁排水及防护设施、涵管淤积情况、隧道排水沟等，保证设备排水通畅；对导流建筑物及防护设备进行检查修理，调查上游水库情况，确保汛期安全；在春融前检查破冰棱等防护设备，以保证流冰安全过桥。

4. 临时检查

临时检查是当桥隧设备遭受地震、洪水、台风、火灾及车船撞击等紧急情况或发生突发性严重病害时，为及时掌握结构物状态而进行的检查。临时检查由工务段组织进行，必要时由铁路局集团公司组织进行。

5. 专项检查

1)限界检查

重要线路的桥隧限界每五年、其他线路的桥隧限界每十年检查一遍，并根据检查结果绘出每座桥隧的综合最小限界图，绘制管内各区段桥隧综合最小限界图，当发现桥隧建筑物有变形、修理加固线路拨线后，应立即检查该桥隧建筑物的限界。如影响原有最小尺寸时，应及时修正限界图并上报。

2)挠度、拱度和横向振幅测量

凡跨度在 40 m 及以上的钢梁，由工务段负责至少每三年测量一次挠度和拱度(固定测点位置)。对有病害的钢梁、钢筋混凝土梁、预应力混凝土梁，其挠度、拱度和跨中横向振幅的测定由铁路局集团公司确定。

挠度测量时，可先测动荷载所产生的挠度，必要时再复测静荷载所产生的挠度。

3)墩台变形及基础病害检查

(1)技术复杂、重要桥隧及墩台基础严重病害的桥隧，对其墩台均应进行下沉或偏斜的观测。

为求得各墩台位移和下沉的绝对值，墩台标高测量应与桥梁附近国家水准点相联系，基准线在观测区以外应有控制系统。

观测工作一般每年一次，经多年观测基本稳定时，可每隔若干年观测一次。历年观测资料应妥善保存，绘制出汇总后的图表，以分析了解其变化趋势。

(2)固定观测测点的设置

固定测点一般应设在墩台顶面的两端，使全桥能通视。为保证观测精度，应设置强制归心装置，其“标心”既是仪器固定点，又是垂直位移和平面位移的观测点。

(3)观测仪器

为正确掌握墩台所发生的微小变形，观测应尽可能使用精密仪器及相应的配套设施。大跨度桥梁观测墩台间距离的变化可采用激光测距等方法。

(4)检查方法

墩台基础类型和埋深不明时，应采用挖验、钻探、物探、声波、遥感等探测技术予以查明。

检查墩台及基础是否存在严重病害，可通过测量墩台、承台顶水平横向振动，与同类型墩台相比较，观测其波形、振幅和频率来判定。必要时挖验承台底与桩顶的连接状态。检查桥墩水下墩身和基础有无裂损、冲空时，可采用水下摄影或摸探等。

时速 160 km 以上区段的桥梁墩台顶的水平横向振动，可使用便携式墩台振动检测仪每年检测一次，发现横向振幅异常时，应立即逐级上报，必要时可由铁路局集团公司组织检定。

5.2.2　桥隧状态评定等级

为合理编制桥梁建筑物修理计划，设定设备的使用条件，制定桥梁建筑物修理的长远规划，需要对桥梁建筑物经常检查、定期检查、临时检查、专项检查结果进行分类、筛选、统计、分析，形成分析报告。工务段每年应结合秋季设备大检查，将对每座桥梁建筑物按项目依据劣化评定标准进行一次状态评定，依据评定结果、劣化程度编制养护、综合维修、大修和更新改造计划，保证设备正常状态和运营安全。

工务段每年应结合秋季设备大检查，对每座桥隧建筑物按项目进行一次状态评定。状态评定按劣化程度分为A、B、C三级，A级又分为AA、A1两等。

1. 劣化等级

(1)凡结构物或主要构件功能严重劣化，危及行车安全，评定为A级AA等。

(2)凡结构物或主要构件功能严重劣化，进一步发展会危及行车安全，评定为A级A1等。

(3)凡结构物或构件功能劣化，进一步发展将会升为A级，评定为B级。

(4)凡结构物或构件劣化，对其使用功能和行车安全影响较小，评定为C级。

2. 整治原则

(1)结构物或构件状态评定为A级者，其病害一般需要通过大修或更新改造进行整治；当结构物存在影响行车安全的病害，应采取相应的限速或限载措施，遇紧急情况，应立即采取临时加固措施，并视具体情况，尽快安排彻底整治或列入下一年度的桥隧大修或更新改造计划，及时进行整治。

(2)结构物或构件状态评定为B级者，其病害一般需要通过维修进行整治(个别病害需要通过大修进行整治)。

(3)结构物或构件状态评定为C级者，其病害可通过维修进行整治，个别病害只需加强观测并根据其变化情况采取相应的措施。

任务习题

(一)填空题

1. 桥梁检定工作的主要任务是确定桥梁的________，规定其运行条件。

2. 凡有洪水通过的桥涵，均应在相应位置设置符合要求的________。

3. 特大桥及病害严重的桥梁，对其墩台均应进行下沉或________的观测。

4. 结构物或构件状态评定为A级者，其病害一般需要通过________进行整治。

(二)选择题

1. 铁路桥隧建筑物检查时主要是检查桥隧设备状态变化较快和直接影响行车安全的部位，并对已发生的病害定时检测是指(　　)。

A. 定期检查　　B. 经常检查　　C. 专项检查　　D. 桥梁检定

2. 凡跨度在40 m及以上的钢梁，由工务段负责至少每(　　)测量一次挠度和拱度(固定测点位置)。

A. 一年　　B. 二年　　C. 三年　　D. 五年

3. 河床断面测量测点位置应能明确表示出河床断面，每隔(　　)左右一个测点。

A. 2 m　　B. 5 m　　C. 10m　　D. 25 m

4. 墩台变形观测工作一般(　　)一次,观测资料积累并绘制图表。

A. 三个月　　B. 六个月　　C. 一年　　D. 二年

5. 凡结构物或主要构件功能严重劣化,进一步发展会危及行车安全,评定为(　　)。

A. A级AA等　　B. A级A1等　　C. B级　　D. C级

(三)判断题

1. 对常年有水的桥梁,测量一定范围内的水下地形,用不同色笔绘制历年冲刷总图,每年更换一次。(　　)

2. 铁路线路重要线路的桥隧限界每五年、其他线路的桥隧限界每十年检查一遍。(　　)

3. 河床断面测量地点一般每年选择在桥下及桥梁上、下游的三个断面上进行。(　　)

4. 同一测深垂线,水面流速最大,河底流速最小。(　　)

任务5.3　桥涵设备技术状态检查评定

5.3.1　桥面设备状态检查评定

1. 桥面重点检查

检查桥面时应重点检查桥上线路是否符合养修标准,进而分析桥面设备的技术状态。检查方法一般以目视、尺量、检查锤等检查或使用较简单的仪器进行,并将检查结果如实做好记录。

桥面重点检查方法和主要内容如下:

(1)明桥面线路钢轨爬行

①在桥头挡砟墙上(长大桥梁还应在桥上适当地点)设置钢轨爬行观测标或观测桩,检查桥头线路(或桥上线路)有无爬行,从而影响桥上线路。

②桥上钢轨爬行,还可从轨底道钉痕迹上看出。

③定期检查记录,控制爬行量不超过20 mm。

(2)钢轨伸缩调节器检查

①用轨距检查尺、小钢尺、温度计、放大镜、小锤等检查轨距、伸缩量、钢轨磨损、飞边、裂纹、螺栓松动等情况。

②目视检查其他缺陷。

(3)钢轨上弯度

①一般用目视方法,检查是否设有上弯度及上弯度是否圆顺。

②必要时可用水平仪检查设置情况及是否圆顺。

(4)明桥面护轨检查

①用尺量、眼看检查护轨是否符合铺设标准。

②护轨底、垫板、桥枕间悬空不大于5 mm。

③梭头各部完好,联结牢固,尖端悬出桥枕不大于5 mm。

④护轨爬行量可从护轨底痕迹上量出,亦可设爬行观测标观测。

(5)桥枕和护木检查

①用目视、尺量检查铺设是否符合要求;并检查表面腐朽以及垫板切入桥枕深度,顶面及侧面的裂缝宽度,灌缝、防裂的质量等。

②对桥枕是否压钢梁上平联杆件,可用3 mm厚铁片(或木塞)进行检查。

③检查桥头双枕是否腐朽、连接松动。

④腐朽可采用下列方法结合起来检查。

a. 看:目视桥枕外表腐朽情况及列车通过时桥枕挠曲状态、道钉浮起情况。

b. 敲:用检查小锤敲击木料侧面或顶面,根据声响来判断内部是否腐朽。

c. 探:用 $\phi(3\sim5)$mm 的探针,对内部可能腐朽处进行探测。

d. 钻:用 $\phi(12\sim16)$mm 的木钻进行取样检查,若钻沫腐烂即为腐朽失效。垫板底下钉孔部位、螺栓孔部位和螺栓孔周围是枕木最易腐朽处,应加强检查。

(6)明桥面吊板检查

用 2 mm 厚、5 mm 宽的扁铁片制成吊板器检查基本轨与垫板间或垫板与桥枕间缝隙,如插入长度超过垫板 1/2 时,即为吊板。

(7)桥面各种螺栓检查

①检查各种螺栓安装符合规定。

②检查各种螺栓齐全,无折断、无松动、无锈蚀、无缺失。

2. 桥面劣化等级评定

为合理编制桥面修理计划,结合秋季设备大检查,将对每座桥梁建筑物桥面结构按项目依据劣化评定标准(表 5.3.1)进行一次状态评定,依据评定结果、劣化程度编制养护、综合维修、大修和更新改造计划,保证设备正常状态和运营安全。

表 5.3.1　桥面劣化等级评定标准表

桥面劣化等级评定			
1. 木桥枕劣化(根)			
类型 等级	(1)腐朽	(2)劈裂	(3)承轨部位切压或压溃
AA	一孔梁的桥枕发生 A1 级劣化根数总和超过规定百分比(行车速度 $v \leqslant 120$ km/h 的区段达 25%及以上,120 km/h $< v \leqslant 1\ 600$ km/h 的区段达 20%及以上,$v > 160$ km/h 的区段达 15%及以上)		
A1	①道钉孔周围腐朽严重,无处改孔,不满足持钉和保持轨距要求; ②桥枕内部腐朽严重	通裂严重,影响共同受力	标准断面的桥枕因腐蚀、挖补、削平和刻槽等累计深度达 80 mm 及以上
B	腐朽迹象明显,但经过改孔、挖补等手段还能持钉和保持轨距	劈裂明显,裂缝长度大于全长的 1/2,且通过一个螺栓孔,处在发展阶段	已经过削平、挖槽等作业,但累计深度小于 80 mm
C	有轻微腐朽,钉孔周围木材强度无显著下降	有劈裂发生,最大裂缝长度大于 400 mm,但小于全长的 1/2	有切压现象,深度小于 3 mm
类型 等级	(4)蛀蚀		
A1	桥枕内部蛀蚀严重,木材的强度已显著下降,不能满足承压、持钉的要求		
2. 护木劣化(m)			
A1	①螺栓周围木质严重腐朽,木材强度显著降低,不起保持桥枕位置的作用;②护木内部严重腐朽	劈裂严重,最长裂缝达一节护木的 1/2,且穿过螺栓孔	
B	腐朽迹象明显,但经过维修,螺栓还能紧固,仍起护木作用	有劈裂发生,最长裂缝大于一节护木的 1/6,但不超过 1/2	

续上表

C	有轻微腐朽	有劈裂发生,最大裂缝长度不大于一节护木的1/6	
3. 钢梁明桥面护轨、零部件劣化			
类型 等级	(1)护轨(座)	(2)钩、护螺栓超限(个)	(3)联结零件松动、折断、缺少、锈蚀(套)
A1	①未按规定铺设护轨	①自动闭塞区段钩螺栓垫圈与钢轨垫板间缝隙小于15 mm;②钩、护螺栓顶面超过钢轨顶面20 mm	螺栓折断,严重锈蚀,螺纹损坏或杆径磨损超过3 mm,数量达螺栓总数的8%
B			①扣件、垫板开裂、缺损,垫圈变形、螺纹损坏,分开式扣件螺栓扭矩不符合规定的数量超过总数的8%;②轨卡损坏或变形,作用不良,超过扣件总数5%;③螺纹道钉折断,严重锈蚀,超过扣件总数5%
4. 作业通道、安检、抗震及限位设施劣化			
类型 等级	(1)作业通道(m)(步行板失效包括:木质严重腐朽、混凝土板露筋、钢筋严重锈蚀、严重裂损、搭接长度不足等)	(2)安检设施(孔)	(3)抗震及限位设施(处)
A1	①作业通道应设未设;②作业通道严重失修(包括栏杆、托架严重锈蚀,托架焊接强度不足),危及人身安全;③作业通道步行板整孔失效达50%	①安检设施应设未设;②安检设施严重失修,危及人身安全(包括各种桥梁检修作业车、吊篮、围栏、梯子等)	①抗震设施缺少或失效;②横向限位设施缺少或失效

5.3.2 钢结构设备状态检查评定

1. 钢结构设备状态检查

(1)钢结构重点检查

①杆件及其联结铆钉、螺栓、焊缝的伤损状态及其发展情况;对老龄化钢梁,要特别注意严寒季节发生杆件裂纹和断裂。

②大跨度下承钢桁梁桥面系伸缩纵梁端横联处,上承板梁支座位置不正时,应检查支座处上、下翼缘角钢是否有裂纹。

③组合梁应注意混凝土与钢梁联结部位的共同作用是否良好。

④对塔架墩台应注意水位升降部位是否锈蚀、裂纹,水下部分应重点摸探。

(2)钢结构涂装检查

桥梁钢结构保护涂装,在大气环境中受有害物质的侵蚀,随着使用年限的延长,其状态将逐步劣化。为此应对涂膜的劣化情况进行检查评定,并根据劣化程度适时进行重新涂装或维护性涂装。

①主要检查内容

a. 钢结构劣化类型主要有涂膜起泡、裂纹、脱落、涂膜表面粉化、钢结构生锈。

b. 钢梁角落隐蔽部位,特别是纵梁上翼缘(上盖板)桥枕压着部位应注意腐蚀的检查。

②检查方法

在光线明亮的情况下，借助放大镜用肉眼观察、用手擦拭或用样板图片对照等方法评定。

a. 粉化可用食指在涂膜表面往复擦拭两次，擦痕长 5～7 cm，视手指上粘附颜料粒子的量按以下分类定级：

1 级，用力擦拭，手指沾有少量颜料粒子。

2 级，用力擦拭，手指沾有较多颜料粒子。

3 级，用力较轻，手指沾有较多颜料粒子。

b. 起泡、裂纹、脱落和生锈等级评定：用标有不同失效面积百分数的样板图片，放在涂膜上进行对照比较后定级。当出现多种劣化类型，且各自评定等级不一致时，则以最严重的一级作为评定等级。

(3)钢梁杆件裂纹的检查

①从涂装表面的变化情况进行观察

a. 涂层表面有锈痕。在平滑的钢板或角钢的边缘，如涂层表面有呈直线的锈痕，颜色为褐色，两边呈浅色发白状态，细看中间是一条黑线，铲去涂层，下面可能找到裂纹。

b. 涂层表面呈细而直开裂。在拼接板或盖板的边缘、铆钉孔的周围，涂层面呈细而直的开裂，有时沿直线呈细小的锯齿形开裂，用 10 倍放大镜观察为犬牙交错现象。在腹板的大面上，这种开裂处的两边有时鼓起，形成中部下凹现象，将涂层铲去，下面可能找到裂纹，这种现象易发生在涂装质量较差的钢料上。

c. 涂装表面局部鼓起且颜色较深。在拼接板或盖板的边缘及铆钉孔周围，如发现涂装表面有小块条状鼓起，且颜色比其他部位深，将鼓起的涂膜刮开后，里面有锈迹，就可能发现裂纹，这种现象易发生在涂装质量较好的钢料上。

d. 对可能存在裂纹处，可用刮铲涂膜的方法来判断，如刮下的涂膜分成两半或留下锈痕，则此处存在裂纹。

②钢料上涂白铅油或滴油检查

当发现有裂纹的迹象但不能肯定时，可将钢料表面涂层铲去，涂上一层薄的白铅油，经过列车振动后，如果是裂纹，则白铅油上会出现一条很规则的黑线。或将油滴在钢料上，若油滴不成圆弧状扩散而成线状伸展，说明可能有裂纹存在。

③木槌敲击

一般可用包有橡胶的木槌轻轻敲击梁的每一个节间，如发音不清脆、不洪亮，以及传音不均、传音中断等情况，可断定该处有无裂纹或损伤。

④有色渗透液探伤

将可疑处涂膜除净、打光、洗净(用丙酮)，涂红色渗透液 10～15 min 后洗净，涂白色吸附液，若显示红线则该处可能有裂纹。

此外还可用磁粉探伤和超声波探伤等方法来探测钢梁杆件裂纹情况。

⑤裂纹处理

经检查发现焊缝或杆件有裂纹时，应立即汇报负责人，并根据裂纹的严重程度采取保证列车安全的临时措施；加强观察，必要时派专人监视，直至采取相应的整修措施为止。检查监视人员应在裂纹的尖端与裂纹的垂直方向用红漆做箭头标记，箭头指向裂纹尖端；并与之相距 3～4 mm，在箭杆端部标明检查日期。裂纹的位置、长度、发展情况及检查日期均应记入“桥梁

病害检查记录簿”;根据裂纹的位置、性质、大小及数量,采取以下相应的措施:

a. 在裂纹的尖端钻圆孔(一般孔径为 10～12 mm,最大不超过 32 mm),裂纹的尖端必须落入孔中,目的是消除尖端的应力集中,防止裂纹的发展,但垂直主应力的裂纹不宜钻孔。

b. 用高强度螺栓拼接加固。

c. 抽换杆件或换梁。

(4)焊缝检查

①重点检查部位

a. 对接焊缝。

b. 受拉及受反复应力杆件上的焊缝及邻近焊缝热影响区的钢材。

c. 杆件断面变化处焊缝。

d. 联结系节点及焊缝。

e. 加劲肋、横隔板及盖板处焊缝。

f. 加劲肋未顶紧上、下盖板时,腹板上加劲肋两端焊缝处。

g. 工厂手工焊及气割部位。

②焊缝的检查方法

a. 目视法

观察焊缝及邻近涂膜状态,发现可疑处,将涂膜除尽,用 4～10 倍放大镜观察。

b. 硝酸酒精浸湿法

将可疑处涂膜除净、打光、洗净(用丙酮或苯),滴上浓度 5%～10%的硝酸酒精(该浓度视钢材表面光洁度而定,光洁度高时,浓度宜低)浸湿,如有裂纹即有褐色显示。

c. 着色探伤法

将可疑处涂膜除净、打光、洗净,吹干后喷涂渗透液,隔 5～10 min,最长 30 min(时间根据光泽度和气温而定),用洗净液除去多余的渗透液,擦干;再喷涂显示液,在缺陷处即可显示红色现象。

(5)铆钉和高强度螺栓检查

高强度螺栓欠拧或超拧、铆钉铆接不良或养护不良,经列车长期运行,会造成高强度螺栓、铆钉松动或失效,影响桥梁的稳定和行车的安全。因此高强度螺栓和铆钉检查是一项重要工作。

①检查的部位

a. 纵梁与横梁及主梁与横梁联结处的高强度螺栓及铆钉。

b. 受拉及受反复应力杆件的节点及联结系节点的高强度螺栓及铆钉。

c. 检查铆钉时还应特别注意下列部位:

钢梁联结系的联结铆钉;纵梁与横梁及主梁与横梁联结角钢上;承受反复应力杆件(如桁梁斜杆)的节点上;纵梁或上承板梁上翼缘角钢的垂直肢上;钢梁和支座联结铆钉。

②铆钉检查方法

铆钉检查采用锤检目视法,用 0.3～0.4 kg 的检查小锤敲打钉头。如发现振手或钉头周围流锈时,就是松动铆钉。当钉头四周油漆开裂时,也可能是松动铆钉,发现松动应做出标记。

③高强度螺栓常用检查方法。

a. 目视法检查

如发现杆件滑移(一般表现为连接处漆膜被拉开或流锈水),导致拱度、挠度变化,即表明连接处高强度螺栓大部分欠拧，如螺栓头或螺母周围漆膜开裂脱落或流锈水，表明该螺栓多属严重欠拧、漏拧或出现裂纹。根据经验，一般情况下，长螺栓欠拧的较短螺栓为多。

b. 敲击法检查

用重约 0.25 kg 的检查小锤敲击螺母一侧，手指（食指及中指）按在相对另一侧，如手指感到轻微颤动，即为正常拧紧螺栓；如颤动较大，则是严重欠拧螺栓。

c. 应变仪测定法检查

ⓐ在运营线上检查时，在可疑的高强度螺栓杆端面和螺母的相对位置上划一直线，然后将其拆卸除锈待用。

ⓑ原栓孔处贴有电阻片的高强度螺栓上测定所需的初拧扭矩值（使螺栓预拉力 N 和螺母转角 θ 的变化曲线成直线变化的最低值）和所需要的终拧螺母转角范围（包括设计预拉力的容许误差±10%和预应力损失在内）。

ⓒ卸除上述贴有电阻片的螺栓。

ⓓ前述待用螺栓安装并进行初拧，使其达到上述测定所需的初拧扭矩值。

ⓔ测量螺杆端面和螺母上原划直线间的角度，并与上述测定的螺母终拧转角范围比较，即可判明该螺栓是否欠拧或超拧。

d. 扭矩测定法检查

更换高强度螺栓如采用扭矩法施工，则终拧后的复验可采用如下检查方法：先在螺杆端面、螺母相对应位置划一直线，用扳手将螺母松回 30°～50°，再用定扭扳手（或示功扳手、音响扳手等）将螺母拧回原位测取扭矩值，该扭矩值换算的螺栓预拉力应在设计预拉力的范围内。

(6)钢梁弯曲检查

①钢梁弯曲的检查方法

用弦线或铁丝在杆件两端拉紧，量出各点的矢距，竖向弯曲矢度小于跨度的 1/1 000，横向弯曲矢度小于自由长度的 1/5 000，任何情况下不超过 20 mm。对大面积的腹板或弦杆翼缘弯曲变形，可以在钢板上划分成纵横坐标系，量出每点的矢度，绘出等值曲线图。

②钢梁杆件弯曲矢度及其他伤损容许限度

钢梁杆件弯曲矢度及其他伤损容许限度详见项目 2。

(7)钢梁挠度检查

凡跨度在 40 m 及以上的钢梁由工务段负责至少每三年测量挠度和拱度一次（固定测点位置）。测量挠度时，可先测动活载所产生的挠度，必要时再复测静活载所产生的挠度。

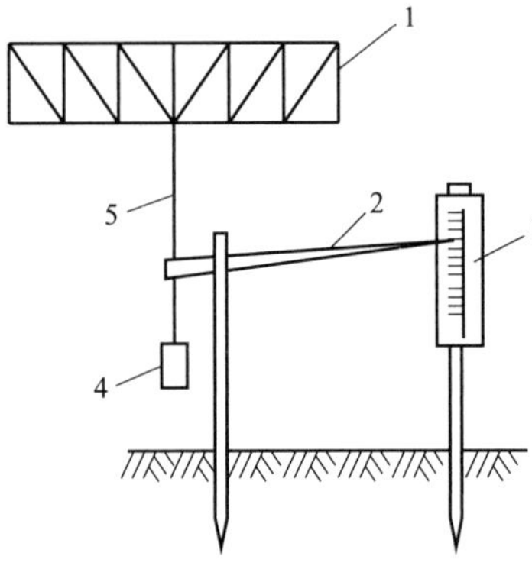

图 5.3.1 简易挠度计测挠度

1—桁梁；2—指针；3—度盘；4—重物；5—钢丝

①简易挠度计测量

当桥下无水或水很浅，桥又不高（净高不超过 6 m）时，可采用这种方法，其安装方法如图 5.3.1 所示。

②位移计测量挠度

当桥不太高，桥下无水时，也可采用位移计测量挠度，根据梁底到地面的距离，可利用以下不同的方法用位移计测量挠度。

a. 梁底距地面很低时，可打一木桩并将位移计固定在木桩上，位移计直接顶在梁底(此处梁底粘一玻璃片)，过车时直接在位移计上读出梁的最大动挠度值，如图 5.3.1 所示。一般可将仪器用特制的卡具固定在梁跨上，或打入河床的桩上测量，如图 5.3.2 所示。

b. 桥较高时，可用钢丝、拉力弹簧及位移计组成测挠设备，如图 5.3.3 所示。增设紧线器和弹簧，加粗主钢丝，防止钢丝被风吹动而影响仪器读数的准确性。

图 5.3.2 简易位移计

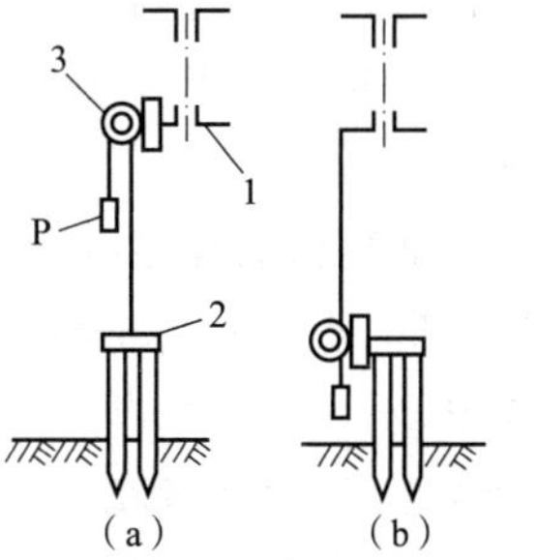

图 5.3.3 挠度仪测挠度
1—桥跨结构；2—不动支架；
3—挠度仪；P—重物(2.3 kg)

观测方法是：在跨中用弹簧张拉一根钢丝，钢丝上端与梁体相连接，钢丝下端用弹簧拉紧(30 kg)，与埋在地下的大块石头相连，位移计另外安装在一个木牌上，将木牌贴近钢丝固定住，在钢丝下部安装一个小角铁，角铁水平面向下压住位移计使其刻度处于中间位置，角铁竖直面与钢丝紧密连接。弹簧以上钢丝是随着梁跨移动的，即梁跨的挠度直接反映到钢丝上，钢丝又与位移计相连，所以过车时直接在位移计上就可读出梁的最大动挠度值。

位移计法属于接触式测量方法，位移计应安装在桥梁待测部位处，并固定牢靠。当梁体纵向或竖向发生变化时，其结果将直接反映在位移计的输出电压上，进而反映在采集系统中。位移计法的测试设备简单，可直接得到列车通过时的支座位移或竖向挠度时域波形，测量结果稳定可靠，但在测量挠度时一般需要在测点处拉钢丝或者搭设脚手架，且测试高度不宜超过 20 m，对跨线桥、跨越峡谷和江河等的桥梁无法测量。一般使用 ϕ1 mm、拉力弹簧使用 ϕ3.5 mm 的钢丝绕成 ϕ30 mm×(250～300)mm 的弹簧，拉力为 30 kg。当钢丝长度大于 10 m 时，实测值受钢丝弹性模量和长度的影响会产生偏差，应具体计算加以校正。

③光电成像法

光电成像法(CCD 图像法)是一种远距离、非接触式的测量方法，该方法结合了远距离成像技术、光电子技术、数字图像处理技术等，可用来测试跨度大于 40 m 的高速铁路梁体竖向挠度，但测量过程易受雨、雾等环境因素的影响，且测试准确度受测试距离的影响较大。

采用光电成像法(CCD 图像法)时，对于测试跨度大于 40 m 的桥梁，光学靶标宜在最大正弯矩处布置测点。

④激光测挠仪

激光测挠仪可同时实现水平、垂直两维测量，测量数据实时显示并自动保存，图像数据传输速率可达 400 MB/s，设备自动旋转跟踪，测量距离 10～500 m，分辨率为测量量程的 1‰，测量精度为±0.02 mm，采样频率为 300 Hz，测量点数为动挠度检测一个点两个方向(两维)，静挠度检测可扩展到 20 个点(两维)。

主机架设于桥头,选择坚固地面放置三脚架,将主机置于脚架头上并使用中心连接螺丝连接固定并调平,将数据线与计算机相连接,进行静态多点测量时需要将数据线连接计算机。应在主机架设处设置测量伞,以避免强光直射,白天测试时,在主机后应加遮光布,以防日光或者其他杂光对测量产生干扰,影响测量效果,根据现场情况应将靶标固定在梁体的底面。

采用测挠仪时,对于常用跨度双线简支箱梁,应在梁体跨中布置测点;对于双线连续箱梁,应在最大正弯矩处布置测点。

⑤倾角仪法

倾角仪法是利用桥梁控制截面的转角来拟合桥梁竖向准静态挠度,该方法主要用于大跨度桥,测量梁体竖向挠度不需要静止的参考点,可适应不同地理条件的桥梁,但倾角仪的现场安装与调试较繁琐。

采用倾角仪法时,宜根据桥梁类型并结合拟合算法确定测点布置位置,倾角仪宜布置在测试横截面中心处的箱梁底板顶面。

⑥用水准仪测量

水准仪架设在桥跨附近稳固的地面上(或大跨度桥桥墩上),在需测挠度的位置(一般为跨中处,大跨度桁梁可在 1/4 及 3/4 跨度位置增加两处)设置标尺。在未加载前,先将仪器对准一个整数读数,加载后钢梁产生挠度,标尺下移,读出另一个读数,两者相减即为挠度值。

2. 钢结构劣化等级评定

为合理编制钢结构修理计划,结合秋季设备大检查,将对每座桥梁建筑物钢结构按项目依据劣化评定标准(表 5.3.2)进行一次状态评定,依据评定结果,劣化程度编制养护、综合维修、大修和更新改造计划,保证设备正常状态和运营安全。

表 5.3.2 钢梁劣化等级评定标准表

钢梁劣化等级评定			
1. 钢梁涂膜劣化(按钢梁重量计,单位:t)			
类型 等级	(1)起泡、裂纹、脱落	(2)生锈	(3)粉化
A1	总面积 $S\geqslant 33\%$	总面积 $S\geqslant 5\%$	3 级
B	$16\%\leqslant S<33\%$	$3\%\leqslant S<5\%$	2 级
C	$S<16\%$	$S<3\%$	1 级
2. 钢梁裂纹劣化(处)			
类型 等级	(1)主桁腹杆铆接接头处裂纹	(2)下承式桁梁的端横梁与纵梁连接处下端裂纹	(3)上承式桁梁中纵梁支点裂纹
AA	裂纹连通相邻铆钉或由铆钉裂至板边[见附图 1(a)]		横向裂纹裂通下翼缘宽度,纵向裂纹裂穿全部连接钉孔(见附图 3)
A1	裂纹长度达 50 mm[见附图 1(b)]	裂纹长度≥50 mm(见附图 2)	铆钉头外有纵、横向裂纹(见附图 3)
B	裂纹由铆钉孔扩展至铆钉头处,肉眼可见[见附图 1(c)]	裂纹长度<50 mm(见附图 2)	

续上表

类型 等级	(4)受拉翼缘焊接盖板端部裂纹	(5)主梁、纵梁、横梁受拉翼缘边及焊缝处裂纹	(6)竖加劲肋下端或下端焊趾处梁体腹板水平裂纹
AA	$L>150$ mm或裂纹穿透翼缘板厚(见附图4)	$L_1>20$ mm或$L_2>40$ mm(见附图5)	$h>100$ mm(见附图6)
A1	20 mm$<L\leqslant150$ mm(见附图4)	5 mm$\leqslant L_1\leqslant20$ mm或1 mm$\leqslant L_2\leqslant40$ mm(见附图5)	20 mm$<h\leqslant100$ mm(见附图6)
B	$L\leqslant20$ mm(见附图4)	$L_1<5$ mm或$L_2<10$ mm(见附图5)	$h\leqslant20$ mm(见附图6)或水平裂纹设止裂孔后不扩展
类型 等级	(7)纵横梁端部缺口处裂纹	(8)支承处、支承板与下翼缘焊缝处裂纹	(9)纵梁上翼缘(角钢)裂纹
AA	$h>10$ mm[见附图7(a)、(b)]或$h>100$ mm[见附图7(c)]		
A1	$h\leqslant10$ mm[见附图7(a)、(b)]或$h\leqslant100$ mm[见附图7(c)]		出现裂纹(见附图9)
B		出现裂纹(见附图8)	
类型 等级	(10)平、纵联,横联及其连接板处裂纹或断裂	(11)主梁竖加劲肋与受压翼缘连接焊缝开裂	(12)其他部位裂纹
A1			裂纹有发展
B	裂纹仍在扩展,有可能扩展至主要构件上(见附图10、附图11)。裂纹扩展很缓慢或停止扩展(见附图10、附图11)		裂纹无发展
C	裂纹扩展很缓慢或停止扩展(见附图10、附图11)	运营后很快出现并自行停止发展或完全脱开翼板	
3. 钢梁异常变位劣化(处)			
类型 等级	(1)主桁、主梁挠度超限(孔)	(2)列车动活载作用下的异常变位(孔)	(3)竖向弯曲
A1	挠度超过《桥检规》规定的通常值	横向振幅超过《桥检规》行车安全限值	弯曲矢度大于跨度的1/1 000
B	出现死挠度	横向振幅或自振频率超过《桥检规》通常值	
类型 等级	(4)横向弯曲	(5)盖板在翼缘角钢以外弯曲	(6)盖板上有洞孔
A1	弯曲矢度大于自由长度的1/5 000,并在任何情况下超过20 mm		
B		$f>a$或$a>B/4$	洞孔直径达30 mm
C			洞孔直径小于30 mm
类型 等级	(7)腹板上有洞孔	(8)腹板拉力部位有弯曲	(9)腹板压力部位有弯曲
B	工字梁、纵、横梁的洞孔直径达50 mm,板梁达80 mm	凸出部分直径达断面高度的0.2倍或深度达腹板厚度	凸出部分直径达断面高度的0.1倍或深度达腹板厚度
C	小于上述值	小于上述值	小于上述值

续上表

类型等级	(10)联结系杆件弯曲	(11)主梁压力杆件弯曲	(12)主梁拉力杆件弯曲
B	弯曲矢度大于自由长度的 1/300	弯曲矢度大于自由长度的 1/1 000	弯曲矢度大于自由长度的 1/500
C	小于上述值	小于上述值	小于上述值
类型等级	(13)主梁腹杆或联结杆件弯曲	(14)杆件上有洞孔	
B	弯曲矢度大于自由长度的 1/300	孔洞直径达杆件宽度的 0.15 倍或达 30 mm 或边缘有伤损	
C	小于上述值	小于上述值且边缘无伤损	
4. 钢梁梁端顶死(孔)、钢梁铆钉或高强度螺栓失效(处)、钢梁腐蚀劣化(孔)			
类型等级	(1)钢梁梁端顶死	(2)主桁节点和板梁对接接头铆、栓失效	(3)主桁构件、板梁缝合铆钉松动
AA	梁端顶紧已造成梁体变形或墩台混凝土溃碎或严重裂缝	铆、栓失效数量 n 达节点铆、栓总数的 20%及以上	
A1	相邻跨梁端或梁端与墩台顶紧	$10\% \leqslant n < 20\%$	铆钉连续松动数量 $n>5$ 个
B	①相邻跨作业通道顶紧;②相邻跨梁端或梁端与墩台间隙小于 2 mm,有顶紧的可能	$5\% \leqslant n < 10\%$	铆钉连续松动数量 $n \leqslant 5$ 个
C		$n<5\%$	个别铆钉松动
类型等级	(4)纵横	(5)联结系铆钉或螺栓松动	(6)纵梁受压翼缘,上承板梁主梁上翼缘腐蚀
AA	有拔头		受压板件断面削弱>20%
A1	有松动		受压板件断面削弱≤20%
B		有松动	
类型等级	(7)易积尘、水受拉构件水平板件处、平联节点板腐蚀		
B	蚀坑深达 3 mm		
C	一般腐蚀		
5. 系杆拱			
类型等级	(1)钢结构	(2)锚头	(3)裂纹
A1	杆件应力衰减、钢拱局部变形	封锚端失效	
B	主拱及钢绞线等锈蚀、吊杆偏心	锚头锈蚀、流锈水	预应力部位斜向裂纹
C		减振器失效	拱脚裂纹
类型等级	(4)其他		
C	附属设施锈蚀、其他部位裂纹		

注:《铁路桥梁检定规范》简称《桥检规》。

5.3.3　圬工桥跨结构状态检查评定

1. 圬工裂纹检查方法

圬工梁拱裂纹形式多样，产生裂纹的原因有混凝土的收缩、梁拱截面的变化、应力超限、设计施工的缺陷、梁拱端部的应力集中及养护不当等原因。由于大气的污染等环境因素，混凝土中性化造成梁拱裂纹也成为十分普遍的现象。此外由于混凝土骨料选择不当，发生混凝土结构碱集料反应致使圬工梁(特别是预应力混凝土梁)产生裂纹的状况也很频繁。

(1)在裂纹的起点及终点，用红油漆或红铅笔与裂纹相垂直画细线，并在圬工体上注明检查日期和裂纹宽度，如图5.3.4所示。

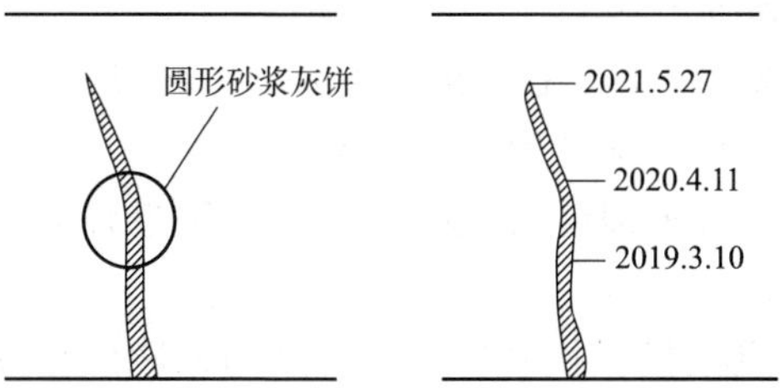

图5.3.4　裂缝观测

(2)选择裂纹平直的位置作为放置读数显微镜测量裂纹宽度的固定地点，量出裂纹宽度，量出主要裂纹的部位、走向、宽度、长度、分布情况及特征，用坐标法绘制裂纹展示图，记录检查日期及气温。裂纹深度检查：在裂纹中注射酚酞溶液(0.1 g酚酞，60 mL酒精，40 mL水配制)，然后凿开至不显红色为止，测量其深度。

(3)选择裂纹适当处所，做灰块或玻璃测标，注明日期，以观察裂纹是否有发展。测标做法是先将该部位圬工表面凿毛、洗净，然后用1∶2水泥砂浆或石膏在裂纹上抹成厚10～15 mm的方形或圆形灰块，或用石膏将细条状玻璃固定在裂纹两侧，裂纹处玻璃断面应较窄。目前此种方法多用于观测裂纹变化，检测裂纹可采用裂缝观测仪。

(4)裂缝综合测试仪

裂缝综合测试仪采用超声波原理，集裂缝深度、宽度测量于一体，可广泛用于桥梁、隧道、墙体、混凝土路面、金属表面等裂缝宽度及深度的定量检测。主要功能是测量混凝土结构物表面裂缝的宽度和混凝土表面浅裂缝(深度小于500 mm)的深度。主要特点如下：

①可进行裂缝宽度和深度的自动和手动实时判读、测量。

②测量时摄像头“即插即用”，按构件存储裂缝图片。

③仪器内部的检测数据通过U盘转存到计算机，进行数据分析，可对图片进行打印，并生成报告。

④可通过U盘对仪器内部软件进行升级。

2. 圬工梁拱重点检查内容

(1)检查普通钢筋混凝土梁钢筋锈蚀、混凝土溃碎、脱落情况。

(2)检查普通钢筋混凝土梁、预应力及部分预应力混凝土梁横隔板裂缝和顺主筋方向的水平裂缝，缝宽超过限值的垂直裂缝及斜裂缝的变化和发展，并绘制平面展示图。

(3)圬工梁拱发现渗水、流白浆或漏水时应检查防水层和泄水管状态是否完好。

(4)对圬工梁拱中性化深度有计划地进行检测。

(5)检查预应力混凝土梁上拱度变化及桥面道砟厚度不匀情况。

(6)检查梁体与桥台胸墙、相邻梁端、相邻跨作业通道是否顶紧,能否自由伸缩。

(7)检查混凝土梁湿接缝是否有开裂。

(8)检查梁缝止水装置是否开裂、脱落,排水是否通畅、有无漏水。

(9)检查梁体混凝土横隔板裂缝、掉块、露筋情况。

(10)检查地震区防落梁设施是否稳固、完整。

(11)检查作业通道托架构件的连接、托架与梁体的锚固状态。

3. 特殊梁体结构重点检查内容

(1)检查连续梁、框构和刚架桥有无因墩台发生不均匀下沉所造成的梁体裂缝以及支座的状态,长跨连续梁还应检查活动伸缩装置的工作状态。

(2)检查拱桥的拱圈有无纵向裂缝,拱顶及1/4跨度附近有无横向贯通裂缝;边墙及拱圈在拱脚附近有无外膨开裂等。

(3)检查空腹式钢筋混凝土拱桥拱肋以及拱上结构的联结横撑、立柱上下联结处有无裂缝、吊杆和系杆有无裂缝;大跨度拱桥应着重检查拱肋有无掉混凝土、钢筋锈蚀等。

(4)定期检查斜拉桥斜拉索索力或频率的变化,斜拉索防护是否完好,斜拉索锚固有无变化,索塔在恒载和活载情况下的纵横位移和振动以及缆索与梁体联结处动、静载下挠情况。

(5)检查铰接悬臂梁的锚杆和中间铰在动荷载作用下的技术状态,并检查受拉部位有无裂缝。

(6)检查装配式梁拱及预应力混凝土串联梁等各联结部位在动荷载作用下有无开裂。

(7)检查预应力混凝土桁架桥杆件、节点裂缝。

(8)检查混凝土系杆拱结构梁体(系杆)、吊杆、拱肋和节点裂缝。

(9)检查无砟无枕梁桥面螺栓锚固是否牢固。

4. 圬工桥跨结构劣化等级评定

为合理编制圬工桥跨结构修理计划,结合秋季设备大检查,将对每座桥梁建筑物圬工桥跨结构按项目依据劣化评定标准(表5.3.3)进行一次状态评定,依据评定结果、劣化程度编制养护、综合维修、大修和更新改造计划,保证设备正常状态和运营安全。

表5.3.3　圬工梁拱劣化等级评定表

圬工梁拱劣化等级评定(孔)			
类型 等级	(1)防排水设施失效	(2)混凝土裂缝	(3)混凝土劣化
AA		①钢筋混凝土梁竖向、主拉应力方向裂缝宽度≥0.5 mm; ②预应力梁有竖向及主拉应力方向的裂缝; ③预应力梁纵向裂缝≥0.3 mm并有发展	

续上表

类型 等级	(1)防排水设施失效	(2)混凝土裂缝	(3)混凝土劣化
A1	①桥面板、主梁、锚具及其封堵渗水并伴有锈迹； ②道砟槽严重积水溢出梁体； ③拱桥渗水、漏水； ④框(刚)桥、地道四周水土流失，造成箱体下沉或空洞陷穴； ⑤伸缩缝(或沉降缝)失效，造成水土流失	①钢筋混凝土梁裂缝宽度 0.3～0.5 mm； ②预应力梁纵向裂缝宽度 0.2～0.3 mm或封端混凝土开裂； ③混凝土拱圈横、斜向裂缝宽度达0.3 mm，纵向裂缝宽度>0.5 mm； ④框构裂缝宽度>0.5 mm	①混凝土中性化深度普遍超过 25 mm或达钢筋表面； ②碱—集料反应导致沿管道或主筋裂缝； ③混凝土表面大面积粉化
B	①梁体泄水孔附近长期潮湿，泄水管损坏或腐蚀严重； ②道砟槽积水	①钢筋混凝土梁竖、纵向裂缝宽度0.2～0.3 mm，主拉应力裂缝宽度 0.1～0.3 mm，其他裂缝宽度>0.2 mm； ②预应力梁纵向裂缝宽度<0.2 mm； ③混凝土拱圈横、斜向裂缝宽度 0.2～0.3 mm，纵向裂缝宽度 0.3～0.5 mm； ④框构桥裂缝宽度 0.2～0.5 mm	①中性化深度超过 20 mm； ②混凝土内部有空洞
C	泄水管泄水不畅	①钢筋混凝土梁竖、纵向裂缝宽度<0.2 mm，主拉应力裂缝宽度<0.1 mm； ②混凝土拱圈横、斜向裂缝宽度<0.2 mm，纵向裂缝宽度<0.3 mm	①混凝土表面有细微网状裂缝； ②混凝土表面麻面失浆； ③混凝土保护层过薄
类型 等级	(4)梁体损伤	(5)钢筋锈蚀	(6)横隔板断裂
AA	①梁体混凝土局部溃碎及主筋变形、断裂； ②梁体支承部位混凝土局部溃碎； ③保护层脱落，已危及桥下行人及交通安全	①钢筋混凝土梁主筋严重锈蚀，锈蚀量超过所在截面主筋 6%； ②预应力钢筋表面已有锈坑	隔板连接断裂达总量 1/2 及以上，已危及行车安全
A1	梁体混凝土有溃碎脱落迹象	①钢筋混凝土梁沿主筋出现严重纵向裂缝，流出锈水； ②混凝土保护层厚度不足设计规定； ③构造筋锈蚀已有断面缺损； ④预应力管道外露，预应力筋已有浮锈	隔板连接断裂未达总量的 1 /2
B	梁体混凝土局部缺损(掉角及少量露筋等)	①构造筋有局部锈蚀或因保护层过薄有外露； ②预应力管道外露但钢筋未锈	①隔板混凝土裂缝宽度≥0.3 mm； ②联结钢板处后灌混凝土脱落
C		梁体表面偶有锈迹	①隔板混凝土有裂缝，宽度<0.3 mm； ②联结钢板处后灌混凝土破碎或起壳
类型 等级	(7)上拱度异常	(8)梁体不能自由伸缩	(9)道砟厚度不足或超厚
AA		梁端顶紧已造成梁体变形或墩台混凝土溃碎或严重裂缝	

续上表

类型等级	(7)上拱度异常	(8)梁体不能自由伸缩	(9)道砟厚度不足或超厚
A1	道砟层厚薄不匀，冲击系数增大，检定承载系数 $K<1$	相邻跨梁端或梁端与桥台顶紧(无支座或就地灌注梁两端未留缝隙者除外)	①道砟超厚、恒载增大，检定承载系数 $K<1$； ②跨中道砟厚度不足 200 mm
B	跨度大于 24 m 简支梁上拱度超过 60 mm；跨度不大于 24 m 简支梁上拱度超过 45 mm	①相邻跨作业通道顶紧； ②相邻跨梁端或梁端与墩台间隙小于 2 mm，有顶紧的可能	道砟厚度小于 250 mm(行车速度大于 160 km/h 区段道砟厚度小于 350 mm)或大于 450 mm(框构桥除外)
类型等级	(10)挠度过大	(11)横向振幅超限运行活载作用下	
AA	挠度大于《铁路桥涵设计规范》(TB 10002—2017)限值		
A1	挠度大于《桥检规》限值，有继续增大趋势	梁体跨中横向最大振幅超出《桥检规》安全值	
B	挠度大于《桥检规》限值，但不发展	梁体跨中横向最大振幅超出《桥检规》通常值	

注:《铁路桥梁检定规范》简称《桥检规》。

5.3.4　支座技术状态检查与评定

1. 支座的常见病害检查

(1)如支座不平、翻浆，变形损坏，锚栓销子弯曲或剪断，辊轴变形磨损等可用目视、钢尺、塞尺、小锤检查。

(2)弧形支座可测量上、下座板中心线的错动量。摇轴支座可在底板上安装有刻度的钢尺，在摇轴上、下座板垂直状态时读数为 0，检查摇轴与底板接触点离开 0 点的读数即为该温度时的纵向位移，如图 5.3.4 所示。辊轴支座可安装测标，如图 5.3.5 所示。

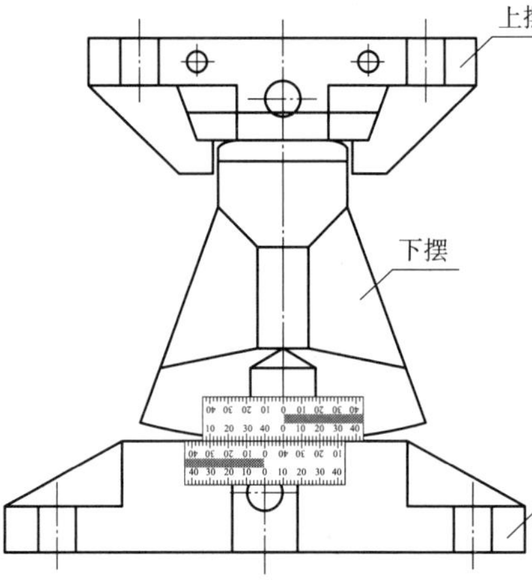

图 5.3.4　摇轴支座检查图

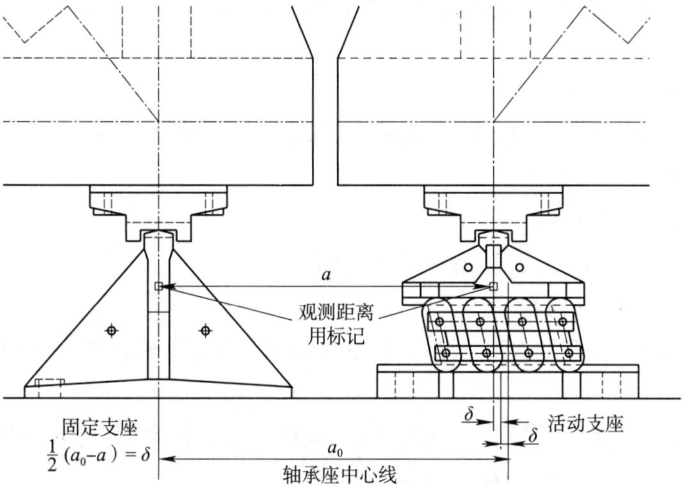

图 5.3.5 辊轴支座位移测标

辊轴的实际纵向位移值，可先测量座板和轴承座中心线与固定支座间的距离，按式(5.3.1)求得

$$\delta=\frac{1}{2}(a_0-a) \tag{5.3.1}$$

式中 δ——实际纵向位移量；

a_0——两相邻支座下板中心距离；

a——已标记的观测距离。

削扁辊轴(摇轴)也可测量其倾斜角或丈量其与座板接触面至辊轴边缘的距离。根据当地最高、最低气温值与检查时梁温值以及动载尚可能发生的位移量，计算位移是否正常。

(3)弧形支座的固定支座与活动支座安装后难以从外表上加以区别，其安装位置是否正确不能像摇轴或辊轴支座那样易于区别，故需顶起梁身检查。

2. 支座一般检查内容

(1)支座安装是否符合标准。

(2)支座位移值测量应安装指示标(尺)。

(3)上、下座板与梁身、支座与支承垫石之间是否密贴，有无三条腿、翻浆冒锈等不正常现象，支座各部分是否完好。

(4)支承垫石是否裂损、不平。

(5)对连续梁桥及柔性墩桥上的固定支座应观测有无变形，活动支座应检查其变位方向是否与温度变化相符，倾斜度是否在容许限度内。

(6)梁端横向位移的限位装置作用是否良好。

(7)钢部件是否锈蚀。

3. 支座重点检查内容

(1)摇轴、辊轴和弧形支座重点检查内容

①定期测量其位移值和梁温，当发现位移值超过限值或固定支座不固定时，应起顶梁身检

查活动支座销子有无异常、支座安装是否符合标准。辊轴(或摇轴)支座还应检查辊轴有无变形和磨损。

②支座主要钢构件有无劣损或脱焊。

③上、下锚栓有无弯曲、松动、断裂,如有剪断,还应检查墩台有无变位。

④支座倾斜、位移是否超限。

⑤接触面有无变形和磨损。

⑥摇轴支座上、下摆错动情况,销钉是否剪断。

(2)橡胶支座重点检查内容

①板式橡胶支座有无裂纹、不均匀外鼓、钢板外露、剪切变形超限、位置窜动等情况,限位装置是否可靠。

②盆式橡胶支座有无钢件裂纹、脱焊、锈蚀、聚四氟乙烯板磨损、位移转角越限等情况。

③盆式橡胶支座密封条是否存在脱落、缺失。

(3)球形钢支座重点检查内容

①纵向或横向位移是否超限。

②检查四角高差、转角是否超限。

③聚四氟乙烯滑板有无窜位。

④密封条是否存在脱落、缺失。

(4)圆柱面钢支座重点检查内容

①聚四氟乙烯板有无窜出。

②固定、限位螺栓是否松动。

③限位挡块有无开裂。

(5)双曲面钢支座重点检查内容

①上、下座板相对水平扭转角度偏差,上、下座板相对水平错动位移量。

②聚四氟乙烯板 4 个角点的外露高度。

③非活动方向的滑动间隙偏差。

④限位挡块有无开裂。

(6)铰轴滑板钢支座重点检查内容

①平面滑板是否清洁、有无锈蚀。

②固定、限位螺栓是否松动。

③聚四氟乙烯板有无窜动、是否变形。

④铰轴的注油情况、有无裂纹。

⑤底座板挡块有无开裂。

4. 支座劣化等级评定

为合理编制圬工支座养护维修计划,结合秋季设备大检查,将对每座桥梁支座按项目依据劣化评定标准(表 5.3.4)进行一次状态评定,依据评定结果、劣化程度编制养护、综合维修、大修和更新改造计划,保证设备正常状态和运营安全。

表 5.3.4 支座劣化等级评定

支座劣化等级评定(个)			
1. 未按规定(包括规格和位置)安装各种支座,均评定为A1级			
2. 普通钢支座劣化			
类型 等级	(1)钢部件裂损	(2)钢部件脱焊	(3)钢部件锈蚀
AA	钢部件折断		
A1	裂缝深度≥10 mm	受力部件	
B	5 mm≤裂纹深度<10 mm	非主要受力部件	锈蚀并剥落
C	裂纹深度<5 mm		锈蚀
类型 等级	(4)钢部件磨损	(5)销钉(螺)栓剪断	(6)锚(螺)栓松动
AA	变形凹陷≥3 mm	销钉剪断或锚栓剪断≥50%	
A1	1 mm≤变形凹陷<3 mm	25%≤锚栓剪断<50%	
B	①变形凹陷<1 mm; ②辊轴连杆螺栓剪断	锚栓剪断<25%	锚栓松动
等级 类型	(7)牙板挤死、折断或辊轴连杆螺栓剪断	(8)活动支座不活动	(9)位移超限
AA	牙板折断或辊轴连杆螺栓剪断≥50%		
A1	牙板折断或辊轴连杆螺栓剪断<50%		纵向>5 mm、横向>2 mm
B	牙板挤死	支座不活动	纵向≤5 mm、横向≤2 mm
类型 等级	(10)转角超限	(11)上、下座板与梁底及支承垫石不密贴	(12)支承垫石部位缺陷
A1	倾斜度超过设计值		支承垫石裂损影响支座受力
B		缝隙≥1 mm,深度≥支座相应边长的25%	积水、翻浆
C		缝隙≥1 mm,深度≥50 mm	
3. 曲面钢支座劣化			
类型 等级	(1)钢部件裂损	(2)钢部件脱焊	(3)钢部件锈蚀
AA	钢部件断裂	受力部件脱焊	
A1	裂缝深度≥10 mm	不锈钢板脱焊	
类型 等级	(4)滑板挤出	(5)滑板磨损	(6)锚固螺栓剪断
AA	滑板挤出	外露高度<0.2 mm	剪断≥50%
A1		0.2 mm≤外露高度<0.5 mm	25%≤剪断<50%
B		0.5 mm≤外露高度<1 mm	剪断<25%
C		1 mm≤外露高度<1.5 mm	
类型 等级	(7)活动支座不活动	(8)位移超限	(9)支座不转动或转角超限
AA			上、下座板接触
A1	支座不活动	超限≥10 mm	转角超限≥20%

续上表

类型 等级	(7)活动支座不活动	(8)位移超限	(9)支座不转动或转角超限
B		超限<10 mm	10%≤转角超限<20%
类型 等级	(10)上、下座板与梁底及支承垫石不密贴	(11)支承垫石部位缺陷	(12)锚固螺栓松动
A1	缝隙≥1 mm 深度:相应边长20%≤相应边长25%或短边≤长边	垫石开裂、砂浆垫层碎裂	套筒松动
B	缝隙≥1 mm 深度:相应边长10%≤相应边长15%或短边≤长边	砂浆垫层开裂	螺栓未全部拧进套筒
C	转角超限<10%	缝隙<1 mm 深度≥30 mm	
4. 板式橡胶支座劣化			
类型 等级	(1)钢部件裂损	(2)钢部件脱焊	(3)钢部件锈蚀
AA	钢部件断裂		
A1	裂纹深度≥10 mm	受力部件	
B	5 mm≤裂纹深度<10 mm	非受力部件	锈蚀并剥落
C	裂纹深度<5 mm		锈蚀
类型 等级	(4)橡胶裂纹	(5)钢板外露	(6)橡胶不均匀鼓凸
AA	裂缝宽度>2 mm且水平裂缝连续长度达相应边长的50%	外露长度>100 mm	
A1	裂缝宽度>2 mm且水平裂缝连续长度达相应边长的25%,但<50%	局部外露	沿支座一侧外臌长度占相应边长的25%以上
B	1 mm<裂缝宽度≤2 mm且水平裂缝连续长度达相应边长的25%,但<50%		沿支座一侧外臌长度占相应边长的10%～25%
C	裂缝宽度≤1 mm且水平裂缝连续长度<相应边长的25%		沿支座一侧外臌长度小于相应边长的10%
类型 等级	(7)支座脱空(未设置上、下钢板有此项)	(8)剪切超限	(9)锚固螺栓剪断
AA		$\tan\alpha>0.45$	剪断≥50%
A1	≥支座相应边长25%		25%≤剪断<50%
B	<支座相应边长25%		剪断<25%
类型 等级	(10)锚固螺栓松动	(11)上、下座板与梁底及支承垫石不密贴(未设置上、下钢板有此项)	(12)支承垫石部位缺陷
A1	套筒松动	缝隙≥1 mm 深度:相应边长20%≤相应边长25%或短边≤长边	垫石开裂
B	螺栓未全部拧进套筒	缝隙≥1 mm 深度:相应边长10%≤相应边长15%或短边≤长边	积水、翻浆

续上表

类型等级	(10)锚固螺栓松动	(11)上、下座板与梁底及支承垫石不密贴(未设置上、下钢板有此项)	(12)支承垫石部位缺陷
C		缝隙<1 mm 深度≥30 mm	
类型等级	(13)支座位置串动(未设置上、下钢板有此项)		
AA	串动量>相应边长的25%		
A1	串动量≤相应边长的25%或有脱空		
5. 盆式橡胶支座劣化			
类型等级	(1)钢部件裂损	(2)钢部件脱焊	(3)钢部件锈蚀
AA	钢部件断裂、盆环开裂、盆地脱落	盆环脱焊	
A1	裂纹深度≥10 mm	限位挡块脱焊、不锈钢板脱焊	
B	5 mm≤裂纹深度<10 mm		锈蚀并剥落
C	裂纹深度<5 mm		锈蚀
类型等级	(4)滑板挤出或承压橡胶板挤出	(5)滑板磨损	(6)锚固螺栓剪断
AA	滑板挤出或承压橡胶板挤出	外露高度<0.2 mm	剪断≥50%
A1		0.2 mm≤外露高度<0.5 mm	25%≤剪断<50%
B		0.5 mm≤外露高度<1 mm	剪断<25%
C		1 mm≤外露高度<1.5 mm	
类型等级	(7)活动支座不活动	(8)位移超限	(9)支座不转动或转角超限
AA			上、下座板接触
A1	支座不活动	超限≥10 mm	转角超限≥20%
B		超限<10 mm	10%≤转角超限<20%
C			转角超限<10%
类型等级	(10)橡胶密封圈挤出或断裂	(11)上、下座板与梁底及支承垫石不密贴	(12)支承垫石部位缺陷
A1		缝隙≥1 mm 深度:相应边长20%≤相应边长25%或短边≤长边	垫石开裂、砂浆垫层碎裂
B	挤出或断裂	缝隙≥1 mm 深度:相应边长10%≤相应边长15%或短边≤长边	砂浆垫层开裂
C		缝隙<1 mm 深度≥30 mm	
类型等级	(13)锚固螺栓松动		
A1	套筒松动		
B	螺栓未全部拧进套筒		

5.3.5 墩台技术状态检查与评定

1. 墩台变形观测

(1)观测点的设置:固定的观测点一般应设在墩台顶面的上、下游两端且能全桥通视;为保证观测精度,应埋设强制归心装置取代普通的钉头标志。归心装置的"标心"既是仪器固定点,又是垂直位移和平面位移的观测基点。

(2)观测使用水平仪和经纬仪。为正确掌握微小变化,应尽可能使用精密水平仪、精密经纬仪及相应的配套设备。观测墩台间距离的变化,小跨度桥梁可使用特制钢线尺用固定拉力对各桥墩间距离做悬空测量;大跨度桥梁可使用电磁波测距仪等。

(3)下沉观测应根据具体情况采用适宜的观测方案进行。为求得各墩下沉的绝对值,墩台标高应与桥梁附近国家水准点相联系。水平横向位移可观测上、下游方向测点离基线的距离变化而得;水平纵向位移可测量各墩间距离变化而得。为求得墩台平面位移的绝对值,基线在观测区以外应有控制系统。

(4)观测工作一般每年一次,经多年观测比较稳定时隔若干年观测一次。观测资料积累并绘制图表,了解其变化趋势以利于分析。

2. 浅基或基础埋深不明时检查

(1)直接挖验:河床无水时,可直接在墩台基础的一角,挖验墩台基底的埋置深度。

(2)钻探检查:采用钻机穿过基础襟边,钻探出墩台基底的标高。

(3)无损检测:采用物探、声波、遥感等技术探明基础埋深。

(4)查阅设计及竣工文件,了解施工时是否有为了赶进度,盲目提高基底标高而造成浅基的情况。

3. 墩台下部(水中、土中部位)病害检查

(1)直接挖验或钻探。

(2)刨冰检查。在距墩台边缘刨冰,刨去一层、冻结一层,直至基底,一般在每一冰层厚达25～30 cm 时,即可开始刨冰。

(3)潜水摸探。

(4)水下电视检查:检查时将探头放入水中紧靠墩台(水中含泥量太大时,探头前应安装特制清水箱),在墩台顶可以从荧光屏上看出水中部分墩身及基础的各种病害,也可录像。

4. 桥墩振动检查

适用于重力式桥墩,方法是测量墩顶横向水平振动,观测其频率、振幅和波形进行综合评判,可判定桥墩下隐蔽部位有无严重病害。

5. 墩台重点检查内容

(1)墩台应进行裂缝、腐蚀、倾斜、滑动、下沉、冻融、空洞等病害的检查。

(2)高桥墩须观测墩顶位移。高墩曲线桥,应注意线路与梁跨中线、梁跨与墩台中线所造成的叠加偏心对墩台的不利影响。对砌体高墩应注意墩身受拉而产生的裂纹及其发展。

(3)柔性墩应检查有无水平裂纹和斜裂纹,双线及多线桥墩两线间有无裂纹,并应经常检查支座状态和定期测量墩顶位移及桥上线路有无异常。

(4)空心桥墩应测定内外温差,注意因温度变化造成裂纹的发展。当发现裂纹内外对应时,应查明裂纹是否贯通,还应检查因进水而造成的冻胀裂损。

(5)桩柱式桥墩应检查引起不均匀下沉而产生的墩顶剪切裂纹。锚定板桥台应检查肋柱、锚板有无裂损、下沉和外鼓。

(6)拼装式板凳桥墩应检查所有接头部位,特别是顶帽与柱头联结部位,并定期观测墩顶位移。预应力混凝土拼装式墩台应重点检查接缝部位有无开裂、压溃。

(7)高桩承台桥墩,当发现支座变位、墩身有位移时,应详细检查承台下基桩有无环状裂纹或断裂。

(8)桥台护锥应检查砌体灰缝有无缺损、开裂、下沉变形、土体有无陷穴(黄土、粉细砂填筑者尤须注意);雨天有无水从护锥背后盲沟排出等。

(9)寒冷地区应检查水位变化部位对墩台基础的冻害、腐蚀程度,墩帽顶防落梁支架有无冻起,墩帽托盘有无冻裂。

(10)对加固、帮宽的墩台基础还应重点检查新旧混凝土结合部的状态。

(11)对横移梁跨的墩台应重点检查支承垫石有无裂缝、掉块等现象。

(12)梁跨的横向限位装置作用是否良好。

(13)行洪桥涵有无水标尺。水标尺是否稳固、标示清晰。

(14)有冲刷的桥梁,应检查墩周局部冲刷的深度及基底有无被掏空破坏的状况。在水库下游的桥梁,应检测河床因清水下切而影响墩台的埋置深度。跨越泥石流的桥梁,应注意桥下冲淤情况。

6. 墩台劣化等级评定

为合理编制桥梁墩台养护维修计划,结合秋季设备大检查,将对每座桥梁墩台按项目依据劣化评定标准(表5.3.5)进行一次状态评定,依据评定结果、劣化程度编制养护、综合维修、大修和更新改造计划,保证设备正常状态和运营安全。

表5.3.5　墩台劣化等级评定标准表

墩台劣化等级评定(见墩台附图11)			
类型 等级	(1)从基础发展至墩台身的竖向裂缝	(2)复线墩台中间竖向裂缝	(3)墩台身的竖向裂缝
A1	裂缝有发展[见附图12(a)]	裂缝有发展[见附图12(b)]	裂缝向墩帽或基础有发展[见附图12(c)]
B	裂缝无发展[见附图12(a)]	裂缝无发展	裂缝无发展[见附图12(c)]
类型 等级	(4)墩台水平裂缝	(5)支承垫石下竖向裂缝	(6)墩顶面裂缝
A1	列车作用下裂缝有开合现象[见附图12(d)]	裂缝有发展和开合现象[见附图12(e)]	
B	裂缝无开合现象[见附图12(d)]	裂缝无发展和开合现象[见附图12(e)]	放射状裂缝[见附图12(f)]
类型 等级	(7)桥台挡砟墙裂缝	(8)石砌墩台砌体裂缝、松动	(9)石砌墩台砌缝开裂
A1	耳墙式桥台耳墙裂缝长度超过耳墙的1/2或挡砟墙断裂[见附图12(g)、(h)、(i)]	裂缝横向贯通并有开合现象	有发展,有开合现象[见附图13(a)～(e)]
B	耳墙式桥台耳墙裂缝长度小于耳墙的1/2或挡砟墙竖向裂缝[见附图12(g)、(h)、(i)]	局部松动,开裂横向不贯通也无开合现象	无发展,也无开合现象[见附图13(a)～(e)]

续上表

类型等级	(10)墩台变位(倾斜、滑动、沉陷、冻起)	(11)墩台身内部空隙	(12)墩台身腐蚀剥落
AA	变位影响桥上线路轨道几何状态超限或导致支座状态劣化达 AA 级		
A1	变位引起梁端顶死或导致支座状态劣化达 A1 级	影响墩台正常使用	大面积腐蚀剥落达墩台身截面积 10%以上
B	变位未造成上述病害	内部有空隙	局部腐蚀剥落小于墩台身截面积的10%
类型等级	(13)墩台身断裂	(14)基础或承台腐蚀、风化、剥落空洞(桩基除外)	(15)桩基础断裂、腐蚀、缺损
AA	墩台身断裂(水平裂纹环向裂通)	导致墩台变位,影响行车安全[见附图 14(a)~(c)]	
A1		侵入刚性角[见附图 14(a)~(c)]	影响承载力
B		深度>30 mm 且面积>0.3 m^2,未侵入刚性角[见附图 14(a)~(c)]	
类型等级	(16)墩台顶横向振幅超限	(17)墩台横向自振频率超限	
A1	列车作用下墩台顶实测最大横向振幅超过《桥检规》通常值	列车作用下墩台顶实测最大横向自振频率不能满足《桥检规》规定	
墩台劣化等级评定各表中裂缝是指宽度超过本书表 3.2.1 规定限值的裂缝。			

注:《铁路桥梁检定规范》简称《桥检规》。

5.3.6　涵渠技术状态检查与评定

1. 涵渠重点检查内容

涵渠圬工体的检查和观测方法基本上类似圬工梁拱及墩台等建筑物的检查,此外还应作好以下的重点检查工作:

(1)涵身裂损、变形、露筋,接头错位、漏水、漏土

①对于混凝土拱涵要注意拱圈裂缝的发生。拱顶裂缝大小随孔径的增加和填土高度而异,有 0.1~12 mm 不等,且拱顶开裂多贯通全段(两沉降缝之间),有的贯通全涵,裂缝深度大部分垂直流水面。在拱圈 1/4 处开裂则较少,裂缝深度与流水面垂直线成 40°~50°方向开展倾斜。

发现裂缝时应设置测标,定期观测其宽度、长度、深度的变化。

②检查因高路堤下沉或填土压力不均匀引起涵洞管节的下沉和倾斜,错牙和滑移,以及管段相接处被拉开,防水层损坏使涵洞产生裂缝漏水漏土等病害。高填土下的钢筋混凝土管涵在路堤中间处下沉量较涵管两端大,造成排水不畅或中部常年积水。

检查时定期进行水准测量,测出洞口管顶及沟底标高,绘出涵洞纵断面及平面位置状态图,测量涵身整个标高,并以两端洞口中心拉铁线检查各管节平面位移,测量其深陷变形脱节错牙的情况。检查前应清除沉积的泥砂。

③石砌或砖砌涵洞应检查砌体有无松动、风化和勾缝有无脱落;水泥砂浆有无起壳、空响、裂纹等。

④当涵洞发生变形裂缝,虽用水泥砂浆或环氧砂浆填塞,但裂缝继续扩大或危及安全时要

对该管节涵身进行临时加固，由于加固增加临时结构导致涵洞孔径有所减少，故对水流通过情况进行特别观测，应计划安排这些涵洞进行修理、加固或改建。

⑤严寒地区，对涵洞两端应检查有无冻害。

(2)盖板涵盖板是否发生横向断裂，边墙是否开裂外鼓

对盖板涵、钢筋混凝土框构涵应检查有无露筋现象(由于施工不良或保护层过薄所造成)。检查沉降缝并检查盖板涵盖板与盖板、盖板与边墙顶的接缝有无渗水现象，潮湿会使得钢筋锈蚀，缩短涵洞寿命。检查盖板与边墙顶是否有瘸腿、盖板有颠簸现象。

(3)净空检查

检查涵内是否淤积造成孔径不足，涵洞与水沟之间水路是否顺接。除设水标尺以外，平时大雨洪水季节应对水流通过涵洞情况进行观测。

运营线上涵洞应能通过规定频率(50年一遇)洪水及历史上最大洪水。如实际入口处洪水位高于或等于1.2倍涵洞高或有严重泥石流影响排洪者即为孔径不足，应有计划地进行扩孔或改建。

(4)冲刷检查

检查涵洞基底是否冒水、潜流造成基底淘空等。如发现水流从涵洞底下流过，有潜流或冒水甚至基底被淘空时，应检查上游河床铺砌及涵洞两端垂裙深度，并做妥善处理。

(5)铺砌检查

检查河道排水是否通畅，出入口铺砌、河床导流建筑物和路堤边坡防护设施是否完好。涵渠上、下游及洞内应定期进行清除，保证排水畅通。为防止涵渠被漂浮物或泥石流等堵塞，必要时应在涵渠前设置护栏或沉淀池。

(6)防水层及沉降缝的检查

涵洞的沉降缝和管节处缝都应按要求进行防水处理。防水层及沉降缝损坏常使涵洞漏水漏土，应重点检查接长涵洞的沉降。常遇到两种情况：一是涵洞内的水流，特别在有压力状态下由涵洞向路基渗水漏土。二是过人涵洞(如地道等)，由路基向洞内渗水漏土。

(7)洞口墙身及防护设备状态的检查

检查洞口的端墙、翼墙、护锥状态是否完好，有无因土压力、冻害等而引起的倾斜、挤出、裂缝和损坏等。此外还应检查行洪涵渠有无水标尺、水标尺标注是否清晰。

2. 涵渠劣化等级评定

为合理编制涵渠养护维修计划，结合秋季设备大检查，将对每座涵渠按项目依据劣化评定标准(表5.3.6)进行一次状态评定，依据评定结果、劣化程度编制养护、综合维修、大修和更新改造计划，保证设备正常状态和运营安全。

表5.3.6　涵渠劣化等级评定标准表

涵渠劣化等级评定(座)			
涵渠劣化			
类型 等级	(1)开裂(裂缝宽度为b)	(2)下沉、错位	(3)基底淘空
AA	①盖板涵盖板断裂 ②拱涵沿轴向开裂贯通、错台，危及行车安全	涵洞破损变形、错位、拉开漏土，严重影响路基稳定	

续上表

类型 等级	(1)开裂(裂缝宽度为 b)	(2)下沉、错位	(3)基底淘空
A1	①钢筋混凝土结构裂缝宽度 $b \geq 0.3$ mm ②混凝土拱形结构(含砖、石等砌体拱形结构)裂缝宽度 $b \geq 20$ mm	①涵身破损变形、错位、拉开造成漏土或排水不畅 ②冻害引起线路变形	①涵身、端、翼墙基础冲坏、基底全部或局部冲空 ②基底冒水潜流,洞内渗漏水,影响路基稳定
B	①钢筋混凝土结构裂缝宽度 $b < 0.3$ mm ②混凝土拱形结构裂缝宽度:10 mm $\leq b < 20$ mm ③因裂纹产生局部渗漏水(冒泥浆、吊空)	涵身局部破损变形、错位、拉开,未造成漏土或不影响排水,继续发展会升级为 A1 级	
C	混凝土拱形结构裂缝宽度:2 mm $\leq b < 10$ mm		
类型 等级	(4)腐蚀风化	(5)孔径不足	(6)防护设备损坏
AA		涵前积水升高,浸泡路基,危及行车安全	
A1	严重腐蚀风化、脱落深度≥20 mm,面积≥0.5 m^2	淤积严重影响排洪	冲毁
B	腐蚀、风化、脱落深度<20 mm,面积<0.5 m^2	轻度淤积影响排水	部分损坏
C		孔径小于 1 m 经检算不满足要求或临时涵	轻微损坏,不影响使用

5.3.7 桥涵其他技术状态检查与评定

1. 桥梁承载能力及限界

(1)重点检查内容

①检查确定桥梁承载系数 K。

②检查钢梁疲劳破坏。

③检查桥梁限界。

(2)劣化等级评定

为合理编制桥梁养护维修计划,对每座桥梁承载能力及限界按检查项目劣化评定标准(表 5.3.7)进行一次状态评定,依据评定结果、劣化程度编制养护、综合维修、大修和更新改造计划,保证设备正常状态和运营安全。

表 5.3.7 桥梁承载能力及限界劣化等级评定标准表

桥梁承载能力及限界(包括钢梁和圬工梁拱)(孔)			
类型 等级	(1)结构或构件现有承载力不足	(2)钢梁疲劳累积损伤	(3)桥梁限界不足
AA	$K < 1$ 且 $K < Q$	$D \geq 1.0$	
A1	$K < 1$ 但 $K > Q$	$0.8 \leq D < 1.0$	实际限界不能满足最大级超限货物的装载限界加 100 mm 的要求(曲线时按规定加宽)

续上表

类型 等级	(1)结构或构件现有承载力不足	(2)钢梁疲劳累积损伤	(3)桥梁限界不足
B		$0.5 \leqslant D < 0.8$	实际限界尚能满足上述要求(曲线时按规定加宽),但侵入建限-1
C		$0.2 \leqslant D < 0.5$	
类型 等级	(4)线路与梁跨中心线偏差		
B	偏差超过规定值		

注:(1)K 为检定承载系数,$K=k/k_{中}$;Q 为运行活载的活载系数,$Q=k_0/k_{中}$,其中,k—梁跨的容许换算均布活载;k_0—运行活载的换算均布活载,计入冲击系数;$k_{中}$—标准活载的换算均布活载,计入冲击系数,见《铁路桥梁检定规范》(简称《桥检规》)。

(2)钢梁疲劳累积损伤:$D=\sum \frac{n_i}{N_i}=\frac{n_1}{N_1}+\frac{n_2}{N_2}+\cdots+\frac{n_n}{N_n}$,其中 n_i—相应于运营应力谱中 σ_i 的应力循环次数;N_i—相应于 σ_i 的应力循环破坏次数。

2. 桥渡水文、河调及附属建筑物、限高防护架

(1)桥渡水文、河调及附属建筑物重点检查内容

①检查桥涵净空。

②检查河流冲刷、淤积影响情况和桥梁墩台基础埋深。

③检查河道变迁、河床下沉变形情况。

④检查导治设施及防护设施损坏,铁丝石笼、浆砌片石、干砌片石等缺失、变形、脱落等情况。

(2)桥涵限高防护架重点检查内容

①检查是否设置限高架、限高是否与实际相符。

②检查限高架结构是否完整、状态是否良好。

③检查限高架标志是否齐全完好、标识是否准确。

(3)河调及附属建筑物检查

①检查河流冲刷、淤积影响、下沉变形情况。

②检查铁丝石笼、浆砌片石、干砌片石等缺失、变形、脱落等情况。

(4)桥隧周边环境检查

检查《铁路安全管理条例》规定范围内桥隧周边环境:

①桥隧设备附近是否有易燃、易爆物品。

②桥梁上、下游采砂,围垦造田,抽取地下水,拦河筑坝,架设浮桥等情况。

③桥隧周边采石、开矿及隧道上方修建建筑物等。

④周边危及铁路桥隧设备安全的其他内容。

(5)劣化等级评定

为合理编制桥渡水文、桥涵附属设施养护维修计划,对每座桥桥渡水文、桥涵附属设施按检查项目劣化评定标准(表5.3.8、表5.3.9)进行一次状态评定,依据评定结果、劣化程度编制养护、综合维修、大修和更新改造计划,保证设备正常状态和运营安全。

表 5.3.8　桥渡劣化等级评定标准表

桥渡水文劣化等级评定(有关符号含义见桥渡水文附图)

桥下净空、孔径及墩台基础过洪能力劣化

类型等级	(1)桥下净空不足(座)		(2)桥墩台基础埋置深度不足(个)		(3)河道变迁(包括主槽摆动,流向改变)
	劣化程度	净空判别比 λ_{h_a}	劣化程度	埋深判别比 λ_H	
AA	洪水水位在梁底以上	$\lambda_{h_a}<0$	桥墩台冲至接近基底或局部冲空	$\lambda_H \leqslant 0.2$	
A1	①洪水水位接近平梁底; ②孔径不能通过规定频率的洪水	$0 \leqslant \lambda_{h_a}<0.2$	河床冲刷严重,墩台基础埋深严重不足	$0.2<\lambda_H<0.6$	①导致水流冲向路基而无防护者; ②河道严重淤积、下切以及溯源冲刷
B	桥下净空不足,漂浮物通过受阻,出现阻拦现象	$0.2 \leqslant \lambda_{h_a}<0.8$	墩台基础埋深不满足规定值	$0.6<\lambda_H<1.0$	
	劣化程度	净空判别比 λ_{h_a}	劣化程度	埋深判别比 λ_H	
C	漂浮物通过受阻,但能通过,不需打捞	$0.8 \leqslant \lambda_{h_a}<1.0$			

注:$\lambda_{h_a}=\dfrac{h'_a}{h_a}$,$\lambda_H=\dfrac{\Delta H'}{\Delta H}$,其中,$h'_a$—桥下实际净空高度(m);$h_a$—检规规定之桥下净空高度(m)。

导治(河调)及防护设施劣化(处)

类型等级	(1)导治(河调)设施	防护设施			
		(2)护锥损坏	(3)整孔防护体损坏	(4)墩台局部平面防护体损坏	
				劣化程度	高程判别比 $\lambda_{\Delta h_p}$
AA			防护体冲毁,出现明显潜流	防护体冲毁	$\lambda_{\Delta h_p} \geqslant 0.4$
A1	冲毁或未按规定设置	冲毁	局部冲坏,有危及上、下游垂裙安全的冲坑	防护体局部冲坏	$0.2<\lambda_{\Delta h_p}<0.4$
B	局部冲坏	局部冲坏,明显下沉			

注:$\lambda_{\Delta h_p}=\dfrac{\Delta h'_p}{\Delta h_p}$。

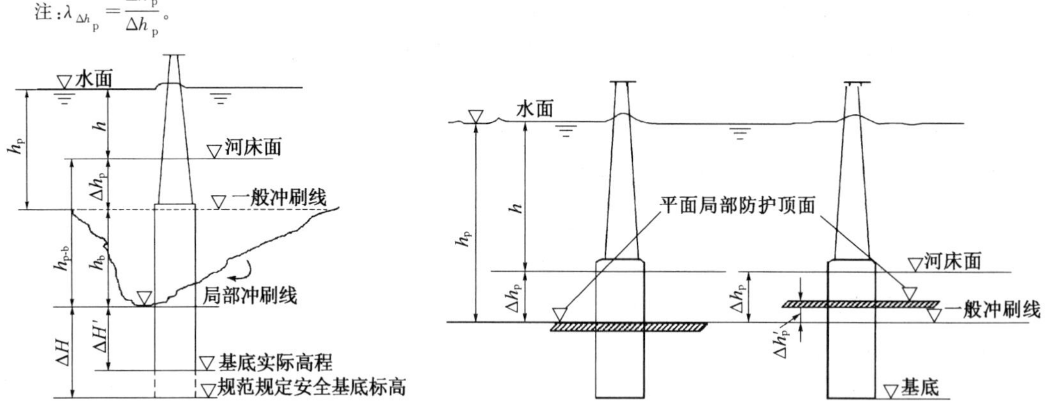

图中 $\Delta H'$—桥墩台基础最大冲刷时实际埋置深度;ΔH—墩台基底最小埋深或基底埋置安全值;h—冲刷前水深;Δh_p——一般冲刷深度;h_p——一般冲刷值,h_b—局部冲刷值;$h_{p\text{-}b}$—冲刷总深度;$\Delta h'_p$—防护顶面高出一般冲刷线的实际高度(m),防护顶面与一般冲刷线平为 0,防护顶面高于一般冲刷线为正,防护顶面低于一般冲刷线为负

表 5.3.9 附属设施劣化等级评定表

附属设施劣化等级评定		
防护架及通航设施劣化		
类型 等级	(1)防护架(处)	(2)通航灯、牌(桥柱灯)设施(座)
A1	①梁式桥、拱桥防护架应设未设 ②梁式桥、拱桥防护架高度大于桥下净空高度 ③梁式桥、拱桥防护架结构强度严重不足或存在结构病害	①通航灯、牌(桥柱灯)设施应设未设 ②通航灯、牌(桥柱灯)设施无法显示其功能
B	①防护架严重锈蚀,焊接与栓接强度不足 ②框构桥防护架应设未设	桥柱灯个别显示不亮
C	防护架锈蚀,螺栓松动	通航灯、牌(桥柱灯)设施破损、连接松动或牌子颜色模糊

任务习题

(一)填空题

1. 桥面线路钢轨上弯度一般用目视方法,必要时可用________检查设置情况及是否圆顺。

2. 明桥面枕木腐朽可采用________的方法检查。

3. 钢结构涂膜检查在光线明亮的情况可借助放大镜用肉眼观察、用手擦拭或________对照等方法评定。

4. 高强度螺栓检查中发现螺栓头或螺母周围涂装漆膜开裂脱落或流锈水,表明该螺栓多属________、漏拧或出现裂纹。

5. 焊缝的检查方法有目视法、硝酸酒精浸湿法和________。

6. 弧形支座位移量检查可测量________中心线的错动量。

7. 铸钢支座重点检查内容有定期测量其位移值和________。

8. 桥梁墩台浅基或基础埋深不明时可采用________、钻探检查、无损检测的方法探明基础埋深。

9. 墩台基础常见的病害有基础不均匀沉降、基础________、基础开裂和浅基础。

10. 涵洞需重点检查因涵洞下沉、错位使得涵身破损、变形、错位、拉开造成________或排水不畅。

11. 梁拱、墩台两侧有明显对称裂纹时,应检查是否______。

(二)选择题

1. 铁路明桥面线路钢轨控制爬行量不超过( )。

A. 5 mm　　B. 10 mm　　C. 20 mm　　D. 30 mm

2. 桥面检查桥枕是否压钢梁上平联杆件,可用( )厚铁片进行检查。

A. 4 mm　　B. 6 mm　　C. 5 mm　　D. 3 mm

3. 钢结构涂膜劣化面层与底层之间或新旧涂层之间失去附着力,出现小片或鳞片剥落现象称为( )。

A. 粉化　　B. 起泡　　C. 裂纹　　D. 脱落

4. 下列检查结果中混凝土劣化等级为 B 级的为(　　)。

A. 中性化深度超过 20 mm　　B. 中性化深度普遍超过 25 mm

C. 混凝土表面大面积粉化　　D. 混凝土保护层过薄

5. 有冲刷的桥梁,应检查墩周局部冲刷的(　　)及基底有无被淘空破坏的状况。

A. 深度　　B. 宽度　　C. 长度　　D. 以上都是

6. 桥梁长度不超过(　　)时,一般采用基线尺视差法测定桥梁中线。

A. 80 m　　B. 90 m　　C. 95 m　　D. 100 m

7. 检查圬工裂纹中注射的酚酞溶液显示的颜色为(　　)。

A. 红色　　B. 绿色　　C. 黑色　　D. 黄色

8. 圬工梁拱裂纹的检查方法主要有画线法、显微镜测量法、酚酞溶液注射法、(　　)、测标法、杠杆式引伸法等。

A. 钻孔法　　B. 压气法　　C. 注水法　　D. 敲击法

9. 支座的上、下锚栓如有剪断,除对梁体和支座进行检查外,还应检查墩台有无(　　)。

A. 开裂　　B. 变位　　C. 沉降　　D. 倾斜

10. 铁路桥隧建筑物检查中凡结构物或主要构件功能严重劣化,危及行车安全,评定为(　　)。

A. C　　B. B　　C. A1　　D. AA

11. 桥枕道钉孔周围腐朽严重,无处改孔,不满足持钉和保持轨距要求,其劣化等级为(　　)。

A. AA 级　　B. A1 级　　C. B 级　　D. C 级

12. 钢结构涂膜劣化处理,当起泡、裂纹、脱落或生锈达(　　)时,应进行重新涂装。

A. D 级　　B. C 级　　C. B 级　　D. A1 级

13. 下列梁体损伤劣化等级不是 AA 级的为(　　)。

A. 梁体混凝土局部溃碎及主筋变形、断裂

B. 梁体支承部位混凝土局部溃碎

C. 保护层脱落,已危及桥下行人及交通安全

D. 梁体混凝土有溃碎脱落迹象

14. 混凝土梁防排水设施失效导致道砟槽严重积水溢出梁体,梁体表面泛白浆为(　　)。

A. AA 级　　B. A1 级　　C. B 级　　D. C 级

15. 下列说法不正确的是(　　)。

A. 列车作用下墩台水平裂缝有开合现象,其劣化等级为 A1 级

B. 墩台水平裂缝无开合现象,其劣化等级为 C 级

C. 墩台身的竖向裂缝向墩帽或基础有发展,其劣化等级为 A1 级

D. 支承垫石下竖向裂缝有发展和开合现象,其劣化等级为 A1 级

16. 下列盆式橡胶支座劣化未达 AA 级的是(　　)。

A. 聚四氟乙烯板滑出不锈钢板达 10 mm

B. 剪断数量达 50%

C. 盆环脱焊

D. 聚四氟乙烯板损伤外露高度 $h_0 < 0.2$ mm

17. 以下桥渡水文劣化评定为B级的是(   )。

A. 孔径不能通过规定频率的洪水　　B. 护锥冲毁

C. 浅基　　D. 立体防护体局部冲坏

18. 涵洞洞口检查中不包括(   )的检查。

A. 洞口前端　　B. 排水沟　　C. 翼墙　　D. 护锥

19. 涵洞基底检查发现有冒水、潜流造成基底淘空时应重点检查(   )。

A. 涵洞基础埋深　　B. 排水沟　　C. 垂裙　　D. 护锥

(三)判断题

1. 桥枕容易腐朽的部位多发生在裂缝、压伤凹陷处所、护木联结处及步行板下,尤其是垫板底下钉孔部位、螺栓孔部位及螺栓孔周围是最易腐朽处,应特别加强检查。(   )

2. 钢结构松紧中发现松动铆钉及其他超过容许限度的不良铆钉应立即予以更换。(   )

3. 高强度螺栓敲击法检查用重约0.5 kg的检查小锤击螺母一侧,通过手指(食指及中指)感应检查螺栓扭矩。(   )

4. 墩台基础埋置的愈深,自由振动的振幅就愈小,可以减小地面波的影响,有利于抗震。(   )

5. 桥跨结构在地震区应重点检查防落梁设施是否稳固、完整。(   )

6. 圬工梁拱发现有渗水、流白浆或漏水时,应检查梁体上是否有裂纹。(   )

7. 弧形支座的固定与活动支座安装位置是否正确须顶起梁身检查。(   )

8. 支座检查中平板橡胶支座产生剪切外鼓变形时必须立即更换。(   )

9. 墩台变形观测时固定的观测点一般应设在墩台顶面的上、下游两端且能全桥通视。(   )

10. 对涵洞端翼墙的检查主要有无因填土、冻害和局部冲刷而发生裂纹、挤出、倾斜和冲空。(   )

11. 涵渠上、下游及洞内应经常进行清除,保证排水畅通。(   )

12. 精密过河水准测量,河道两岸的水平视线距水面的高度应大致相等并且不大于2 m。(   )

13. 桥面未按规定铺设护轨其劣化等级为B级。(   )

14. 桥梁限界不足,实际限界不能满足最大级超限货物的装载限界加100 mm的要求(曲线时按规定加宽),其劣化等级为A1级。(   )

15. 位于水坝下游的桥梁应注意检查坝下的局部冲刷和清水冲刷的影响。(   )

16. 冬季穿戴较多,桥面或高空作业人员的防寒服应腰间束紧,转移工作地点或避车时应踏稳踩牢,稳步行动。(   )

任务5.4 隧道设备技术状态检查评定

5.4.1 隧道重点检查

1. 隧道重点检查内容

(1)隧道衬砌的检查可使用分格检查方法。发现衬砌腐蚀、裂缝或变形时,应安设测标,定期观测;还应对衬砌厚度、背后空洞、冷缝、防水板切割二次衬砌、仰拱、铺底等情况进行检查。

(2)隧道内的漏水、涌水,应查明水源,并在每年流量最大的月份和地点,测量水的流量和水温(严寒地区冬季最冷月份应增测水温)。必要时,须取样化验水质,了解其对衬砌是否有侵蚀作用。

(3)隧道内基底沉陷、上拱,承轨台与作业通道交界处、中心水沟、伸缩缝等部位的裂缝、变形、错台等。

(4)隧道洞口边仰坡崩塌落石、滑坡;偏压隧道或明洞的山体滑动和衬砌有无变形裂缝等;明洞顶填土厚度和坡度是否符合要求。

(5)运营中应按规定设置机械通风及通风不良的隧道,铁路局集团公司应组织工务、卫生等有关部门,每年进行一次抽取空气试验,测定有害气体的浓度,找出最大浓度及降至容许浓度的时间,必要时应进行通风试验,同时测定自然风和活塞风的情况。

(6)隧道内排水设施、出入口的天沟、吊沟、截水沟及隧道顶防排水泄水洞淤积、衬砌掉块等情况的检查。

(7)由工务部门管理的隧道防护门连接是否牢固,结构是否锈蚀、变形失效。

2. 起、拨道量观测

在需要检查和控制隧道内线路起道量和拨道量的地段,应尽可能利用原设计的基线进行观察,无原基线且能确认边墙衬砌稳定的情况下,可以在两边墙埋设固定测标的方法,量测线路变化。直线地段固定测标宜埋设低于主轨顶面 50 mm 水平线上;曲线地段固定测标要埋设在曲线起始点内轨顶面同一水平线上。固定测标埋设如图 5.4.1 所示。观测方法即用测标检查尺量测线路的起道量和拨道量。

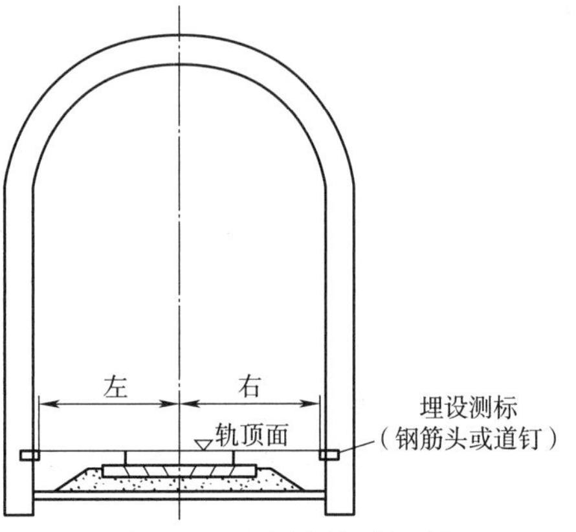

图 5.4.1 固定测标的埋设

3. 隧道衬砌裂损检查与观测

(1)隧道衬砌变形观测

当隧道边墙、仰拱发生变形时,一般在边墙或仰拱变形部位埋设钎钉,钎钉上悬挂垂球,与埋在隧道底部的固定点对应。同时可以测量钎钉与固定点的垂距和水平位移,观测位移和角变位(图 5.4.2)。

隧道的净空位移观测,可以采用在隧道内安置埋设标志后用净空位移计进行测定。大多数情况可以用水准仪观测隧道洞顶下沉或隧道底部上抬的变形情况,用经纬仪观测隧道水平方向的移动。

目前可采用激光隧道净空仪或隧道净空检查车进行观测检查。

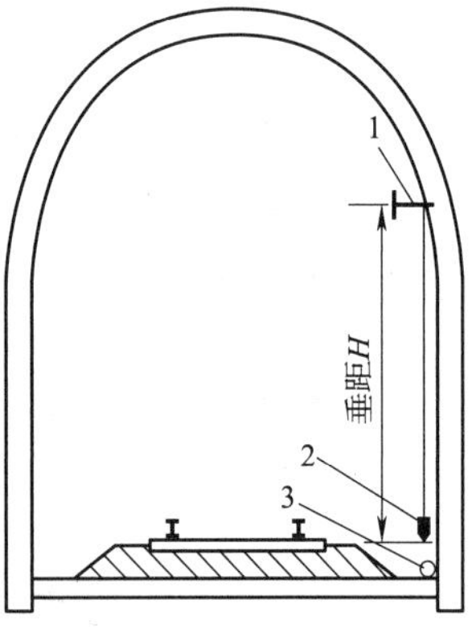

图 5.4.2 隧道变形观测

1—钎钉;2—垂球;3—固定点

(2)衬砌裂缝变化的观测

要对隧道衬砌裂缝进行观测,以确定其发生的机理、发展状态以及现状,为整治工作提供依据。观测裂缝时,可以用各种专用量尺量测裂缝的长度、宽度及错台,如图 5.4.3 所示,也可

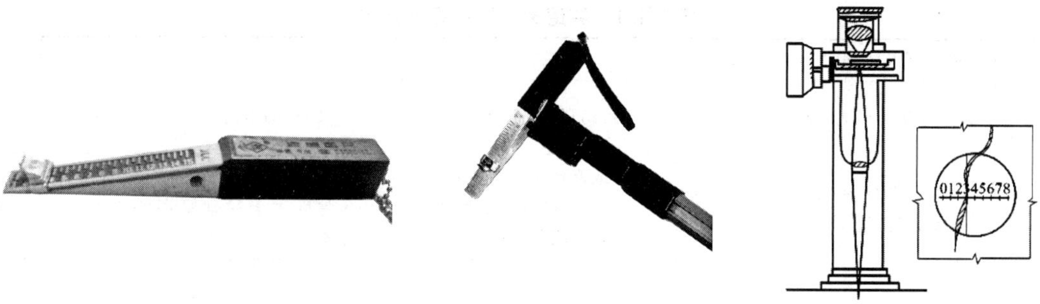

(a) 塞尺　(b) 裂缝尺　(c) 读数显微镜

图 5.4.3　裂缝量测仪器

用钻孔或超声波的方法测定裂缝的深度。

对于有发展的裂缝，一般用下面的观测方法。

①灰块测标观测。参看本书 5.3.3 中圬工裂纹检查方法。

②金属板测标观测。这种方法是在裂缝两侧完好的圬工中各埋入两个标钉，固定两块金属板测标，其中一块有刻度，另一块设有零点。根据两块金属板测标的相对位移，可以知道裂缝扩大的程度，如图 5.4.4 所示。

③钎钉测标观测。这种方法是在裂缝两侧完好的圬工中各埋入两个钎钉，其中一个为直的，另一个为 L 形，两个钎钉的尖端相交于一点。此方法既能测量裂缝的扩张程度，还可以测量裂缝的错距。除以上方法外，还可以采用裂缝计、各种应变计、隧道壁面开裂检测机械手等来测量裂缝的发展，如图 5.4.5 所示。

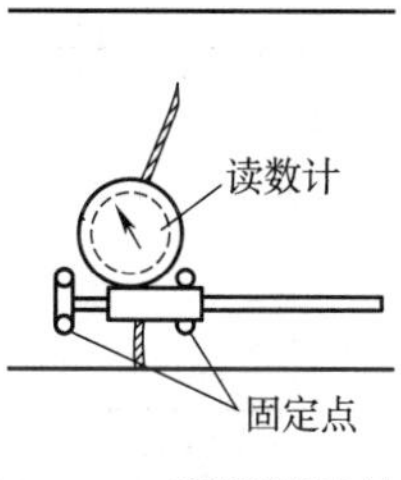

图 5.4.4　裂缝测量计法

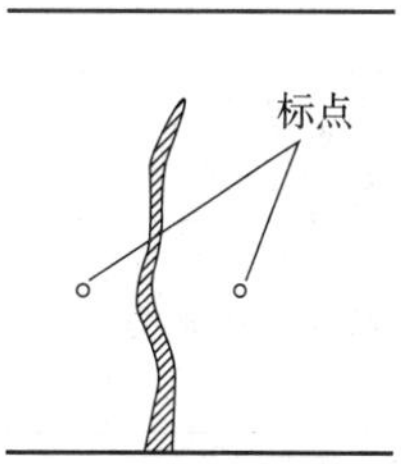

图 5.4.5　标点法

目前已有一种激光摄影隧道裂缝检查车，行驶至隧道后可以直接将隧道衬砌的裂缝三维图象显示在电脑上，极大地方便了隧道衬砌裂缝的检测和维修整治。

5.4.2　隧道劣化等级评定

为合理编制隧道等建筑物修理计划，设定设备的使用条件，制定修理的长远规划，工务段每年应结合秋季设备大检查结果，对每座隧道按检查项目依据劣化评定标准（表 5.4.1）进行一次状态评定，依据评定结果、劣化程度编制隧道养护、综合维修、大修和更新改造计划，保证隧道建筑物正常状态和运营安全。

表 5.4.1　隧道劣化等级评定标准表

1. 隧道衬砌裂损及渗漏水劣化(处/m)			
类型 等级	(1)衬砌变形或移动	(2)衬砌开裂、错动	(3)衬砌压溃
AA	山体滑动使衬砌移动、变形、下沉发展迅速,危及行车安全	开裂或错台长度 $L>10$ m,宽度 $\delta>5$ mm,且继续发展或拱部开裂呈块状,危及行车安全	拱顶压溃范围 $S>3\ m^2$ 或衬砌掉块最大厚度大于衬砌厚度的 1/4,危及行车安全
A1	变形或移动速率 $v>10$ mm/年	①开裂、错台长度 $5\ m\leqslant L\leqslant 10$ m,宽度 $\delta>5$ mm; ②开裂、错台使衬砌呈块状,且有发展	压溃范围 $1\ m^2\leqslant S\leqslant 3\ m^2$ 或有可能掉块
B	变形或移动速率 3 mm/年$\leqslant v\leqslant$10 mm/年,且有新的变形出现	开裂、错台长度 $L<5$ m,且宽度 $3\ mm\leqslant\delta\leqslant 5$ mm	压溃范围 $S<1\ m^2$,剥落块体厚度小于 3 cm
C	有变形,但速率 $v<3$ mm/年	开裂、错台长度 $L<5$ m,且宽度 $\delta<3$ mm 或一般龟裂或无发展状态	压溃范围很小
类型 等级	(4)衬砌渗漏水		
AA	水(沙)突然涌入隧道,淹没钢轨,危及行车安全;电力牵引区段,拱部漏水直接传至接触网		
A1	隧底冒水、拱部滴水成线、严寒地区边墙淌水,翻浆冒泥严重,道床下沉,不能保持轨道几何尺寸,影响正常运行		
B	隧道滴水、淌水、渗水及排水不良引起洞内局部道床翻浆冒泥		
C	漏水使基床状态恶化,钢轨腐蚀,养护周期缩短,继续发展将会升至 B 级		
2. 隧道冻害、衬砌腐蚀劣化(处/m)			
类型 等级	(1)隧道冻害	(2)混凝土衬砌厚度不足	(3)混凝土衬砌强度不足
AA	①冰溜、冰柱、冰锥等不断发展,侵入限界,危及行车安全; ②接触网及电力、通信、信号架线上挂冰,危及行车安全和洞内作业人员安全; ③道床结冰(丘状冰锥),覆盖轨面,严重影响行车	因施工缺陷或腐蚀致使 $h_i/h<0.60$,且长度$\geqslant$5 m	因施工缺陷或腐蚀致使 $q_i/q<0.65$,且长度$\geqslant$5 m
A1	冰楔和围岩冰胀的反复作用使衬砌变形、开裂并构成纵横交错的裂缝	①$h_i/h<0.60$,且长度<5 m; ②$0.60\leqslant h_i/h<0.75$,且长度$\geqslant$5 m	①$q_i/q<0.65$,且长度<5 m; ②$0.65\leqslant q_i/q<0.75$,且长度$\geqslant$5 m

续上表

类型 等级	(1)隧道冻害	(2)混凝土衬砌厚度不足	(3)混凝土衬砌强度不足
B	①冻害致使洞内排水设备破坏； ②冻融使道床翻浆冒泥、轨道几何状态恶化； ③冻害造成衬砌变形、开裂，但未形成纵横交错裂缝	①$0.60 \leqslant h_i/h < 0.75$，且长度<5 m； ②$0.75 \leqslant h_i/h < 0.90$，且长度≥5 m	①$0.65 \leqslant q_i/q < 0.75$，且长度<5 m； ②$0.75 \leqslant q_i/q < 0.85$，且长度≥5 m
C	冻融使线路的养护周期缩短	①$0.75 \leqslant h_i/h < 0.90$，且长度<5 m； ②$0.9 \leqslant h_i/h < 1$； ③衬砌有剥蚀	①$0.75 \leqslant q_i/q < 0.85$，且长度<5 m； ②$0.85 \leqslant q_i/q < 1$
类型 等级	(4)砌块衬砌腐蚀		
AA	拱部衬砌有可能掉落大块体(与砌块大小一样)		
A1	①接缝开裂，其深度≥10 cm； ②砌块错落大于1 cm，剥蚀深度≥4 cm		
B	①接缝开裂，但深度<10 cm； ②砌块有剥蚀，但剥蚀深度<4 cm		
C	①接缝开裂，但深度不大； ②砌块有风化剥落		
注：q_i—检测断面衬砌混凝土测点的平均强度；q—设计衬砌混凝土强度；h_i—检测衬砌厚度，当衬砌混凝土存在内部缺陷时，检测衬砌厚度应换算为有效衬砌厚度，即将检测衬砌厚度减去内部缺陷削弱的部分厚度，h—设计衬砌厚度；长度指沿隧道纵向连续长度。			
3. 隧道限界、通风、照明设施劣化			
类型 等级	(1)限界不足(座)	(2)通风不良(座)	(3)照明不良(座)
A1	实际限界不能满足最大级超限货物的装载限界加100 mm的要求(曲线时按规定加宽)	①有害气体浓度超过容许值且未设通风机械； ②通风机械不能使用	①未按规定设置照明； ②照明设备不能使用
B		通风机械不能正常使用	照明设备不能正常使用
4. 隧道仰坡、洞底及排水设施劣化			
类型 等级	(1)仰拱及铺底损坏(处/m)	(2)排水设施(处/m)	(3)坍方落石(处/m)
AA			洞口仰坡坍方落石
A1	仰拱变形损坏及铺底损坏影响线路稳定等	①未按规定设置隧道内外排水设施； ②隧道内外排水设施严重损坏，造成隧道内漏水或影响道床稳定	洞口仰坡有危石未处理
B		隧道内外排水设施损坏	

任务习题

(一)填空题

1. 隧道内的漏水、涌水检查时，应查明________，必要时取样化验________，了解其对衬砌是否有侵蚀作用。

2. 隧道洞口处应重点检查边仰坡________、滑坡，洞内需重点检查衬砌有无________等。

3. 隧道衬砌背后回填是否密实可采用敲击法、钻探法、开挖法和________。

4. 检查隧道衬砌的裂纹一般常用________进行检查。

5. 隧道衬砌检查发现衬砌腐蚀、裂缝或变形时，应________，定期观测。

(二)选择题

1. 使用激光带断面仪测量隧道断面时，发射仪的主体置于被测断面处，摄影机安设在任意端(　　)处。

A. 15 m　　B. 5 m　　C. 10 m　　D. 20 m

2. 隧道限界的检查方法常用的是(　　)和摄影法。

A. 经纬仪法　　B. 横断面　　C. 水准仪法　　D. 目视法

3. 横断面测量隧道限界，左右两测点高度间距应不大于(　　)。

A. 100 mm　　B. 200 mm　　C. 300 mm　　D. 400 mm

4. 横断面测量隧道限界，起拱线以上拱部左右两侧的测点圆心角应不大于(　　)。

A. 10°　　B. 20°　　C. 30°　　D. 40°

5. 任何单位和个人不得在桥长 100 m 以下的铁路桥梁跨越的河道(　　)范围内采砂。

A. 上游 500 m、下游 1 000 m　　B. 上游 200 m、下游 2 000 m

C. 上游 300 m、下游 2 000 m　　D. 上游 200 m、下游 3 000 m

6. (　　)是隧道冻害、衬砌腐蚀劣化的评定内容之一。

A. 衬砌变形或移动　　B. 衬砌开裂、错动

C. 衬砌压溃　　D. 衬砌厚度不足

7. 下列说法不正确的是(　　)。

A. 冰溜、冰柱、冰锥等不断发展，侵入限界，危及行车安全，其劣化等级为 AA 级

B. 接触网及电力、通信、信号架线上挂冰，危及行车安全和洞内作业人员安全，其劣化等级为 AA 级

C. 道床结冰(丘状冰锥)，覆盖轨面，严重影响行车，其劣化等级为 AA 级

D. 冰楔和围岩冰胀的反复作用使衬砌变形、开裂并构成纵横交错的裂缝，其劣化等级为 AA 级

(三)判断题

1. 隧道拱圈裂损拱底掉块是因为受到压力所致。　　(　　)

2. 隧道"混凝土衬砌强度不足"是评定隧道衬砌裂损劣化程度的项目之一。　　(　　)

(四)简答题

1. 简述桥梁限高防护架内容。

2. 简述盆式橡胶支座重点检查内容。

任务5.5 桥隧巡守作业

5.5.1 设置原则

1. 桥隧巡守原则

(1)全封闭线路上桥隧可不设巡守。

(2)未全封闭线路全长在500 m以上至1 000 m的钢桥,实行昼夜巡守;全长在1 000 m以上的隧道,分两个巡回区,实行昼夜巡守;混合桥根据钢梁长度,按上述规定设置巡守;圬工桥一般不设巡守。

(3)未全封闭线路隧道全长在3 000 m以上的隧道,分两个巡回区,实行昼夜巡守。

2. 桥隧巡守班次安排

根据桥隧设备的长度分别设置一个或两个巡回区,巡守人数及班制可根据沿线自然条件、设备状态、列车密度和速度由铁路局集团公司自行确定。

5.5.2 桥隧巡守人员应具备的条件

(1)熟悉有关规章制度及桥隧业务。

(2)有单独处理故障和应急处置能力。

(3)巡守人员(含替班人员)应经工务段培训考试合格,持证上岗。

5.5.3 桥隧巡守工应严格执行的制度

1. 交接班制度

桥隧巡守人员交接班时,交接班人应共同检查建筑物一遍,并填写“桥隧巡守工交接班记录簿”。接班者未按时到位,值班巡守工不能离开工作岗位。

2. 汇报制度

(1)发现有危及行车安全的故障(钢轨折断、护锥滑移、钢梁裂纹、基础冲空、洞口塌方落石、衬砌掉块等)时,应立即采取防护措施,并按规定上报。

(2)每月定期向工长汇报行车及人身安全、桥隧设备病害变化等情况。

3. 水位、流冰观测制度

汛期或水库放水时期,要求每日上午八时观测水位一次,在主汛期水位上涨时增加观测次数,其余时间每旬首日上午观测水位一次,同时观测漂浮物等通过桥孔情况,冬季每日上午观测流冰通过桥孔情况,并按“水位观测记录表”(表5.5.1)要求做好观测记录。

表5.5.1 水位观测记录表

线名： 里程： 桥名： 梁底标高： 水位标零点标高：

观测时间			天气	雨量(mm)	梁底至水面(mm)	水深(m)	水尺读数	换算标高(m)	观测人姓名	备注
月	日	时								

4. 病害观测制度

按照规定，对桥隧的病害、河道变化、墩台基础冲刷情况，填写“桥隧病害观测记录簿”，见表 5.5.2。

表 5.5.2 桥涵病害观测记录簿

观测时间		观测人	观测（或监视）内容	病害变化详细情况	处理经过	附注（或检查人意见）
月	日					

5.5.4 其　　他

(1)巡守工在当班巡守时，应穿戴防护服，并要掌握重点列车的运行时刻，注意瞭望，及时避车，目送本线运行列车。为确保职工人身安全，在线路允许速度大于 120 km/h 区段，遇降雾、暴风雨（雪）、扬沙等恶劣天气，瞭望困难时，巡守人员应走两侧作业通道，察看设备状态。

(2)设有昼夜巡守的桥梁及隧道，在桥头（隧道口）应设巡守房，并装设电话、电力照明、报警、信号等设备及必要的生活设施。

任务习题

(一)填空题

1. 对于未全封闭线路，全长在________以上的钢桥，分两个巡回区。

2. 设有昼夜巡守的桥梁及隧道，在桥头（隧道口）应设________，并装设必要的设备及生活措施。

(二)判断题

1. 只有全封闭线路上桥隧可不设巡守。 (　　)

2. 对于未全封闭线路的特长隧道，分两个巡回区，实行昼夜巡守。 (　　)

3. 持有桥隧工证的技术人员可作为桥隧巡守人员上岗。 (　　)

4. 在汛期或水库放水时期，要求每日巡守人员上午八时观测水位一次。 (　　)

任务 5.6 桥隧维修工作任务

各铁路局集团公司工务段每年结合秋季设备大检查，对每座桥隧建筑物按项目进行一次状态评定。根据分析报告和评定结果制定桥隧建筑物修理的计划和规划，分别采取日常养护、综合维修、大修或更新改造计划等相应的措施进行整治，以保证建筑物正常技术状态和运营安全。

5.6.1 桥隧建筑物经常保养的工作任务

1. 经常保养工作范围

通过对桥隧建筑物的经常保养，及时消灭超限和临近超限处所，保持桥隧设备状态始终均衡完好，确保行车安全平稳。经常保养工作一般按整座设备进行，也可分区段。保养周期应按不同设备类型的状态变化加以控制，钢梁桥（含混合钢梁桥）木桥枕明桥面每半年一遍，其他桥隧设备保养周期1～2年一遍。保养工作范围如下：

(1)更换连二、横梁边及钢轨接头四根中的腐朽桥枕和桥涵以及其他木质部分的防腐、修理。

(2)各种联结铁件、螺栓涂油或更换。

(3)明桥面护轨整修。

(4)钢梁清扫和补充、拧紧少量高强度螺栓，局部涂层修补。

(5)支座清扫、涂油，整修排水坡。

(6)隧道除冰，清理危石及衬砌掉块，疏通排水沟，补充水沟盖板等。

(7)涵洞少量清淤，修补涵洞护坡、翼墙、管节勾缝。

(8)添补防火设备内的水、砂。

(9)各种标志的刷新和补充。

(10)补充作业通道、吊篮等步板，整修危及人身安全的安全检查设备。

(11)修补圬工梁及墩台勾缝，清除梁端石砟及梁缝止水装置内的杂物，疏通排水管。

(12)清除桥下小量淤积，修理砌体圬工。

(13)梁端横向位移的限位装置、防落梁装置复位。

(14)桥涵限高防护架涂装及不影响结构稳定的小量整修。

(15)地道、调节河流建筑物等设备保养。

(16)及时消除可能危及行车安全的病害。

2. 桥隧建筑物保养质量评定考核

在做好适时保养的同时，还应加强预防性的周期保养，使设备质量经常控制在保养合格状态。

每座设备的保养质量评定是根据该设备各部分存在的问题，按照“桥隧建筑物保养质量评定标准”，见表5.6.1的规定，根据扣分的情况来评定保养质量的优劣。每座设备扣分的总和除以该设备的维修长度（取整数）即为该设备的保养质量平均分（取小数点后一位）。保养质量每米维修长度平均分在5分及以下且无单项质量扣10分者为合格，否则为失格。

表5.6.1 桥隧建筑物保养质量评定标准表

项目	保养标准	扣分条件	单位	扣分
1. 明桥面护轨	1.1 护轨与基本轨间距离符合规定，顶面不应高出基本轨5 mm，也不低于基本轨25 mm	超过规定允许误差	处	10
	1.2 轨底悬空大于5 mm处所不超过15%，并不得连五出现	护轨底、垫板、桥枕间悬空大于5 mm处所超过15%或连五出现	处	5
	1.3 梭头各部完好，联结牢固，尖端悬出桥枕不大于5 mm	联结松动或尖端底部悬出桥枕大于5 mm	个	5
	1.4 护轨垫板设置符合规定，厚度大于30 mm处所不得超过15%	护轨垫板设置不符合规定或厚度大于30 mm处所超过15%	块	5
	1.5 护轨道钉或扣件齐全，浮离2 mm及以上不超过15%，并不得连五出现	护轨道钉或扣件缺少、断头或浮离2 mm及以上超过15%或连五出现	个	5

续上表

项目	保养标准	扣分条件	单位	扣分
2.桥枕	2.1 腐朽部分或垫板切入深度在 3 mm 及以上处所不超过 15%	表层腐朽或垫板切入深度在 3 mm 及以上未削平、未挖补处所超过 15%	根	5
	2.2 桥枕顶面 2 mm 及以上裂缝漏灌不超过 15%	桥枕顶面裂缝宽度大于 2 mm，漏灌处所超过 15%	根	5
	2.3 桥枕端部裂缝宽大于 3 mm 应做防裂处理	未处理或处理失效处所超过 15%	根	5
	2.4 桥枕无连二失效或接头四根中无单根失效，净距符合标准	有连二失效或接头四根中有单根失效或桥枕净距超过 180 mm	处	10
	2.5 桥头双枕完好，联结牢固	桥头双枕腐朽，联结松动	根	5
	2.6 时速 120 km 及以上区段的桥枕无隔一或连二失效	有隔一或连二失效	处	10
3.护木及道心步行板	3.1 护木腐朽或垫圈切入深度在 3 mm 及以上处所不得超过 15%	腐朽或垫圈切入深度在 3 mm 及以上未削平、未挖补处所超过 15%	处	5
	3.2 顶面宽 2 mm 以上裂缝漏灌处所不得超过 15%	护木顶裂缝宽度大于 2 mm，漏灌处所超过 15%	处	5
	3.3 道心步行板无缺少，无翘头，无失效	步行板缺少，翘头，失效	块	5
4.各种螺栓	4.1 钩螺栓不得有连三及以上失效	有连三及以上失效	处	10
	4.2 钩头、护木螺栓顶面不超过基本轨面 20 mm	钩头、护木螺栓顶面高度超过基本轨面 20 mm	个	10
	4.3 护轨夹板螺栓安装符合规定	安装不正确或缺少	个	10
	4.4 各种螺栓齐全，无折断，无松动，无锈蚀	各种螺栓缺少、折断、松动	个	5
		各种螺栓锈蚀超过 10%	个	5
	4.5 行车时速 120 km 及以上区段的桥面螺栓不得有缺少或连二失效	有缺少或连二失效	个	10
5.钢梁	5.1 涂层无大于 25 cm^2 的局部锈蚀	局部锈蚀大于 25 cm^2	处	5
	5.2 高强度螺栓和铆钉无松动	高强度螺栓及铆钉松动、缺少	个	5
	5.3 腻缝无开裂、流锈	腻缝开裂、脱落、流锈	处	5
	5.4 梁体各部清洁	梁体有灰渣，尘土堆积	m	5
6.圬工梁拱及墩台	6.1 梁拱及墩台裂缝修补完好	修补脱落延长 0.5 m 以上	处	5
	6.2 梁端伸缩缝挡砟板完好，缝内无石砟、杂物	梁端伸缩缝缺少挡砟板，缝内有石砟、杂物，影响梁体伸缩	处	10
	6.3 排水管通畅	排水管失效	个	5
	6.4 表面无缺损、露筋	掉块露筋	处	5
7.支座	7.1 支座排水良好，无翻浆、流锈	支座积水、翻浆、流锈	个	5
	7.2 支座清洁、润滑良好	支座不洁，活动部分未涂固体油脂或石墨	个	5
	7.3 支座螺帽无缺少、松动，螺栓无折断	支座螺帽缺少、松动，螺栓折断	个	5
	7.4 上、下座板与梁体及支承垫石间密贴	不密贴，用 1 mm 塞尺插入深度超过 50 mm	个	10
	7.5 限位装置齐全有效	限位装置缺失、失效	个	10

续上表

项目	保养标准	扣分条件	单位	扣分
8. 隧道	8.1 隧道排水沟畅通，盖板完好	排水沟有杂草、淤泥、碎石影响排水	m	5
		排水沟盖板缺少、损坏	块	5
	8.2 洞内煤尘无堆积	煤尘堆积	m	5
	8.3 洞内积冰无侵限	积冰侵限	处	10
9. 涵洞	9.1 涵内淤积轻微，不影响排洪	涵内淤积，影响排洪	座	10
	9.2 涵洞内管节接缝完好	接缝脱落	处	5
		漏土	处	10
	9.3 混凝土表面无缺损	剥落掉块，致使露筋	处	5
10. 限高防护架	10.1 结构完整、连接安全、可靠	结构不完整、连接不安全、不可靠	处	10
	10.2 涂装无大于 25 cm^2 的局部锈蚀	局部锈蚀大于 25 cm^2	处	5
11. 其他	11.1 河道排水通畅	桥涵上、下游规定范围内泥石淤积影响排洪	座	10
	11.2 防护砌体状态完好	局部损坏，影响设备稳定	处	10
		勾缝脱落	处	5
	11.3 防火设备齐全	防火设备缺少	处	5
	11.4 作业通道栏杆、步行板、安全检查设备完好	栏杆、步行板、安全检查设备严重失修，连接不牢固，危及人身和行车安全	处	10
		涂装失效、步行板状态不良	处	5
	11.5 抗震设施完好	失修损坏	处	5
	11.6 各种标志齐全、完好、清晰	桥隧涵标、水位标、桥头钢轨爬行观测标、桥枕、油漆大修年度标志、病害观测标等缺少、破坏、不清晰	处	5

注：(1)项目超过允许百分数时，扣分包括百分数在内。
(2)护木腐朽 1 m 长为 1 处。
(3)作业通道栏杆 10 m 为 1 处，托架每个为 1 处。
(4)桥枕、护木、明桥面护轨悬空、各种螺栓等缺陷均以孔或一个墩台范围计量。

5.6.2 桥隧建筑物综合维修的工作任务

1. 综合维修工作范围

综合维修采用状态修和周期修相结合的方式，钢梁桥(含混合钢梁桥)钢杆件和木桥枕明桥面实行周期修，其他设备实行状态修，大桥、特大桥可分孔或分段进行。钢梁桥(含混合钢梁桥)木桥枕明桥面维修 2～3 年一遍，采用新技术和新工艺的可适当延长维修周期，其他桥隧设备按状态修适时进行开展综合维修，以恢复或部分恢复各部件的功能，保持整座设备质量均衡完好。

综合维修工作范围如下：

(1)单根抽换木桥枕及桥涵其他木质部分的防腐、修理和个别更换、整修复合材料桥枕。

(2)桥梁各种螺栓、联结铁件的涂油、修理、补充和更换。

(3)钢结构维护性涂装(包括钢梁上盖板)，少量铆钉、螺栓或联结系杆件的更换，杆件裂纹、损伤和弯曲等就地修理，结构不良的小型构件，增设防爬角钢。

(4)圬工梁拱、墩台裂缝整治、圬工勾缝、抹面、小量喷浆和压浆,局部翻修和加固修理及局部增设防水层,排水设备的修理和部分增设。

(5)支座整平、修正、涂油和捣垫砂浆,支座更换和增设座板,更换和补充锚固螺栓,钢部件维护性涂装。

(6)混凝土梁横隔板开焊脱落、裂缝整治、掉块和露筋修补。

(7)梁缝止水装置少量修理或更换。

(8)梁端横向位移的限位装置的修理。

(9)明桥面护轨、防火设备、安全检查设备、抗震设施、水标尺、支座防尘罩以及各种标志的修理、零小更换和增设。

(10)桥涵调节河流建筑物和防护设备的局部修理。

(11)桥涵上、下游 30 m 范围内河床的少量清理,隧道内结冰和洞口危石处理。

(12)隧道漏水的少量整治,排水沟清理,衬砌少量圬工修补,隧道内整体道床混凝土修理,隧道通风、照明设施修理。

(13)立交桥涵限高防护架的修理,框构桥涵渗漏水整治。

(14)涵洞局部改善、管节修理和个别更换。

(15)其他不属于大修范围的小量工作。

2. 桥隧建筑物综合维修作业质量验收考核

综合维修作业应严格按照作业标准进行,实行质量控制,保证达到规定的质量要求。

桥隧综合维修作业质量的验收,要严格执行工区、车间、工务段三级验收制,分级把关、异体监督,控制综合维修质量。

每座设备综合维修作业全部完工后,应按“桥隧建筑物修理作业验收标准”的有关规定进行质量验收评定。综合维修作业质量评定分为合格、不合格两个等级。全部项目一次验收达到合格,可评为“合格”,否则为“不合格”。若出现不合格处所,经返修复验合格,评为“合格”。

5.6.3 桥隧建筑物大修的工作任务

1. 大修工作范围

桥隧大修按照设备状态劣化等级实行状态修,根据工程性质、复杂程度和工程量大小,可分为重点大修和一般大修。整孔更换桥面、整孔钢梁(或钢塔架)重新涂装或罩涂面漆、中桥以上更换梁跨、扩孔、移梁、墩台大修、基础加固、复杂的钢梁加固、增设或更换隧道衬砌及需要便线施工的工程等为重点大修;其他病害整治的大修为一般大修。

桥隧建筑物大修工作范围主要包括:

(1)桥梁大修

①整孔更换桥面,包括整孔更换桥枕,换铺分开式扣件,更换护轨,钢梁上盖板、上平纵联的保护涂装,更换上盖板松动、失效铆钉等。

②更换或增设整孔作业通道和安全检查设备(包括避车台和防火设备)。

③整孔钢梁或整个钢塔架的重新涂装或罩涂面漆。

④加固钢梁或钢塔架,包括更换、加固、修理损伤杆件,提高承载能力,扩大建筑限界,改善不良结构,更换大量铆钉和高强度螺栓。

⑤更换支座，包括跨度 80 m 以上钢梁支座的起顶整正。

⑥更换钢梁或圬工梁。

⑦整孔圬工梁裂缝注浆、封闭涂装或钢筋混凝土保护层中性化裂损、钢筋锈蚀整治。

⑧更换或增设整孔圬工梁拱防水层。

⑨圬工梁横隔板加固、横隔板断裂修补、梁体加固。

⑩加固圬工墩台及基础。

⑪更换墩台。

⑫更换或修复支撑垫石、更换折断的支座销钉。

⑬修复或加固防护及河调建筑物。

⑭整治威胁桥梁安全的河道。

⑮整治梁端顶死，线间距不足的移梁施工。

⑯更换整孔作业通道步行板。

⑰加固或恢复桥涵限高防护架。

⑱孔径不足的桥梁扩孔。

⑲成段修复或加固桥梁声屏障、防抛网。

⑳整桥栏杆涂装或更换。

㉑更换梁缝止水带、盖板。

(2)隧道大修

①加固、更换、增设衬砌或扩大限界。

②隧道空洞、掉块、冷缝、防水板切割二次衬砌整治。

③加固洞门。

④加固明洞。

⑤成段翻修铺底、仰拱或整体道床。

⑥整治漏水，改善和增设排水设备。

⑦整治洞口边坡、仰坡。

⑧修理或更新隧道照明及机械通风。

(3)涵洞大修

①加固涵洞，更换盖板。

②修复或加固防护及河调建筑物。

③整治危及涵洞安全的河道。

④孔径不足的涵洞扩孔。

(4)归属工务管理的站内机车检查坑、地道大修

此处不详细描述。

2. 大修工作程序

(1)大修作业计划编制

工务段应根据铁路局集团公司制订的桥隧大修规划和设备技术状态，每年上半年提出次年的大修申请报送审核，经审核确定次年度大修任务计划。

对病害复杂的桥隧大修项目，应对病害原因、程度、发展趋势进行专家论证，提出整治建议；对整治设计、施工方案复杂的大修项目应进行专家论证。

(2)设计文件

每项桥隧大修工程均应进行设计，编制设计文件。

(3)施工管理

桥隧大修工程，必须有批准的设计文件才能施工。桥隧大修原则上由专业施工单位施工，零小的一般大修工程，可由工务段施工。

桥隧大修施工应做到：

①建立施工安全质量负责制，严格按照设计文件和有关施工规范、规则、营业线施工安全的规定施工，保证行车安全、人身安全和工程质量。

②大修封锁施工，必须充分做好施工前的各项准备。

③加强施工作业日常管理。

大修工程竣工后对于施工影响拆除和受损部分，应全部恢复原状，及时清理工地，资料整理齐全。

(4)检查验收

桥隧大修施工单位应建立严格的检查制度，做好施工检查工作。

工程竣工后，应先由施工单位按设计文件和桥隧建筑物大修维修作业验收标准逐级检验施工质量，并作出检验记录及质量评定。铁路局集团公司在接到施工单位申请办理正式验收的报告后，应立即组织验收。经验收合格，组织设备管理单位和施工单位办理验交手续。

桥隧大修工程的施工质量，以每件工程为单位综合评定，分为“合格”“不合格”两个等级。

合格为全部工作项目的质量达到合格；不合格为任何一项工作项目的质量未达到合格。若不合格项目返工整修，经复验达到合格，评为“合格”。

任务习题

(一)填空题

1. 桥隧建筑物的经常保养是指及时消灭______________处所，保持桥隧设备________经常均衡完好，确保行车安全平稳。

2. 保养质量每米________平均分在 5 分及以下且无单项质量扣 10 分者为合格，否则为失格。

3. 综合维修采用状态修与周期修相结合的方式，钢梁桥(含混合钢梁桥)钢杆件和木桥枕明桥面实行周期修，其他实行________。

4. 综合维修作业应严格按照________进行，实行质量控制，保证达到规定的质量要求。

5. 桥隧大修按照设备状态________实行状态修，根据工程性质、复杂程度和工程量大小，可分为重点大修和一般大修。

(二)选择题

1. 钢梁桥(含混合钢梁桥)木桥枕明桥面每(　　)一遍，其他桥隧设备保养周期 1～2 年一遍。

A. 半年　　B. 一年　　C. 二年　　D. 三个月

2. 以下项目属于日常养护的是(　　)。

A. 支座清扫、涂油，整修排水坡　　B. 加固洞门

C. 梁缝止水装置少量修理或更换　　D. 梁端横向位移的限位装置的修理

3. 混凝土梁横隔板开焊脱落、裂缝整治、掉块和露筋修补属于(　　)桥隧工作范围。

A. 经常保养　　B. 综合维修　　C. 一般大修　　D. 重点大修

4. 涵洞少量清淤、修补管接勾缝属于(　　)桥隧工作范围。

A. 经常保养　　B. 综合维修　　C. 一般大修　　D. 重点大修

5. 在保养质量评定中,明桥面护木腐朽每(　　)为一处。

A. 1 m　　B. 2 m　　C. 5 m　　D. 10 m

(三)判断题

1. 桥隧建筑物维修工作实行综合维修和局部维修相结合的方式。(　　)

2. 保养质量评定中人行道栏杆每 10 m 为 1 处。(　　)

3. 桥隧综合维修作业质量评定分为优良、合格、不合格三个等级。(　　)

4. 桥隧大修施工应建立施工安全质量负责制,严格按照设计文件和有关施工规范、规则、营业线施工安全的规定施工,保证行车安全、人身安全和工程质量。(　　)

5. 大修工程竣工后对于施工影响拆除和受损部分,应全部恢复原状。(　　)

项目 6　桥梁加固作业

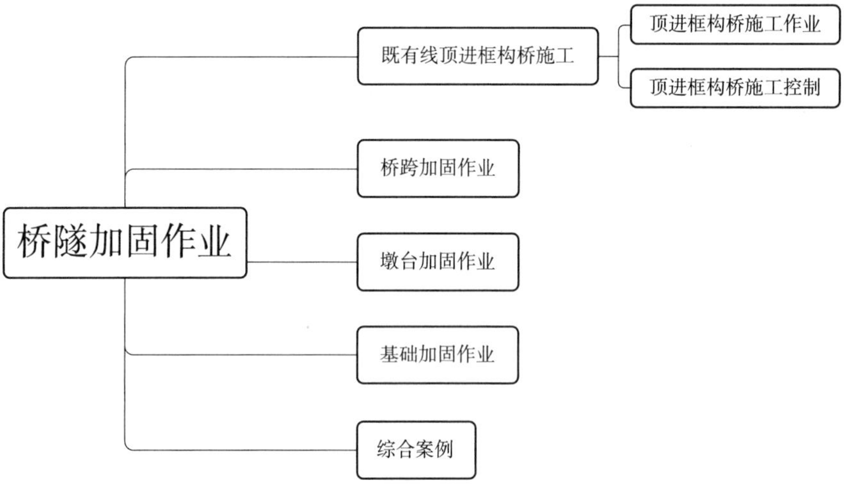

【项目描述】

本项目主要描述铁路既有线上框构桥顶进施工方法和铁路桥隧建筑物常见病害综合加固方法。随着铁路客货列车运行速度和密度的不断提高，一些既有桥梁、隧道出现较大的病害或技术状态不能满足运营要求，需要采取加固改造提升技术状态以满足运营需要。

【学习目标】

1. 素质目标

(1)培养学生深厚的爱国情感和中华民族自豪感，激发学生科技报国的家国情怀和使命担当；

(2)培养学生良好的职业道德和职业素养，精益求精的大国工匠精神；

(3)培养学生探索未知、追求真理、勇攀科学高峰意识，提高学生正确认识问题、分析问题和解决问题的能力；

(4)培养学生创新意识和精神。

2. 知识目标

(1)了解铁路桥隧常用加固改造方法；

(2)熟悉圬工梁桥双片分离式 T 梁横向加固方法和工艺；

(3)了解铁路既有线上框构桥顶进施工方法；

(4)掌握铁路既有线上框构桥一般顶入法和中继间法施工工艺。

3. 能力目标

能进行铁路既有线上框构桥一般顶入法和中继间法施工。

【思政小课堂】

波澜壮阔的历史洪流中，历代铁路桥梁建设者奋发图强，用智慧与汗水将我国铁路桥梁技术水平推向了世界先进行列，谱写出壮丽辉煌的诗篇。

南京长江大桥是 1949 年以来第一座自主设计施工建造而成的铁路、公路两用桥，1968 年大桥正式通车。它的建成开创了中国“自力更生”建设大型桥梁的新纪元,被看作是“自力更生的典范”和“社会主义建设的伟大成就”。南京长江大桥的竣工使火车过江时间由过去靠轮渡的 1.5 h 缩短为 2 min,标志着我国的桥梁建设达到世界先进水平。

南京大胜关长江大桥为六跨连续钢桁梁拱桥,全长 9 273 m,设计速度 350 km/h,于 2011 年 1 月 11 日正式投入使用。建成时是世界首座六线铁路大桥,是世界上跨度最大、设计荷载最大的高速铁路桥梁。南京大胜关长江大桥具有体量大、跨度大、荷载大、速度高“三大一高”的特点。然而在 2016 年,南京长江大桥经过几十年的超负荷运载,不堪重负,全面封闭维修。

为了能修复这座国家不可移动的遗产,大桥维修的建设者们沿着老一辈桥梁建设者的足迹,继承和发扬工匠精神,在理论运用、材料运用、施工革新等方面进行了一系列探索,恢复了大桥的桥头堡和小堡群雕的原貌,修复引桥入口处图案和破损严重的陶粒混凝土桥面等,使这座桥经过 27 个月的全封闭维修改造后恢复通车;并在运营过程运用智能科技,定期给大桥“体检”,以保证运营安全并延长使用寿命。

任务 6.1　既有线顶进框构桥作业

随着现代交通的发展,公路和铁路不可避免地要发生立体交叉,对于新建线路来讲,可以采用公路跨越铁路或者铁路跨越公路的解决办法。但是对于城区内的道路改造,有时不能采用空间交叉的方式,只能采用平面交叉。为了保证铁路的正常运行以及减小对周围环境的影响程度,可采用下穿既有线路的涵洞或立体交叉箱涵(又称地道桥),并采用顶进施工(也称箱涵顶进)的方式解决公路下穿铁路的问题。用顶进法施工有利于减少对既有交通的干扰,条件适合时也可用于桥涵的扩建与改建。箱涵一般为单孔或多孔箱形钢筋混凝土框架结构(也称框构桥)。按照被顶进结构的不同,箱涵顶进可分为箱桥顶进和小型涵管顶进。

箱桥顶进的框构桥形式可分为单孔和多孔两种形式。单孔框架可直接顶入;多孔的可采用连续框架或单孔拼装式。连续框架是多孔框架灌注成整体结构顶入,单孔拼装式是将三个或两相邻单孔框架分别逐孔顶入拼装而成。连续框架式的优点是受力情况好、节省材料、施工简单、工期短、干扰运输时间少;缺点是所需顶进力大,要求有较坚强的后背,线路加固也复杂。单孔拼装式就位后易高低不齐,影响正常行车的时间长,线路加固也要进行多次,所以一般以采用连续框架式为宜。箱桥截面可分为变截面与等截面两种,按箱桥与铁路交角可分正交和斜交两种方式。

6.1.1　框构桥顶进施工方法

根据框构桥下穿铁路的具体情况,如断面与长度、最大顶力、地质情况、施工技术与地形条件等,可采取不同的施工方法,但主要施工程序是相同的。

桥涵顶进的施工方法有很多种,常用的方法包括:一般顶入法、中继间法、顶拉法、对顶法、对拉法及分孔顶入法等。

1. 一般顶入法

一般顶入法是箱体顶进最常用的方法,也称整体顶入法。它是在铁路路基一侧设置工作坑,在工作坑的滑板上预制单孔或多孔整体钢筋混凝土框构桥,纵向不分节、横向不分体,借助事先修筑的后背,利用千斤顶连续顶入,随顶随挖土直至就位,从箱体启动到箱体就位一次完成,如图 6.1.1 所示。一次顶进法中框构一次预制完成,整体顶进,适应性强,对铁路运输干扰较小,顶进时间集中,要求列车慢行的时间短,但要求有足够的顶进设备及施工机具,还需要有足够强度的后背。

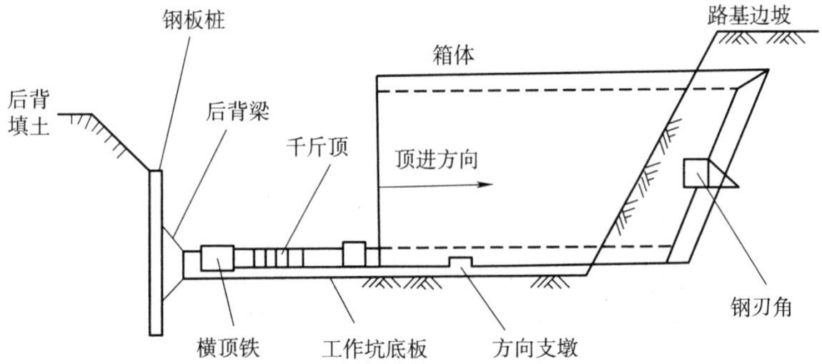

图 6.1.1 一般顶入法示意图

2. 中继间法

当穿越股道多、箱桥长、纵向配筋要求多、顶力较大、后背设备增多时,宜将箱体沿顶进轴向分成数段,在节间设置中继间,将箱桥接力顶进,这称为中继间法,如图 6.1.2 所示。中继间法是我国大型箱桥顶进施工中最常用的一种方法,将框构轴向分节预制,在工作坑后端修筑小型后背,各节框构间设置中继间,各节框构之间和末节框构与后背之间均安设千斤顶,然后由前至后逐节驱动千斤顶,逐节推动框构。后背处的千斤顶回收后安放顶铁开始第二次顶进,依次循环顶进直到框构就位。由于逐节顶入框构,故最大反力仅为最后一节框构的顶力,使后背工程大大简化。

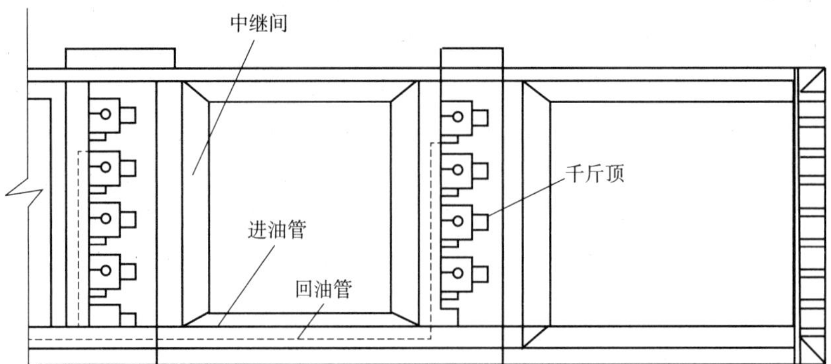

图 6.1.2 中继间法示意图

为使各节框构间不出现错缝,各中继间均安设抗剪销。为防止土挤进框构,两节间设钢接缝板,钢板面与框构混凝土面齐平。为防止接缝处漏水,在顶进就位前于中继间设橡胶止水带,如图 6.1.3 所示为接缝细节图。

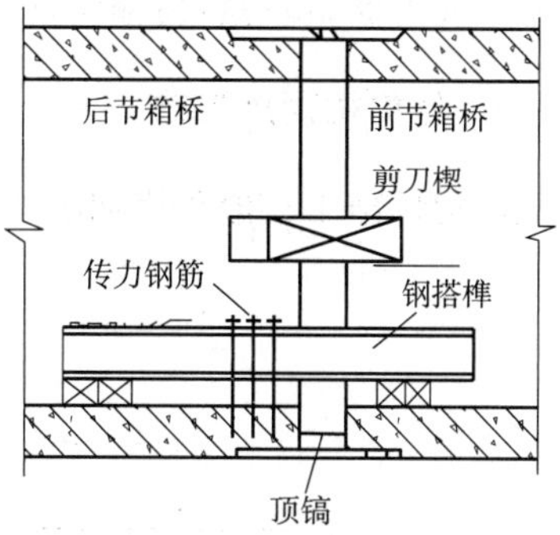

图 6.1.3　接缝细节图

中继间法当受地形限制不能沿顶进轴向预制箱体时还可将箱体布置成并列式,将箱体沿线路横向排列分节预制,第一节箱体顶入路基后,再将第二节横移过来,安装第一个中继间;当第二节顶入后,再横移第三节顶进直到全部框构就位。横移可采用滑道滚移、卷扬机牵引或千斤顶顶移。串联式是将数个中继间一次安装完成,连续顶进,但后背距铁路较远,需要顶柱多。并列式需中途停止顶进,横移工作费事。中继间法的特点是前节利用后节作后背,后背设备较少。为了避免节间产生"错牙"现象,接口处需作特殊处理,如设置剪刀楔、钢搭榫及传力钢筋等。

3. 顶拉法

在修建较长的箱桥时,将整座箱桥分为多节箱体(至少分为三节)。各节之间互为后背,先顶后拉,交替前进,这称为顶拉法。

4. 对顶法

对顶法是在铁路路基两侧各修筑一个工作坑,在每侧工作坑的滑板上预制半段钢筋混凝土箱体,借助两侧修筑的后背,将框构桥顶入路基就位。若顶进设备数量满足,两侧箱体可同时对顶进入路基;若顶进设备不足可先顶入一侧箱身,在箱身就位后对刃角处用支撑加固,做好防止路基塌方的措施后,再把顶进设备移至另一侧顶进。框构两段中间接口位置应选择在铁路股道之间,以利于列车运行和逐次拆卸钢刃角,并便于设置沉降缝。接口要求严密不漏水,可预留缺口,完工后设置止水橡胶带。当穿越铁路股道多,一次顶入顶力过大,设备能力不足,又有其他问题不能采用中继间法等方法时,易采用对顶法。对顶法的缺点是顶进时两侧箱体容易产生"错牙"现象。

5. 对拉法

对拉法是在铁路两侧工作坑内各预制箱桥全长 1/2 的箱体,然后用小口径顶管将高强度钢丝束或拉杆穿越路基把两侧箱体联结起来,互为地锚,对拉合龙。对拉法主要适用于修建后背困难或不经济时,在单线铁路下面顶进单孔及较小箱桥的情况。

6. 分孔顶入法

对穿越既有线路较多的多孔框构桥,一般按孔数将框构横向分为 2～4 个单体框构桥。每个框构桥可以是单孔也可以是双孔,孔跨大小和顶进顺序应根据便梁加固线路条件来确定。框构间设计净距应控制在 10 cm 宜,净距太小若框构预制发生偏差就难以顶入,净距太大由于后续框构的顶进,仅一侧土压力净距难以控制。分孔顶入顺序主要有三种形式,一是按顺序顶入,从一端开始依次逐个顶入;二是先中间后两边顶入法;三是先两边后中间。

7. 斜交箱桥顶进

对与铁路斜交的多孔小跨度箱桥,常采用正箱桥斜向顶进,并将洞口立面处理成阶梯形。顶进时,因两侧受力面积大小不等,会形成扭矩,可用调整顶力的方法解决。对与铁路斜交的大跨度箱桥,当纵向长度不大时,可采用正箱桥正顶进,再修建斜向道路的办法,这样可避免箱桥斜顶、箱体多余部分较大等缺点。当纵向较长时,则应采用斜顶进的办法,即箱体本身为斜形,底板后端与顶进方向垂直以便设置顶镐。顶进时因箱体两侧土压力不在一条直线上,在平面上形成力偶,箱桥容易偏向,应随时控制,调整两侧顶力。

6.1.2　框构桥顶进工艺

框构桥施工一般程序如图 6.1.4 所示。

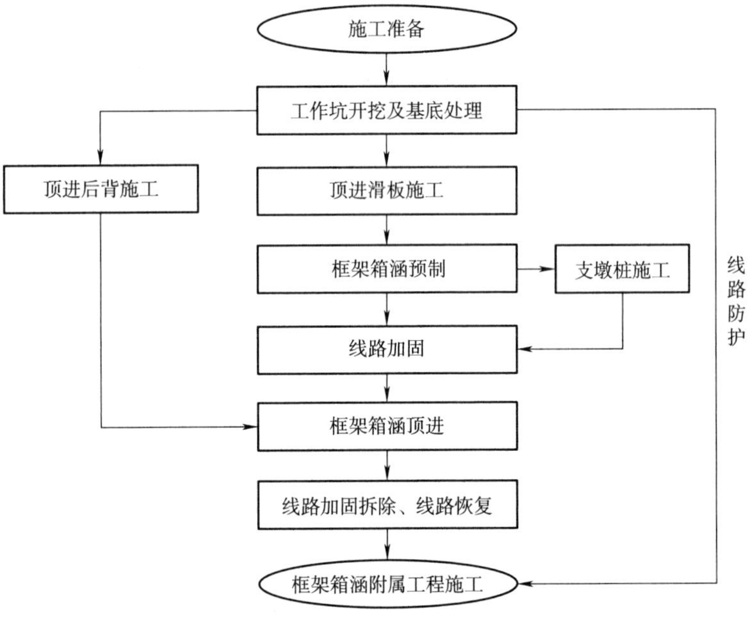

图 6.1.4　框构桥施工一般程序

1. 修筑工作坑

顶进工艺首先要在路面标高位置修筑框构桥箱体,需要一个工作坑,在坑内修筑箱体。箱体穿越多股铁路时,工作坑一般避免放在靠近铁路正线一侧,以减少干扰。路基两侧地势不同时,宜放在地面较高一侧。疏干及降低铁路路基内的地下水是保证箱桥安全顶进的重要措施,靠路基侧工作坑的边坡应缓于 1∶1;在施工过程中应保持地下水位在坑底以下 0.5～1.0 m,以保持路基和工作坑的稳定。工作坑底板(也称滑板)应有足够的刚性和稳定性。顶面要平滑,以利铺设润滑隔离层,减少顶进阻力,同时可使箱桥底面平整。滑板用混凝土或浆砌片石做成,表面抹水泥砂浆。润滑隔离层多采用石蜡。

2. 制作钢筋混凝土箱体结构

(1)箱体结构

箱体混凝土强度不宜低于 C35,有渗水时宜采用抗渗性不低于 P8 的混凝土,轴长不应小于路基宽度。一般分两次灌注,当底板达到 50%设计强度后再接续灌注边墙和顶板。如采用三次灌注,则是先灌注边墙再灌注顶板。顶板或底板必须一次灌成,不得中断。

(2)排水设施

通行车辆、行人的立交桥涵应有良好的防排水设施,并设置挡砟或防护设施。顶进桥涵的接口应采取可靠的防渗漏措施,并具有良好的耐久性。框构主体顶面和侧墙外面应按规定作防水层，顶面防水层还应设有 C40 的纤维混凝土保护层；带土顶进时，顶部防水层的保护层厚度不得小于 8 cm。

(3)加固处理

地质不良地段，应进行地基加固；就位后应对边墙两侧路基进行加固处理。通行车辆、行人的立交桥涵，应有良好的防排水设施。

(4)结构标准

框构桥涵外形尺寸误差，应符合下列规定：宽度为±50 mm，轴向长度误差为±50 mm，顶板、底板厚度误差为$^{+20}_{-5}$ mm，中、边墙厚度为$^{+20}_{-5}$ mm，肋误差为±3%。

3. 修筑后背

后背是桥涵顶进的主要受力部分，宜利用工作坑后壁的密实原状土作后背。若原状土松软或系填土，则应采取加固措施。后背可分为以下几种形式：

(1)由板桩（钢板桩、槽钢、工字钢或钢轨）、后背梁和后背填土（或片石）组成的板桩式后背。

(2)利用浆砌片石或利用引道挡土墙等的重力式后背。

(3)由钢筋混凝土底座、垫层及后背填土组成的钢筋混凝土底座式后背。

后背的强度应考虑两种情况：顶进前，墙体应能承受背后填土的水平推力（主动土压力）；顶进时，板桩或底座式后背主要由后背土的水平抗力（被动土压力）承受全部顶力。重力式后背则由浆砌墙体自重与土的摩阻力及后背土的抗力承受顶进力。

4. 顶进

(1)桥涵顶进包括挖土、运土、开镐、顶进、换顶铁（顶柱）、接长运土车道、现场观测、顶进时方向与高程调整等工艺过程。

(2)顶进设备由液压系统及传递系统两部分组成，如图 6.1.5 所示，液压系统包括高压油泵、控制阀、千斤顶（单作用柱塞式、双作用盾构式）、油箱、油管、压力表等辅助装置；传递系统包括顶铁（按每次顶进的行程更换顶铁）、顶柱（箱桥顶进离后背越来越远，借顶柱将顶力传给后背）、活动横梁（将千斤顶的顶力均匀地传给顶铁）和横向联结顶柱，以及避免顶柱受压失去稳定性的固定横梁。

图 6.1.5　框构顶进设备

(3)质量标准。

①框构桥涵的顶进误差，应符合下列规定：中线一端顶进时为 200 mm，两端顶进时为 100 mm；高程为顶程的 1%，但偏高不得超过 150 mm，偏低不得超过 200 mm。

②圆涵的顶进误差，应符合下列规定：中线 50 mm，高程偏高 20 mm，偏低 50 mm；管节错口一端顶进时为 10 mm；对顶时为 30 mm。

6.1.3　施工作业控制措施

桥涵顶进的主要施工过程包括三个部分：首先是做好开工前的准备工作，如调查修建箱涵处的公路、铁路交通及铁路路基中埋设的地下管线及其他障碍物等情况，做好拆迁、施工时临时道路及排水等；其次是开挖工作坑（必要时需降低地下水位），修筑滑板及后背，预制混凝土箱体，安装顶进设备及装置观测设施，加固线路；最后是启动顶进设备，顶进箱涵，进行施工监测，调整箱涵水平及高低方向的位置并就位。

1. 准备工作

(1)验收箱体

顶入前对框构主体结构、后背各部几何尺寸进行检查验收，混凝土强度应符合设计要求，统一作业指挥信号，作好观测准备。

(2)加固线路

桥涵顶进施工需架空线路时，应采用可靠的加固体系。铁路线路加固的方法有吊轨加固法、横梁加固法、轨束梁加固法、工字钢束梁法和 D 型便梁加固法等几种方法。

①轨束梁加固法

箱涵顶上覆土较薄或无覆土而直接与线路道床接触时，顶进作业前必须对线路进行加固，当箱涵外轮廓宽度较小，线路架空跨度小于 4～5 m 时，可用轨束梁加固线路。

用于临时性工程的轨束梁包括吊轨、扣轨和纵横轨束梁，又可分单层、双层两种形式。在单层轨束梁中，如果所需轨在 4 根以上，为减小轨束梁宽度，将轨顶上下交错互扣，形成的轨束梁称为扣轨。将扣轨组铺设在行车轨两侧的枕木上，用 U 形铁箍和角钢与枕木联结形成的轨束梁称为吊轨（又称扣轨吊梁）。吊轨受力状况不如扣轨，且配件多、费工费料，但设置较方便。将纵轨束铺设在行车轨两侧路肩上，其上横穿横轨束梁形成的轨束梁称为纵横轨束梁（图 6.1.6）。

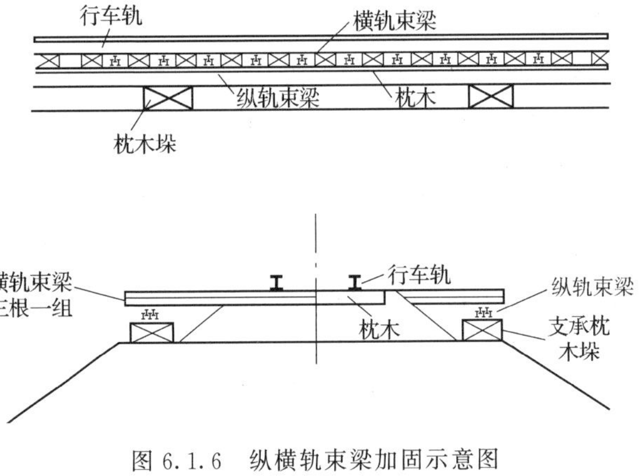

图 6.1.6　纵横轨束梁加固示意图

在扣轨法中，纵向扣轨设置在轨枕外，如果增加纵向扣轨数或改成双层，则跨度可达 6～7 m。若在跨中横穿一组工钢或槽钢抬梁，抬住纵向扣轨，其前端穿越线路，下部搭在路基上，后端搭在箱体背上，使纵向扣轨成为连续梁，其跨度可达 10 m 左右，这样可解决外宽 7～8 m 的箱体顶进。箱体顶进股道后，如发现纵向扣轨刚度不够，可在过车前，在其下两侧对称地用垫木楔紧在箱体顶上，车过后松开木楔继续顶进。

②D 型便梁加固法

a. D 型便梁结构

D 型低高度便梁分为 12 m、16 m、20 m、24 m、32 m 等跨度形式，由纵梁、横梁和连接构件组成，纵梁采用箱型结构，高度和宽度随跨度增大而递增，横梁宽度 0.21 m，长度 3.96 m，横梁两端通过连接件、牛腿与纵梁定位，横梁设有孔眼，安装扣件固定钢轨，如图 6.1.7 所示。

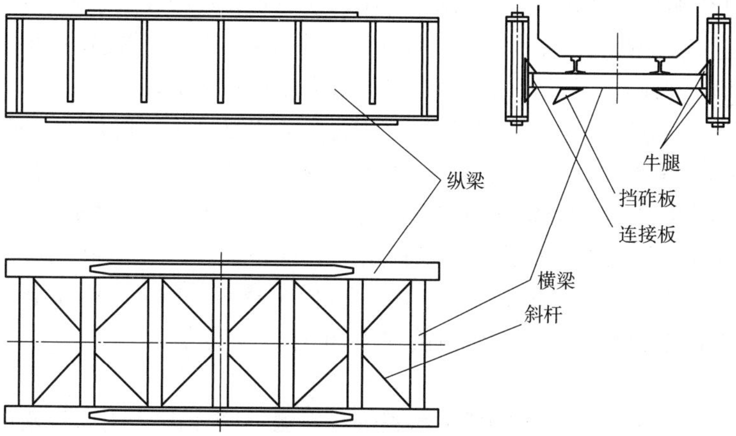

图 6.1.7　D 型便梁构造图

b. D 型便梁特点

D 型便梁高度低于板梁、工字钢梁；标准化构件，结构简单，使用寿命长，不易变形损坏，基础支墩埋置较浅，便于施工；线路稳定性得以保证，提高行车和施工安全系数，减少维修工作量；列车限速提高至 45 km/h；相比纵挑横抬梁加固，框构不承受上部荷载，减少"扎头"；使用 D 型便梁跨度受限，且线间距不足时侵限，不能使用。

c. D 型便梁安装

封锁时间进行方枕木及穿钢枕作业，在钢轨轨头及轨腰处用铅油标注既有枕木位置及方正到位后的位置，穿入钢枕的位置上、下股钢轨都要标注并用方尺方正，要用长尺复核，不得使用短尺丈量，避免积累误差影响施工。封锁时间使用轨道吊（或汽车吊）落梁，梁端支座用钢板或木板调整垫平垫实，安装限位、牛腿、方板、绝缘角及板凳。

2. 框构顶进

(1)试顶

在正式顶进前应进行试顶，在各有关部位及测点处均应有专业人员负责，随时注意情况变化。

开泵后每当油压升高 5～10 MPa 时须停泵观察，发现异状，及时处理。千斤顶活塞开始伸出，顶柱（顶铁）压紧后应即停顶，经检查各部位情况，无异常现象后可再开泵，直至箱体起动，记录箱体起动顶力。试顶完后还要进行一次全面的检查，开顶前必须检查电控系统，检查顶铁是否摆放顺直，查看有无人跨越顶铁，控制部分是否正确无误。各部位情况均属良好，便可开始正式的顶进作业。

(2)排水

框构顶进要处理好结构物的防水。各节间接头、施工缝是防水薄弱环节，可选用高效聚合砂浆、膨胀橡胶、聚氨酯液体填塞或涂刷，亦可用氯丁橡胶止水带等新材料。箱体外表多采用喷涂防水剂作为防水层。

施工时的排水是保证顺利施工及工程质量的重要环节，应对地下水截流引排，必要时在基坑内用井点法降水。顶进作业宜连续进行，不得长期停顿，以防地下水渗出，造成路基坍塌。

(3)顶进

挖土与顶进应循环交替进行，每次顶进前应细致检查顶进的液压系统、传力系统和后背的变化情况，每顶进 1 m 清洗一次过滤器。每前进一个顶程，即应切换油路，并将千斤顶活塞复原，补放或更换顶铁(柱)。千斤顶的作用位置一般为箱涵的下部。

框构顶进的速度取决于挖出土速度，当箱体孔径能满足机械开挖和运输要求时，可采用机械挖运土，加快施工速度。顶进出土采用人力配合挖掘机施工，土方外运至弃土地点。挖土工作应与观测紧密配合，根据偏差情况，随时改变挖土方法。列车通过时不得挖土，施工人员应离开土坡 1 m 以外。挖土进尺及坡度应根据土质和线路加固情况确定，尽量采取小进尺、多顶次，严禁超挖，以保持箱体刃角有足够的吃土量，使箱身切土前进。应使上、下两层隔开，不得挖通漏天。发生塌方时，应迅速组织抢险加固，确保行车安全。

(4)检查

在顶进过程中，应随时对箱体轴线和高程进行观测，发现偏差及时采取措施纠正。顶进工作应在列车运行间隙期间进行，严禁在列车通过桥址线路时顶进。顶进期间必须配备专门人员负责对线路进行观察，确保行车安全。

(5)防护

线路防护及顶进作业应密切配合，建立统一的指挥系统，并设置可靠的声、光、铃联络装置。操作人员应无条件服从线路防护人员的指挥，保证行车安全和顶进的顺利进行。

3. 顶进方向和高程的偏差校正

框构顶进过程中不可避免地会出现左右方向偏差和箱体“仰头”“扎头”导致的高程偏差，应及时进行调整。

对箱体左右偏差进行调整时，可采用下面的方法：

(1)通过控制千斤顶阀门增减一侧千斤顶的顶力：箱体向左偏时，关闭或减少右侧千斤顶的顶力，如向右偏则反之。

(2)轮流开动两边高压油泵调整：如向左偏就开左侧高压油泵，向右偏就开右侧高压油泵。

(3)用后背顶铁(柱)调整：在加换顶铁时，可根据偏差的大小，将一侧顶铁楔紧，另一侧顶铁略松。如箱体前端向右偏，将右侧顶铁楔紧，左侧顶铁预留 1～3 cm 的间隙，开泵后，则右侧先受力顶进，左侧不动。

(4)调整前端左右两侧刃角：可通过在一侧超挖，另一侧少挖土或不挖来调整方向。如箱身前端向右偏，即在右侧刃角前超挖 20～50 cm，左侧保持刃角吃土 20 cm，通过顶进中的两侧刃角阻力的差别达到纠偏的目的。

4. 箱体“仰头”控制措施

两侧挖土不够宽时，易造成箱身“仰头”，故可在两侧适当多挖。若箱体“仰头”量不大，可把开挖面挖到与箱底面平；若“仰头”量较大，则在底板前超挖 20～30 cm，宽度与箱体相同，同时使刃角不吃土。注意在顶进中逐步调整，在未达到设计高程时，酌情停止超挖以免又造成箱体“扎头”。对箱体“扎头”进行纠正时，可采用下面的方法：

(1)适当增加仰头力矩，即增加刃角的阻力，使刃角多吃土，逐步顶进调整。挖土时，底板前不得超挖，开挖面基底保持在箱体底面以上 8～10 cm。必要时将施工机械停在箱体后端临时配重。

(2)基底土壤松软时，可换铺 20～30 cm 厚的卵石、碎石、混凝土碎块、混凝土板，或灌注混凝土、打入短木桩、挖孔灌注石灰柱桩、砂桩等方法加固地基，增加承载力。

(3)采用木支撑支顶的方法纠正“扎头”，即在箱体前端顶部两侧加木支撑，经过几次顶换，“扎头”可以得到纠正。

(4)用增加箱身后端平衡重的办法，改变箱身前端土壤的受力状态，达到纠正“扎头”的目的。注意增加重量后的逐步卸载问题，否则会出现“仰头”现象。

调整偏差时要摸索掌握规律性，并注意箱体受力不均匀时的结构变化状况。

5. 施工要求

(1)顶进时，非工作人员应撤离工作坑，严禁施工人员接近或跨越顶铁，顶铁间应加设横梁，顶铁上不得站人。

(2)每次开挖进尺应根据实际情况控制在 1.0 m 以内，随挖随顶，已挖好后不得长期暴露，严禁超前挖土。

(3)坚持四不挖制度，即列车通过时不挖，桥体顶进时不挖，发现有塌方迹象时不挖，机械设备发生故障时不挖。

(4)坚持四不顶进制度，即列车通过时不顶，后背变倾斜或严重变形时不顶，顶柱发现扭曲时不顶，顶进超过偏差且无措施时不顶。

6.1.4　案例：××线沧州市维明路 9.0 m—16.5 m—9.0 m 三孔框架桥工程

1. 工程简介

(1)框构桥概况

维明路为沧州市东西方向规划路，起点铁西大街，终点千童大道。该工程位于沧州火车站北端，框架桥在此处与铁路相交，交角为 84°48′22″，如图 6.1.8 所示。

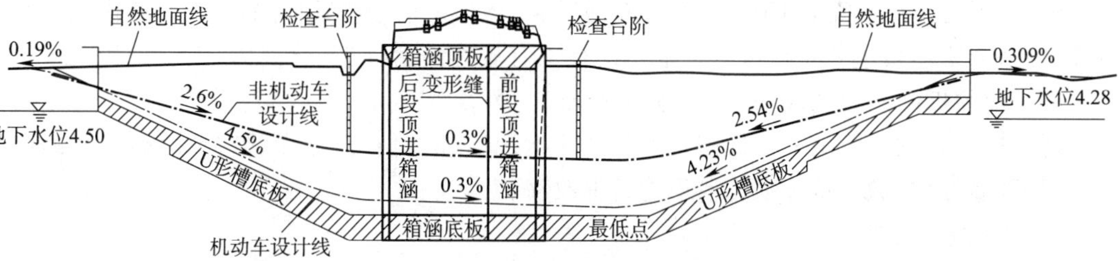

图 6.1.8　框构桥纵断面图(单位：m)

框构桥结构形式为 9.0 m—16.5 m—9.0 m 三孔，主体结构沿公路方向轴线长度为 71.920 m(垂直于铁路方向 71.659 m,)，分为两段制作，顶进 *A* 段为 25.241 m(25.150 m)，顶进 *B* 段为 46.649 m(46.480 m)，前端悬臂板长度为 4.00 m；后端悬臂板 2.00 m，尾墙长度为 3.00 m。既有线最低 7 股道轨底距离框构桥顶板顶面最小控制距离为 0.65 m(含防水层和保护层厚度)，最大距离为京沪上行线为 1.316 m。桥体顶进工作坑设置在铁路西侧，桥体由西向东顶进，采用中继间法施工。桥体顶进就位后，在线路两侧顺接 U 形槽，U 形槽采用钢筋混凝土结构形式，净宽与桥体相同，如图 6.1.9 所示。U 形槽底板底设置抗拔桩，ϕ0.80 m，123 根，抗拔桩垂直道路方向桩间距为 8.0 m，沿道路方向间距为 5.0 m。

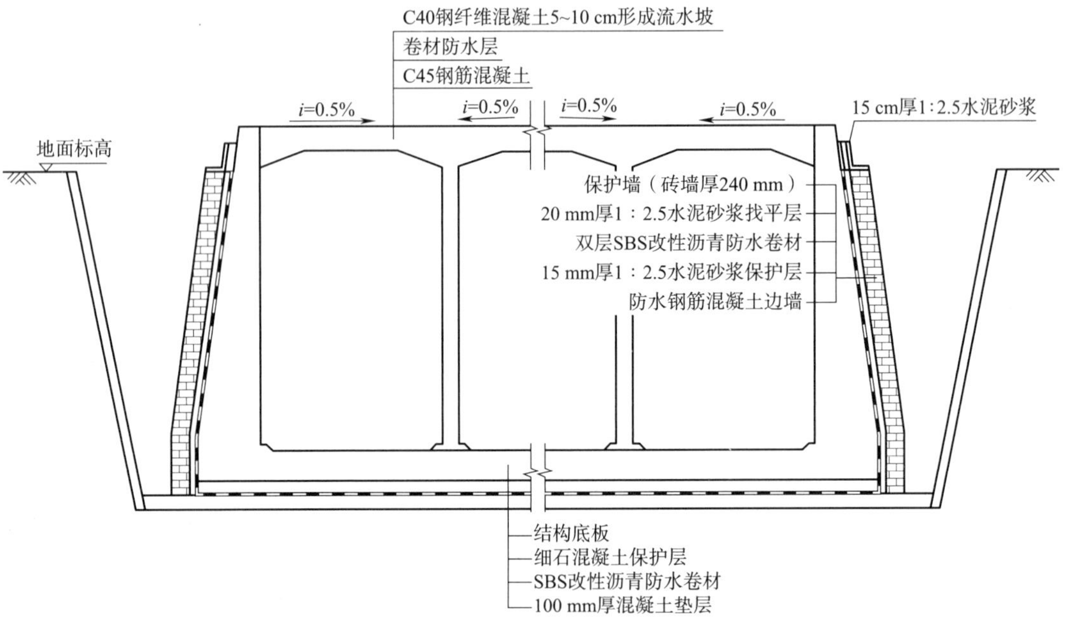

图 6.1.9　框构桥、U 形槽横断面图

(2)既有线概况

该工程位于沧州火车站北端，桥位处既有铁路有 8 股，均为南北走向，其由西向东依次为 6 道、4 道、京沪上行、京沪下行、3 道、5 道、机走线和 7 道。桥位处共有 2 组道岔，南侧一组为 12 号道岔，北侧一组为 9 号道岔。桥上有两组电气化接触网杆，桥体南侧有一组电气化接触网杆，顶前须进行改移，待桥体顶进就位后恢复。桥体南侧有既有下穿人行通道一座，单孔 3.0 m×3.0 m，桥体顶进时将其同步拆除。桥位处有既有平交道口，宽 5.5 m，穿越 6 道、4 道与京沪上、下行 4 股线路，用于站内行李车通过，桥体顶进前须将其拆除，并在车站南端头采取过渡措施，待桥体顶进就位后恢复。沧州站有既有旅客站台 3 座，分别为一、二、三站台，桥体顶进施工前须拆除站台北端头，待桥体顶进就位后恢复。

桥位处既有铁路股道间及铁路两侧有铁路电源线和通信、信号光、电缆等设备，线路两侧有房屋、围墙等建筑物，桥体顶进前须进行拆改移。

2. 主要施工方案

(1)线路加固

线路加固体系为 8 股线路和 2 组道岔，线路高差较大为 655 mm，横梁工字钢较长，线路加固时施工难度大，为此采取两个加固体系从线路两侧穿入横梁工字钢。

(2)排水

采用降水井、止水帷幕降水。施工范围内地下水位较高，降水难度较大，施工中必须严格按照设计布置降水井，并在限速条件下降水，增加线路观测，以有效的控制水位，为框架桥施工创造条件。

线间降水井与线间桩数量较多，受行车影响较大，在施工过程中加强防护，保证行车安全和人身安全是本工程的重点。

(3)顶进

框架桥采用中继间法顶进，其方向和高程的控制是本工程的难点。在顶进过程中，采用前底板吃土量控制桥体高程，利用顶进设备液压系统和前刃角两侧吃土量来控制桥体方向。

3. 施工方法

(1)工作坑施工

框架桥工作坑设置在铁路西侧，其平面位置如图6.1.10所示。工作坑平均深度为7.5 m，前端上坡口距铁路线中11.0 m，前端边坡坡度为1∶1.5，后端与两侧采用钢筋混凝土桩，桩间与前端坡面挂网锚喷C20混凝土，厚度10 cm。工作坑周围设止水围堰。

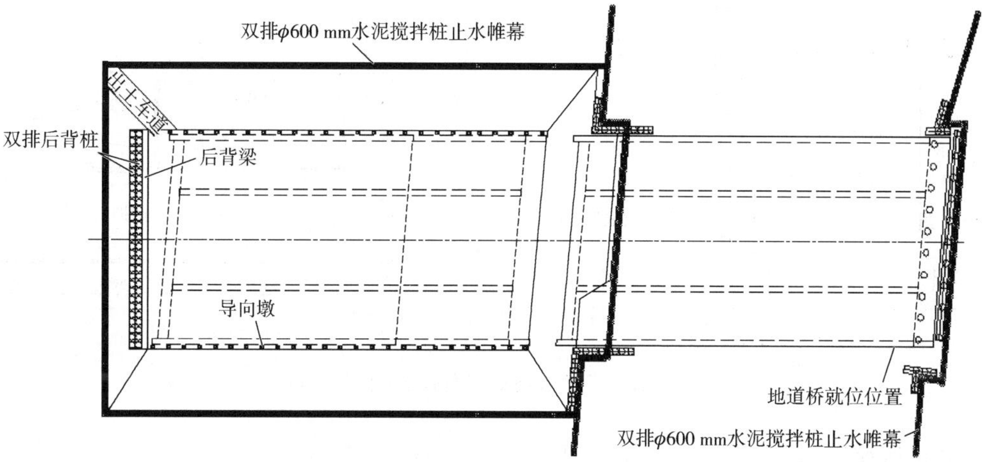

图6.1.10　工作基坑平面图

施工时及时抽水，使基坑工作面保持干燥，并在坑顶外侧设挡水围堰，防止地面水流入。

(2)滑板及隔离层(垫层)施工

滑板厚0.40 m，碎石垫层厚0.40 m，浇筑滑板(垫层)要求大面平整光滑。以2 m检查尺检测，平整度控制在5 mm以内。用网格法控制水平，滑板做成平坡。滑板的润滑隔离层按设计文件设置，为更有效的使桥体与滑板隔离，在润滑隔离层与箱体底板间加设3 cm厚M30水泥砂浆，作为润滑隔离层的保护层。

滑板施工中，两侧设置导向墩间距5 m，并在滑板前端设置底板船头坡，框架桥船头坡高5 cm，长4.0 m，沿框架箱体轴线方向布置于底板的前端。滑板表层要保证良好的平整度。润滑层涂抹均匀，隔离层要满铺，并注意接茬方向，防止框架桥与滑板连接影响顶进施工。

(3)框架桥与U形槽制作

①钢筋工程

钢筋主筋的绑扎要满足结构尺寸及保护层要求，保证钢筋绑扎位置正确，钢筋数量、规格、尺寸符合设计和规范要求。

②模板工程

模板保证内面光洁、平整，模板内面涂刷脱模剂，以利拆模。模板连接保证牢固，接缝处密合，其组合整体有足够的刚度和强度。穿墙螺栓要紧固可靠，并用电焊将螺母焊牢。保证结构保护层的要求，在模板与钢筋间设预制砂浆垫块。

③混凝土工程

桥体采用C45P8商品混凝土。为预防混凝土碱集料反应，采用低碱水泥、低碱量外加剂、低碱活性集料，控制混凝土碱含量。为预防及减少裂缝，细化配合比，降低混凝土水化热。混凝土浇筑完成后要及时安排人员对混凝土进行洒水养护。养护时在已经浇筑的顶板、底板蓄水降低温度，增加湿度，在内墙浇水贴塑料薄膜。

④桥体中继间

框架桥顶进段由两段组成并设 1 个中继间，中继间设镐窝 4 个，尺寸为 5.200 m×1.310 m 和 4.800 m×1.310 m，其镐窝结构形式和钢筋配置如图 6.1.11 所示。

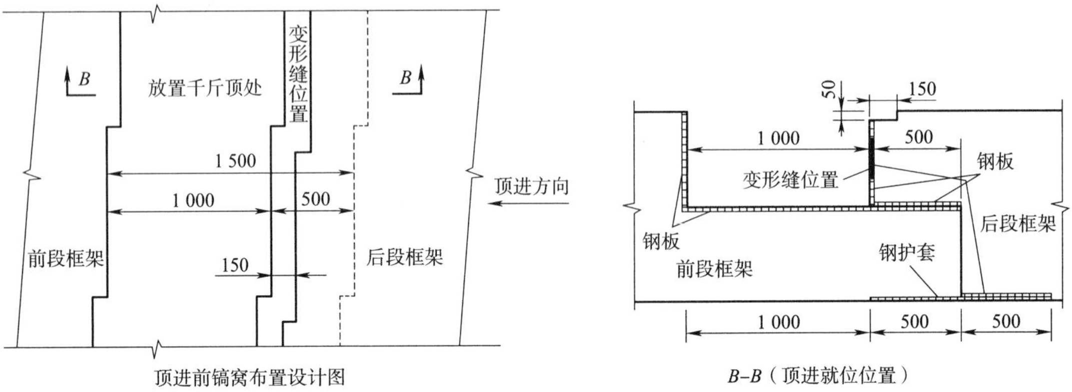

图 6.1.11　顶进前镐窝布置图(单位：mm)

(4)桥体顶进

①顶进设备配备

根据桥体中心线与线路夹角，及桥体持力层的地质情况，通过计算对桥体进行合理配置顶镐。

②试顶

顶进的实施是整个工程的关键环节，因此，正式顶进前必须进行试顶。试顶顶力不能过大，一般是桥结构自重的 0.6～1.0 倍，开始启动时不能突然增到此数值，应使顶镐同步逐渐加压，每升压一次要稳定几分钟，并派专人对设备及滑板后背和框构进行检查，如一切正常，方可加压正式顶进。在加压过程中如油表突然下降，表明框构与滑板脱离，框构开始向前移动。

③空顶

a. 框架桥空顶距离为 15.30 m，空顶位置前檐距离 6 道线中为 11.15 m，并根据线路加固的要求(在保证线路安全的情况下)可适当调整。

b. 空顶时严格控制方向和高程，防止桥体进入线路后给纠偏工作带来困难，根据每一镐的测量结果，控制底板船头坡和刃角的吃土量来保证高程的稳定性。

c. 空顶就位后前施工面暴露时间较长，为了保证线路的安全，空顶最后一次挖土时，开挖的土方要全部留在框架桥内，在桥体空顶就位后利用桥内预留的土方堆放于前施工面，保证线路路基的稳定性。

④顶进

a. 开镐顶进是现场顶进工作的中心环节，要求各部门必须严密组织，统一指挥，协调好线路加固、出土和顶进的关系。并在每次开镐前对设备、线路加固和前端清土情况进行全面检查，确认一切正常后再开镐顶进。

b. 完成一个顶程后回镐，增换不同长度的顶铁，再次开镐，如此往复，直到顶进就位。

c. 顶进时间利用列车运行间隔进行，执行四不顶制度。顶进时要与工务监护人员密切配合，在桥顶板后端设配电箱一个，控制油泵及电铃，开关要标明“油泵”与“电铃”字样，线上与线下人员用对讲机联系，并且呼唤应答，当有列车通过时，线上人员用对讲机通知司泵人员并按响电铃，司泵人员立即停止顶进，如果电铃响后桥体还继续顶进，桥上监护人员可切断油泵电源。

⑤挖土、运土作业

a. 采用机械挖土，人工清槽刷坡并配合装载机、自卸汽车的作业方案，坚持四不挖制度。

b. 顶进挖土顺序：顶进出土时采用先两边、后中间的方式开挖顶进土方，即两台挖掘机先开挖两侧桥洞，但预留两侧刃角土，为了避免顶进时桥体两侧坍塌，两侧刃角墙体部位采用人工提前挖土，防止桥体两侧由于吃土过多造成两侧土体坍塌，人工挖时，墙体厚度为 1.1 m，人工挖土宽度为 1.0 m，两侧墙体吃土为 0.1 m。挖掘机开挖中间土方时，装载机开始清运两侧洞内土方，中间土方挖运完成刃角清除完毕后马上开始顶进。

c. 根据土质情况，严格控制一次挖掘进尺在 1.0 m 以内，勤顶勤挖掘，并根据桥体偏差确定刃角与底板是否吃土。

d. 挖土坡度与刃角相符，挖土坡度平顺整齐，同时挖土与测量工作密切配合，根据框架的偏差情况及时改变挖土方法。

e. 为避免挖土作业时超挖，桥体悬臂板以上土体及道砟，要先用人工戳穿至前悬臂板以下，方便挖掘机司机看清位置，同时线上要派专人指挥挖掘机作业，每台挖掘机要由两名人员指挥，即：线上一个，线下一个，用对讲机呼唤应答，密切配合。严格控制超挖危急行车安全。

⑥支承桩破除

当前檐板前端距支承桩 1.0 m 时(距线中 2.375 m)，即线路完全支承在檐板上，开始用破碎炮破除支承桩顶部 1.5 m 桩头，桥向前正常顶进，直至桩根部接近桥体底板前端，将桩用挖掘机放倒运出桥外，如图 6.1.12 所示。

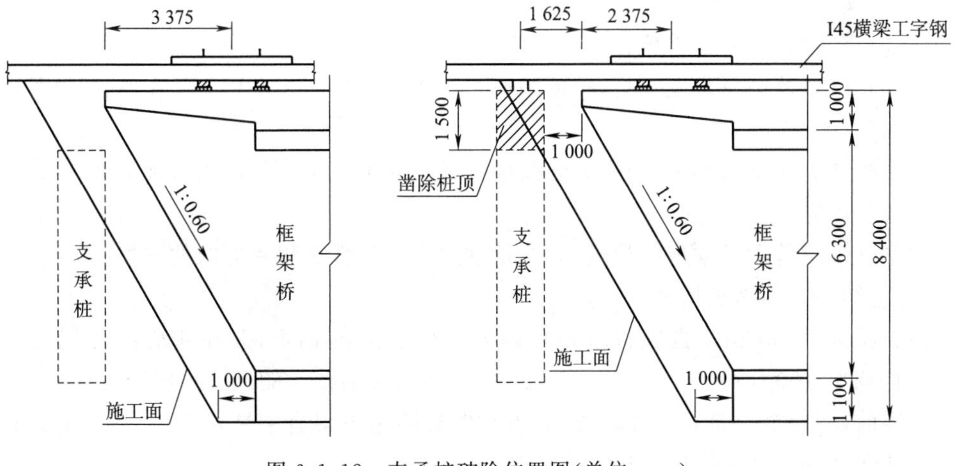

图 6.1.12　支承桩破除位置图(单位：mm)

⑦桥体顶进循环时间

桥体顶进每循环用时 8.0 h，每循环顶进 1.0 m，每天可顶进 3.0 m。

顶进期间如遇较大降雨，要尽快把桥体顶到开挖施工面，并在坡前堆土，堆土高度不小于施工面的一半，前坡及出土马道应用彩条布或塑料布苫盖，避免雨水冲刷。

4. 技术要求

(1)纠偏和防“扎头”措施

①防扎头控制：在桥体底板前端设置过渡段，即“船头坡”，框架桥船头坡长 4.0 m，高 50 mm，“扎头”严重采取接纵向地梁。

②抬头：桥体抬头时，采取箱体前端底板处适当超挖的方法，并根据桥体顶进高程变化趋势，逐步超挖直至达到设计要求。

③顶进方向的控制：合理的布置顶镐是保证方向精度的关键，此外还要采取两项措施，一是顶进时利用泵站的分流系统，调整两侧顶力，并按具体情况调整两侧刃角的吃土量；二是做到随时顶进、随时测量、随时调整。

(2)顶进过程中的测量监控

①在桥体顶进施工时由工程技术人员对桥体各部位、顶力体系和后背不断地进行观测、记录、分析和控制。

②发现桥体变形和位移时，应立即分析发生的原因，对顶力系统立即作出相应调整，以确保顶进施工安全。

③顶进过程中，应不间断测量监控桥体轴线位移和高程变化。

④保持观测顶柱轴线方向的变形和横向稳定情况，观测联系横梁着力点附近的变形，确保传力结构体系工作正常。

⑤观测后背变形和受力影响区内土体的裂缝。

(3)桥体两侧补注浆

桥体两侧的路基土由于桥体顶进过程中的扰动以及在列车振动下，会造成土体塌方，桥体就位后，此处的土体在回填时受空间限制不能夯实，会对以后列车运行造成不利影响，因此在桥体顶进就位后，及时采用注浆方法固化，使松散土体与浆液凝固形成复合土体。

(4)桥体顶进作业要求

①顶进设备必须严格检查后方可投入使用。

②顶进时严格控制每次挖土量，勤挖勤顶。开挖坡度控制在 1∶0.50 左右，且开挖面为完整平面。

③由于桥体为斜交框架桥，顶进时必须根据桥体的顶进情况随时进行顶力调整，对顶进方向进行有效的控制。

④桥体进入路基后必须连续顶进，并在顶进过程中加强高程和方向的监控。

(5)防止结构被顶裂的措施

①预制箱体时，应在结构底板端面预埋 $\delta=20$ mm 的钢板，并在相应部位混凝土内设 $\phi10$ mm、网格为 100 mm×100 mm 的钢筋网，加强底板混凝土的局部承压能力。

②顶进前，应对框架进行全面检查，底板和框架四角不得有裂缝，并必须待框架结构混凝土达到设计强度的 100%后方可进行顶进施工。

③顶进过程中，如框架发生偏差，应采取不等压的方式逐渐加压纠偏。

④修筑后背时，钢筋混凝土后背梁应达到设计强度；填土应按设计夯填，避免顶进时后背破裂。

任务习题

(一)填空题

1. 当顶进的箱桥较长、顶力较大、背后设备增多时,为节省后背与传力柱等辅助设施时宜采用________施工。

2. 顶进施工时,要准确掌握箱身顶进的方向和高程,应在顶进的______设置观测站及时观测。

3. 一般顶入法是箱体顶进最常用的方法,是在铁路一侧开挖________,预制箱体借助后背随顶随挖土直至箱体就位。

4. 框构桥涵顶进,工作坑底板(又称滑板)应有足够的刚性和稳定性,下面铺 10 cm 厚碎石;顶面要平滑,滑板表面抹一层 1∶3 水泥砂浆并压实,其上铺设________。

5. 框构桥涵顶进,板桩式后背由板桩、________、后背填土(或后背填片石)三部分组成。

6. 框构桥涵顶进,混凝土底座式后背由钢筋混凝土底座、________及后背填土组成。

7. 顶进施工时,排、降水工作应在工作坑______之前进行。

8. 箱体顶进过程中,入土之后箱体前高后低时表明顶进中出现了______现象。

(二)选择题

1. 工作坑底板中,锚梁的作用是(　　)。

A. 防止底板下沉　B. 防止底板断裂　C. 进行地基加固　D. 防止底板滑动

2. 轨束梁的容许跨度与轨束梁(　　)有关。

A. 钢轨长度　B. 集中应力　C. 钢轨型号　D. 弯曲应力

3. 采用(　　)顶进施工,需修筑后背。

A. 中继间法　B. 对拉法　C. 牵引法　D. 顶拉法

4. 框构桥顶面上的道砟厚度应在(　　)以上,以免列车通过时刚度突变。

A. 0.4 m　B. 0.25 m　C. 0.30 m　D. 0.35 m

5. 框构主体顶面和侧墙外面应按规定作防水层,带土顶进时,顶部防水层的保护层厚度不得小于(　　)。

A. 3 cm　B. 4 cm　C. 8 cm　D. 10 cm

6. 当采用轨束梁加固涵身两侧线路时,轨束应用钢箍固紧,并向两端延伸涵身高度的(　　)。

A. 1 倍　B. 1.5 倍　C. 2 倍　D. 3 倍

7. 增建或改建框构、刚构桥时,桥上轨底至桥梁顶面高度应不小于(　　)。

A. 500 mm　B. 600 mm　C. 700 mm　D. 800 mm

8. 增建或改建框构、刚构桥时,其混凝土强度等级不小于(　　)。

A. C30　B. C35　C. C20　D. C25

9. 顶铁超过(　　)时,称为顶柱,又名传力柱。

A. 0.5 m　B. 0.6 m　C. 0.8 m　D. 1 m

10. 框构桥涵一端顶进时,中线误差不得大于(　　)

A. 50 mm　B. 100 mm　C. 150 mm　D. 200 mm

(三)判断题

1. D 型便梁加固线路时线路稳定性得以保证,可提高行车和施工安全系数,框构不承受

上部荷载，减少“扎头”。 （ ）

2. 框构桥涵的顶进误差应符合下列规定：中线一端顶进时为 100 mm，两端顶进时为 200 mm。 （ ）

3. 地道桥顶进中，工作坑内底板顶面坡度为前低后高。 （ ）

4. 箱体顶进中可用增加箱身后端平衡重的方法，改变箱身前端土壤的受力状态，以达到纠正“扎头”的目的。 （ ）

5. 在砂质土中顶进，采用锯齿形刃角有利于施工挖土。 （ ）

（四）简答题

1. 简述框构桥常用顶进设备。

2. 简述框构桥涵顶进时崩顶铁的处理方法。

3. 简述框构桥涵顶进时安全注意事项。

任务 6.2 桥跨加固作业

由于我国铁路运输现代化的需要，客货列车运行速度和密度在不断提高，一些既有桥梁已不能满足运营要求，需要采取换梁或进行加固改造以满足运营需要。目前，我国已经积累了丰富的旧桥加固经验，主要有增大截面加固法、外包型钢加固法、体外预应力加固法、粘贴钢板加固法、体系转换法、粘贴纤维布加固法、喷射混凝土加固法等方法，各种加固方法都有其优点，都得到了较好的实践与应用。

6.2.1 增大截面加固法

1. 基本原理

增大截面加固法是在圬工梁底面或侧面加大钢筋混凝土截面，使梁抗弯截面加大，增配主筋，提高结构的强度、刚度、稳定性和抗裂性，以满足正常使用的要求，也可用于修补裂缝。该方法的优点是容易施工、适用范围较广；缺点是嵌入的钢筋锈蚀和混凝土劣化的危险性很大。在大多数情况下，结构中的旧混凝土不再受体积变化的影响，新混凝土的体积变化受到约束就产生张拉应力，当引起的张拉应力超过其抗张拉应变能力时，导致开裂和剥落；另外，现场湿作业工作量大，养护期较长，对运营和环境有一定的影响，截面增大对结构外观及桥梁净空也会产生影响。

增大截面加固法的关键在于新、旧材料能否共同工作，核心是结合剪力能否有效地传递。

2. 施工工艺及技术措施

（1）喷射加固法

当原有圬工梁截面积过小，下缘主拉应力超过容许值出现裂缝，而桥下净空又有允许量，可采用喷射法进行加固。首先用灌浆、抹面等方法修补结构出现的裂缝和破损；其次按照提高承载力要求在梁的下缘布设钢筋网或钢筋骨架；最后喷射混凝土保护层。

喷射混凝土层的厚度应根据设计需要确定，每次喷射厚度不宜超过 3～8 cm，如需要加厚则分层喷射，可采用早强混凝土或纤维增强混凝土，采用纤维增强混凝土效果更佳。采用喷射混凝土加固桥梁，施工不需要立模，搭架简单，施工方便，工期短效果好。但需要专用的喷射混凝土机具，对喷射的施工工艺要求高，其技术水平将直接影响加固补强的效果。

(2)T 形梁增加截面和配筋加固法

T 形梁增加截面加固时，多在梁底板及腹板增设钢筋，然后喷射或浇筑水泥砂浆或混凝土以达到梁跨加固补强的目的，应将提高弯曲应力的钢筋水平放置在梁底的下部，而将加强剪应力的钢筋箍筋竖向放置在梁的两侧，如图 6.2.1、图 6.2.2 所示，施工工序如下：

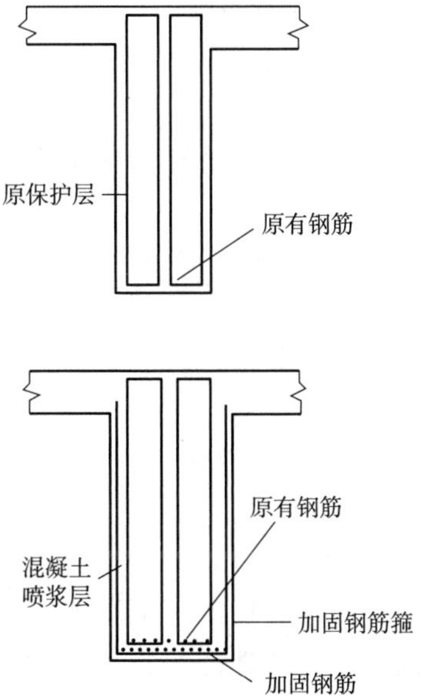

图 6.2.1　增配主筋和套箍

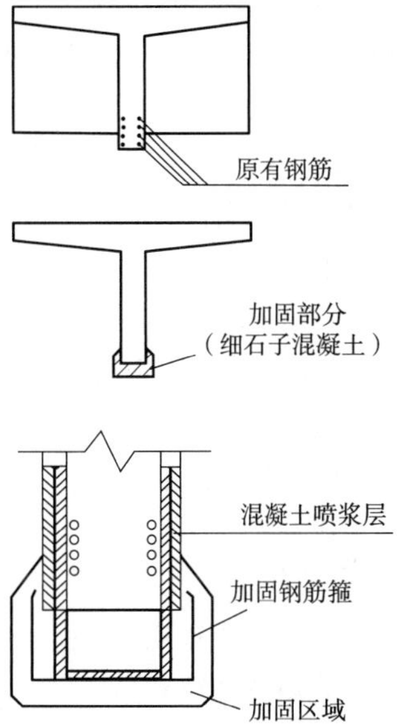

图 6.2.2　主梁加固

①把梁底板面的混凝土保护层凿去，如需做套箍，两侧腹板混凝土表面也需要凿毛。要求将表面砂浆凿出粗纹，露出石子颗粒，凿毛后立即进行钢筋焊接及混凝土浇筑等工作，以免凿毛部分污染，影响新旧混凝土的结合。

②在暴露的原有主钢筋上焊接补强钢筋。

③在腹板侧面加上需要补强的钢筋箍，钢筋箍的间距应按照计算确定。用埋入梁中的销钉把钢筋箍固定，并用铁丝与纵向加固钢筋绑扎起来(或焊接)。钢筋箍的上端应埋入梁中。

④立模浇筑混凝土，并恢复保护层。一般用小石子混凝土浇筑。

⑤养护。

6.2.2　外包型钢加固法

外包型钢加固法是用型钢在构件四周将其包住，再用钢缀板和型钢焊接，使型钢和构件通过缀板的作用紧紧贴在一起，适用于使用上不允许过大增加原构件截面尺寸，却又要求大幅度提高截面承载能力的加固要求。外包钢加固方法分干式和湿式两种情况，湿式外包钢加固，外包钢与构件之间是采用乳胶水泥粘贴或环氧树脂化学灌浆等方法粘结，使外包钢板与原构件能协同受力；干式外包钢加固，型钢与原构件之间无粘结，不能保证外包钢架与原构件整体工作，彼此只能单独受力，与湿式外包钢相比，干式施工更为简便，但承载能力提高不如湿式外包钢有效。

6.2.3　体外预应力加固法

通过在梁体外部设置拉索与被加固的梁体锚固连接并施加预应力，从而改变原结构的内力分布，降低应力水平，使构件承载能力显著提高，减小结构变形及裂缝宽度，甚至使裂缝完全闭合。

1. 主要特点

(1)加固效果好，可大幅度提高旧桥承载能力。

(2)工作可靠，可以减少或限制结构的裂缝和其他变形。

(3)对桥梁运营使用的影响较小，可在不限制通行的条件下完成施工。

(4)工期短，设备简单，经济效益明显。

(5)对原结构操作小，不影响桥下净空。

(6)增设的预应力值需准确计算，为保证加固效果，必须在加固过程中预留构造措施，以便在使用过程中及时调整加固件的工作应力数值。

2. 适用条件

(1)梁体正截面受弯承载能力不足。

(2)梁体正截面受拉区钢筋锈蚀梁体刚度不足导致挠度超限，受拉区裂缝宽度超限，梁斜截面受剪承载力不足。

(3)提高梁体横向刚度。

3. 加固方法

(1)预应力拉杆加固钢筋混凝土梁

如果桥下净空不受限制，可采用在梁底板下加预应力拉杆或粗钢筋体系进行加固，预应力拉杆锚固在梁两端或从梁端数起第二道横隔板上，中间可设立柱进行支承，预应力筋与原结构组合受力。可以通过调整支承点位置和预应力拉杆筋的拉力满足结构承载能力的要求，如图 6.2.3、图 6.2.4 所示。

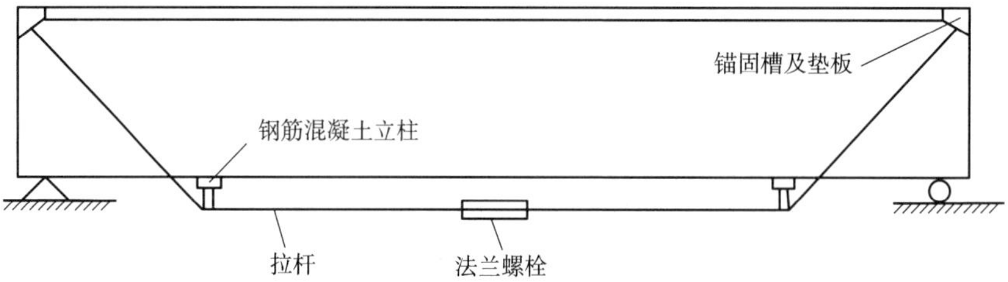

图 6.2.3 下撑式预应力补强拉杆加固示意图

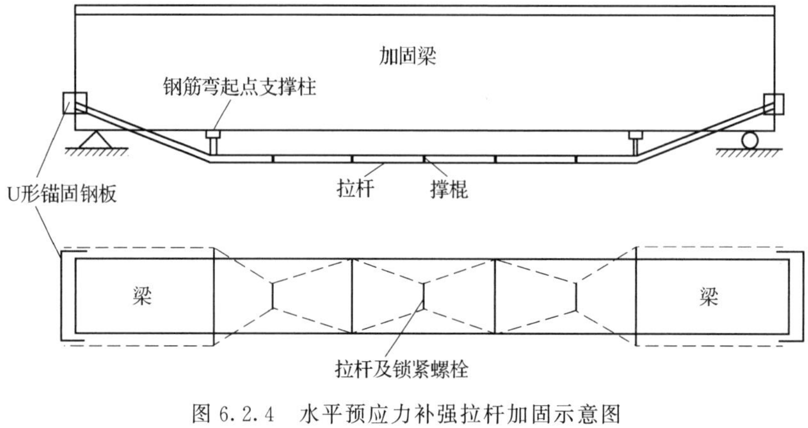

图 6.2.4 水平预应力补强拉杆加固示意图

(2)体外预应力钢丝束(钢铰线)加固法

体外预应力钢丝束加固是沿梁肋两侧按照抛物线等曲线形式设置预应力钢铰线，钢铰线的两端头穿过翼缘板的斜孔延伸至梁顶锚固，在梁底每隔一定距离设置一个定位箍圈或在梁肋两侧设定位销用以保持曲线线形和固定钢铰线位置，如图 6.2.5 所示。

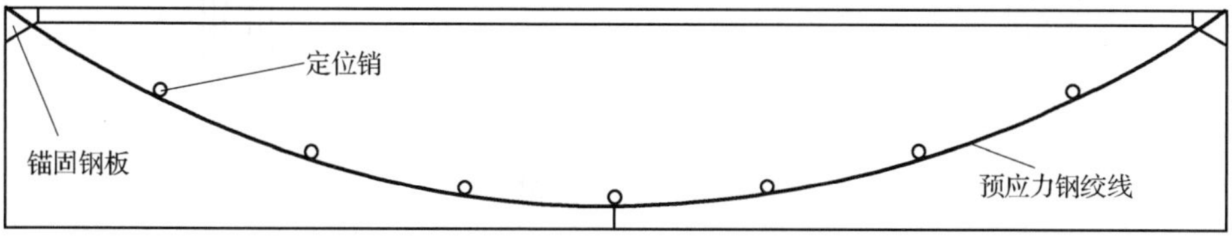

图 6.2.5　钢铰线体外预应力加固示意图

6.2.4　粘贴钢板加固法

采用环氧树脂等粘结剂将钢板粘贴于钢筋混凝土构件受拉部位或薄弱部位，用于代替需增设的补强钢筋，从而提高构件抗弯、抗剪能力，减少裂缝扩展。该方法优点是工期短，几乎不增加结构静载，不需要破坏被加固的原有结构物。缺点是在进行现场钢板的粘贴及焊接操作时因钢板自重较大，或因结构物外形复杂而存在一定的难度，且施工时必须在结构上钻孔，埋设一定数量的锚栓，增加了构件的损伤，外钢板还需要定期作防锈处理，并且也不适宜有腐蚀介质环境，加固结束需要后期养护。

6.2.5　体系转换法

这是一种通过改变桥梁结构体系提高其承载能力的方法。如在简支梁下增设支点(墩台)缩短单跨跨径，如图 6.2.6 所示，或将相邻两跨简支梁相连接，或使简支梁变成连续梁，或通过减小跨中正弯矩，或在梁底与墩台间加斜撑等来提高桥梁的承载能力，如图 6.2.7 所示。采用该方法需仔细调查转换前后的承载能力做出精密的计算，分析确定体系转换达到加固修复旧桥的目的。

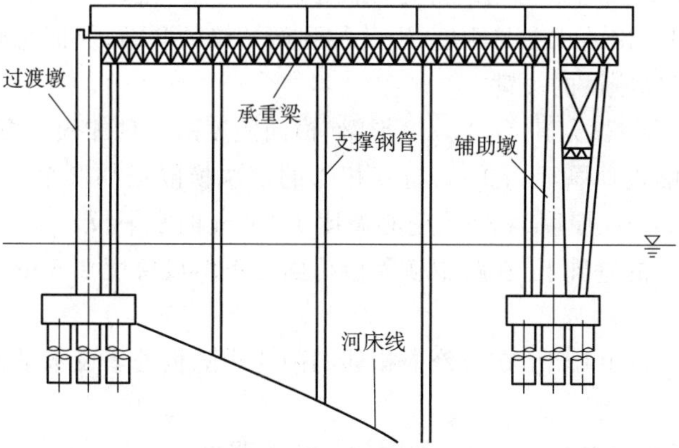

图 6.2.6　增设支点

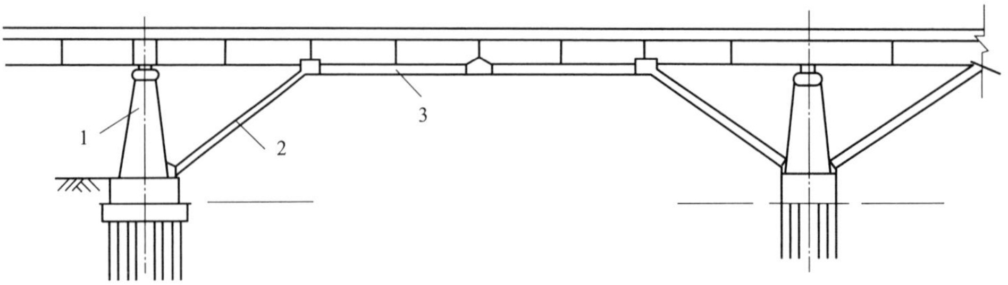

图 6.2.7　增加斜撑

1—桥墩；2—斜撑；3—梁底支撑

6.2.6　粘贴纤维布加固法

粘贴纤维布加固法是指用特制的建筑结构胶将碳纤维、芳纶纤维、玻璃纤维等高强度纤维与混凝土结构表面牢固的粘结在一起并共同工作，达到对混凝土结构加固补强的目的。高强度纤维加固法具有高弹性模量、耐腐蚀、耐久性好、施工简捷、没有湿作业、不需大型施工机具、适用面广的特点，可广泛应用于各种结构类型、各种结构形状、各种结构部位的加固修补，且不改变结构形状及不影响结构外观，又具有很好的防腐蚀性能及耐久性能。

6.2.7　喷射混凝土加固法

我国既有铁路运营线路上的混凝土桥梁大部分采用分片式混凝土预制 T 形梁，历经 2019、2039、2059 等系列标准图纸多次改进，分片式 T 形梁横向刚度仍普遍偏低。此外，由于受当时设计理念的局限，混凝土梁的钢筋保护层普遍偏薄，在经过一段时间的使用后，相继出现各种病害，严重影响结构的耐久性甚至运营安全。为满足列车提速要求，工务部门在换梁时已广泛采用横向刚度较好的提速梁。但是，由于换梁对运输干扰大、成本高，并且由于提速梁自重较大，个别桥梁采用提速梁的效果并不理想。因此，如何在不中断运输的条件下对既有混凝土桥梁进行提速加固、改造，以满足列车运行要求是需要解决的重要问题。

1. 混凝土梁横向加固措施

双片式 T 形梁是铁路上最常用的桥跨截面形式之一，影响双片式 T 形梁横向刚度的主要因素是两片梁体之间连接的状态与刚度，因此加强两片梁的联结，保证它们在荷载作用下共同受力是提高梁整体横向刚度的关键。

以下是双片式 T 形梁(尤其是 32 mT 形梁)横向刚度的三种加固方案。

方案一：梁端横隔板加厚至 0.9 m、与其相邻的 2 块横隔板加厚至 0.6 m，在梁端腹板扩大的前部增加长度 1.0 m、厚度 0.3 m、中心高度 1.34 m 的水平板。

方案二：在方案一的基础上，在跨中横隔板桥面板下增设长度 2.5 m、平均厚度 0.24 m 的水平板。

方案三：在方案二的基础上，在与跨中相邻的两块横隔板处增设水平板。

加固特点如下：

①梁横向自振频率可提高约 30%，加固效果较为明显。

②新增混凝土的重量较小且集中在梁端，梁体恒载弯矩增加有限。

③加固横隔板后增加了梁的自重，使梁的竖向自振频率降低，但降低率在 3%之内，竖向

刚度可满足要求。

2. 混凝土梁横向预应力加固方法

理论分析和现场工程实施的经验表明,通过增加横隔板并施加横向预应力加强两片梁横向联系的方法加固效果较好,且不影响线路的正常运营,是提高双片式 T 梁横向刚度的有效方法,其基本原理如图 6.2.8 所示。施加横向预应力法加固的详细施工工艺及注意事项如下所述。

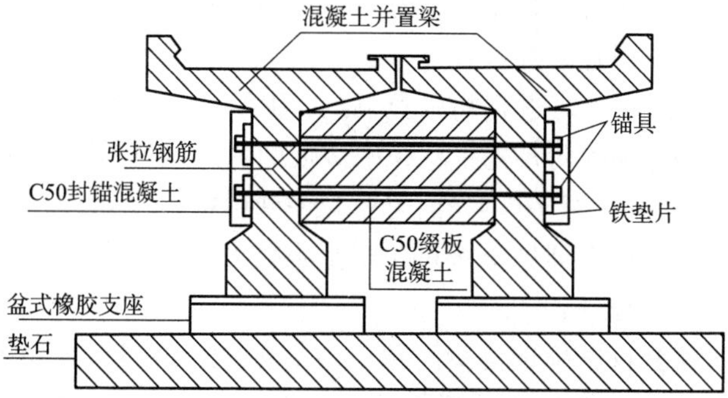

图 6.2.8　施加横向预应力加固铁路 T 形梁示意图

(1)施工方法及可能发生的问题与对策

①横向预应力筋

横向预应力筋采用冷拉Ⅳ级钢筋,应符合国标《钢筋混凝土用钢　第 2 部分:热轧带肋钢筋》(GB/T 1499.2—2018)的规定,其抗拉强度不应小于 850 MPa。外面用钢套管包裹,管内涂装三道环氧树脂玻璃丝布防护,中间用中性油脂充塞,以便张拉后形成无粘结后张法预应力杆件。预应力筋下料长度根据实际情况确定,在使用前必须进行冷拉,冷拉控制应力不小于 750 MPa,且冷拉率不得大于 3%,冷拉后经时效处理后方可使用。

②梁体钢筋探测

钻孔前要了解梁体钢筋的实际分布情况,根据桥梁竣工图结合电子探测仪精确探测梁腹板中的钢筋位置。由于施工时有误差,所以对每孔梁都要探测和计算,并依照探测到的数据与竣工图进行对照分析,然后进行试钻,确保不伤到梁体主筋。

③放样和钻孔

放样和钻机选择是确保钻孔准确的两大要素。放样精确是为了保证孔道不至于出现错牙、歪斜,而钻机的好坏直接影响锚固孔定位、平直。两片梁不能同时放样,应先放一片梁,钻通一个孔,再根据这个孔的方向、水平位置来定另一片梁的位置。先钻外侧梁的孔,再用拉线伸出梁体的方法定方向,用水平法定高低水平,以保证钻机能够对准。在钻孔过程中不应求快,而应求稳,这样既能保证质量,也不会出现烧坏钻机的现象。钻孔时如发现钻到钢筋应立即停钻检查,经现场技术员确认能继续钻时才能开钻,或采取必要的措施后改孔。

④缀板内锚固钢筋

缀板内设钢筋笼,主筋采用 ϕ25 mm 螺纹钢筋,箍筋采用 ϕ8 mm 光圆钢筋。锚固钢筋要求两头均锚入梁体 10 cm。两片梁之间的宽度不一样时,将钢筋锚入梁体有两种方法:一是封锁线路将梁体移开,把钢筋装入后再将梁移回来,这既费时费力,又干扰运营,原则上不宜采用；二是将锚固钢筋从中锯断，在中部错开搭接，这种方法是可行的。

⑤混凝土灌注

在新旧混凝土法界面处必须凿毛、清洗，干燥后再灌注 C50 早强混凝土，从梁顶开孔往下灌注，一直灌注到内边墙顶。

⑥预应力张拉

穿好预应力筋后初张拉前，应将梁体用硬质木撑块在梁端和跨中上、下翼缘处撑紧，防止张拉时梁体产生位移，以利张拉工作正常进行，进行终张拉前应将支撑梁体的木撑块取出。木撑块应为楔形，避免在列车通过时掉落。

待缀板混凝土达 70％强度时进行初张拉，张拉力为 50 kN，待强度达到 80％时进行终张拉，张拉力为 200 kN。张拉顺序为：先张拉跨中最近的两段，然后顺序张拉其他段。

每段 4 根预应力筋的张拉顺序为：先同时张拉中间两根，再同时张拉旁边两根。张拉过程中若横隔板底部出现裂缝，应立即停止张拉并调整张拉力。

(2)施工步骤及工艺流程(图 6.2.9)

施工步骤：用电子探测仪精确定位横向预应力筋位置—梁体腹板钻孔—梁体表面凿毛及钻锚固筋孔位—埋设锚固筋、绑扎联结板钢筋—立模—埋设芯管、布置穿引预应力筋—初张拉—灌注联结板混凝土—保养、拆模—终张拉—切割外露预应力筋、封锚。

施工时，所有工作都要严格按规范进行组织，在梁上的作业人员应戴好安全帽、安全带。脚手架搭设要牢固，不得出现翘头板，注意人身安全，脚手架钢筋挂钩的弯制要标准，材质、规格不能随意更改。

在跨越公路的桥上施工时应设好防护网，并派专人在公路上防护，以免施工杂物伤人或机动车辆撞上施工脚手架。

(3)质量标准

①加固方案及布置形式、加固位置、数量、施工工艺等符合设计要求。

②新增联结板(隔板)尺寸偏差要求宽度(顺桥向)±10 mm；高度$^{+10}_{\ 0}$ mm；厚度$^{+10}_{\ 0}$ mm，表面平整度≤3 mm/m；中心偏离设计位置≤10 mm。

③钢筋锚固孔深允许偏差$^{+15}_{-5}$ mm，孔内清洁无杂物，使用植筋胶时且应干燥。

④封锚混凝土高度偏差≤10 mm，封锚前锚具外露端涂黄油，安装防水塑料盖。

⑤预应力筋张拉回缩量≤1 mm。

⑥新增混凝土与梁体间的施工缝表面涂 2～3 层聚氨酯防水涂料，涂层厚度≥1 mm。

6.2.8　换梁作业

1. 换梁条件

如果梁跨结构的病害不严重，能通过增大截面、粘贴钢板或高强度纤维布、转换体系、体外预应力、增加横向刚度等手段加固补强解决时，则应优先考虑继续使用，但遇下列情况之一时，则应考虑换梁。

(1)不能适应提高行车速度与线路标准的桥梁，如临时性桥跨结构(如轨束梁、工字梁、军便梁)，结构不合理的槽形梁、钢筋混凝土矩形梁等。

(2)原有圬工梁承载能力不足，或混凝土开裂超过允许限度、掉块、空洞、主筋锈蚀损坏、挠度过大以及其他技术状态不良而无法加固改造或加固改造不经济时。

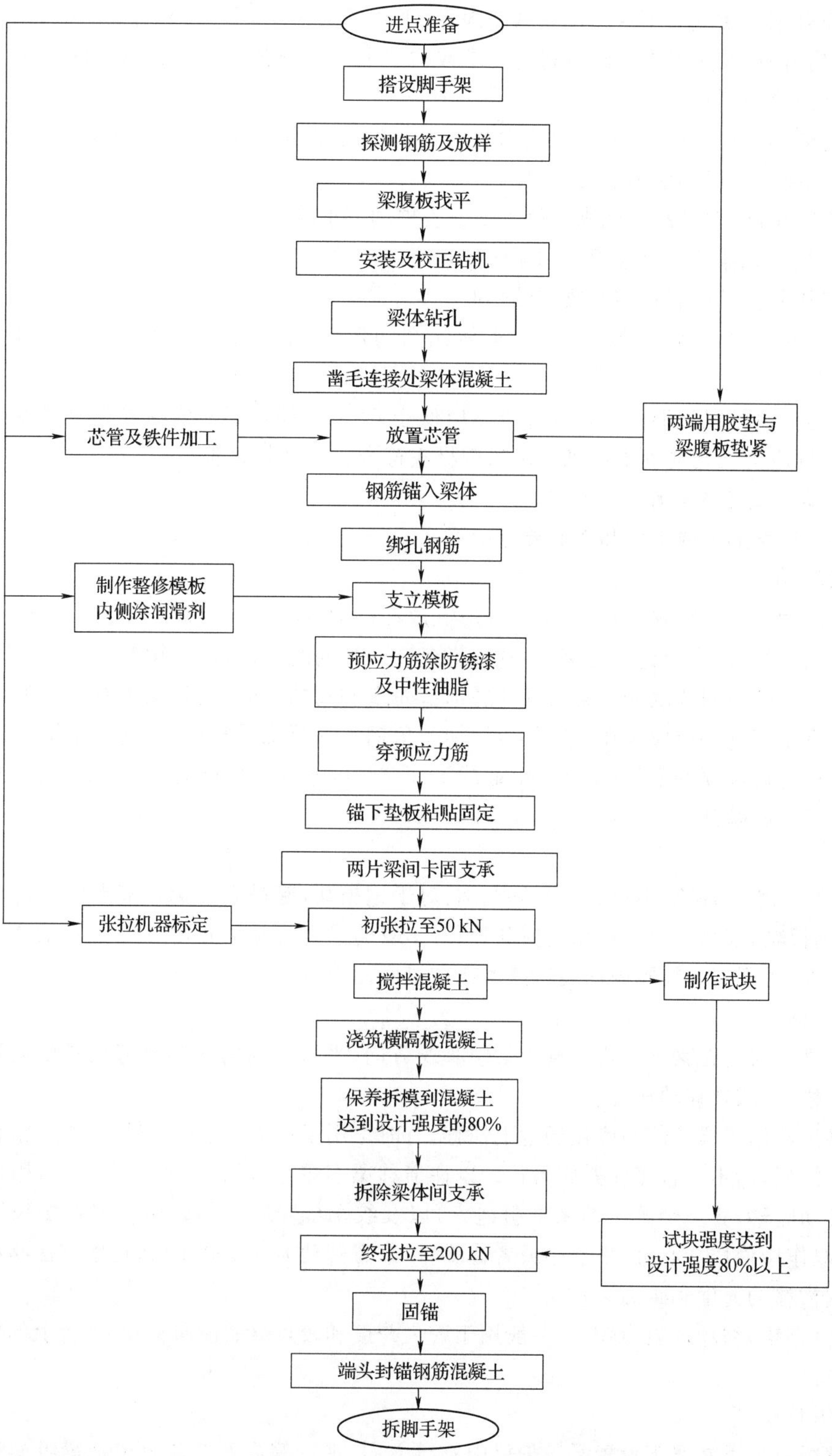

图6.2.9　混凝土梁横向预应力加固流程

(3)原有钢梁承载力不足或侵入铁路限界,主要部位有严重裂纹、锈蚀、损坏、开焊、大量铆钉松动等病害,以及主梁中心距不符合要求或构造上缺陷和其他技术状态不良而又无法加固改造,或加固改造不经济时。

(4)对使用年代久远,且钢质及技术状态不良的跨度为 32 m 以下的钢梁,应有计划地更换为钢筋混凝土梁或预应力混凝土梁。

(5)跨线桥净宽、净高不能满足桥下交通发展的要求时。

(6)因抬高线路而原有梁部结构无法处理时。

(7)采用新型结构替换旧有梁部结构时。

更换或改建的混凝土梁跨宜采用整体式结构形式,不得采用无联结的双主梁、多主梁结构。

预应力混凝土梁的混凝土强度等级不应低于 C50,钢筋混凝土梁的混凝土强度等级不应低于 C35,预应力及钢筋混凝土梁采用的钢材应符合有关行业标准。

2. 换梁主要工序和作业

既有线换梁的主要工序和作业要点如下:

(1)起落梁

一般选用液压千斤顶起落梁,千斤顶应支放在桥梁重心线上。如为两个千斤顶,则应对称放在重心线两侧;每次只允许起落梁一端,不允许两端同时起落,严禁用交替下落的方法调整横向位置。起落单肋式混凝土梁或其他底部窄而重心高的梁时,两端均需有稳妥的斜撑式托架支护。钢梁起顶部位应设在支座处板梁加劲角钢下的翼缘盖板中心、起顶牛腿下面以及其他经过计算允许起顶的部位;千斤顶上面或下面应垫以厚板或短轨束等以扩大受力面积,底座必须放在坚实的基础上。

(2)吊梁

吊混凝土梁时,吊点不得超出允许范围;对于钢桁梁,起吊点应捆在节点或靠近节点的部位;对于钢板梁,起吊点应捆在靠近横联处;对于双肋式钢筋混凝土梁,起吊点应捆在梁的横隔板位置附近,否则宜在梁腹内加装横撑木或在梁底使用横托架。

(3)横移梁

横移梁是通过在梁下设置垂直于梁中心线方向、平行等高的两侧轨道把梁横向移出。横移梁有滑移法、滚杠移动法等。

滑移法常用于梁的装卸或在场地上横移,有时也用于在墩台上移动较小的梁,滑移时应在梁底加垫滑板,而不宜直接在梁底滑行。以往横移梁多采用绞磨(一种人力机械,用人力通过杠杆来转动竖轴,凭竖轴的转动来牵引绳索)以及绞车(卷扬机)等牵引。现在多采用液压缸(拉镐或双作用液压穿心缸)来顶梁或者拖梁,以节省劳动力并提高工效,这些方法移动平稳且易于控制横移的速度和距离。

滚杠(钢辊)移动法阻力较小,一般用于较大跨度和较重梁的横向移动,墩台上的横移也多用这种方法。

(4)纵移梁

纵移梁是通过在梁下设置平行于梁中心线方向、平行等高的两侧轨道把梁纵向移出。纵移梁同样有滑移法、滚杠移动法等几种方法。纵移钢梁可采用连续的上滑道(托板)与间断的下滑道,方法与钢桥安装类似。移动 8 m 以上的钢筋混凝土梁时,不宜在梁跨中段支撑,必须用间断的上滑道与连续的下滑道，移至桥孔部位时应以临时便桥或膺架（支架）来支承连续的下滑道。较重或较大跨度的梁可用左右对称的两台绞车牵引，或用液压缸牵引。

（5）换梁作业质量验收标准

①梁的中心线与设计位置偏差不大于 20 mm。

②梁体尺寸。a. 梁高度的偏差不超过$^{+20}_{-5}$ mm；b. 跨度偏差不超过±20 mm；c. 梁长 L_p＞16 m±30 mm，L_p≤16 m±12 mm；d. 下翼宽度$^{+20}_{0}$ mm；e. 腹板厚度，钢筋混凝土梁为＋3%；预应力混凝土梁为＋15 mm。

③墩台尺寸。a. 结构各部分尺寸与设计中心线误差，基础平面尺寸为±50 mm，墩台前后左右平面尺寸为±50 mm；b. 顶面流水坡不小于 3%。

④支承垫石。a. 表面平整，局部凹陷深度小于 5 mm；b. 标高与设计误差不超过±10 mm。

⑤表面裂纹符合限值规定。

任务习题

（一）填空题

1. 增加截面法基本原理是在梁的底面或侧面加大混凝土截面用于________，增加梁的抗弯截面，提高梁的承载能力。

2. 增加截面法加固技术的关键在于新、旧材料能否共同工作，核心是________能否有效地传递。

3. T 形梁增加截面加固时，多在________加置钢筋，然后喷射或浇筑水泥砂浆或混凝土以达到梁跨加固补强的目的。

4. 双片式 T 形梁是铁路上最常用的桥跨形式之一，如何保证它们在荷载作用下________是提高梁整体横向刚度的关键。

5. 铁路桥梁分片式 T 形混凝土梁进行横向加固后应在新增混凝土与梁体间的施工缝表面涂________防水涂料，涂层厚度≥1 mm。

（二）选择题

1. 以下保证 T 形梁施工横向预应力法加固质量最主要的工序是（　　）。

A. 放样和钻孔　　B. 缀板锚固钢筋　　C. 混凝土灌注　　D. 预应力张拉

2. 以下（　　）是铁路圬工梁桥增加横向刚度加固措施。

A. 加固端横梁体外预应力　　B. 加固主梁增加梁底板钢筋

C. 加强端横梁与主梁的连接体系转化　　D. 加强桥门架施加横向预应力

3. 既有线换梁质量标准要求梁的中心线与设计位置偏差不大于（　　）

A. 10 mm　　B. 15 mm　　C. 20 mm　　D. 25 mm

（三）判断题

1. 桥梁抢修时，为缩短施工时间，应尽可能利用原桥残存部分和简便的临时结构物。（　　）

2. 圬工结构通过体外预应力加固可使构件承载能力显著提高，减小结构变形及裂缝宽度，甚至使裂缝完全闭合。（　　）

3. 当原有混凝土梁承载能力不足,影响行车安全时,应考虑换梁。　( )

4. 铁路既有线双片式 T 形梁施加横向预应力法加固的目的是为了提高承载能力。( )

5. 双片式 T 形梁横向加固工艺要求钢筋锚固孔深允许偏差$^{+15}_{-5}$ mm,孔内清洁无杂物,使用植筋胶时且应干燥。　( )

任务 6.3　墩台加固作业

桥梁墩台结构应具有要求的强度、刚度、抗渗性、耐久性和整体稳定性,并经常保持状态良好,能够满足上部结构及补强所增加的重量以及活载对它的要求。当墩台承载能力不足或上部结构的缺陷、承载能力降低等是由墩台的位移或缺陷引起的,则应对墩台及基础进行必要的补强加固。桥梁墩台的加固改造一般通过对墩台承载能力的提高、限制或减小墩台位移或增加基础承载能力及整体性等途径来实现的。

6.3.1　墩台身箍套加固

当桥梁墩台等下部结构承载力不足,或因为施工质量不好、水流冲刷磨损、风化剥落、排水不良以及其他因素如地震、火灾、船舶和漂浮物撞击等造成损坏、变形、侧移与鼓肚等各种病害时,可以对有缺陷的墩台采取外围浇筑一层钢筋混凝土箍套或粘贴钢板、芳纶纤维布的方法进行加固补强,如图 6.3.1 所示。常见的钢筋混凝土箍套加固方法是:

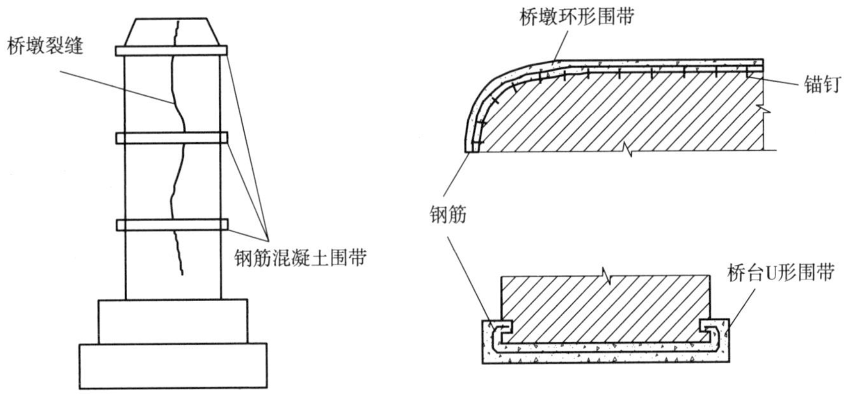

图 6.3.1　套箍加固

(1)在墩、台或桩基上按一定间距钻孔。

(2)对钻孔灌浆设置锚杆。

(3)布设钢筋网。

(4)用喷射混凝土或现浇混凝土对墩台或桩基构成套箍以加固墩台或基础。

喷射钢纤维混凝土套箍加固是一种近年来发展的桥梁墩台加固方法。它是在墩台体外层(除表面 3 cm 砂浆保护层外)喷一定厚度的钢纤维早强混凝土套箍进行加固,采用 ZP 型早强喷射混凝土掺 TS 速凝剂,钢纤维掺加量为 75～120 kg/m^3。挂网束主筋应深入基顶襟边,锚栓可钻孔后采用 ZM-2 型锚固包锚定。

采用粘贴钢板、芳纶纤维布加固墩台,其加固要点和粘贴方法见本教材项目 3。

6.3.2　墩身增大截面

对铁路重力式桥墩而言，除了裂缝等表观病害外，其横向刚度不足也是一个问题。为了提高其横向刚度，一般采取增大墩身截面的方法进行加固，如图 6.3.2 所示。

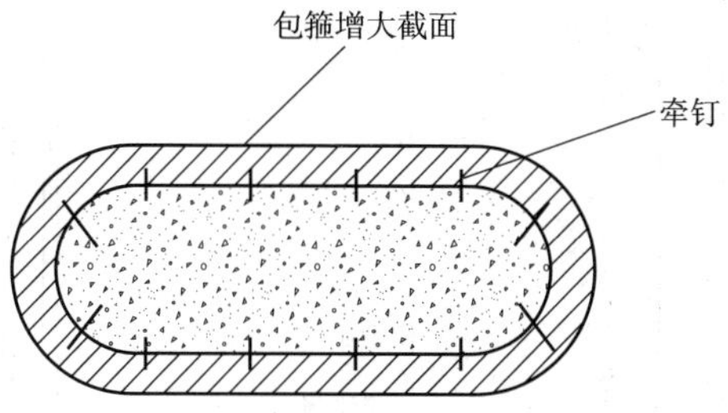

图 6.3.2　增大截面法加固桥墩示意图

增大截面加固施工的关键是要保证新旧混凝土之间的可靠联结。影响联结质量的重要因素是既有混凝土表面的粗糙程度、洁净程度和完好程度。新旧混凝土粘结面的处理方法分为化学方法和物理方法。化学方法是在新旧混凝土接触面上涂抹化学粘结剂。物理方法常用的有传统的凿毛法和新型的高压水射流法。与传统的处理方法相比，高压水射流技术具有以下特点：

(1)对桥梁结构造成的损伤要比凿毛处理小很多，高压水射法处理的粘结试件在粘结面的破坏率仅为人工凿毛的 30%左右。

(2)可在钢筋排列紧密情况下完成凿锤无法完成的混凝土剥离。

(3)清洁、拉毛、去涂层、剥离可全部一次完成。

(4)可大大提高效率，缩短工期。

(5)可提高施工质量。

(6)可根据不同的表面处理要求选择不同的压力，体现经济性。

(7)水作为介质，污染小。

还可利用在旧结构表面钻孔增设牵钉增加新旧混凝土结构的连接，如图 6.3.2 所示。

6.3.3　墩台水下部分加固

墩台水下部分可以用钢筋混凝土箍或套箍加固。先修筑围堰抽水后施工(必要时灌水下混凝土封底后抽水)，或不抽水在套箱或沉箱围堰与桥墩间灌筑水下混凝土。

围堰类型根据水深、河床地质及施工材料等条件来选用，围堰顶应高出施工期间最高水位 0.7 m。土围堰适用于水深 2 m 以内、流速小于 0.3 m/s、冲刷作用很小、基底为不渗水土壤的情况。草(麻)袋装土围堰适用于水深 3 m 以内、流速小于 1.5 m/s、河床为渗水性较小的土壤的情况。套箱围堰适用于流速小于 2 m/s、损坏部分在水面以上 4～5 m 的情况。板桩围堰：木板桩适用于水深在 3 m 以内、河床为砂土或黏性土的情况，如桩较深则以钢板桩为宜。沉井或沉箱围堰适用于水深超过 3 m 时的情况。

施工方法包括抽水施工和不抽水施工两种，如图 6.3.3 所示。

(1)抽水施工

围堰修筑或下沉完毕后，抽水进行修理和加固是常用的方法。当基底水抽不干时，可以灌

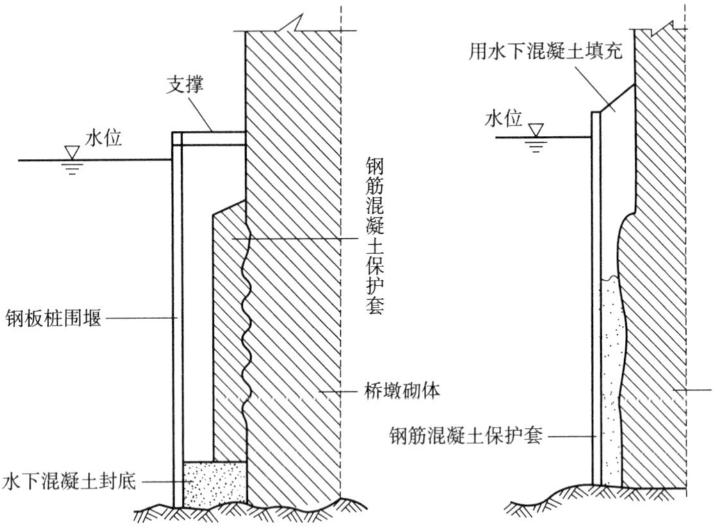

图 6.3.3　墩台水下部分加固示意图

注水下混凝土封底后再抽水，抽水后在损坏部分加做钢筋混凝土套箱。

(2)不抽水施工

可把钢筋混凝土套箱围堰下沉到损坏处及河底，在套箍或套箱与桥墩间灌注混凝土，将损坏处包裹起来。

6.3.4　翻砌墩台

墩台有较大破裂体、斜裂纹时，可根据损坏情况，翻砌全部墩台或只翻砌有病害的上部墩台。翻砌中应注意：

(1)在重新砌筑或灌注混凝土前，为使新旧部分圬工联结良好，旧墩台保留部分顶面应做成水平面或台阶式，每一台阶面积不小于连接处全截面的 1/4，宽度为墩台的全宽。台阶的宽度不宜小于 0.5 m，也不宜大于墩台的全宽。

(2)接触面应凿毛、清洗干净并安装牵钉(ϕ16 mm 以上，里端带有倒刺，外端应带标准弯钩；安装牵钉的孔径宜较牵钉直径大 8～10 mm，孔的间距不宜大于 50 cm)，再行砌筑或灌注混凝土。

任务习题

(一)填空题

1. 喷射钢纤维混凝土套箍加固墩台是在墩台体外层喷一定厚度的________套箍进行加固。

2. 墩台水下部分加固可采用将钢筋混凝土套箱围堰下沉就位后不抽水直接浇筑________的方法。

(二)选择题

1. 墩台身增大截面加固法施工关键是要保证新旧混凝土之间的可靠粘结，新旧混凝土粘结面新型处理方法是(　　)。

A. 凿毛法　　B. 涂抹粘结剂　　C. 高压水射流法　　D. 物理方法

2. 墩身水下部分加固可先修围堰抽水后施工,围堰应高出施工期间最高水位(　　)。

A. 0.25 m　　B. 0.5 m　　C. 0.7 m　　D. 1.0 m

(三)判断题

1. 在桥头扣轨或吊轨,是护锥冲毁抢修方法的辅助措施。　(　　)

2. 翻砌桥台时为使新旧圬工联结良好,旧桥台保留部分应做成台阶式,每一台阶面积不小于连接处全截面的1/2,宽度为桥台的全宽。　(　　)

任务 6.4　基础加固作业

对扩大基础、桩基础和沉井基础,它们的病害成因和类型不同,加固方法也有所区别,下面分别介绍三类基础的加固方法和两种地基加固施工工艺。

6.4.1　扩大基础

1. 加固基础

如果是地基承载力不足引起的墩台基础下沉过大,可采用加大基础底面积的方法进行加固,但是要保证增大部分与原有基础连接牢固,增大的底面积由地基承载力及变形计算来确定。新开挖的基础深度一般至原基础底面,但是要注意防止开挖时基底土体的坍塌,如图 6.4.1 所示。

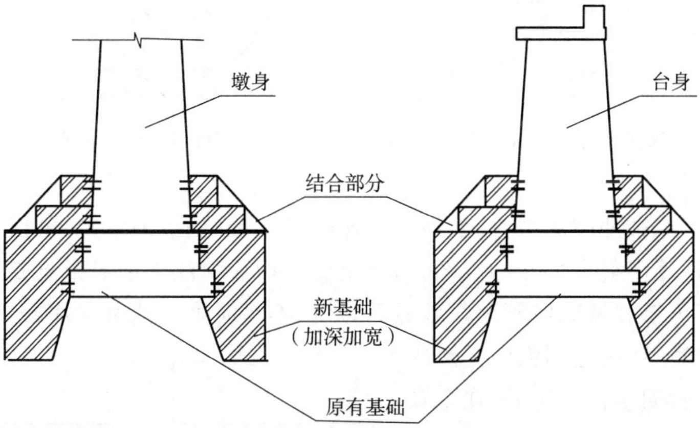

图 6.4.1　扩大基底面积加固基础

桥梁基础基底下有软弱下卧层,或基础底面未设置在坚硬的持力层上时,墩台会产生沉降;桩基础深度不足或水流冲刷过大时,会造成墩台倾斜。对于这类情况,采用增补基桩加固是一种有效的加固方法,即在基础周围补加钻孔桩,或打入钢筋混凝土预制桩,与原承台或基础相连,以此提高基础承载力,增强基础与墩台的稳定性。增设桩基础,可以是打入桩或者是小直径的钻孔桩,如图 6.4.2 所示。

对于桥台基础,若台前无锥坡又允许开挖时,可在单侧加大基础,也可在新增基础上增设墩柱、盖梁和支座,形成一个紧靠原桥台的辅助墩,如图 6.4.3 所示。

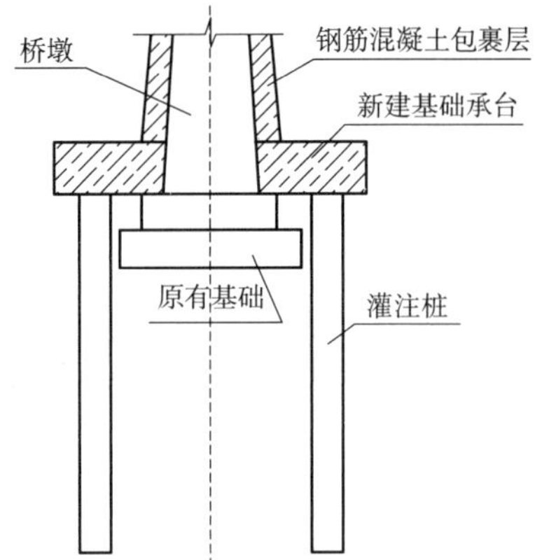

图 6.4.2 增大基础面积及增加桩基加固扩大基础

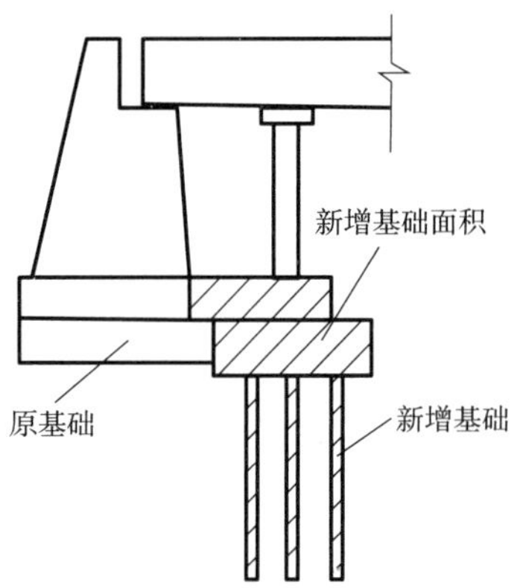

图 6.4.3 增大基础面积及增加桩基加固桥台

2. 加固地基

当基础因水深、通航等原因不宜开挖时,可采用对原地基钻斜孔灌浆或灌注树根桩,在尽量少扰动原地基土的同时加固地基,提高地基承载力,如图 6.4.4 所示。也可在扩大基础周围钻孔用旋喷法增加地基承载能力,如图 6.4.5 所示。

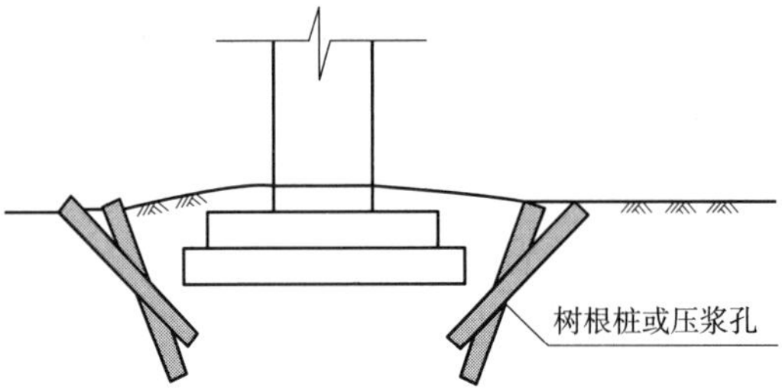

图 6.4.4 静压注浆或灌注树根桩加固扩大基础

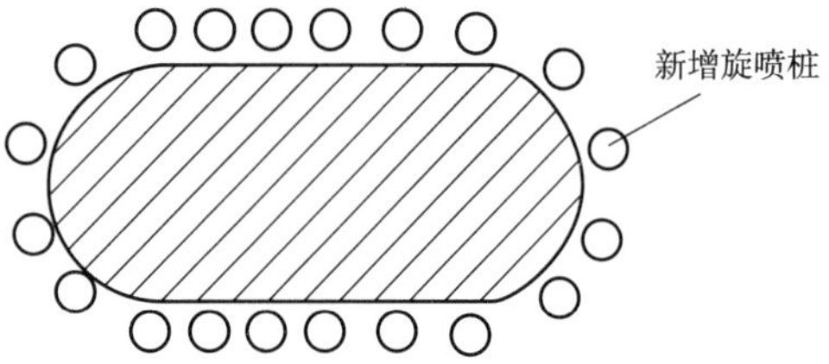

图 6.4.5 旋喷法加固扩大基础

当桥梁基础底部被冲刷淘空时,如果河床比较稳定,冲刷范围不大,可根据水位情况,用混凝土或编织袋装预拌混凝土填充冲空部分,甚至做围堰后灌注水下混凝土或静压注入水泥浆,也可抛石护基,还可以在基础四周填入砂砾石,水位不高时可上铺浆砌片石封闭。如果河床不稳定,基础埋深较浅,冲刷范围大但是河床不宽时,可用砂砾石回填冲刷坑后,在全宽范围内用浆砌块石或混凝土预制块铺砌面层防护,如图 6.4.6 所示。当然还可以在河床上打梅花桩,然后在桩间用石块、片石等砌平卡紧。

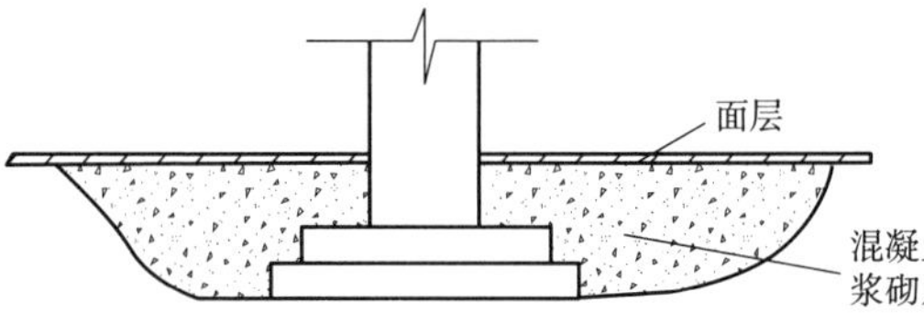

图 6.4.6 铺砌河床加固扩大基础

6.4.2 桩 基 础

桩基础是最常用的深基础,适合在地基持力层位置较深、冲刷大或地下水位高的情况。桩基础按施工方法可分为预制桩、灌注桩和管柱桩三类。实际施工中用的最多的是灌注桩,按其承力条件又可分为端承桩和摩擦桩。桩基础最常见的病害是桩身下沉过大、桩身倾斜及桩身缩颈、断桩等结构性损伤。

对桩下沉、倾斜或断桩等病害，可采用增设桩基的方法进行加固。具体做法是在原基础两侧增加钻孔桩或打入桩，然后再新增桩顶浇筑混凝土承台，并使其与原承台牢固结合，如图 6.4.7 所示。新增桩基在基础横桥向两侧比较方便，但是如果条件允许，也可在基础顺桥向两侧添加，但应视承载力需要和现场条件而定。

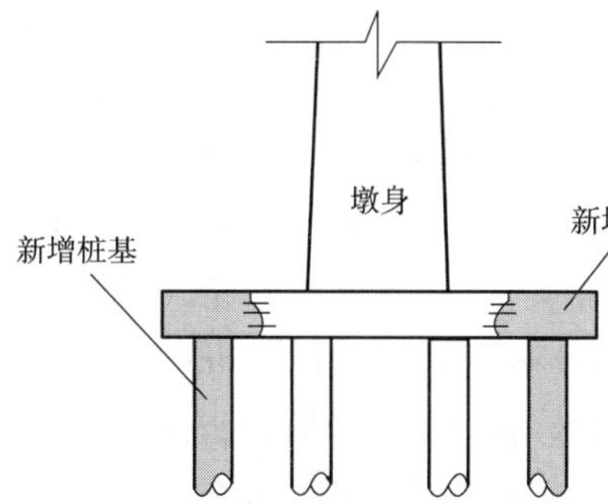

图 6.4.7　增桩加固桩基础

对于桩基下沉或倾斜，可钻孔至承台下静压注浆或者用旋喷法等增加树根桩或砂桩。需要注意的是：对于摩擦桩不宜用旋喷法加固，因为施工时会对土体产生较大扰动，导致桩侧土的摩阻力部分丧失，可能会使桩基产生新的倾斜或下沉。而对于端承桩则不存在这个问题，用旋喷法加固后，桩侧土摩阻力大大提高，同时可解决桩身的露筋、缩颈等问题。

对于高承台桩，当桩基四周靠近地面或者地面以上部分有空洞、露筋等病害时，可根据水深情况，采用钢护筒或钢筋混凝土护套做围堰，然后浇筑混凝土，增加桩直径来对桩基础进行加固。

例如，2017 年 7 月 25 日 23 时至 7 月 26 日 8 时陕西榆林市普降暴雨，部分地区形成严重灾害，据统计子洲县 9 h 累计降雨 260 mm，受特大暴雨影响，包西、太中线部分线路发生水害中断行车，造成多趟旅客列车停运，太中线子洲至魏家楼区间大小水害累计 100 多处。其中李家坬大理河特大桥（K1249＋264）墩被特大雨水冲刷，致使承台、桩基外漏。71 号墩桩基被冲出近乎 2 m 深，周围雨水沉积，对桥的稳定性造成严重隐患。经有关部门检定目前不影响行车安全，但必须尽快加固整治。

规范要求桩基承台底面在土中时，应在冻结线以下不小于 0.25 m，或在最大冲刷线下不小于 2 m（桩入土深度不明时）。桩在最大冲刷线以下的入土深度必须保证墩台稳定。不符合则视为浅基，应进行防护加固或改建，图 6.4.8 为桩基冲刷图。

1. 整治措施

针对工程具体情况，采用如下治理措施：

(1)采用 C30 钢筋混凝土对 71 号墩受冲刷的三面做防护墙，抗渗等级为 P12，墙长 21 m，高 4 m（自承台底向下），厚 0.8 m，包围桩基础，内部筑 C20 混凝土，如图 6.4.9 所示。

图 6.4.8　桩基冲刷图

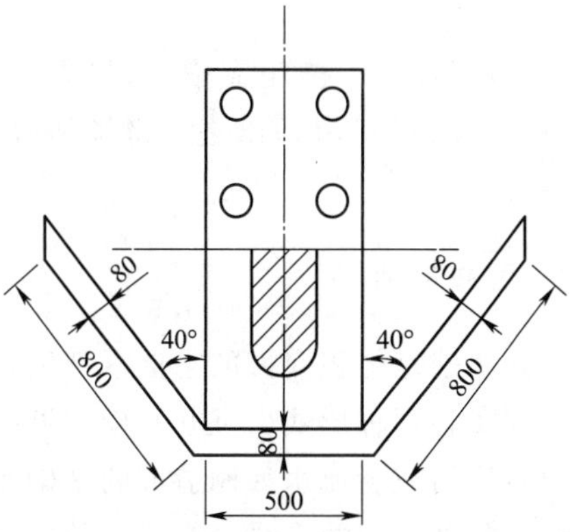

图 6.4.9　整治设计图（单位：cm）

(2)对 76 号墩进行填方,填方厚 2 m,自承台顶向下填筑并夯实。

2. 施工工艺

(1)根据设计及图纸要求,清理淤积至承台底部 4 m 并整平,护墙呈"八"字形,正面长度为 5 m,宽 0.8 m 内侧面紧挨旧承台面;两侧护墙长 8 m,宽 0.8 m,护墙与旧承台侧面夹角为 40°。

(2)安设模板及钢筋。按放出的护墙线向两侧加宽 0.5 m,对基地进行硬化处理,硬化采用 C20 混凝土,厚度为 0.2 m,在硬化好的地基上沿护墙线预留混凝土保护层宽度,植入竖向主筋,主筋及箍筋均采用 ϕ16 mm 的螺纹钢,如图 6.4.10 所示。预留 2.5 cm 混凝土保护层支模板,模板采用木模板,加固方法为预留孔眼穿对拉筋加固。防护墙采用 C30 混凝土,混凝土用插入式振捣棒振捣,如图 6.4.11 所示。

图 6.4.10　基底硬化图

图 6.4.11　模板安装图

(3)填腹加固。拆除护墙模板,待护墙混凝土达到一定强度后,浇筑 C20 混凝土填腹加固,混凝土用插入式振捣棒振捣,如图 6.4.12 所示。

(4)养护。对新浇筑混凝土进行洒水、覆盖养生,养生龄期不少于 7 d。用普通土将基坑及冲刷河岸进行回填,回填高度至最大冲刷线以上最少 2.0 m。回填时必须分层回填并夯实,每层厚度 20～30 cm 为宜。

(5)清理场地。施工完毕后,将作业机具,废料及未使用完的材料清理出去。将场地收拾干净,做到工完料尽。

图 6.4.12　填腹加固图

6.4.3　沉井基础

沉井基础是体积庞大的刚性深基础,一般为钢筋混凝土或预应力混凝土现浇或预制而成,有空心和实心两种形式。沉井基础常见的病害是地基承载力低造成的基础下沉过大以及两侧土压力不均匀或者流水冲刷造成的基础倾斜。

沉井基础可以看作是一个巨大的单根桩基础,由于其埋深一般较大,可以采用在基础周围加桩或者加固地基的处理方法。加桩时,如果条件允许可从井内往下钻孔,如果不具备条件,就要从沉井外围加桩，增加新承台并与基础连接牢固，如图 6.4.13 所示。

如果沉井基础埋深较浅，且水位较低时，可从基础四周钻垂直孔采用旋喷法进行加固，也可以从基础四周钻斜孔静压注浆或灌注树根桩，加固方法与扩大基础和桩基础相同。

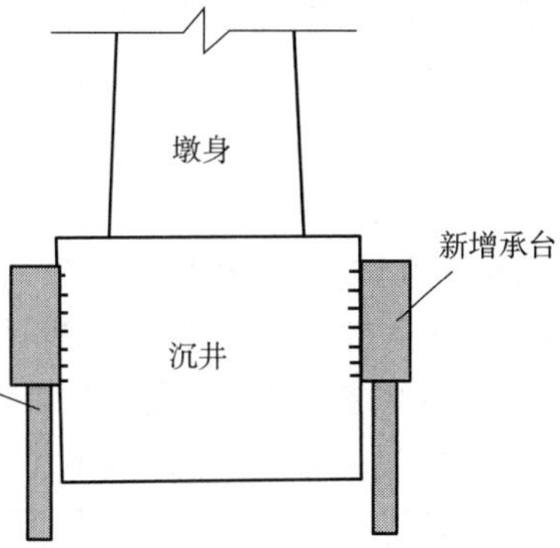

图 6.4.13　增桩法加固沉井基础

6.4.4　旋喷桩加固法

1. 旋喷桩

当基础下面地基软弱、承载力低时，可采用旋喷法和注浆法来对地基进行加固，提高其承载能力。注浆法是在桥梁墩台基础之下，在墩台中心直向或斜向钻孔或打入管桩，通过浆液凝固，把原来松散的土固结为有一定强度和防渗性能的整体，从而加固地基，提高地基承载能力。根据注浆压力的不同，可以分为静力压浆和高压喷射注浆两大类。

旋喷法利用高压泵将水泥浆液通过钻杆端头的特制喷头，以高速水平喷入土体，借助液体的冲击力切削土层，同时钻杆一面以一定的速度(20 r/min)旋转，一面低速(15～30 cm/min)徐徐提升，使土体与水泥浆充分搅拌混合凝固，形成具有一定强度(0.5～8.0 MPa)的圆柱固结体(即旋喷桩)，从而使地基得到加固。它是高压喷射注浆方法中的一种。

旋喷法的特点是：可提高地基的抗剪强度；能利用小直径钻孔旋喷成比孔大 8～10 倍的大直径固结体；可用于已有桥梁地基加固而不扰动附近土体；施工噪声低，振动小；可用于任何软弱土层，并可控制加固范围；设备较简单、轻便，机械化程度高；料源广阔，施工简便，可用于粉土、砂、湿陷性黄土、人工填土及碎石土等的地基加固。

旋喷桩可根据工程情况和机具条件采用单管法、二重管法和三重管法施工，工程应用较多的为单管法和三重管法。单管旋喷法的工艺流程如图 6.4.14 所示。

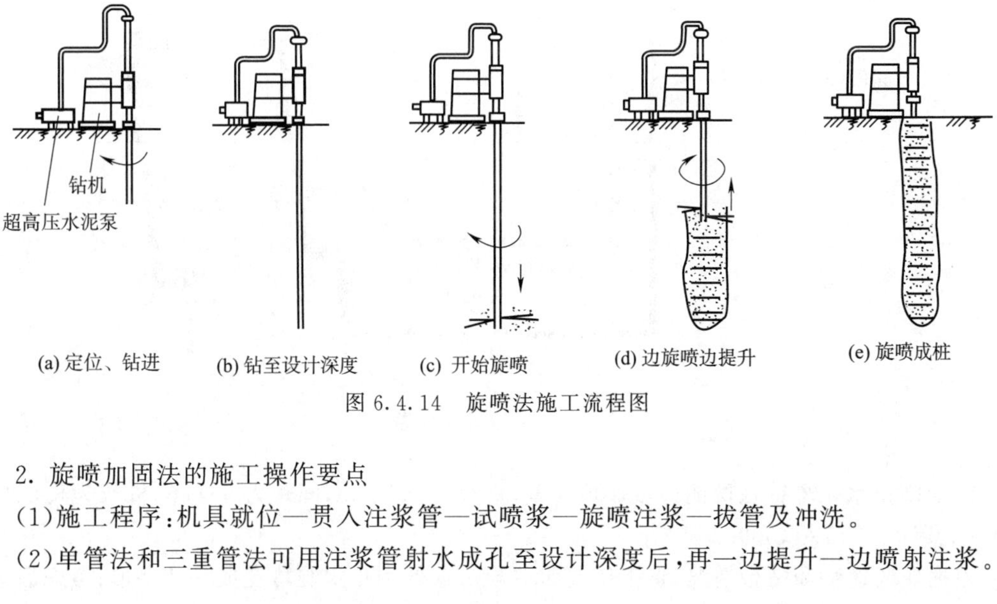

图 6.4.14　旋喷法施工流程图

2. 旋喷加固法的施工操作要点

(1)施工程序：机具就位—贯入注浆管—试喷浆—旋喷注浆—拔管及冲洗。

(2)单管法和三重管法可用注浆管射水成孔至设计深度后，再一边提升一边喷射注浆。三重管法施工需预先用钻机或振动打桩机钻成 ϕ(150～200)mm 的孔，然后将三重注浆管插入孔内，按旋喷、定喷或摆喷的工艺要求，由下而上进行喷射注浆，注浆管分段提升的搭接长度不得小于 100 mm。

(3)在插入旋喷管前，先检查高压水与空气喷射情况，各部位密封圈是否严密，插入后先作高压水射水试验，合格后方可喷射浆液。如因塌孔插入困难时，可用低压(0.1～2 MPa)水冲孔喷下，但须把高压水喷嘴用塑料布包裹，以免泥土堵塞。

(4)深层旋喷时，应先喷浆后旋转和提升，以防止注浆管扭断。

(5)施工完毕后，立即拔出注浆管，清洗干净注浆设备。

3. 案例："××线沧州市维明路 9.0 m—16.5 m—9.0 m 三孔框架桥工程"中降水及防排水方法

(1)工程概况

工程概况参看 6.1.4 案例，其工程水文地质条件：沧州市位于河北平原东部，渤海湾西岸，由冲积平原和冲海积、海积平原亚区组成，海拔一般为 2～15 m，地势平坦。地下水位埋深为 1.00～1.70 m，地下水对混凝土结构有弱腐蚀性，长期浸水下，对结构中钢筋有微腐蚀性，在干湿交替下对其有弱腐蚀性。

(2)施工方案

根据设计要求，在桥体工作坑四周与铁路两侧设置止水帷幕，如图 6.4.15 所示。止水帷幕采用双排水泥土搅拌桩，直径为 0.60 m，间距为 0.4 m，咬合 0.2 m，桩长为桥体底板下 5.00 m。工作坑前端止水帷幕距 6 道线中为 9.28 m，对面东侧止水帷幕距 7 道线中为 5.20 m。止水帷幕桩共计 2 036 根，407.2 延米。

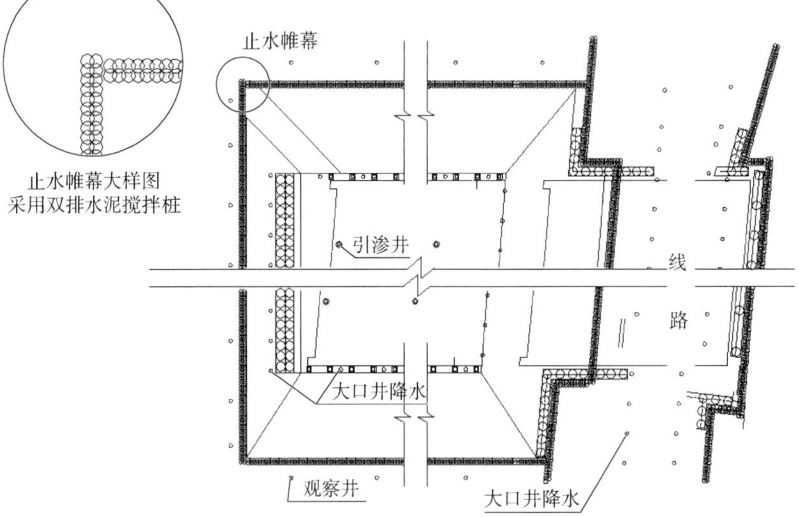

图 6.4.15 止水帷幕

U 形槽止水帷幕桩在两侧边坡坡顶设置，直径为 0.60 m，间距为 0.4 m，桩长为桥底板下 5.0 m，共计 2 546 根，509.2 延米。

根据现场地势和站台情况，将工作坑前端与 7 道外侧止水帷幕变成"一"字形；考虑后背受力和马道位置，将后背处止水帷幕后移 5.0 m，在此间增加降水井 8 口，在工作坑前端两角增加观察井 2 口；根据降水井深度增加止水帷幕长度至井底下 2.0 m。

(3)主要机械设备和技术参数

主要机械设备采用 ZGZ-A 双头深层搅拌机 2 台和配套设备 2 套，搅拌机头转速为 50 r/min；最大施工深度为 24 m；额定扭矩为 8 500 kN·m。搅拌桩水泥种类采用普通 P.O32.5 硅酸盐水泥；搅拌桩水泥用量不小于 12%(质量比)，且不得低于 77 kg/m，根据以往类似工程施工经验，水泥用量调整至 15%～20%。

(4)止水帷幕搅拌桩施工

①施工工艺。定位→预搅下沉→喷浆搅拌上升→重复搅拌下沉→重复搅拌上升→完成。

②桩机就位。检查钻杆长度、钻头直径，将桩机移到指定位置对好桩位，桩机到达标定孔位后对中、调平、校正垂直度，保证塔身与地面成 90°，确保桩垂直度误差在 1.0%以内。

③拌制水泥浆。根据技术参数拌制水泥浆，水泥浆应充分搅拌均匀，待压浆前将浆液倒入集料斗。

④搅拌下沉。待深层搅拌机冷却水循环正常后启动搅拌机，放松起重机钢丝绳，使搅拌机沿导向架切土搅拌下沉，下沉速度由电机的电流监测表控制，预拌时不宜冲水，当遇到较大硬土层下沉太慢时，可适量冲水以利钻进。

⑤搅拌提升。搅拌机下沉到设计深度后，开启灰浆泵，其出口压力保持 0.4～0.6 MPa，使水泥浆连续喷入，搅拌机旋喷速度控制为 0.5 m/min 左右，当提升到达设计标高时，宜停止提升，搅拌数秒，以保证桩头均匀密实。

⑥重复搅拌下沉与提升。为使喷入土中的水泥浆与土充分搅拌，重复搅拌下沉，直至设计要求深度，然后搅拌提升，并沿着桩体在下部上、下 1.0 m 范围进行复喷。

⑦整理。施工完毕，向集料斗中注入适量清水，开启灰浆泵，清洗管道中残积水泥浆，同时清除钻头粘附土。

6.4.5　咬合桩基础加固

1. 桥梁基础防护措施

桥梁防护措施分为整孔防护和局部防护。整孔防护适用于中小河流上的小桥或者跨度较小的大、中桥，整孔防护对降低桥址范围内河床演变速度、减少河床的一般冲刷具有明显的效果。

整孔防护常见的有干砌片石护底、浆砌片石护底、混凝土或者钢筋混凝土护底、下游设拦沙坝等。河床护底防护的设计要点是确定距离桥址上、下游合理的铺砌范围和垂裙埋深。下游设拦沙坝的设计要点是设置稳固拦沙坝基础并与河道两堤岸有可靠的连接措施。

局部防护适用于桥梁一般冲刷已充分发展，河床变化趋于稳定的河段，局部防护对于减少桥墩基础局部冲刷效果显著。局部防护又分为平面防护和立体防护。

平面防护是指在墩台周围河床表面以上一定范围内进行的防护，常见的有铅丝石笼网护基、浆砌片石块或者混凝土块护基、钢筋混凝土套箍护基。

立体防护是指在河床面以下有一定深度要求的防护，常见的有钢轨防护桩内抛填片石、钢板桩围堰内压浆、旋喷桩注浆加固、钻孔桩帷幕注浆、化学压浆加固土体护基、沉井或地下连续墙加固护基、桩基托换等。立体防护一般造价较高，但是防护效果好。

2. 咬合桩在桥梁基础加固中的应用

(1)咬合桩基本知识

咬合桩是指相邻桩之间相互重叠咬合而形成的钢筋混凝土“桩墙”,是一项十分成熟的支护结构技术,常用于地铁、道路下穿、高层建筑物等城市构筑物的深基坑防护,特别适用于地下水丰富或有淤泥、流砂等不良条件的地层。由于咬合桩本质上是钻孔桩相互咬合而成的,它的挡护和止水效果都非常好,因此可将钻孔咬合桩应用于桥梁基础水害加固,事实上钻孔咬合桩加固桥墩基础是在“钢轨桩防护内抛填片石”这一常见桥梁水害加固方法基础上的改进和升级的,更为安全可靠。

(2)咬合桩施工工艺

钻孔咬合桩是采用全套管钻孔施工,在桩与桩之间形成相互咬合排列的一种基坑支护结构(图 6.4.16),为便于切割,桩的排列一般为一条素混凝土桩 A 型桩(也称素桩)和一条钢筋混凝土桩 B 型桩(也称荤桩)间隔布置,施工时先施工 A 型桩、后施工 B 型桩,A 型桩混凝土采用超缓凝混凝土,要求必须在 A 型桩混凝土初凝之前完成 B 型桩的施工。B 型桩施工时采用全套管钻机切割掉相邻 A 型桩相交部分的混凝土,实现咬合(图 6.4.17)。

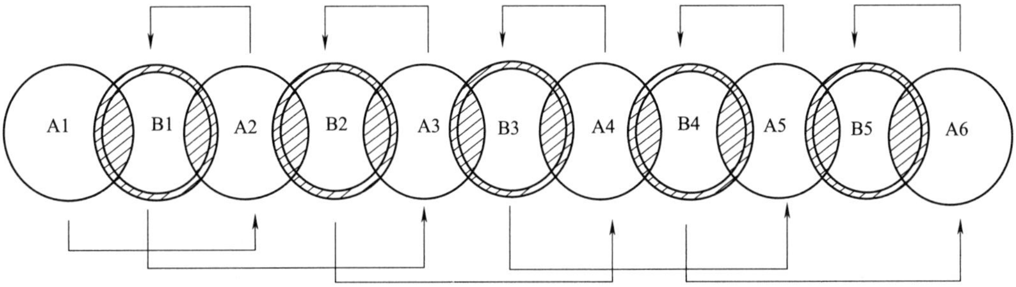

图 6.4.16　钻孔咬合桩平面及施工流程图

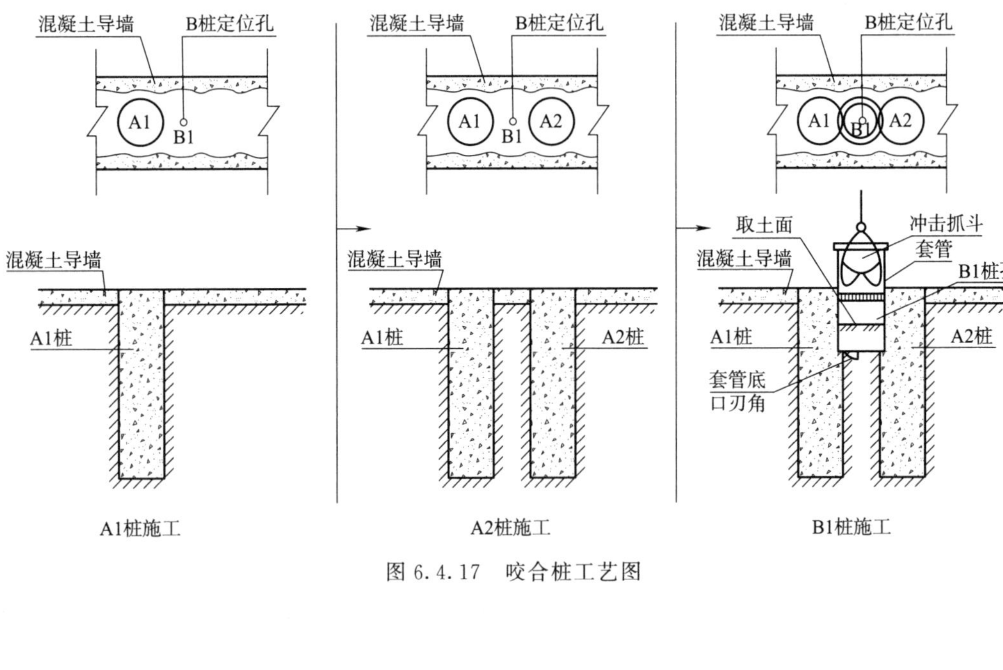

图 6.4.17　咬合桩工艺图

3. 工程应用实例

(1)概述

宝成铁路始建于 1958 年，由于年代久远、病害较多，自 2010 年 8 月 19 日宝成铁路石亭江大桥被洪水冲毁后，管理单位对宝成铁路全线既有桥梁的水害展开调查和整治工作。宝成铁路既有桥梁大部分为浆砌片石明挖基础，非常容易遭受水害。宝成铁路某病害桥梁的跨河段桥梁竣工立面布置图如图 6.4.18 所示。

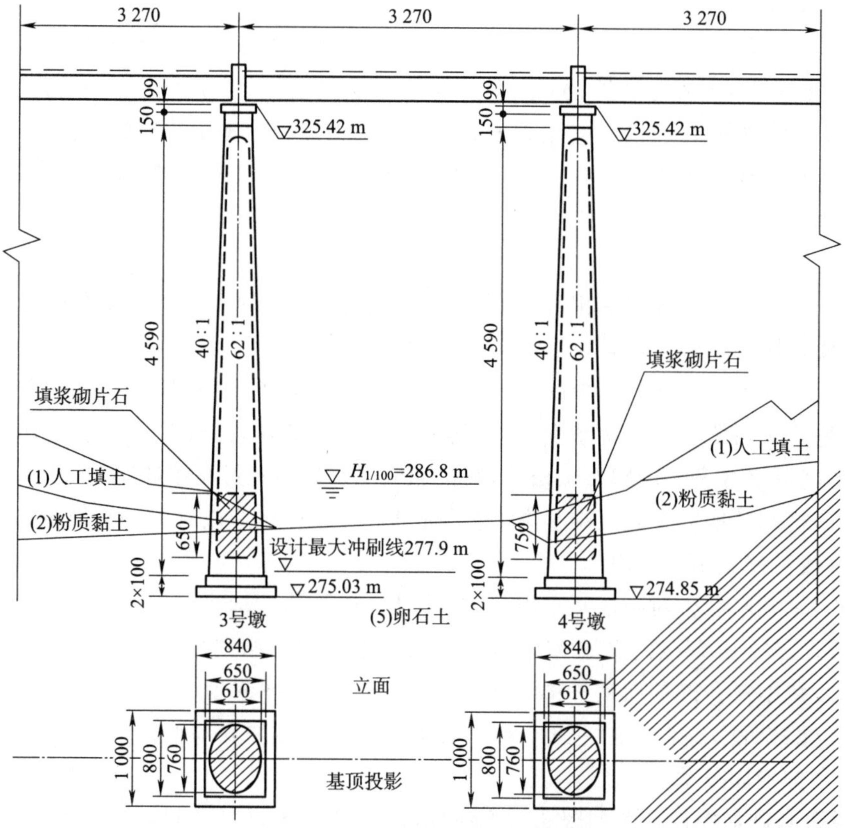

图 6.4.18　竣工图(单位：mm)

本桥为明挖扩大基础，基础底面位于卵石土上，设计水文三要素为：$Q_{1/100}=430.7\ m^3$；$H_{1/100}=286.6\ m$；$V_{1/100}=3.2\ m/s$。最大冲刷线高程为 277.9 m，实际调查冲刷线位置 3 号桥墩为 275.92 m，4 号桥墩为 276.18 m，分别比原设计冲刷深度加深了 1.98 m 和 1.72 m。

《修理规则》规定有冲刷处桥墩基底埋置深度应在最大冲刷线以下不小于下列安全值：对于一般桥梁，安全值为 1.5 m 加冲刷总深度的 10%；对于技术复杂、修复困难或重要的特大桥、大桥，安全值为 2.5 m 加冲刷总深度的 10%。实际调查结果显示 3 号、4 号桥墩基础实际冲刷线距离基础底面的距离为分别为 0.89 m 和 1.33 m，不满足现行设计规范规定的一般桥梁安全值为 2 m 加冲刷总深度的 10%的要求，因此本桥被成都铁路局工务部门定义为危桥，需要立即进行加固处理。

(2)加固方案比选

针对该桥的特点，经认真分析研究给出了以下六种处理方案。

方案一：铅丝石笼网护基。

方案二：钢轨防护桩内抛填片石护基。

方案三：旋喷桩注浆加固基础。

方案四：沉井或地下连续墙加固护基。

方案五：桩基托换。

方案六：钻孔咬合桩对明挖基础周围进行围挡，在围挡范围内填入原状卵石土和浆砌。

(3)方案分析

方案一：施工简单方便，一般适用于对桥墩基础的临时防护，或者基础冲刷深度较浅以阻止冲刷进一步发展的永久防护，而该桥基础冲刷深度已经十分严重，冲刷线距离基础底面<1.5 m，已经被定义为危桥，采用此方案不能快速彻底根治本桥的冲刷病害。

方案二：在明挖基础四周打插钢轨防护桩，然后再内抛填片石护基，本方案是基础加固的常用方法，具有施工速度快、对既有桥梁基础扰动小等优点，但是钢轨桩在水下容易锈蚀，因此不宜采用。

方案三：旋喷桩注浆加固法相对造价较低，但是水下作业时不易控制注浆在地下扩散的方向和范围，使得固结体的质量难以保证，因此也不推荐使用。

方案四：沉井或地下连续墙加固护基，本方案加固效果好，但因需要开挖明挖基础附近的土体，施工过程中对既有基础扰动很大，尤其是地下连续梁方案，加固施工过程本身就会导致地下连续墙附近经久密实的卵石土松动，间接加剧了日后运营过程中冲刷的发展。

方案五：桩基托换方案施工难度高，施工期间对既有铁路造成较大的运营安全风险，在运量繁忙的宝成铁路上不宜采用。

方案六：钻孔咬合桩对明挖基础周围进行围挡，在围挡范围内填入原状卵石土，最后在咬合桩围挡表面 1.0 m 范围内灌注 M10 浆砌片石。本方案采用钻孔咬合桩打入至明挖基础底面以下 7 m，利用咬合桩桩周良好的隔水效果和在表层灌注浆砌片石起到咬合桩围挡的“顶盖”作用，这样将明挖基础完全“包裹”起来，能有效防止水流冲刷基础。

(4)咬合桩加固技术

3 号桥墩基础加固设计图如图 6.4.19 所示，咬合桩直径为 1.0 m，桩长 12 m，咬合桩位于明挖基础底面以上和以下，为达到有效咬合，该工程钻孔咬合桩在设计施工上分 A 型桩和 B 型桩。A 型桩为无钢筋笼的 C25 混凝土桩；B 型桩为有钢筋笼的 C30 混凝土桩，施工时先施工 C25 素混凝土 A 型桩，再施工 C30 的钢筋混凝土 B 型桩，A 型桩与 B 型桩相互间隔并且重叠 0.2 m。A 型桩采用超缓凝型混凝土，要求必须在 A 型桩混凝土初凝之前完成 B 型桩施工；B 型桩施工时，利用套管钻机的切割能力切掉相邻 A 型桩的重叠部分混凝土，以实现咬合。A 型桩和 B 型桩平面布置图如图 6.4.20 所示。

钻孔咬合桩对明挖基础周围进行围挡，在围挡范围内填入原状卵石土，最后在咬合桩围挡表面 1.0 m 范围内灌注 M10 浆砌片石。本方案采用钻孔咬合桩打入至明挖基础底面以下 7 m，利用咬合桩桩周良好的隔水效果和在表层灌注浆砌片石起到咬合桩围挡的“顶盖”作用，这样将明挖基础完全“包裹”起来，能有效防止水流冲刷基础。

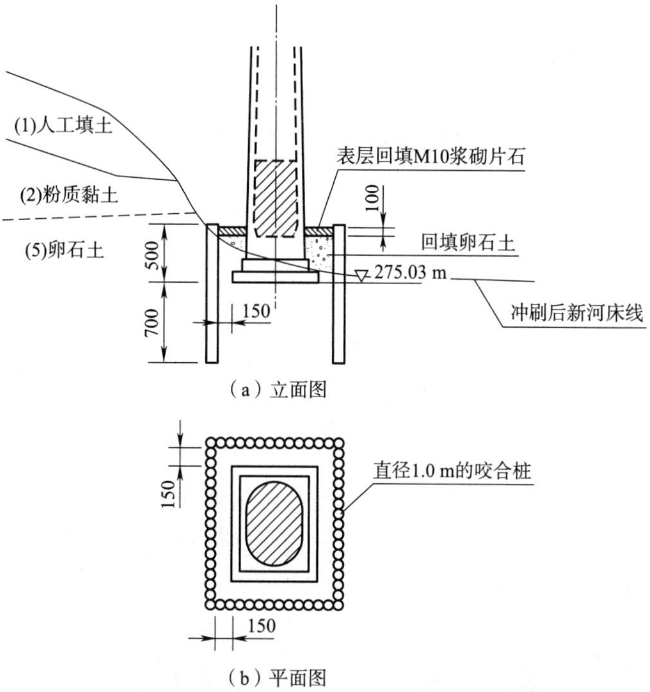

图 6.4.19　咬合桩平、立面图(单位:mm)

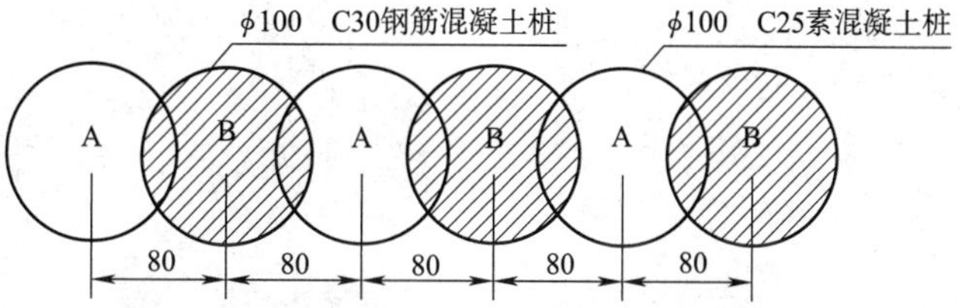

图 6.4.20　咬合桩平面布置图(单位:mm)

任务习题

(一)填空题

1. 桥梁基础常用的加固方法有扩大基础法、________加固法和人工地基加固法。

2. 铁路桥梁基础抢修可分为________和构筑临时性基础两大类。

3. 对于地基承载力不足引进墩台基础下沉过大,可采用________的方法进行加固。

4. 当地基软弱、承载力低时可采用砂桩法和 ________对地基进行加固,提高承载能力。

5. 钻孔咬合桩是一条素桩和一条钢筋混凝土桩________相互咬合排列的一种基坑支护结构。

(二)判断题

1. 采用增桩加固桩基础方法时对于摩擦桩宜使用旋喷法加固。　(　　)

2. 沉井基础常见的病害是地基承载力低造成的基础下沉过大以及两侧土压力不均匀或者流水冲刷造成的基础倾斜。　(　　)

(三)简答题

钻孔咬合桩的工作原理是什么?

任务6.5 综 合 案 例

6.5.1 桥梁综合整治案例

1. 工程概况

××下行线195号桥(K168+858),始建于1960年,为5-16 m钢筋混凝土梁桥,桥梁全长106.4 m,T形桥台,扩大基础。铁路为电气化区段,线路采用60 kg/m钢轨,无缝线路,碎石道床,钢筋混凝土Ⅲ型枕,桥上设有护轨,线路坡度为-14.2‰,向大里程下坡,桥上线路平面为半径300 m曲线。

2017年10月5日,0号桥台运行方向左侧道砟槽连带作业通道沿枕木头部垂直断裂塌落,造成枕木头悬空道砟溜坍,如图6.5.1所示,搭设临时立式脚手架平台支护横向挡砟,如图6.5.2所示,对线路限速35 km/h。

图6.5.1 病害示意图

图6.5.2 临时支护图

2. 病害原因分析

经现场勘查,T形桥台后墙下部为石砌结构,上部为混凝土结构,经查档案该桥始建于1960年,混凝土强度等级为C15,结构表面风化严重,于2014年10月对桥台前部进行了封闭涂装,此次病害主要出现于桥台后墙。

由于桥梁建成时间较早,混凝土强度较低,经多年的使用,列车荷载的反复作用,后墙与挡砟槽之间出现疲劳裂缝,雨水顺着裂缝侵入混凝土内部锈蚀钢筋,强度降低,致使挡砟槽沿根部纵向断裂脱落。

3. 设计方案

为恢复线路正常行车,针对病害的实际情况,制定了如下方案,分两期完成:

一期采用C30钢筋混凝土,将桥台后墙两侧接扩至道砟槽宽度平齐,凿除既有混凝土步行板,两侧新增托架及钢质步行板。为确保新旧混凝土整体受力,在后墙墙体混凝土部分设置上、下两道贯通预应力拉筋,在道砟槽内顶面设置横向普通拉筋。为确保桥台护锥开挖土体稳定，在台尾两侧每侧各设置两根钢筋混凝土防护桩。桥台塌落侧接扩混凝土需拆除既有架立脚手架，护锥开挖前设置临时托架及挡砟支护设施。

二期为保证两侧接扩混凝土与既有桥台的整体性、耐久性，防止雨水流入混凝土接缝，侵蚀牵钉，保证道砟槽内排水，所以将桥台道砟槽部分高度更换为混凝土，并做防水层及保护层处理。

4. 一期工程施工作业

(1)施工流程图(图 6.5.3)

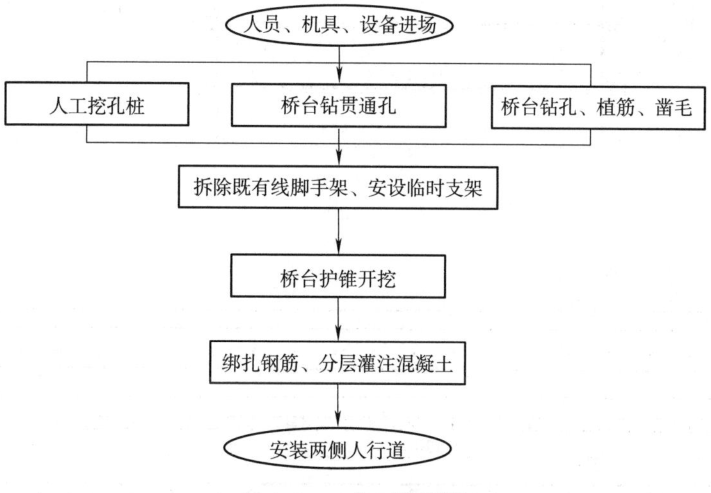

图 6.5.3　施工流程图

(2)挖孔防护桩

在台尾处两侧垂直线路方向各设置两根挖孔桩，桩长 20 m，ϕ1.25 m，桩中心距线路中心 2.5 m，桩间距 1.8 m，挖孔桩采用 C30 钢筋混凝土。挖孔桩桩长可根据基岩深度进行调整，需嵌入新鲜基岩不小于 1 m。

施工前施测孔位控制中线，做好标桩，做好孔口防排水设施。挖孔桩开挖时相邻挖孔桩不得同时开挖，采用钢护筒支护方式，厚度一般为 8～12 mm，挖孔中应按要求采用通风设备保证挖孔桩内通风良好。挖至设计标高，清理井底浮渣及积水。钢筋笼提前绑扎，每节钢筋笼长度不超过 3 m，钢筋笼采用绑焊连接，在井口施焊。挖孔成型后安设钢筋笼，钢筋笼安设完毕后，灌注混凝土，混凝土应一次连续灌注，设置灌注导管，避免混凝土发生离析。

孔口应做好标示和设置防护措施，防止地面人员及物品掉落。孔内挖出的土方临时堆放应距孔口边缘 1 m 以外，堆放高度不应超过 1 m，并应及时运走。孔内作业人员必须佩戴安全帽和安全带等防护设备。

(3)桥台钻孔贯通

在后墙墙体混凝土部分设置上、下两道贯通预应力拉筋，采用 ϕ28 mm 精轧螺纹钢筋作为拉筋，拉筋长度 4.2 m，水平间距 1.2 m，竖向间距 1.0 m，梅花状布置。孔道 ϕ50 mm，混凝土灌注达到强度后两端张拉，孔道注浆、封锚，如图 6.5.4 所示。

桥台采用水钻钻取 ϕ50 mm 的贯穿孔，钻头采用可接长钻头，成孔后穿入 ϕ45 mm 波纹管。待桥台两侧接扩混凝土灌注完成达到设计强度后，两侧设置锚垫板穿入 ϕ28 mm 精轧螺纹钢筋进行张拉。张拉至设计吨位后，锁定螺母，孔道注浆锚固。外露部分进行封锚处理。

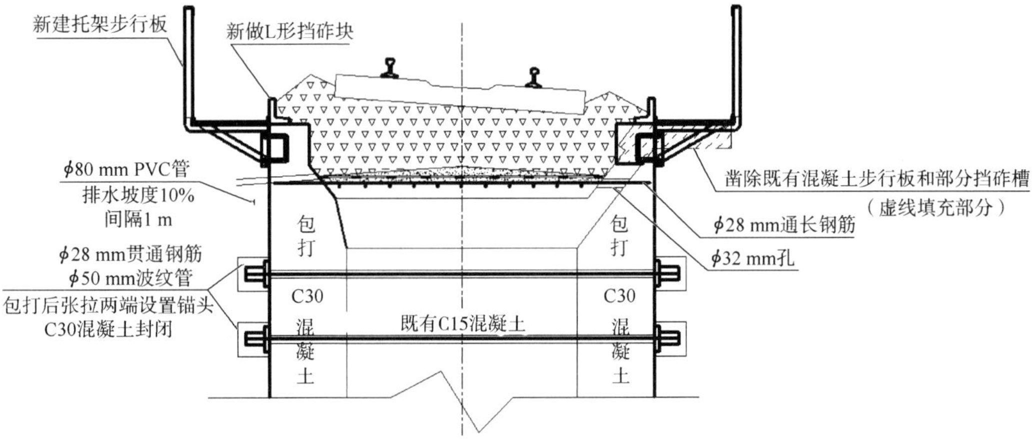

(a) 立面图

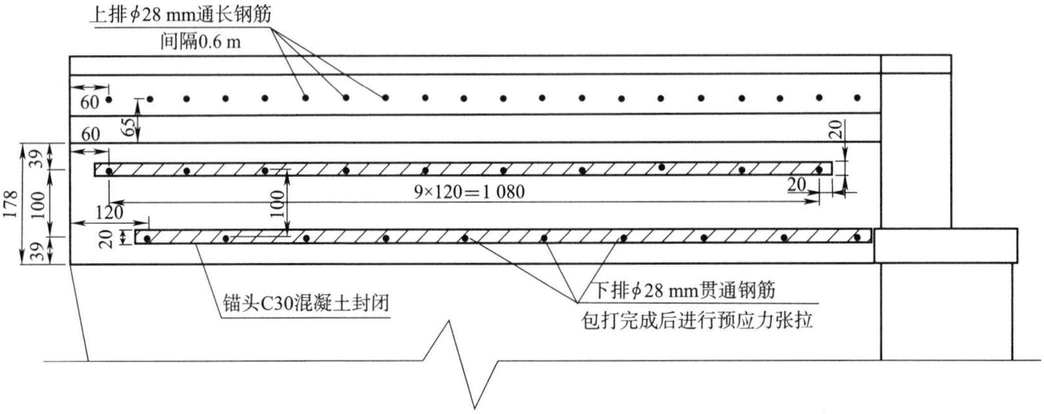

(b) 平面图

图 6.5.4　桥台后墙加固布置图(单位：mm)

搭设施工脚手架进行桥台钻孔，桥台左侧钻孔可利用既有脚手架进行。下部砌石部分要在石块中部钻孔，不得在砌石缝隙间钻孔，上部混凝土部分钻孔，按图布置，成孔后将孔内碎屑清理干净，采用锚固包锚固 ϕ20 mm 的牵钉。锚固完成后对桥台进行凿毛处理。

按图纸规定标定和凿牵钉孔，牵钉孔 ϕ(28～32)mm，达到预定深度后先用毛刷深入孔中清渣，再用气管将孔中灰尘吹出，要求孔中干净无物，用锚固包锚固牵钉，且必须锚固牢固，每个钉孔用 1.5～2 个锚固包。将桥台凿毛后，涂刷界面剂以利于新旧混凝土粘结形成一个有效的整体。

锚固包使用前在水中浸泡，当没有气泡冒出时，尽快从水中取出锚固包，剥去包装纸，塞入牵钉孔中，填塞密实，插入牵钉，外面留出预定长度，在锚固包凝固达到 80%强度以前不要碰触牵钉。

为避免桥墩包打过程中打牵钉孔时对墩身截面削弱作用的时间过长，所以打牵钉孔后要尽快锚固好牵钉并灌注混凝土。

(4)桥台接扩

采用 C30 钢筋混凝土，将桥台后墙两侧接扩至道砟槽宽度平齐，接扩混凝土厚度为

800 mm，基础部分接扩至既有桥台第二层基础顶面，上部至道砟槽内顶面，采用 ϕ20 mm 牵钉与既有桥台墙体锚固，锚固深度不小于 300 mm，桥台加固平、立面图如图 6.5.4 所示。

①临时支撑

采用 100 mm×100 mm×8 mm 双肢角钢焊制托架，托架长度 750 mm，采用 ϕ22 mm 螺栓与墙体连接，采用植筋胶锚固，锚固深度不小于 400 mm，托架间距为 0.6 m，托架顶面与道砟槽托盘根部平齐，托架外侧设置纵向角钢，用脚手杆进行斜向支撑。

按照设计位置、直径及钻孔深度，提前钻孔、锚固托架螺栓，计划利用 3 个 180 min 封闭点分段清出装袋石砟，拆除既有脚手架平台，安设临时托架，搭设支架平台，重新回填石砟袋，做好挡砟支护措施。

②桥台护锥开挖

脚手架拆除，挖孔防护桩达到设计强度后，开始护锥开挖作业，开挖时应分段、分层进行，自上而下，严禁自下向上掏土。开挖宽度以满足接扩混凝土宽度及支模宽度为宜。靠近护锥土体做好挡板支护。开挖至设计标高后，方可进行绑筋、灌注。开挖过程中如遇到稳定基岩，可将基岩造成台阶型，嵌入新鲜基岩 500 mm，设置钎钉与基岩连接成一整体。

③绑筋、分层灌注混凝土

按要求绑扎钢筋网，钢筋网与牵钉连接并保证绑扎牢固。混凝土采用现场搅拌，分层灌注。每层混凝土灌注高度不超过 2 m，待下一层混凝土强度达到 5 MPa 后方可进行下一层支模、灌注。

左侧接扩至临时支撑时，在接扩混凝土中预埋竖向挡砟工字钢，利用天窗点拆除临时挡砟结构，接长竖向挡砟工字钢，填实石砟后再接打混凝土至设计高度；右侧凿除作业通道板和部分道砟槽，接打混凝土至设计高度。

混凝土灌注至道砟槽内顶面时，在顶部设置横向拉筋，利用封锁点埋入枕底以下道砟中，拉筋与接扩钢筋连接牢固，拉筋每隔一根枕木设置一根。两侧重新设置 400 mm 宽挡砟墙，挡砟墙下部设置泄水孔。

(5)新增作业通道托架

凿除既有右侧混凝土步行板，两侧新增作业通道托架、钢筋篦子步行板。作业通道宽度为 800 mm，与既有桥梁作业通道顺接。

(6)更换道砟槽

桥台道砟槽部分高度更换为混凝土，在封锁点内，利用工字钢横抬架空线路，限速 35 km/h 的条件下清除枕木下石砟，对桥台道砟槽顶部旧混凝土凿毛处理，绑扎纵横向钢筋，浇筑至设计标高(低于枕底 250 mm)，达到预定强度后铺设防水层，恢复石砟撤除横抬工字钢，恢复常速，全部整治工作完成。

(7)锥体施工

锥体填筑前应对原地面进行处理、压实，并准确放样。锥体填土应按设计范围及坡度一次填足，不得边砌石、边填土。锥坡拉线放样时，坡顶应预先放高 2～3 cm，使锥坡随同锥体沉降后，坡度仍满足设计要求。

锥体护面铺砌应自下而上分段进行。砌石时放样拉线应拉紧，表面应平顺，反滤层规格、质量应符合设计要求，同时做好沉降缝和泄水孔。干砌片石护坡勾缝宜待锥体稳定后进行。

5. 二期工程施工作业

(1)一期病害整治情况

为恢复线路正常行车,前期已经完成C30钢筋混凝土桥台接扩,将桥台后墙两侧接扩至与道砟槽宽度平齐,恢复了挡砟槽钢筋混凝土,拆除了既有混凝土步行板,两侧新增托架及钢质步行板。在后墙墙体的混凝土部分设置上、下两道贯通预应力拉筋,完成了预应力的初张拉,在道砟槽内侧预留了 ϕ28 mm水平向钢筋接头。

(2)二期整治设计方案

为保证两侧接扩混凝土与既有桥台的整体性、耐久性,防止雨水流入混凝土接缝,侵蚀牵钉,保证道砟槽内排水。所以将桥台道砟槽部分高度更换为混凝土,并做防水层及保护层处理。

主要整治内容包括完成钢绞线终张拉,将既有道砟槽底设置横向钢筋和纵向分布钢筋,封闭不小于15 cm厚C30混凝土。封闭混凝土上做防水层,防水层做法从下至上依次为:水泥砂浆抹面,自贴式防水层,C40钢纤维混凝土保护层最薄处5 cm厚。

(3)施工方法

①施工流程图

二期施工流程如图6.5.5所示。

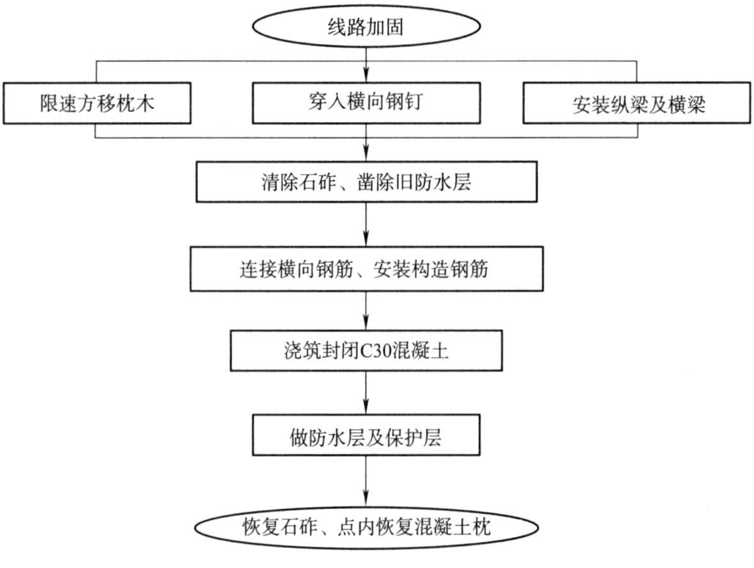

图6.5.5 二期施工流程

②线路加固

横向混凝土湿接前在封锁点内对线路进行加固,架空线路,限速35 km/h,如图6.5.6所示。线路加固采用钢枕加纵梁的加固体系,以6 m为一组,纵梁采用6 000 mm×220 mm×280 mm工字钢,横梁采用3 960 mm×200 mm×212 mm工字钢。线路加固前应对施工区段线路进行各部几何尺寸测量,并做好记录。封锁点内每6 m线路加固地段间隔抽出4根混凝土枕,抽出的混凝土枕位置确定后工字钢横梁穿入位置。穿设横抬梁时,技术人员应在钢轨侧面用油漆标出每组横抬梁的位置,以保证横抬梁穿设顺直。穿入工字钢横梁后,采用C30混

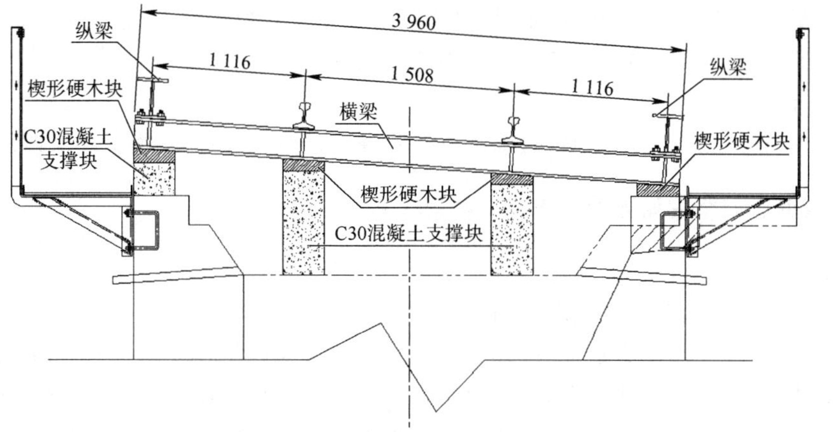

图 6.5.6　线路加固图(单位:mm)

凝土支撑块及木楔进行支撑加固,在横抬梁与钢轨之间用楔形硬木垫板填塞牢固,保持线路外轨超高;而后架设纵梁,采用 M22 高强螺栓与横梁固定。

横梁通过竖向锚栓与道砟槽连接,保证线路纵、横向稳定。沿横梁外侧锚孔在道砟耳墙上打孔,采用 ϕ22 mm 锚栓将横梁与耳墙固定。

③混凝土横向湿接

线路加固完成后进行预应力张拉。预应力钢绞线采用 1-7ϕ5 抗拉强度标准值为 1 860 MPa 的无粘结低松弛预应力钢绞线,与其配套的锚具为 AM15-1 型专用锚具。

预应力张拉采用一端张拉、二次张拉的施工工艺以降低预应力回缩量。预应力钢绞线进行初张拉时每根张拉力为 50 kN,进行终张拉时每根筋张拉力为 100 kN。张拉的顺序是先张拉中部两根,后两边对称同时张拉。

清除枕下石砟,先焊接加长前期施工预留的 ϕ28 mm 通长钢筋接头,接头焊接焊头相邻接头应错开,同一平面内的接头不应超过 50%,后间隔 20 cm 绑扎纵筋,浇筑不小于 15 cm 厚混凝土封闭。

④防水层

桥台道砟槽顶面应按设计要求做好防水层、保护层,其表面排水坡度应符合设计要求,并应平顺无凹坑。在封闭混凝土上依次做水泥砂浆抹面,自贴式防水层,C40 钢纤维混凝土最薄处不小于 5 cm,并设置 4%的人字坡排水。施工完成后,应保证石砟厚度不小于 25 cm,如图 6.5.7 所示。

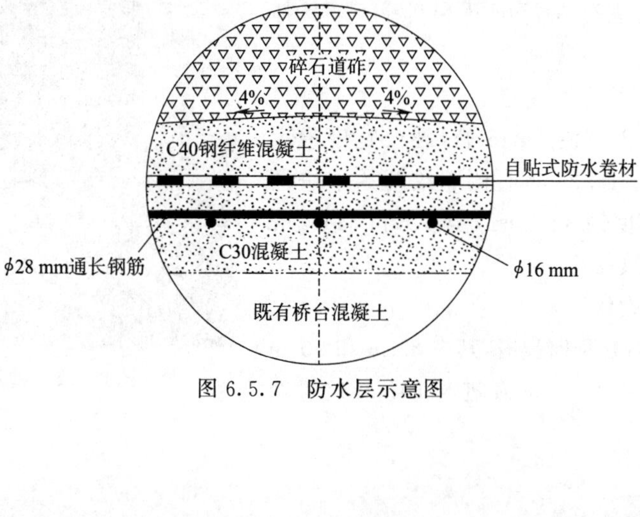

图 6.5.7　防水层示意图

桥台采用预埋泄水管向台外排水时，泄水管口伸出桥台侧面或者底面长度不应小于设计要求长度。道砟槽防水层与泄水管进水口必须衔接良好。

(4)线路恢复

恢复石砟，拆除线路加固体系，封锁点内撤除纵梁，封锁点内撤除横梁及恢复混凝土枕。

6.5.2　隧道道床翻浆冒泥整治工程施工案例

1. 工程概况

某隧道位于丰沙线雁翅至珠窝区间，中心里程为 K43 km＋446 m，全长 2 435.2 m。该隧道为单线电化区段隧道，碎石道床，线路铺设 60 kg/m 钢轨，无缝线路(洞内无缝线路锁定轨温为 22°)，混凝土矮Ⅱ轨枕，面向大里程方向为上坡，其中 K42＋760～K44＋100 坡度 11.1‰、K44＋100～K44＋650 坡度 11‰，线路平面为直线。隧道内有中心排水沟和侧沟(本工程位于侧沟地段)，线路两侧有电务、通信设施，丰方口外线路两侧有排水沟、挡墙。

2. 病害情况及成因分析

经检查隧道病害情况及设计人员现场调查，隧道内左侧排水沟沟壁高于路基面，道床水不能排入水沟，而且排水沟多处变形破损，沟内淤堵严重，失去排水作用，加之隧道围岩构成较复杂，岩体节理发育，裂隙水较丰富，导致隧道内积水难以及时排出，造成道床翻浆冒泥，轨道几何尺寸难以保持，给行车安全构成极大的威胁，需要尽快整治。

3. 施工方案

(1)在隧道内做密井暗管排水，纵向排水坡度为 11‰，密井暗管按 1 m 一节预制，并做密井暗管检查井。

(2)对右侧侧沟进行清淤疏通，更换破损水沟盖板及角钢托架。

(3)对翻浆冒泥严重地段全部换砟，其余地段清筛道床后补充石砟。

6.5.3　隧道衬砌结构加固工程施工案例

1. 工程概况

某隧道(图 6.5.8)长度为 114.2 m，位于曲线半径 R＝600 m 的曲线上，1953 年 9 月 12 日开工，1955 年 3 月 13 日竣工。

图 6.5.8　隧道实景图

2. 病害情况及成因分析

经检查发现隧道存在衬砌开裂等病害，具体如下：

(1)拱顶纵向裂纹

左侧裂纹开始于进洞 85 m 处，裂纹宽度最大约 1 cm，至沙方口 114.2 m；右侧裂纹开始于进洞 100 m，裂纹最大宽度约 3～5 cm，至沙方口 114.2 m 与沙方洞门竖向裂纹相连。

(2)竖向、环向裂纹

在进洞多处边墙有竖向裂缝，其中 80 m 和 90 m 位置处边墙裂缝宽度达 2 cm；在进洞 107 m 位置处沿隧道衬砌有环向裂纹，环向裂缝始于两侧边墙至拱顶。

(3)洞门开裂

略

3. 施工方案

由于隧道建成年代久远、地质及设计等资料缺失，无法对衬砌病害形成原因进行准确判断，为防止衬砌病害发展形成掉块隐患危及行车安全，设计对京方进隧道 101.2～114.2 m 区段进行装配式波纹板套衬加固。

主要工程项目为在隧道京方进隧道 101.2～114.2 m 区段，计长 13 m 采用波纹钢板对既有隧道进行全断面衬砌加固，波纹板与既有衬砌间灌注微膨胀灌浆料。

附　　录

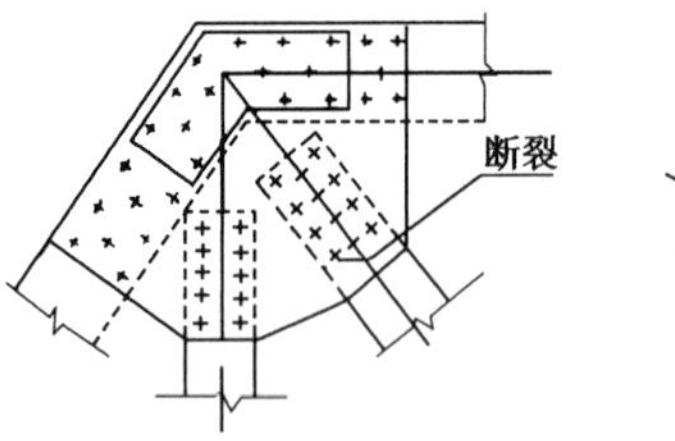

附图 1

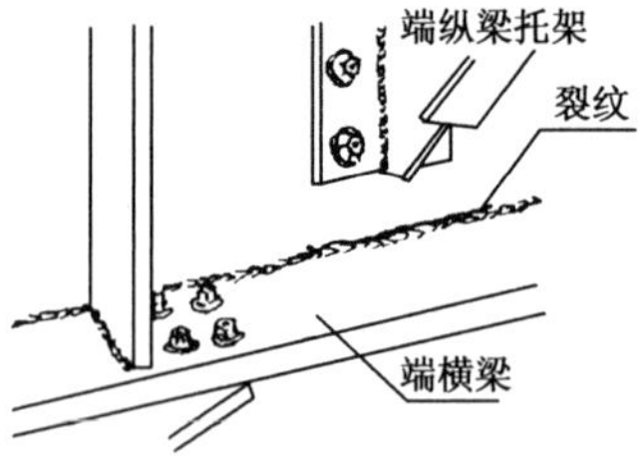

附图 2

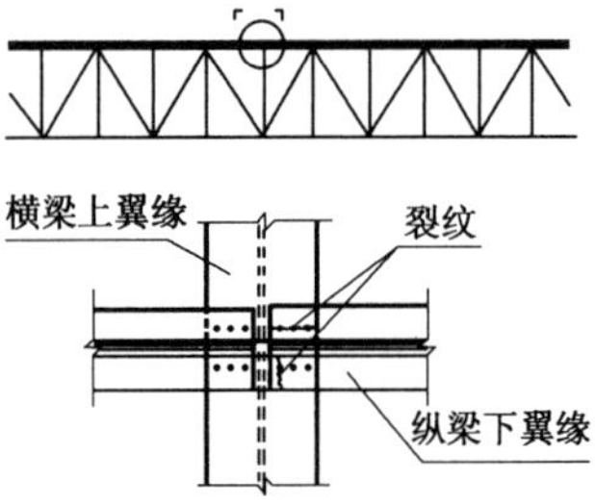

附图 3

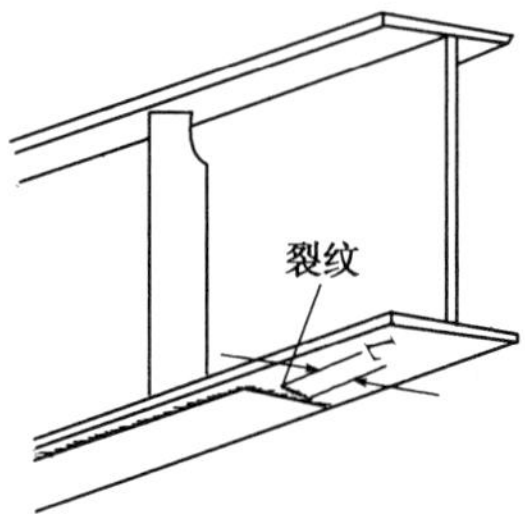

附图 4

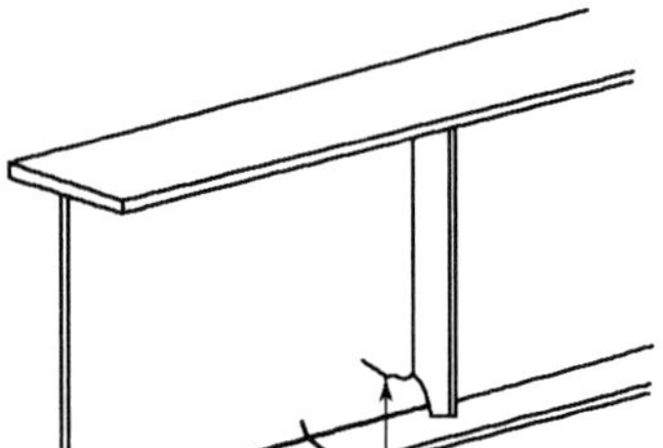

附图 5、附图 6

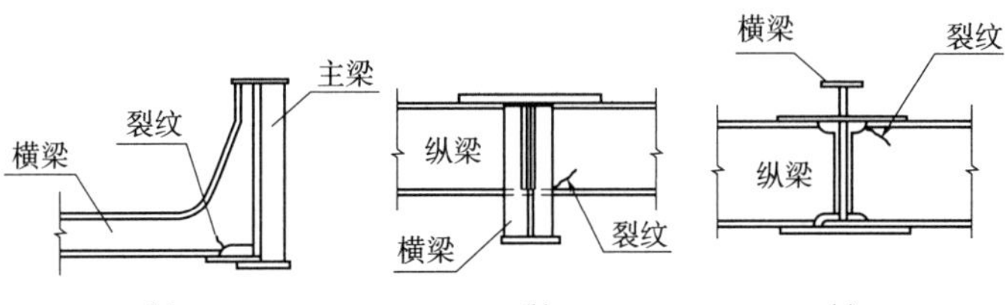

附图 7

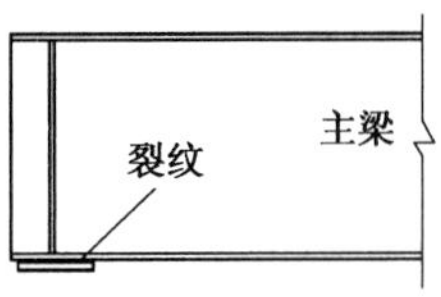

附图 8

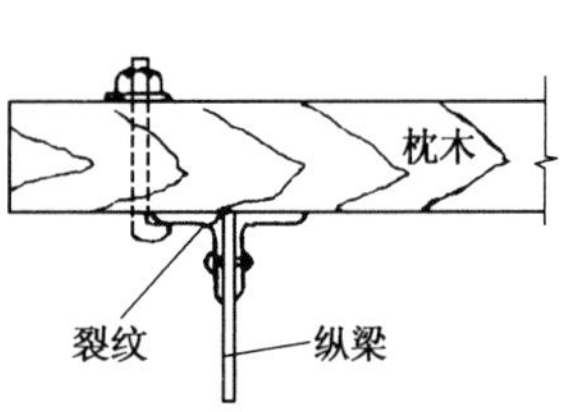

附图 9

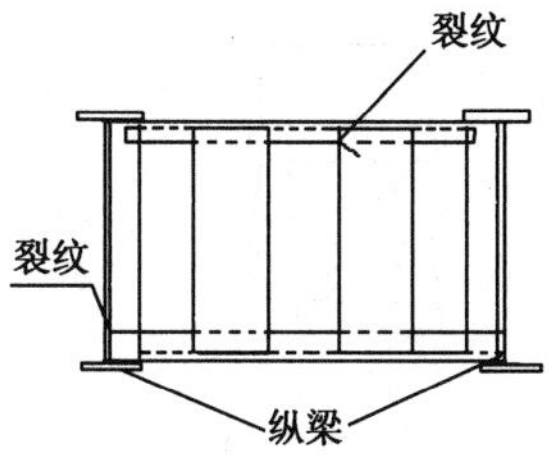

附图 10

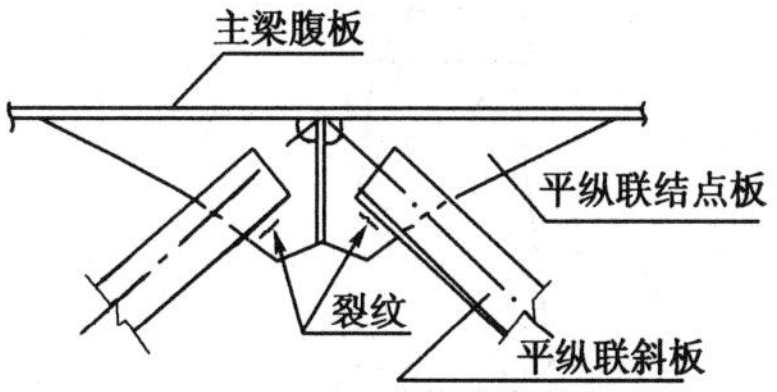

附图 11

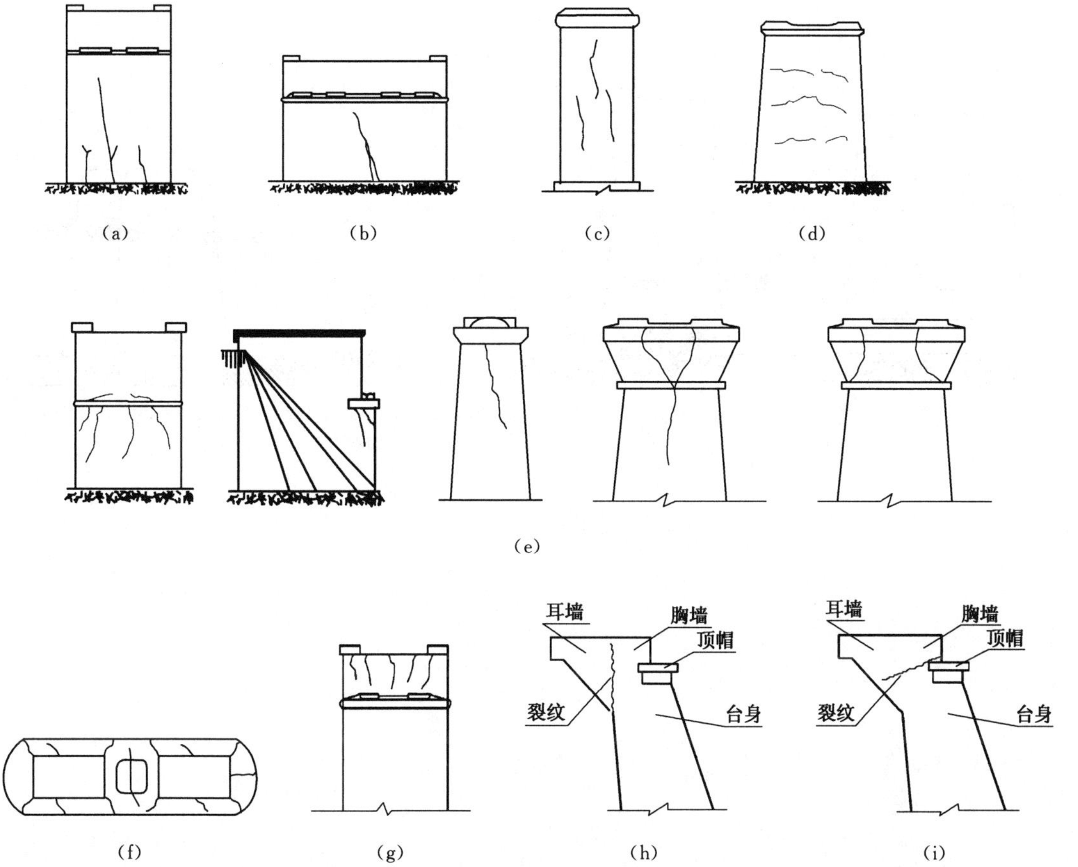

附图 12

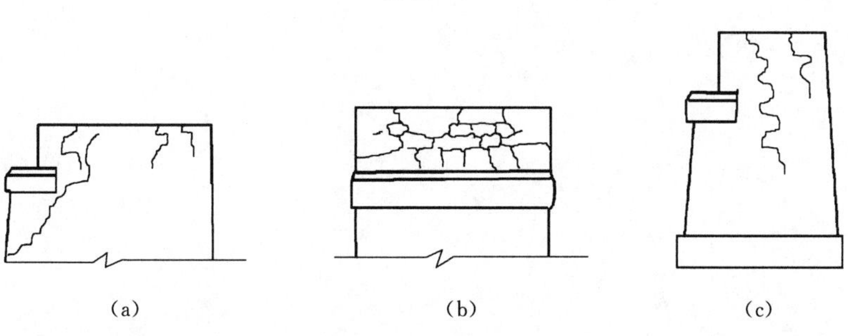

附图 13

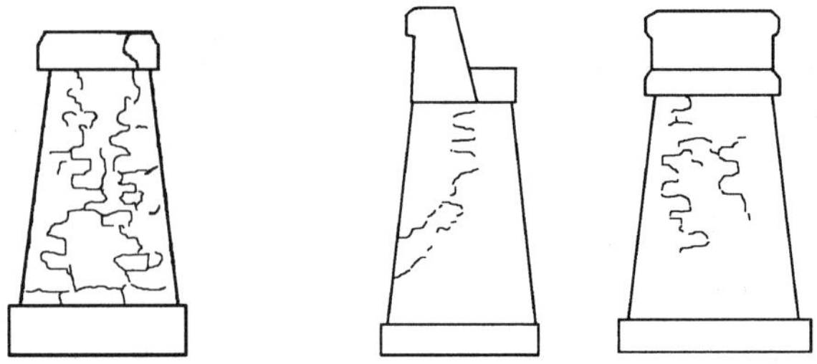

(d)　　　　(e)

附图 13

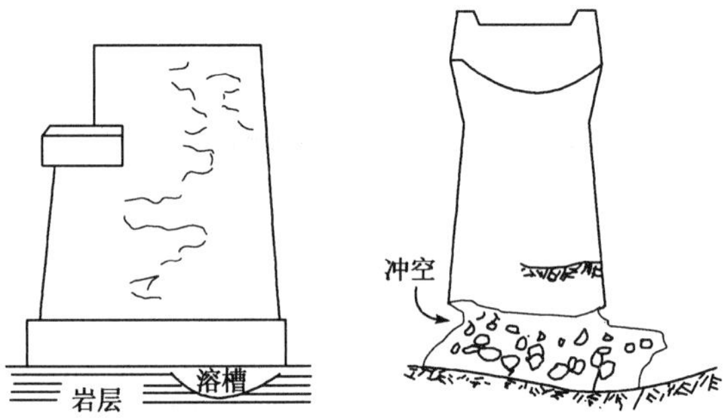

(a)　　　　(b)

附图 14

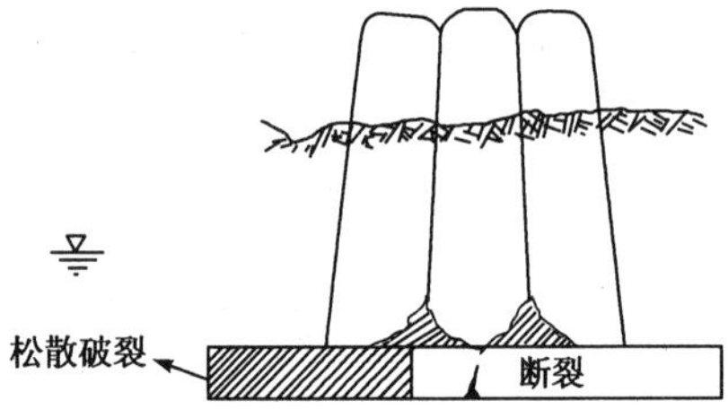

附图 15

参考文献

[1] 中国铁路总公司.普速铁路桥隧建筑物修理规则:TG/GW 103—2018[S].北京:中国铁道出版社,2018.

[2] 中国铁路总公司.铁路桥隧工[M].北京:中国铁道出版社,2016.

[3] 中华人民共和国铁道部.高速铁路桥隧维修岗位[S].北京:中国铁道出版社,2012.

[4] 夏禾.铁路桥梁养护维修[M].北京:中国铁道出版社,2010.

[5] 曹彦国.隧道养护[M].北京:中国铁道出版社,2013.

[6] 王英学,刘宝申.桥隧工单项作业标准及评价[M].北京:中国铁道出版社,2012.

[7] 铁路职工岗位培训教材编审委员会.桥隧工铁路职工岗位培训教材[M].北京:中国铁道出版社,2010.

[8] 武汉铁路局职业教育处.300 km/h 高速铁路工务单项作业标准[M].北京:中国铁道出版社,2012.